BIBLIOTHÈQUE
CHRÉTIENNE ET MORALE

APPROUVÉE PAR

MONSEIGNEUR L'ÉVÊQUE DE LIMOGES.

Tout exemplaire qui ne sera pas revêtu de notre griffe sera réputé contrefait et poursuivi conformément aux lois.

Barbin frères

ROME.

Barbou frères, Editeurs.   Lith. Garjanne.

LE FORUM.

ROME

ET SES

IMPÉRISSABLES GRANDEURS

SCÉNOGRAPHIE DES SEPT COLLINES ET DU TIBRE ;
RELIEFS DE L'AGRO ROMANO ;

RÉSURRECTION DES RUINES

CAPITOLE, FORUM, PRISON MAMERTINE, ROCHE TARPÉIENNE, PANTHÉON, TEMPLES, COLYSÉE,
CIRQUES, THÉATRES, THERMES, PALAIS DES CÉSARS, ARCS-DE-TRIOMPHE,
PORTIQUES, COLONNES, STATUES, ETC., ETC.

EXHIBITION DES CATACOMBES, CRYPTES, BASILIQUES, EGLISES, ETC.
EXAMEN DES MUSÉES DU CAPITOLE, DU VATICAN, ETC. GALERIES DE PALAIS, ETC.
PHOTOGRAPHIES DE FONTAINES, PLACES, VILLAS,
TOMBEAUX, ETC.

PLANS DES VOIES APPIENNE, LATINE, FLAMINIENNE, ETC.
PAR LES MARAIS-PONTINS, LE MONT-CASSIN, ETC.

EXCURSIONS PITTORESQUES AUX CITÉS LATINES, VOLSQUES, ETRUSQUES, ETC., DE CAPOUE, GAETE,
MINTURNES, ARPINUM, VELLETRI, ANXUR (TERRACINE), ARICIE (GENSANO), TUSCULUM
(FRASCATI), ALBE-LA-LONGUE, LAVINIUM, ANTIUM, ARDÉE, OSTIE, FALÉRIES,
VÉIES, TIBUR (TIVOLI), SATURNIA, COERE, ETC.; ET AUX LACS
RÉGILLE, FUCINO, ALBANO, NÉMI, ETC.

PAR

ALFRED DRIOU.

LIMOGES,
IMPRIMERIE DE BARBOU FRERES.

1862

I

A MES AMIS DE COLLÉGE, A PARIS.

De Naples à Rome. — Voyage fantastique. — *Averse*. — Où l'on parle d'Opéra-Buffa. — Ville et Château de *Caserte*. — Formidables remparts. — *Capua*. — Le Vulturne. — Comment Annibal est mis sur la sellette. — Les ruines de la vraie Capoue. — Amphithéâtre. — Ecole de Gladiateurs. — Vénus Victrix. — Poésie. — Les modernes délices de Capoue. — Un touriste parisien. — Les forçats indiscrets. — Le Mont-Cassin. — Route qui y conduit. — Campanie heureuse. — Monastère du Mont-Cassin. — Un roi qui garde les oies. — Ruines de *Casinum*. — *Vénafre*. — Où l'on parle de Marius et de Cicéron. — *Arpinum*. — Les Vignobles du Massique et du Falerne. — Tableau de la route. — *Sessa* et son manoir féodal. — Vue de l'Apulie. — Entrée dans le Latium occidental. — L'antique *Sinuesse*. — Le Liris, aujourd'hui le Garigliano. — Pont et Bataille. — Souvenirs de Bayard. — *Minturnes*. — Ruines et Marais. — Comment reparait le farouche Marius. — Aspects des côtes de la mer. — Drame mortuaire. — Cicéron et Popilius Lænas. — Tombeau du prince des orateurs. — Où l'on voit une source chantée par Homère. — L'antique *Formies*. — Mise en scène du golfe de Gaëte. — Gaete. — Dissertation sur son origine. — La clef du royaume de Naples. — Le siége de Gaëte en 1806. — Entrée sur la voie Appienne. — *Ytry*. — Où les brigands jouent leur rôle. — Gorges de Fondi. — Pourquoi l'on parle de Fra-Diavolo. — *Fondi*. — Un arbre planté les racines en l'air. — Un bœuf muet. — Thomas d'Aquin. — Un rapt nocturne. — Vignobles du Cécube. — Descriptions. — L'antique *Anxur* des Volsques. — *Terracine*. — Ruines grandioses. — Temple de Jupiter. — Un repas lourd à la bourse et léger sur l'estomac.

Capoue, 24 octobre, 185...

C'est de Naples que nous sortons, mes chers amis, et c'est à Rome que nous allons ! Pourrez-vous bien comprendre ce qui se fait sentir en moi d'émotions vibrantes à ce nom magique : Rome ! On nous en a tant parlé dans nos études, on nous en a fait tant de peintures, on nous en a conté tant de drames, que Rome est vraiment pour nous une seconde patrie ! Ne trouvez-vous pas qu'il est au monde trois grandes cités dont l'éducation nous fait les citoyens : Athènes, Rome et Jérusalem ? Est-il rien dans l'histoire qui ne se rattache à ces trois villes? Aussi quel prestige elles exercent sur nous, et combien de fois, dans nos rêveries d'étudiants ne voyons-nous pas leurs noms tracés en lettres d'or sur de lointains horizons ?

Il est nuit, très-nuit, — deux heures du matin ! — quand nous quittons Naples, dont s'éteignent à peine les feux d'artifices tirés je ne sais plus à quel propos. Naples dort, et c'est chose curieuse de voir Naples dormir, elle si bien éveillée toujours et toujours si tapageuse! Au moment où nous passons sous les vieux murs de la Vicaria, nous voyons la silhouette gigantesque de ses lourdes constructions, noires comme l'Erèbe, couronnée de l'astre le plus brillant qui jamais ait frappé mon regard. C'est la longue traînée de feu de l'éblouissante comète dont toute l'Europe est occupée à cette heure. Nous la contemplons, nous, pour la première fois. Faut-il nous effrayer de cette apparition, comme Louis-le-Débonnaire dans sa prison, et Charles-Quint dans son cloître ? Devons-nous le ranger parmi les mauvais présages ? Nenni pas ! Mettons cette belle comète au nombre des heureux auspices, disons gaîment adieu au Castel-Capuano et à Naples, franchissons sa porte de Capoue, et... fouette cocher !

Bientôt la transparence de la nuit nous permet d'entrevoir la petite ville d'*Averse*. Aux Normands qui, au xie siècle, détruisaient tout sur leur passage en Italie, prit un jour la fantaisie de fonder une ville. Averse fut l'œuvre qui sortit de leurs mains. Ils l'ont placée sur de gracieuses collines; mais toutes gracieuses qu'elles soient, un souvenir des plus lugubres plane sur elles, à savoir le meurtre d'André, mari de Jeanne de Naples.

Il ne faut point passer à Averse, jadis *Atella*, sans dire que cette petite ville fut le berceau de l'opéra-bouffe, appelé *Atellanes*. L'Italie, et surtout l'Italie méridionale, est la terre inépuisable de la bonne humeur et du rire éclatant. Les Italiens, dit Montaigne, « ont de quoi rire partout, et il ne faut pas qu'ils se chatouillent. » Cela est vrai ; il suffit d'un mot, d'un geste, d'un clignement de paupière, d'une répartie heureuse, d'un incident burlesque et imprévu, pour exciter chez ce peuple insouciant des rires inextinguibles, comme chez les dieux d'Homère. Or, la comédie italienne, née de la bonne humeur des gens du pays, descend en droite ligne des anciens mimes latins. Cimarosa et Paesiello la perfectionnèrent, à Averse même, où elle prit naissance au temps des Romains, alors qu'Averse était Atella, et que les produits de l'esprit de ses habitants fut appelé Attellanes. A ces sortes de comédies, comme on joignit de la danse et du chant, la pantomime elle-même y eut des rôles; la jeunesse romaine raffola de ces pièces légères, et ainsi fut créé l'opéra bouffe ou l'Atellane, dont le principal imaginateur, *Maccus*, est ressuscité sous la casaque blanche et le chapeau pointu de *Pulcinella*, notre polichinelle. Averse aujourd'hui n'a plus de théâtre; mais, en échange elle a une maison de fous.

Cependant notre véhicule a pris une allure des plus pacifiques. Il semble devoir s'arrêter en face de la lune qui se montre au sommet des collines. Je soupçonne notre postillon d'être poète et de prendre plaisir à contempler l'astre des nuits et l'effet qu'il produit sur les paysages. Je le tire donc de sa méditation par un énergique rappel à la vie réelle. Il sort, en effet, des espaces imaginaires, et le voici qui prend un train convenable. La route que nous suivons est une contrefaçon de celle de notre Provence, en ceci qu'elle est fort poudreuse. Les guirlandes de vigne qui sautent d'arbres en arbres me paraissent plus argentés par la poussière que par les reflets de la lune; quant aux oliviers, on jurerait des fantômes élargissant leurs bras sous des suaires immaculés, dans le but d'effrayer les voyageurs.

La beauté de l'aurore dont l'aube blanchit les cieux nous permet ensuite de revoir la *Ville de Caserte* et son *Chateau-Royal*, qui se donne le ton d'être le plus vaste manoir du monde. Je dis de *revoir*, parce que, de Naples, nous l'avons visité déjà sous le patronage d'un officier de hussards, filleul du roi. De la ville, rien à dire si ce n'est qu'elle est de peu d'apparence. Quant au château et à son parc, c'est le Versailles du royaume de Naples. Bâti par *Vanvitelli*, et payé avec les millions de Charles III, si ce royal séjour a quelque peu de la beauté de Versailles, il en possède aussi la mélancolie.

Mais ce qui fait la gloire du château, c'est son parc, fourré féodal, noir, fort giboyeux, arrosé de magnifiques cascades, et plein de grandeur et de poésie.

Je ne vous parle pas du petit village de *Sainte-Lucie*, attenant au parc de Caserte, au milieu duquel Ferdinand Ier, le Nemrod des Deux-Siciles, fit élever un rendez-vous de chasse. De ce village le roi fit comme une île, où il se prélassait tout à son aise. A cette résidence champêtre il attacha des priviléges particuliers, et donna des lois toutes spéciales. Les habitants du village se distinguent même des autres paysans de la contrée, par un costume tout particulier.

Alors que la comète se couche et que le soleil se lève, nous arrivons à *Capoue*. A ce nom que crie le postillon, le cœur de M. Valmer, notre tyran bien-aimé, bat à se rompre. Il met le nez à la portière et cherche à voir si ce n'est pas Annibal qui passe. Il aspire bruyamment l'air comme s'il voulait recueillir des émanations de parfums et des odeurs de banquets, restes des anciennes délices de la Capoue romaine. Malheureusement pour lui, on nous apprend que nous sommes dans la Capoue moderne, misérable contrefaçon de la Capoue ancienne. Il s'était figuré, sans doute, que les bastions, les lunes, les demi-lunes, les poternes, les chemins de ronde et les ouvrages à cornes qu'il avait vus protéger la ville en entrant dans son enceinte étaient l'œuvre d'Annibal, mis en demeure de se tenir en garde contre les Romains après la bataille de Cannes. Nous sommes donc obligés d'aller à la découverte de la vieille Capoue. En conséquence, nous consignons pour quelques heures notre chaise de poste, et dans un voiturin attelé de petits chevaux siciliens, par une route blanche et poudreuse, nous voici courant vers le levant, dans une vaste prairie.

Bientôt le squelette colossal d'un monument encore debout depuis trois mille ans nous apparaît au milieu de coteaux qu'arrose le *Vulturne*, et nous commençons à nous avancer parmi les ruines. En ce moment la nature se réveille sous les premiers baisers du soleil : mais si l'horizon empourpré de mille feux nous sourit, cette vaste mer de décombres, si cruellement éparpillés sur le sol aride qu'ils dorment pour toujours, nous impressionne tristement. Rien de plus saisissant que cet immense semis de ruines, enfouies sous la végétation malingre de ronces et de broussailles, que dorent les premiers rayons du soleil, sans qu'il se montre rien d'animé, rien de vivant. Voici donc l'antique cité que fondirent les Pélasges, que les Étrusque nommèrent *Vulturnum* à cause de sa position sur le fleuve Vulturne, venant du Samnium. A leur tour, les Samnites l'appelèrent *Capua*, lorsqu'ils s'en emparèrent. Les Romains, en la prenant ensuite aux Samnites, lui laissèrent ce nom. Pyrrhus, le fier capitaine venu de l'Épire pour faire la guerre aux Romains, en fit vainement le siége. Annibal fut plus heureux. Vous vous rappelez, et de trop, hélas ! qu'après la terrible bataille de Cannes, au sud-est, mais assez loin de Capoue, le général carthaginois s'empara de cette ville sans coup-férir. Est-il vrai, comme le prouve par A ✳ B mon digne précepteur, M. Valmer, que vous connaissez, et comme vous l'ont prouvé maintes fois, sans doute, vos illustres pédagogues de collége, — c'est chose si facile de conquérir les villes avec la langue ? — est-il vrai qu'Annibal eut tort de ne pas marcher immédiatement sur Rome, glacée par la terreur, paralysée par l'effroi, à ce point qu'il y fût entré en vainqueur ? Est-il vrai que les batailles de la Trébie, du lac de Trasimène, et celles de Cannes, victoires plus désastreuses que des défaites, forcèrent le Carthaginois à s'arrêter pour donner du repos à ses troupes ? *Adhuc sub judice lis est !*... quoiqu'en disent tous nos belliqueux professeurs. Ce qu'il y a de sûr, c'est que le séjour des Carthaginois dans les murs de Capoue rendit bientôt célèbres les délices, dont elle les enivra, au point d'énerver leur mâle courage et d'affaiblir le résultat des succès qu'ils avaient obtenus jusque-là. A mon sens, Annibal, afin de tenir ses soldats en haleine par de rudes privations, eut dû choisir ses quartiers d'hiver dans nos lycées. Certes ! il ne les eût pas amollis, et ses hommes fussent sortis aussi maigres, sinon plus, qu'ils y seraient entrés... Personne, hélas ! ne lui en donna l'idée... heureuse ! Ce qu'il y a de sûr encore, c'est que ce fut de Capoue qu'Annibal se rendit au lac Averne, pour y offrir un sacrifice à Pluton, le dieu des morts, afin de se rendre favorables les vivants de la contrée, en flattant leurs superstitions. Ce qu'il y a de sûr enfin, c'est que ce fut de Capoue qu'il partit pour retourner presqu'aussitôt et honteusement en Afrique. Croira-t-on que les Romains, une fois rentrés dans Capoue, après son départ, au lieu de remercier la ville du salut qu'ils lui devaient, traitèrent les habitants avec une cruauté révoltante, pour les punir du bon accueil qu'ils avaient fait à leur ennemi. L'opulente, la belle Capoue, sur les ruines de laquelle nous sommes assis, Capoue si populeuse qu'elle comptait plus de trois cent mille citoyens, fut livrée au pillage : on la brûla, on la démolit, on la décima. Les Capouans furent vendus à l'encan, comme des esclaves, sur les places publiques de leur cité. Puis, ses vénérables sénateurs, après avoir été battus de verges, furent frappés par la hache des licteurs. Et ce drame s'accomplit, *non crudelitate, sed consilio*, dit Cicéron, non par amour du sang, mais par prudence. Par prudence ! A mon avis encore, les Romains auraient dû offrir des couronnes civiques aux habitants de Capoue, car, par les délices de leur cité, ils avaient fait le salut de Rome, et creusé un tombeau dans lequel s'engloutit la gloire d'Annibal.

Cependant nous errons au milieu des ruines. Quelle vaste scène de désolation ! Est-il possible que cette nappe immense de décombres ait été jadis une ville célèbre par ses délices ? Cherchez-y donc, à cette heure, la demeure voluptueuse d'Annibal ! Rien de déterminé : pas une trace reconnaissable ! La seule chose qui proclame la splendeur antique de Capoue, c'est le monument gigantesque qui se profile sur la brume plombée de la plaine, et y dessine les arceaux de son vaste pourtour, et les franges pittoresques de ses guipures. Cet édifice, c'est l'*Amphithéâtre*, le plus ancien de l'Italie, celui que l'on imagina pour se donner les joies des drames sanguinaires, de combats humains, et que la férocité native des Campaniens inventa, dit-on. La civilisation étrusque de Capoue précédait de cinq cents ans la civilisation de Rome, cependant : comment donc ses lumières ne firent-elles pas obstacles à l'introduction d'un usage aussi barbare ? On prétend que l'excès des voluptés créa ce besoin de plaisirs féroces. Ce qui n'est que trop avéré, c'est que Capoue, après avoir donné l'exemple des jeux sanglants des arènes, exemple trop bien suivi, créa dans son amphithéâtre une École de Gladiateurs, qui ne comptait pas moins de quarante mille élèves. Rome l'entretint ensuite à grands frais, pour la satisfaction de ses propres plaisirs. Ajoutons que les Capouans, par un raffinement de volupté, ayant inventé les *Velaria*, qui mettaient les spectateurs des gradins à l'abri du soleil, les Romains leur en firent reproche, mais adoptèrent ce nouveau procédé de comfort qui flattait à merveille leur besoin de jouissances et de bien être.

L'amphithéâtre de Capoue, que nous parcourons dans toutes ses parties, est de style étrusque, et l'on ne peut assigner l'époque de sa fondation. Son diamètre le plus long est de deux cent cinquante pieds, et le plus étroit, de cent cinquante. Quatre étages de quatre-vingt grands arcs chacun, décorés d'un ordre d'architecture, le composent, et il est orné de deux portes principales. Le sommet de l'édifice, dans toute sa circonférence, était couronné de statues les plus dignes d'admiration, témoins la *Vénus Victrix*, la *Pysché* et l'*Adonis*, que l'on y trouva, et qui font l'étonnement des artistes aux Studi de Naples. Ses gradins pouvaient contenir soixante mille spectateurs. C'est le plus vaste Amphithéâtre du monde, après le Colysée de Rome. Il montre, béants, les passages qui conduisaient les magistrats et les personnages de marque à leurs places d'honneur; les gens du peuple aux gradins supérieurs; et ceux qui, au rez-de-chaussée, ne servaient qu'aux gladiateurs. On y voit encore des restes de peintures, des débris de bas-reliefs en stuc, et différents ornements curieux. Les cellules des combattants, les *carceres* des esclaves, les chambres destinées aux blessés, et le *Spoliarium* où on les achevait à coups de maillet, etc., sont très-reconnaissables. Restauré par Adrien, alors que Capoue s'était relevée des ruines dont la vengeance des Romains l'avait couverte, ce prince l'entoura d'un magnifique péristyle, et Antonin-le-Pieux l'enrichit de statues et de colonnes.

Les Romains ne furent pas le seul peuple qui saccagea Capoue. Après eux, au xie siècle, les Sarrasins n'y laissèrent pas pierre sur pierre. Seulement, de l'Amphithéâtre, trop colossal pour songer à le détruire, ils firent une forteresse, dans laquelle ils se retranchèrent. Aussi l'appelle-t-on encore de nos jours *Virilasci*, mot qui venant de l'arabe *Bir-al-as*, veut dire *Roche-Forte*. Quel calme, quel silence, quelle solitude dans cette enceinte majestueuse, et dans cette plaine, où les passions humaines firent entendre autrefois leurs clameurs, où retentirent les accents de la joie et les bruits du plaisir, mêlés aux gémissements de poignantes douleurs! Aussi, vous ne sauriez croire, mes chers amis, combien vives sont les émotions qui vous parlent, quand vous foulez aux pieds de telles ruines. L'imagination s'allume : vous ressuscitez tous les objets qui vous entourent; les scènes d'autrefois se reproduisent sous vos yeux. Vous devenez le témoin des drames que l'histoire vous a racontés, et il n'est pas jusqu'au gladiateur, laissé comme mort sur le sol rougi de l'arène, qui, étendu tout de son long avec une raideur cadavérique, les prunelles déjà vitrées, ne vous apparaisse joignant péniblement ses mains sanglantes pour une prière suprême, consolateur et prêtre de sa propre agonie. Vous voyez alors venir le soir. Le couchant s'éteint à l'horizon, et l'ombre de la nuit descend sur cette plaine muette, comme l'ombre éternelle sur les yeux de cette pauvre victime. Au loin, vaguement estompés, des chevaux et des hommes tués, des maisons écroulées, des temples tombés dans la poussière, bossuent le sol... L'obscurité, la solitude, le silence se font sur ce vaste cimetière d'une ville endormie pour toujours, mais que votre cerveau rendait si tumultueuse tout-à-l'heure, et l'on n'y entend plus que le faible râle de l'agonisant et le frôlement d'ailes du vautour...

Quelques cotelettes, passablement coriaces, un pain suffisamment bon, et un vin qui, dédaignant la chaleur généreuse du Massique, du Falerne et du Cécube, heureux vignobles antiques dont nous approchons, possède l'âcreté de la plus infâme piquette, telles sont les *délices* que nous réservait Capoue. Capoue, du reste, ressemble beaucoup à Naples; comme sa métropole, elle est pavée de dalles volcaniques, sur lesquelles s'agitent une population non moins volcanique d'énergumènes et de criards, qui veulent, n'importe comment, tirer l'argent de votre poche. Dans son église principale, nous trouvons de superbes colonnes antiques, qui m'ont tout l'air de provenir du portique qui entourait l'Amphithéâtre ou de tout autre monument.

Nous allions remonter dans notre berline, le ventre creux et déplorant les mauvais temps de la Capoue moderne, mis en regard des ressources opulentes de l'ancienne, lorsque nous voyons déboucher d'une rue étroite un jeune touriste, en blouse de toile blanche, le panama sur l'oreille, le sac au dos et le bâton à la main, qui nous sourit et vient nous saluer affectueusement. C'est notre ancien condisciple Laurent de Valvert, qui, bachelier, licencié, et docteur peut-être, complète, sur leur théâtre même, l'étude des choses qu'il n'a vues jusqu'ici que dans les livres. Vous savez que nous le rencontrons quelquefois dans le monde de Paris ; mais nous ne nous attendions guère à le rencontrer dans le monde de Capoue, c'est-à-dire parmi des groupes de forçats, jaunes et rouges toujours, qui, chargés de balayer la voie publique, s'occupent d'écouter notre entretien. Notre touriste nous raconte que, dédaignant le comfort des calèches, des wagons, des paquebots, et même des simples voitures, il voyage à pied, allant et venant par monts et par vaux, s'arrêtant où un site, une ruine, une curiosité quelconque le convient ; le révolver dans la poche, son linge dans sa valise, et son argent chez les banquiers des principales villes. Il arrive de Rome. Mais comme de Capoue à Rome il y a deux routes différentes, celle que nous allons prendre, qui va rejoindre la voie Appienne, près de l'embouchure du Vulturne, à l'endroit où elle quitte le bord de la mer pour tourner vers Bénévent, et aller finir à Brindes, et celle qu'il vient de suivre, qui, longeant le versant occidental de l'Apennin, passe au Mont-Cassin et traverse Arpinum, notre parisien vante beaucoup les sites qu'il a parcourus, et nous exhorte à changer notre route en faveur de la sienne. Il met à nous parler une sorte d'exaltation, et vous le reconnaîtrez à son langage empressé, fiévreux, plein de verve et de chaleur :

» — Le *Mont-Cassin* élève son pic aride aux confins de la Campanie. Ardu et très-élancé, il n'est surpassé que par une des montagnes environnantes, le *Cairo*. La vallée qui dort à ses pieds est riche et fleurie, c'est la *Campanie Heureuse*. Une petite rivière, tombant du versant de l'Apennin, l'arrose, et, à raison de la rapidité de son cours, prend le nom de *il Fiume rapido*. La chaîne de l'Apennin que l'on suit constamment, tantôt couverte de moissons, tantôt envahie par les oliviers et les bruyères, apparaît au loin marquetée de taches noires, comme fait la lave sur les flancs jaunes du Vésuve.

« Un jour, il y a long-temps de cela, c'était en 529, un homme vêtu de la cuculle d'un moine, passait dans cette vallée fleurie, promenait un regard persistant sur les plateaux escarpés du Mont-Cassin, détaché de la chaîne, et, y avisant les ruines d'un Temple d'Apollon, se prit à gravir la montagne, et alla s'y installer parmi les décombres. Il y construisit une cellule : puis peu à peu la cellule devint un monastère aux constructions massives, le *Monastère du Mont-Cassin*. Cet homme avait nom Benoît, *Benedictus* en latin, car il était de *Norcia*, un village de la Sabine. Premier instituteur de la vie monastique, en Occident, déjà le pieux anachorète s'était retiré dans les montagnes de son pays, au désert de *Subiaco*, à quarante milles de Rome, et y avait mené une vie si pure, que grand nombre de pieux personnages étaient venus passer leurs jours auprès de sa cellule. Mais persécuté dans cette retraite, il se transporta, suivi de ses disciples, sur cette plate-forme aride du Mont-Cassin. Là, le vénérable solitaire composa pour ses religieux une règle que l'on regarde comme un modèle de sagesse, et mourut en 542. Là, aussi, vécurent sous l'observance de ses statuts, un pape, Grégoire le Grand; un ministre de Théodoric, roi des Visigoths, le savant Cassiodore; un roi des Lombards, Ratchis. Après avoir violé un serment fait aux Romains, ce prince assiégeait vigoureusement Pérouse, lorsque le pape Zacharie sortit de Rome, et vint le trouver dans son camp. Il fit tant par ses paroles, qu'il lui persuada de lever le siége. Bien plus, il lui inspira tellement l'amour des choses spirituelles que, peu de jours après, Ratchis abdiqua la dignité royale, vint à Rome, y prit l'habit religieux, et alla finir ses jours au Mont-Cassin. Sa femme Tasia et sa fille Ratrude, ayant quitté les grandeurs de la terre comme lui, bâtirent dans le voisinage, par la permission de l'Abbé, un monastère de filles, qui prit le nom de *Plombarioles*. Elles y vécurent et moururent dans la pratique de toutes les vertus. Enfin, là encore, dans ce Mont-Cassin, on vit un roi de France, Carloman, garder les oies du couvent, vivre de la vie la plus humiliante, et mourir comme un saint. On raconte qu'un jour, n'ayant pu empêcher un loup de lui ravir une oie, l'humble moine s'écria :

— Voilà donc, Seigneur, ce misérable à qui vous aviez confié un royaume? Je ne sais pas même conduire et sauver de vils animaux ?

« Cet homme était fils de Charles-Martel et oncle de Charlemagne! Mais la religion en fit un moine sur la terre et un saint dans les cieux...

» A voir de loin le monastère du Mont-Cassin, on le prendrait pour une forteresse. On y entre par une grotte mystérieuse et sombre, qui servit jadis de cellule à saint Benoît. L'église est fort remarquable. Le pape Victor III, qui avait été prieur du monastère, sous le nom célèbre de Didier, en fit faire la porte à Constantinople, et on y lit, incrustés en argent, les noms des domaines du couvent, qui contient vingt frères, dix-huit novices et soixante-dix élèves. C'est la ruche du travail et de la charité.

» Dans toute la longueur de cette route, l'une des plus pittoresques de l'Italie à droite et à gauche, çà et là, comme des points bariolés de blanc et de rouge, parmi l'éclat éblouissant des eaux et l'imposante verdure des forêts, sur les pointes des montagnes comme sous des guirlandes de pampres, se détachent les villes antiques du Latium, parmi lesquelles erra Saturne, chassé du ciel par son fils Jupin, le rebelle! et que peut-être ce *dieu* fonda, parmi lesquelles aussi Virgile fait promener, et livrer des combats, les héros de son *Enéide*.

» C'est d'abord l'ancienne cité volsque de *Casinum*, aujourd'hui *San-Germano*, avec des restes de théâtres et d'arènes, un bout de voie antique, encore empreinte des traces de l'ornière des chars volsques, et des portions fort curieuses d'une villa de Varron, celui qui passa pour le plus savant des Romains, quelques années avant notre ère, et qui y avait construit une volière célèbre, aussi vaste qu'un palais.

C'est aussi sur ses riches collines, *Vénafre*, aux toits rouges, tapie sous des massifs d'oliviers verdoyants, dont l'huile, comme au temps d'Horace, est fort recherchée des amateurs :

Pressa Venafranæ quod baccha remisit olivæ... (1)

» C'est ensuite *Ponte-Corvo*, que, chaque soir, par une échappée des montagnes le soleil inonde de ses brûlants rayons.

» *Aquinum*, de nos jours *Aquino*, lui succède et chante bien haut la gloire d'avoir donné le jour à *Juvénal*, le poète satirique qui mit en un relief si éloquent les désordres de la cour des empereurs de Rome, et des impératrices surtout. Je la félicite davantage, cette petite ville, d'être la patrie du docteur angélique, *saint Thomas d'Aquin*, qui sut rendre aimable les vertus du Christianisme, en les faisant trouver admirables (2).

« Et enfin c'est la patrie de Marius et de Cicéron, *Arpinum*, qui occupe la position la plus pittoresque, sur les talus d'une double colline, avec une *acropole* qui les couronne et domine la vieille cité volsque, ceinte encore de ses murailles cyclopéennes. On y trouve une des portes de la ville, intacte jusqu'à ce jour. Elle affecte une forme presque ogivale, et se compose d'immenses blocs de pierres sans ciment. C'est un specimen de l'art le plus reculé. Joignez-y cette pensée que Marius et Cicéron ont porté leurs pas, là même où vous passez, et dites-moi si Arpinum ne mérite pas votre visite ?

---

(1) L'huile de première qualité, sortie des pressoirs de Vénafre. *Horace*, Satires iv. v. 60.

(2) Juvenal, *Decimus Junius Juvenalis*, naquit à Aquinum, vers l'an 42, étudia sous Fronton et sous Quintilien, et fut quelque temps avocat. Il ne composa ses premières Satires que sous Domitien, et ne les publia que sous Trajan et Adrien. Elles obtinrent alors l'applaudissement général. Mais la septième, qui traite de la *misère des gens de lettres*, lui fut nuisible. Un histrion, favori d'Adrien, se croyant attaqué, fit reléguer le poète à Syène, dans la Haute-Egypte, avec le titre de préfet d'une légion. Juvénal mourut dans cette espèce d'exil, âgé, dit-on, de plus de quatre-vingts ans.

« Oui, l'aspect romantique d'Arpinum éveille d'autant plus l'imagination que les grandes ombres du plus terrible homme de guerre et du plus formidable des orateurs de leur temps vous accompagnent partout.

« Ainsi vous revient-il en mémoire que, né dans une ville volsque d'abord, puis samnite, et enfin romaine, l'an 155 avant Jésus-Christ, d'une famille obscure, *Caius Marius* se distingue au siége de Numance, devient tribun, puis préteur, et bientôt accompagne Métellus envoyé en Afrique contre Jugurtha. Il se fait alors un parti dans l'armée, supplante son chef, qui est aussi son bienfaiteur, et se fait charger à sa place de la conduite de la guerre de Numidie, avec le titre de consul. Jugurtha lui ayant été livré, la guerre est à sa fin. Aussitôt Marius le plébéien devient l'idole du peuple, qui le nomme consul pour cinq années consécutives. Le voilà qui taille en pièces, en l'an 102, auprès d'Aix, les Teutons, qui menacent l'Italie, puis qui extermine les Cimbres, à Verceil. De retour à Rome, et le parti démocratique étant le plus faible, Marius part pour l'Asie. Pendant la guerre sociale, de 90 à 88, Marius joue un rôle indéterminé. Mais bientôt après il entre en lutte avec Sylla. Le peuple lui confie le commandement de l'armée qui marche contre Mithidate; le sénat l'attribue à Sylla. Celui-ci marche sur Rome et chasse Marius. Poursuivi par les soldats du général patricien, le plébéien va se cacher dans les marais de Minturnes...

« Quant à *Cicéron*, alors que Marius n'est déjà plus qu'un vieillard débile, il a pour père un simple foulon du même bourg d'Arpinum, où, par parenthèse, à raison du commerce des draps grossiers qui s'y fabriquent, il y a encore bon nombre de foulons. Sa mère s'appelle Helvia. Ils habitent ensemble une maison modeste.

« — Vous voyez cette demeure et ce qu'elle est aujourd'hui, écrit Cicéron en parlant de sa maison d'Arpinum, — dont on montre encore et dont j'ai visité l'emplacement, ajoute fièrement notre jeune touriste, — c'est mon père qui l'a agrandie. Il était d'une faible santé, aussi c'est là qu'il a passé sa vie entière. Là aussi j'ai reçu le jour. Je ne sais quel charme s'y trouve qui touche mon cœur et mes sens, et me rend cette habitation plus agréable... (1).

---

(1). Epîtres, v, 1.

« Du reste, cette humble famille a des relations avec les premiers citoyens de Rome, et l'éducation de Marcus Tullius et de son frère Quintus est dirigée par l'orateur Crassus, qui les confie aux rhéteurs les plus habiles.

» Dès son enfance, Marcus Tullius Cicéron s'annonce comme un prodige. Lorsqu'il compte à peine vingt-six ans, il débute au Forum, par la défense de Roscius, et son éloquence, pleine d'images et de couleurs charme ses auditeurs. Néanmoins, au lieu de s'endormir sur son premier triomphe, il court à Athènes, où, après quelques mois, il s'aventure à parler en public.

« — Cicéron, lui dit un des maîtres de l'art qui l'écoutent, je vous loue, je vous admire ! Mais je gémis sur le sort de la Grèce, en voyant que les seuls avantages qu'elle possédait encore, le savoir et l'éloquence, vous allez les porter aux Romains.

« En effet, le jeune orateur devient l'homme le plus savant et le plus éloquent de son siècle. Il est successivement édile et consul. Vous vous rappelez comment il sauve Rome des desseins homicides de Catilina ?

« Les discours de Cicéron lui valurent de grandes richesses, non pour les honoraires qu'il en reçut, car on ignorait de son temps cet usage, mais par suite de legs que tout homme riche faisait, dans son testament, à quiconque avait bien mérité de lui. D'une façon ou d'une autre, cet état d'avocat et d'orateur, autrefois, comme aujourd'hui, était d'un assez bon rapport. Aussi le nombre des maisons de ville et de campagne de Cicéron s'accrut beaucoup ; et bien qu'il se fût abstenu dans les provinces des extorsions alors trop familières aux gouverneurs, il devint fort riche, s'entoura du luxe des arts, décora splendidement ses villas d'Antium, de Cumes, de Pouzzoles, de Pompéï, de Tusculum, de Gaëte, et d'ici et de là, et enfin put offrir à ses amis une hospitalité opulente et douce. Du reste, bon homme au fond, aimable courtisan et joyeux compagnon. Rome tout entière retentissait de ses bons mots. On en fit même un recueil qui servit de modèle à ces *Ana*, dont notre France a eu la vogue. Malheureusement ce livre n'est plus. Pourquoi donc, hélas ! se mêla-t-il de ce qui ne le regardait pas ? Un jour, s'étant avisé de considérer de trop près la tête de Fulvie, la femme d'Antoine, il trouva que ses cheveux n'étaient..... qu'une perruque ! Il en jasa : il en fit gorge chaude ; et cela lui valut... la mort !...»

Notre voyageur nous dit bien d'autres choses encore pour nous faire adopter la route de Mont-Cassin et d'Arpinum ! Il nous les débite avec ce flux de paroles qui témoignent de son enthousiasme. Assurément, Laurent de Valvert sera un jour avocat. Il a le verbe haut, et sa faconde ne tarit pas. Mais notre chaise de poste a reçu de nous un itinéraire différent, et nous ne voulons pas revenir sur notre décision. La route de Gaëte, Terracine etc., et des marais Pontins, la voie Appienne, en un mot, ont bien aussi leurs curiosités, j'imagine? Si Laurent a vu le berceau de Cicéron et de Marius, à Arpinum, nous verrons, nous, le tombeau du premier, à Gaëte, et les marais du second, à Minturnes ! L'un vaut bien l'autre. Seulement nous prenons note des renseignements de l'officieux touriste, et, de Rome, en allant dans la Sabine, nous ferons une excursion à son cher Arpinum et à son pittoresque Mont-Cassin...

Sur ce, nous lui serrons la main en lui souhaitant bon voyage, et nous disons adieu aux bastions et aux ouvrages à corne de la Capoue napolitaine.

Gaëte, le soir du même jour.

Donc vers midi, par un ciel bleu, un soleil ardent, mais une brise fraîche, notre voiture de voyage nous emporte de Capoue, en laissant derrière elle une longue traînée de blanche poussière. Bientôt les yeux de M. Valmer lancent la flamme, comme un volcan à double cratère. Il s'agite en son coin et semble ne pouvoir trouver le repos. On voit qu'il cherche dans le riche paysage qui nous entoure, non les sites les plus hardis ou les plus poétiques, mais ceux qui lui rappelleront quelques drames, ou lui donneront l'occasion de nous raconter quelque fait curieux. En effet, le voici qui prend la pose de la Pythie de Delphes ou de la Sibylle de Cumes, et qui entonne de sa voix mélodieuse :

Est qui nec veteris pocula *Massici*
Nec partem solido demere de die
Spernit.... (1).

---

(1) Tel ne hait pas une coupe de vieux *Massique*, et dérobera volontiers aux affaires une partie du jour. *Horace*, Odes I. v. 19.

En même temps, il nous montre du doigt une haute montagne qui sert de toile de fond au village de *Cascano*, sur notre droite, et nous la désigne comme étant le célèbre vignoble qui produisait les vins de *Massique*, chantés par Horace, et qui naguères encore nous faisaient venir l'eau à la bouche en les traduisant.

Puis un peu plus loin, il ajoute avec l'accent de l'extase :

> Cæcubum, et prælo domitam Caleno
> Tu bibes uvam. Mea nec *Falernæ*
> Temperant vites, neque Formiani
> Pocula colles. (1)

Et alors c'est le *Mont-Falerne*, les ruines de la ville de ce nom et ses vignobles non moins fameux, et non moins chantés par les poètes, qu'il nous fait remarquer. Le fait est que ces deux hautes collines, presque voisines l'une de l'autre sont admirablement exposées au soleil. Je sais, du reste, ce qu'il faut penser de leurs vins. Ils sont bons, mais je regrette peu qu'on ait perdu les plants célébrés par Horace : nous avons mieux en France.

Nous cheminons en regard des paysages les plus ravissants. A droite, gracieuses ondulations de montagnes qui se superposent ; à gauche, horizon qui s'étend à travers des brumes bleuâtres, jusqu'à la mer dont nous nous rapprochons. Partout des villages pittoresques ; partout de la verdure et des bois ; partout des eaux qui murmurent en glissant le long de hauts rochers. Sur notre route, paysans qui cheminent en poussant devant eux des ânes chargés de ramées, de légu-

---

(1) Chez toi, Mécènes, tu peux boire le Cécube et le jus des raisins foulés sous les pressoirs de Calès ; moi, je ne possède ni les vignes de *Falerne*, ni les coteaux de Formies, pour corriger mon vin de la Sabine. *Hor.*, Od. xx, v. 19.

Les Romains corrigeaient les vins faibles par la mixtion de vins meilleurs. Mais ils connaissaient aussi le plâtrage des vins, qu'ils appelaient *conditura vinorum*. Cette opération consistait et consiste encore à saupoudrer de plâtre le vin pour le livrer plus vite à la consommation. Les Grecs faisaient de même pour les vins de Chio, de Samos et de Céphalonie, aimée du soleil.

mes ou de fruits ; laboureurs qui aiguillonnent leurs attelages de bœufs aux longues cornes; prêtres et religieux disant leur bréviaire ou récitant leur chapelet; femmes et jeunes filles d'une allure souple et nerveuse, relevant leurs bras pour soutenir le faix dont leur tête est chargée, comme autrefois les nymphes de la fable portant des amphores. Beaucoup d'entre elles, les cheveux roulés, et coiffées d'un coussin, le corsage vert ou bleu, portent de la terre, et quelquefois du fumier, dans de petites corbeilles en sparterie. Il y a mieux encore. Le sol est tellement accidenté, il se présente si souvent un angle de rocher, un taillis, un chemin creux, qu'on peut s'attendre parfois à voir débusquer, et vous coucher en joue, de ces brigands que j'appellerais de tous mes vœux, si ma bonne et excellente mère n'était avec nous, et si, au contraire, vous, mes braves, vous étiez avec moi !

Voici la charmante bourgade de *Sessa* qui passe sous nos yeux, avec un vieux manoir féodal qui domine les ruines d'une antique cité, à moitié enfouie sous la lave d'un volcan dont Sessa occupe le cratère éteint, et les toits rouges de ses maisons modernes éparpillées sur un mamelon vert, de l'aspect le plus riant.

Puis, après le joli village de *Santa-Agatha*, la route, tournant tout-à-coup sur la gauche, nous met en face d'horizons vaporeux qui charment le regard, et nous permet de suivre de l'œil le Vulturne, portant des eaux limoneuses à la mer, qui rutile dans le fond du paysage.

Alors nous touchons à la voie Appienne, qui maintenant va nous conduire jusqu'à Rome, pendant que son autre extrémité va se porter, vers l'Orient, à la ville de Bénévent, au milieu des *montagnes de la Pouille, brûlées par le sirocco :*

. . . . Montes *Appulia* notos
. . . . Quos torret *Atabulus*.....

Nous atteignons ensuite *Mandragone*, village qui a pris la place de la *Sinuessa* des Romains, dont parle Horace dans son voyage de Rome à Brindes, par la voie Appienne, *moins rudes pour les mauvais marcheurs :*

> .... Minus est gravis *Appia* tardis...

C'est à Sinuesse, qui avait des eaux minérales et des bains chauds, alors très-vantés, et dont on voit des ruines fort remarquables, que notre poète trouve ses amis de cœur, Virgile, Varius et Plotius, qui suivaient la même voie :

> Postera lux oritur multo gratissima, namque
> Plotius et Varius *Sinuessæ*, Virgiliusque
> Occurrunt.... (1).

Qu'ils éprouvent bien cette joie, que je ressentirais, moi, si j'avais le bonheur de vous rencontrer sur mon chemin, mes chers amis, jadis compagnon de la la dure existence du Lycée !

> O qui complexus ! Et gaudia quanta fuerunt (2)!

A peine avons-nous dit adieu au Vulturne, qu'un autre fleuve se présente, par le travers, sur notre route, encapuchonné d'un pont en fer, à la date de 1832. Ce fleuve, aux eaux lentes et muettes, est le taciturne *Liris* : c'est l'épithète que lui donne Horace :

---

(1) Le lendemain fut un jour de bonheur : nous rencontrâmes, à Sinuesse, Plotius, Varus et Virgile, les plus belles âmes que la terre ait portées, etc. *Horace*, Satires v, v. 40.

(2) Oh ! quelles embrassades ! quels transports de joie. *Hor.*, Sat. v, v. 43.

> . . . . . Rura, quæ *Liris* quieta
> Mordet aqua *Taciturnus* amnis. (1).

Vous voyez, mes amis, que nous foulons aux pieds les souvenirs antiques, et que nous coudoyons l'histoire et la fable, marchant tantôt avec Horace, tantôt avec Tacite, parfois même en compagnie de notre illustre chevalier sans peur et sans reproches, Bayard. Car, sur ce Liris mélancolique, devenu le moderne *Garigliano*, se montre à nous l'ombre de ce héros défendant, seul, le passage du vieux pont, lorsqu'en 1503, sur la rive droite du fleuve, les Français, par indiscipline et refusant de se laisser commander par le marquis de Mantoue, perdaient une bataille contre Gonzalve de Cordoue, et laissaient prendre Gaëte par les Espagnols, ceux-ci protégeant le royaume de Naples, et ceux-là cherchant à s'en rendre maîtres. Pedro de Paz « *lequel n'avait pas deux coudées de haut, mais de plus hardye créature n'eust-on sceu trouver,* » conduisant une légion d'Espagnols, voulait passer le fleuve : Bayard ne le voulait pas. Il advint alors que « *le bon chevalier désirant toujours estre près des coups, s'était logé joignant le pont ; mais si durement fut assailly, que sans trop grande chevalerie n'eust sceu résister... et à coups d'épée se défendit si très-bien, que les Espagnols ne scavoient que dire et ne cuydoient point que ce fust ung homme.* »

Aussi Brantôme, après avoir passé le Liris, il y a de cela trois cents ans, au lieu même où nous le traversons, dit-il à propos du champ de bataille :

« *Hélas ! j'ai vu ces lieux là dernier, et même le Gariglian, et c'estait male tard, à soleil couchant, que les ombres et les masnes commencent à se paroistre comme fantósmes, plustôt qu'aux autres heures du jour, où il me semblait que les âmes généreuses de ces braves Français, là morts, s'eslevoient sur la terre et me parloient et quasi me répondoient sur les plaintes que je leurs faisois de leur combat et de leur mort...* »

---

(1) Ni les terres que minent sourdement les eaux paisibles du *Liris*. Hor., Odes XXXI, v. 7.

En combien d'endroits de l'Italie n'avons-nous pas trouvé des tombes sous lesquelles dorment de nos vaillants Français morts au champ d'honneur !

A la sortie du pont qui enjambe le Garigliano, à gauche, nous voyons les ruines, fort reconnaissables et composées de plusieurs arcades, d'un *Amphithéâtre* ; et, dispersés ici et là, des massifs de constructions antiques éboulées et jonchant le sol. Voici même un *Aqueduc* magnifique, qui sillonne la plaine de ses innombrables arceaux. Enfin, sur une colline verdoyante, nous avisons les décombres d'une cité détruite, et au pied de la colline, des marécages qu'entretiennent les eaux du Liris, en déversant le trop plein de leur lit.

Ruines d'amphithéâtre, de théâtre, d'aqueduc, de ville antique et marais appartiennent tous à l'ancienne *Minturnes*, et c'est précisément dans ces vastes marécages qu'erra, en se cachant dans leurs roseaux, le grand Marius, pour se dérober aux poursuites des soldats de Sylla.

Je vous ai dit plus haut, mes chers maîtres, que, sur la voie Appienne, nous rencontrerions et le tombeau de Cicéron et les marais de Minturnes. Nous voici déjà à l'une des deux étapes.

Vous savez que Marius faisait consister la vertu et l'habileté dans le mensonge : nos livres nous l'ont prouvé et de reste. Ainsi, avait-il trompé son armée en lui présentant une femme de Syrie qui passait pour devineresse. Le mensonge, une fois reçu, avait produit sur le moral des troupes le même effet que si, dans la réalité, cette aventurière avait eu quelque pouvoir surnaturel. Revenu à Rome, il ne peut supporter la vue d'un monument qui représente Jugurtha livré à Sylla, il trouve dans ce fait un orgueil féroce de la part de son ennemi, attirant ainsi à lui seule toute la gloire de la soumission de l'Afrique. Il veut détruire ce monument : Sylla prend les armes pour le défendre. De là, guerre civile. Chassé de Rome, fugitif, Marius gagne, non sans peine le port d'Ostie, où il s'embarque. Mais la tempête le jette sur le rivage de Circeo, là, sur notre gauche, au-delà de Gaëte. Le lendemain, il s'enfonce dans ces marécages de Minturnes, lorsqu'il voit venir une troupe de cavaliers qui s'avancent droit à lui, tandis que sur la côte paraissent deux navires. Aussitôt, il court, avec ses compagnons, du côté de la mer et aborde ces vaisseaux. Pendant que l'une des galères est commandée par son beau fils, Granius, que sa femme a eu d'un premier lit, et qui l'aurait sauvé, le malheur veut qu'il monte sur l'autre galère. Les cavaliers arrivent à fond de train, et demandent qu'on leur livre le proscrit. Les matelots refusent d'abord ; puis, plus tard, ils le déposent à terre, près de l'embouchure du Liris, en lui promettant qu'ils le reprendront lorsque le vent sera favorable. Mais à peine Marius s'est-il endormi, que la galère s'éloigne du rivage. A son réveil, le proscrit connaît la trahison. Toutefois un paysan de la contrée lui offre un asile dans sa chaumière. Alors voici de nouveau les cavaliers qui approchent et réclament leur victime. Généreux, le paysan tient bon; mais à la voix de ses ennemis, Marius se lève et se présente. On le charge de fers. Conduit à Minturnes, les magistrats délibèrent sur ce qu'ils feront de l'homme célèbre que son destin leur livre. On décide qu'il doit mourir! Heureusement aucun des citoyens ne veut tremper ses mains dans le sang du vaillant capitaine qui a délivré son pays des barbares envahisseurs. C'est un soldat Cimbre, qui, dans une pensée de vengeance, se charge de cette exécution. Il entre, l'épée haute, dans la prison de Marius; mais, sous le regard fauve et terrible de son ennemi, frappé de terreur, il n'ose plus consommer son forfait, et Minturnes toute entière, émue de compassion, s'empresse de sauver le général, dont la vue seule fait trembler un Cimbre. On le conduit vers le port: il prend place sur une galère. C'est alors que, porté sur le rivage de l'Afrique, il est rencontré, sur les ruines de Carthage, par un officier du préteur Sostilius.

— Va raconter à celui qui t'envoie, dit-il à l'envoyé chargé de l'expulser du territoire, que tu as vu Marius, fugitif, assis sur les ruines de Carthage!

Nous avons franchi les limites de la Campanie: nous voici dans le Latium du littoral ou Latium occidental. J'essaierais en vain, mes chers amis, de vous peindre la magie du paysage. Nous nous sommes rapprochés peu à peu de la mer, que nous cotoyons. Ici, c'est une tour qui baigne son pied dans les eaux du rivage; là, une autre tour, puis d'autres encore, sont debout sur de verts mamelons, comme des sentinelles avancées, qui défendent l'approche des terres. En face, sur un promontoire qui domine la mer, et que domine à son tour un haut bastion antique, s'étage la ville de Gaëte, qui brille sous les feux du soleil. Au loin, sur les vagues éblouissantes, nagent les îles *Ponza*, *Palmarola* et *Zannone*, d'une part; de l'autre, flottent comme des corbeilles livrées au caprice des flots, les îles de *Vandotena*, *San Stefano*, et l'ancienne *Pandataria*, qui vit la cruelle agonie de Julie, fille d'Auguste; d'Agrippine, veuve de Germanicus; et d'Octavie, de la pure Octavie, femme de l'horrible Néron.

Mais, soudain, cette vision s'efface, car, nous écartant encore du rivage, voici que nous passons dans une gorge de montagnes arides qui nous tiennent à l'ombre. Puis, à la sortie de cette gorge rapidement franchie, la sublimité du spectacle nous est rendue, avec une mise en scène plus vaste et plus radieuse. Ce n'est plus seulement la mer et ses îles, Gaëte et son promontoire, qui reparaissent à nos yeux, c'est un golfe dans tout son développement, avec le luxe des rivages qu'il reflète, Mola, Castellone ou l'antique Formies, et toute une enceinte de collines privées de végétation, mais dont l'aspect plein de poésie sauvage étonne et ravit.

Silence! nous approchons de la seconde station que je vous ai annoncée, le *Tombeau de Cicéron*. A notre gauche, placée au milieu de vignes qui décorent sa base de leurs guirlandes, et abritée sous l'ombrage d'un caroubier, surgit du sol un *Columbarium*, tour ronde, intacte, à laquelle la main du temps n'a enlevé aucune de ses pierres. Saluons, saluez bien bas, car sous ce massif de grès repose le prince des orateurs : Ci gît Marcus Tullius Cicéron! C'est là aussi qu'il fut tué!

Je n'ai pas besoin de vous rappeler que dans l'île du Réno, Octave, Antoine et Lépide, pour cimenter leur Triumvirat, discutèrent pendant trois jours les listes de proscriptions des victimes qu'ils sacrifiaient mutuellement à leurs craintes et à leur haine. Long-temps Octave refusa de livrer Cicéron, qu'il avait visité dans sa villa Cumana, et qu'il croyait avoir gagné à son parti. Mais il est contraint de céder. Cicéron n'a-t-il pas commis le crime irrémissible de deviner les faux cheveux de Fulvie, et d'en plaisanter? Or, Fulvie est la femme d'Antoine, et Antoine est un des triumvirs! Fulvie a dit au triumvir Antoine qu'elle veut la mort de Cicéron, et, au nom de Fulvie, en époux complaisant, Antoine exige le trépas de l'orateur. De son côté, Lépide signe la mort de son propre frère, à la condition qu'Octave signera celle de Cicéron. Octave, qui veut devenir Auguste, accorde enfin le sang de l'infortuné Marcus Tullius. Donc, grande terreur, à Rome, quand on apprend les terribles résultats de la conférence de l'île du Reno, et qu'on lit, affichées sur le Forum, et par tous les carrefours, les cruelles listes qui menacent la vie de tant de pauvres victimes. Le nom de Cicéron figure en premier lieu. Cicéron de s'enfuir! L'illustre orateur a des villas partout, vous le savez. Il court de l'une à l'autre, se cachant toujours, et, toujours découvert; mais alors il forme le dessein d'aller rejoindre Brutus dans la Macédoine. Pour ce faire, il vient à Gaëte, où il possède une villa, et essaie de s'y embarquer. Des tempêtes le retiennent. Sur ces entrefaites, on lui annonce l'approche de soldats qui le cherchent. Aussitôt Marcus Tullius de s'enfuir, le long du rivage, porté dans une litière qui le dérobe aux regards. On est au point du jour, et la tempête continue à exercer ses fureurs sur la côte de Gaëte. Dans la brume du matin, on signale à Cicéron des groupes d'hommes armés, dont les glaives brillent dans la pénombre. Mais en même temps on le rassure : ses valets ne sont-ils pas prêts à le défendre? Cependant Cicéron ne se fait pas illusion. Nous voici, nous, à l'endroit fatal où les soldats entourent sa litière. La victime avance la tête pour leur parler. Quel n'est pas son étonnement? Celui qui commande les bourreaux est Popilius Lænas, un tribun, dont Cicéron a été l'avocat, et dont il a gagné la cause, dans une affaire d'assassinat...

— Tu veux ma tête, Vétéran, lui dit l'orateur, la voilà : tâche seulement de la faire tomber avec adresse !

Et comme Lænas, pâle et interdit, hésite, l'aspect satirique du proscrit reprenant le dessus, et faisant allusion au crime de son client :

— Que serait-ce donc, dit-il, en raillant, si tu faisais ton apprentissage sur moi?...

Ce disant, la tête passée par la portière, Cicéron tend la gorge et reçoit le coup mortel. Son corps, jeté dans une vigne voisine du théâtre du meurtre, y fut brûlé, et ses cendres furent placées dans une urne que l'on enferma dans la tour haute et massive que nous avons sous les yeux, qui devint son tombeau, et que le temps et la main des hommes ont respectée jusqu'à nos jours.

Cependant Popilius, l'ingrat, l'ignoble Popilius, a coupé la tête et les mains du cadavre de son bienfaiteur. Il court à toute bride jusqu'à Rome, afin d'offrir à Fulvie ce trophée sanglant. C'est une chose horrible à dire ! Mais Antoine saisit cette tête avec empressement et la présente à Fulvie, qui la contemple avec bonheur. En même temps, elle tire une épingle d'or de ses cheveux et lui en perce la langue à diverses reprises, en manière de vengeance. Puis, elle envoie Popilius clouer, entre les deux mains mutilées, cette tête désormais muette, sur la tribune aux harangues, au Forum, où tant de fois elle avait si éloquemment parlé aux Romains ! Effroyable spectacle pour Rome, qui apprit par là que la liberté était morte. Antoine paya ce crime d'une couronne d'or et d'une énorme somme d'argent. Vaines atrocités ! Inutiles récompenses ! Les meurtriers sont restés infâmes, et.... le nom de leur victime est à jamais couvert de gloire !

Nous déposons une couronne de fleurs sur la tombe du prince des orateurs, comme, il y a quelques jours, nous avons fait sur la tombe du prince des poètes...

La villa de Cicéron faisait partie du *Prædium Formianum*, dont l'emplacement est occupé aujourd'hui par la villa du prince de Caposele, transformée en auberge, derrière laquelle on voit des ruines fort intéressantes, qui ne sont autres que les bains de Cicéron, attenant à sa maison.

Là, nous sommes à *Formies*, ville des Lestrigons, habitants primitifs de la contrée, devenue cité romaine, et faisant le commerce des vins de Cécube, de Massique et de Falerne. Elle est remplacée, de nos jours, par *Castellone*, qui, avec *Mola di Gaeta*, composent les deux faubourgs de Gaëte. Nous y trouvons encore des portions de ses murailles antiques et une de ses portes, assez peu remarquable du reste, que le temps n'a pas encore couchée sur le sol. Horace compare les vins de ses vignobles aux vins de Falerne, etc.

> . . . . Mea nec Falernæ
> Temperant vites, neque *Formiani*
> Pocula colles.

J'ai dit que, dans l'origine des temps, Formies était la ville des Lestrigons. Je dois ajouter que le grand poète grec, Homère, fait couler, à Formies, la *Fontaine Artacia*, près de laquelle son héros, Ulysse, rencontra la fille d'Antiphate, roi du pays. La jeune princesse allait y puiser de l'eau, comme une simple lavandière. Or, c'est précisément dans le domaine de Cicéron que coulait et que coule encore la fontaine d'Artacia : c'est là un monument que nous ne devons pas dédaigner, nous qui sommes à l'affût de tous les souvenirs.

La route de Rome tourne dans les terres, vers la droite, et laisse Gaëte à sa gauche. Mais nous sommes trop polis pour ne pas rendre une visite à cette ville intéressante, si hardiment assise sur les rampes escarpées du haut promontoire, qui la domine, et si merveilleusement suspendue au-dessus des eaux de son vaste golfe, qu'elle paraît détachée de la terre et nager sur la mer. C'est d'un effet magique. La tour qui surmonte le promontoire, et couronne la ville, pour l'homme simple du pays a nom *Torre d'Orlando*, la tour de Roland ; mais pour l'homme instruit, c'est le tombeau de *Munatius Plancus*. Nous lui devons un hommage. Ce Munatius Plancus, né à Tibur, orateur et général, suivit César dans les Gaules, prit ensuite le parti de Pompée, revint à César, servit Antoine, et enfin l'abandonna pour Octave. Consul, puis censeur, ce fut lui qui créa l'empire à Rome, car son éloquence décida le sénat à donner à Octave le titre d'Auguste. Chargé d'un commandement dans les Gaules, Munatius fonda Lugdanum, notre seconde cité de France. Comme tous les Romains, qui tenaient à se reposer dans la mort, en regardant passer les vivants, Munatius, plus raffiné dans ses goûts, fit placer son tombeau sur la pointe la plus élevée du promontoire de Gaëte, entre les voyageurs de terre et les navigateurs de mer. C'était un homme de mérite, j'en donne pour preuve l'ode 7e du 1er livre de ses poésies, que notre Horace lui dédia :

> Laudabunt alii claram Rhodon, et Mitylenem,
> ....
> .... Sic tu sapiens finire memento
> Tristitiam, vitæque labores
> Molli, *Plance*, mero .... (1).

Nous avons fait remiser notre chaise de poste à l'Hôtel de la *Villa di Cicerone*, à Mola di Gaeta, et nous congédions nos postillons, toujours très-exacts à tendre servilement une main rapace. Puis après l'examen des ruines et un repas, dans lequel nous dégustons le Cecube et le Falerne et nous portons un toast à la mémoire de Cicéron, alors que le soleil s'incline sur la plaine humide qu'il rend flamboyante, et illumine la ville ancienne de Gaëte, nous dirigeons notre promenade vers ce point.

Vous savez, mes chers amis, que Strabon attribue l'origine de *Gaëte* à une colonie grecque, venue de Samos, qui s'y fixa après une longue navigation. On lui donna le nom de *Caieta*, qui exprime la courbe ou la concavité que la mer Tyrrhénienne creuse en cet endroit sur la côte.

Mais vous croyez plus volontiers, avec notre cher Virgile, que Gaëte fut fondée par le pieux Enée, à la gloire de sa nourrice *Cajeta*, qui rendit l'âme sur le rivage du promontoire :

> Tu quoque littoribus nostris, Æneia nutrix,
> Æternam moriens famam, *Caieta*, dedisti :
> Et nunc servat honos sedem tuus, ossaque nomen
> Hesperia in magna, si qua est ea gloria signat... (2)

---

(1) D'autres vanteront Mitylène, Rhodes.. etc... pour toi, Plancus, si tu es sage, il faut chasser la tristesse et oublier dans le vin les agitations de la vie. *Hor.*, Ode VII. liv. 1.

(2) Toi aussi, nourrice d'Enée, Caïette, tu as laissé, en mourant, une éternelle renommée à nos rivages; et maintenant l'honneur rendue à ta mémoire consacre le lieu où tu reposes, et ton nom, si c'est un titre de gloire, marque la place qu'occupe ta cendre dans la grande Hespérie. *Virgile*, Enéide, Liv. VII, v. 1.

Or, après que le prince troyen eut célébré les funérailles selon le rit accoutumé, et qu'il eut élevé le tertre du tombeau, voyant la mer calme et aplanie, il fit déployer les voiles et s'éloigna du port. Il allait chercher pour sa race un asile dans le pays des Latins.

Voilà déjà des titres à la renommée pour cette ville de Gaëte : ce ne sont pas les seuls. Là, sur ce rivage qui baise de ses vagues la base des maisons, on vit souvent Scipion et Lelius, les deux Romains que leurs vertus et leur tendre affection rendirent célèbres, s'amuser à faire des ricochets sur la surface plane des eaux, comme plus tard on trouva souvent Octave jouant aux noix, avec les petits gamins de sa ville impériale.

Gaëte, par une étrange exception, ne compte que de blondes chevelures. Pendant que toutes les femmes de l'Italie ont les yeux noirs et les cheveux semblables au jais, celles de Gaëte ont les yeux bleus et les cheveux du blond le plus doux au regard. Pourquoi cette différence singulière, sous un même climat? Aussi, pour tracer le portrait de son Armide, le Tasse prit-il une fille de Gaëte pour son modèle.

Vous dirai-je que les orangers de Gaëte, assemblés en forêts, réunis en vergers, donnent des fruits aussi délicieux que ceux de Sorrente et de Palerme? Non.

J'aime mieux vous parler des siéges que Gaëte eut à subir. Je ne vous les raconterai pas tous : on en compte cinq, et cinq des plus fameux. Mais je dirai quelques mots de celui qui mit en scène nos terribles républicains de 1794.

D'abord, comme à Capoue, nous entrons dans Gaëte par des portes à herse, des ponts-levis, des glacis formidables, des murailles crénelées, à travers des bastions, des forts détachés, des courtines et des ouvrages grandioses, qui font de cette ville une forteresse redoutable et la clef du royaume de Naples. Quoique irrégulièrement bâtie et avec des rues généralement étroites, à raison de sa position, Gaëte est d'un séjour salubre. Elle possède une fort belle *cathédrale*, fondée par Frédéric Ier, le terrible Barberousse, dit-on, et qui fut long-temps le but de pieux pèlerinages. Nous y avons vu un des bons tableaux de *P. Veronèse*, Saint-Erasme, et un étendard que Pie V offrit à don Juan d'Autriche, lorsqu'il alla battre les Turcs, à la journée de Lépante. Le château nous a montré aussi le *Tombeau du connétable de Bourbon*, traître à sa patrie et rebelle à son roi. Mais le seul vestige d'antiquité que nous ayons rencontré qui mérite de l'intérêt, est une colonne dodécagone, sur laquelle sont gravés en caractères, grecs et latins, les noms des douze vents.

Il y avait de la gloire à lutter contre une armée qui, comme la nôtre, comptait quatorze années de victoires, qui avait planté son drapeau sur les minarets de l'Egypte et sur les remparts de presque toutes les places-fortes de l'Europe. Le roi Ferdinand, le Nemrod dont je vous ai parlé, à l'occasion du petit village de Sainte-Lucie, près de Caserte, avait confié le commandement de la place au prince de Hesse-Philippstadt. A l'approche de nos régiments, commandés par le prince Joseph, frère et lieutenant de Napoléon Ier, le prince de Hesse-Philippstadt fit ses dispositions pour assurer au moins une longue résistance. Les Français arrivèrent le 8 mars 1806 : mais quand on fut en regard de la ville, l'armée reconnut son impuissance; elle n'avait pas de matériel de siége. Il fallut construire presque tous les affûts, fondre beaucoup de mortiers, amener la poudre de fort loin. La nature du terrain des deux collines, d'où l'on pouvait conduire les attaques, présenta une difficulté plus grande encore. Le rocher se montrait presque à nu sur le *Monte-Secro*, et le sol de la *Torre-Latratina*, — l'une des tours que je vous signalais sur le rivage, tout-à-l'heure, la plus rapprochée de la ville, — était traversé par d'énormes cailloutages, et des débris de murailles antiques. Avec cela, l'artillerie des assiégeants était formidable : ils avaient près de cent pièces de canon sur le front d'attaque, sans compter les mortiers. Leur consommation de munitions était énorme et souvent inutile. On compta jusqu'à deux mille coups en vingt-quatre heures. Enfin, le 7 juillet, six mois après seulement, les assiégeants armèrent leurs batteries de cinquante pièces de vingt-quatre et de trente-trois, avec vingt-trois mortiers de différents calibres. Dès le sixième jour, des brèches se formèrent. Celle du côté de la citadelle, à la première enceinte, dans un mur épais, mais non soutenu de terre, laissait déjà voir les maisons de la ville. On doubla de moyens sur la seconde enceinte. Deux jours après, elle parut d'un facile accès. Alors la garnison demanda à capituler. Elle avait perdu son commandant, atteint d'un éclat de bombe, au moment où il encourageait ses cannoniers, sur un bastion. Il mourut le troisième jour. Ainsi, les assiégés, au nombre de sept mille cinq cents hommes, continuellement ravitaillés par une flotte anglaise, ne purent tenir plus de six jours devant le feu de l'artillerie française, car on s'était borné auparavant à un exact blocus, sans tirer un coup de canon sur la place.

Après le siége de Sébastopol, il n'est pas de siége plus long, que je sache, et en même temps plus rapide, dans nos temps modernes, n'est-il pas vrai ? Essayez donc de résister à des Français !...

Terracine, l'*Anxur* des Volsques, 26 octobre 185...

Nous partions au lever du jour, ce matin, chers camarades, et notre postillon, mis en belle humeur par un généreux coup d'étrier, tout en fredonnant un gai *canzone* du crû, nous faisait voler, plutôt que rouler, sur la majestueuse voie Appienne.

Cette route s'est écartée de la mer à partir de Gaëte. Elle a pénétré dans des gorges profondes, abruptes, dont les nombreuses et hautes assises sont hérissées de rochers fantastiques, effrayants, qui, de droite et de gauche, menacent le voyageur qui passe. L'escarpement des montagnes et la nudité des rochers me rappellent les fameuses gorges d'Ollioules qui, dans les bois de Cuges, jadis, m'ont amené à Toulon, une nuit, par la plus épouvantable tempête que j'aie encore essuyée de ma vie. Il est vrai que j'ai à peine dix-huit ans ! Nous sommes dans les *Gorges de Fondi*, sur le théâtre des exploits du terrible et farouche Michaele Pezza, mieux connu sous le pseudonyme de *Fra Diavolo*. Fra Diavolo ! Comprenez-vous bien, mes maîtres ? Vos souvenirs d'Opéra Comique se réveillent, j'imagine. Mais tout en se réveillant, et malgré les prestiges de l'Opéra Comique, jamais ils ne vous représenteront l'horreur des Gorges de Fondi, et la rébarbative physionomie de ses habitants. Auprès des modèles qui passent sous nos yeux, vos brigands de l'Opéra Comique ne sont que d'avenantes poupées.

Ce drôle est né à *Ytry*, village étagé sur les pentes de montagnes sauvages, qui ont été dressées tout exprès pour tendre des traquenards aux honnêtes gens qui voyagent. Nous y arrivons après avoir entrevu les grandes ruines d'un vieux castel, et traversé un pont, cavalcadant sur un torrent desséché. Quelle mine ont tous ces gaillards d'Ytry, avec leurs jambes entourées de misérables lambeaux de toile, fixés avec des ficelles qui en font vingt fois le tour, leurs chaussures en loques, leurs soubrevestes en guenilles, et leur chapeau pointu déformé ! Et les femmes ! Certes ! leurs jupes immondes et leur tenue sans vergogne, sont loin de rappeler les ajustements pittoresques et les jolies tresses de rubans attachés aux nattes de cheveux châtains-clair de leurs voisines de Gaëte !

Donc ce brigand, Fra-Diavolo, s'étant mis à la tête d'une bande de gredins, se prit à fouiller les montagnes et les bois, dans le voisinage des routes.

C'était à la fin du siècle dernier et au commencement de celui-ci. Il tombait à l'improviste sur nos soldats français et les voyageurs, les massacrait sans pitié, pillait les équipages, les voiturins et les pataches, en un mot interceptait la route de Naples à Rome. Un beau jour, nos troupes mirent la main sur ce misérable assassin, et... deux cents Français avaient arrêté la bande de Fra-Diavolo : les deux cents Français se mirent à l'œuvre, et on pendit incontinent les coquins aux arbres, le long de la route que nous suivons. On y laissa pourrir leurs cadavres, et cette glandée humaine, en s'entrechoquant au vent du soir, dut faire tressaillir plus d'une fois les gens d'Ytry, en même temps qu'elle y réjouit fort les corbeaux et les vautours. Quant à Fra-Diavolo, le peuple de Naples le croyant invulnérable comme Achille, et immortel comme Jupin, à raison de son surnom de *Frère-Diable*, on le promena vingt fois au beau milieu des masses de lazzaroni et de facchini, dans les quartiers plébéiens de Naples, après quoi on prouva qu'il était mortel en le décollant au grand jour, en présence du peuple, sur le Largo del Mercato.

Il y eut dans ces mêmes gorges un autre sacripant, le Néron des brigands. I avait nom Mammone, et de son état était meunier. Ce qu'il immola de voyageurs et surtout de soldats français ne saurait se dire. Plus de quatre cents de nos braves compatriotes périrent cruellement de sa main. Notre postillon nous raconte qu'il les faisait supplicier sous ses yeux, pendant que le cannibale mangeait, avec ses hordes de scélérats. Comme l'empereur romain, il s'écriait alors :

— Tuez-les lentement, afin qu'ils se sentent mourir !

Leur longue et sinistre agonie le délectait, le monstre ! On en fit justice.

Itry est l'antique *Urbs Mamurrarum*, dont parle Horace dans son voyage de Brindes ; mais, à cette époque, la bourgade n'était pas infestée de brigands; au contraire, on y trouvait de vrais amis, témoins Muréna, qui prête au poète sa demeure pour y reposer, et Capiton, sa table :

In *Mamurrarum* lassi deinde *urbe* manemus;
Murena pæbente domum, Capitone culinam.

D'Yvry à Fondi, la route descend à travers une succession longue et des plus variée de montagnes, se confondant les unes avec les autres, mais à peine couvertes d'une maigre végétation, arrondies en cône, et offrant aux regards un ensemble plein de sauvage poésie. La vallée que suit la voie Appienne est large et bien cultivée. On voit des champs de maïs, des plants d'oliviers, des bosquets d'orangers et de citronniers, des massifs de lauriers roses, et de nombreux figuiers.

A la sortie des gorges dangereuses placées entre Itry et Fondi, nous entrons dans la bourgade de ce nom. *Fondi* est assez triste d'aspect, mais, aujourd'hui, sa rue principale, qui occupe la Via Appia, est égayée par quelque fête, car tous les habitants sont dans les rues, je ne dirai pas exactement en costume des dimanches, car beaucoup d'hommes se montrent à nous sous le simple appareil d'une chemise, trop courte encore! Quant aux femmes, elles sont en toilette, toilette locale, et ce n'est pas sans étonnement que nous voyons leurs fronts ceints de cercles de cuivre ou d'argent.

Fondi à un monastère et un château.

Le monastère est en vedette sur l'un des côtés du bourg. Il se recommande à l'intérêt du touriste, parce qu'il eut saint Thomas d'Aquin dans ses murs, et que ce moine savant, autant que pieux, y ouvrit une école. Un jour, en présence de ses disciples, le saint planta, dans les jardins du cloître, par la tête, et en lui mettant les racines en l'air, un pauvre oranger qui ne sut trop que penser d'abord de ce nouveau procédé d'arboriculture ; mais peu à peu il se remit de son étonnement, s'habitua à sa nouvelle position, et changea les rôles de sa chevelure et de ses pieds. On nous y montre la cellule du saint et son oranger merveilleux.

Je n'ai pas besoin de vous dire que *Thomas d'Aquin* était de l'illustre famille des comtes d'Aquin, issus eux-mêmes d'un prince lombard. Né au manoir de la Rocca-Secca, près du Mont-Cassin, ce fut dans ce monastère du Mont-Cassin qu'il fit ses études. Plus tard, voulant se consacrer au Seigneur sous l'habit de Dominicain; et sa mère, Théodora, fille du comte de Theate, prétendant le conserver dans le monde, il advint que, dans ce même castel de la Rocca-Secca, Thomas convertit ses sœurs par lesquelles on le faisait garder, déjoua les ruses de ses frères, et, avec un tison enflammé, mit en fuite une courtisane qu'on lui avait dépêchée pour lui tendre des piéges.... Rentré dans le cloître, et professant à Cologne, Thomas reçut le surnom de *Bœuf muet*, à cause de sa silencieuse application à l'étude; mais aussi on disait de lui :

— Nous l'appelons le Bœuf muet... Mais ce bœuf mugira un jour si haut, si haut, qu'il sera entendu de tout l'univers !

Le collége de Saint-Jacques, à Paris, ou les *Jacobins*, comme on disait vulgairement, se glorifie d'avoir possédé Thomas d'Aquin, qui y poursuivit ses études. C'est alors qu'on lui donna le surnom *d'Ange de l'Ecole*, de *Docteur Angélique*, etc. Il enseigna tour à tour à Bologne, à Naples, à Fondi, à Cologne, etc. Il écrivit le *Maître des Sentences*, la *Somme Théologique*, des *Opuscules*, etc. Aussi raconte-t-on de lui, ce que vous savez déjà, qu'un jour, à Naples — où nous avons vu ce crucifix miraculeux —, dans un moment d'extase, il entendit le Christ de sa cellule, peint sur une croix, lui dire :

— Vous avez parfaitement écrit de moi, Thomas : quelle récompense désirez-vous ?

— Nulle autre que vous-même, Seigneur ! répondit-il.

Thomas d'Aquin mourut à Fossa-Nuova, célèbre abbaye de l'ordre de Citeaux, diocèse de Terracine, assez près de la ville d'où je vous écris.

Fondi possède aussi un château ; mais ce château n'a plus que des ruines, murailles chancelantes, donjons effondrés, poternes ouvertes et décombres habités par les bêtes fauves et les orfraies. Au xvie siècle, en une nuit fatale, au mois de décembre, froid et sombre, le silence et le calme ne régnaient pas, comme aujourd'hui dans ce manoir, alors debout. Habité par la spirituelle et gracieuse Julia di Gonzaga, veuve de Vespasien Colonna et comtesse de Fondi, ce paisible séjour était envahi soudain par toute une armée de pirates débarqués sur la côte la plus voisine. C'était le fameux corsaire algérien, Barberousse II, qui, tombant à l'improviste sur le château, prétendait en enlever la belle Julia, afin d'en faire hommage au Grand-Turc, Soliman II. Surprise au milieu de la nuit, et enlevée dans les bras d'un fidèle gentilhomme, que la jalouse et barbare pudeur de la jeune femme fit ensuite mettre à mort, Julia n'eut que le temps de sauter par une fenêtre, de se jeter sur un cheval et de s'enfoncer dans les gorges. Déçu dans ses espérances, Barberousse mit Fondi à feu et à sang. Depuis, jamais plus la bourgade ne s'est relevée de cette violence ; et, cependant, les habitants sont fiers du renom que ce drame donne à leurs pays; encore à présent ils montrent avec orgueil une inscription placée dans l'église afin d'en rappeler le souvenir.

A la sortie de Fondi, on voit, sur la gauche, un lac qui porte le nom de la bourgade, et dont les bords furent autrefois possesseurs de la ville d'origine laconienne, *Amyclæ*, que Virgile appelle la muette Amyclæ,

> . . . . Tacitis regnavit Amyclis,

à cause des doctrines Pythagoriciennes dont cette ville était imbue. Quel désastre a effacé cette ville de la surface de la terre ? On ne saurait le dire ; mais c'est en vain que l'on cherche : on ne rencontre pas la moindre trace de son existence.

Dans la plaine, on commence à trouver, errants çà et là, d'immenses troupeaux de buffles qui vous regardent d'un œil injecté de sang, et dont la physionomie sauvage vous rappelle les buffalos des prairies de l'Amérique et leurs courses furibondes, si bien décrites par Cooper. A droite, surgissent les dernières montagnes, et leur vue fait pousser un soupir bachique au vénérable ami Valmer :

> Nunc est bibendum. . . . .
> Antehac nefas depromere Cæcubum
> Alis avitis . . . .

En effet, nous passons au pied du *Mont-Cécube*, aux vignobles fort estimés des anciens et parfaitement appréciés des modernes, témoin l'accueil que nous lui avons fait à Fondi, avant de quitter le terroir volcanique de la Campanie, qui donne aux vins de la contrée une chaleur si généreuse. J'ai eu l'idée de mettre le Massique, le Falerne et le Cécube en présence, et de leur faire subir un examen sur leurs qualités respectives. Ils ont dignement répondu à mes investigations ; et j'ai dû, pour éviter de froisser les amours-propres mis en jeu, les proclamer, *ex æquo*, des vins exquis.

Voici les montagnes qui nous quittent ; pendant un temps nous ne voyons plus, à notre droite, que des crêtes de collines qui se profilent au loin dans la brume de l'horizon ! Une vaste plaine s'ouvre devant nous ; nous entrons dans les Etats de l'Eglise. Aussi nous demande-t-on passeports et visite de bagages. Hélas ! C'est la sixième fois qu'on nous interpelle à cet endroit, et c'est la sixième fois, depuis Naples bien entendu, qu'en réponse, il faut plonger les doigts dans l'escarcelle.

Nous laissons alors derrière nous *Monticelli*, comme un nid d'aigle, suspendu aux flancs rocheux d'une montagne ; la porte d'un vieux château qui a nom *Portella*, et les premiers tombeaux qu'il nous soit donné de rencontrer sur la voie Appienne. La plaine que nous franchissons est entourée de la haute fourrure d'arbres vigoureux, et capitonnée de massifs de myrthes, d'arbousiers et de chênes verts. Bon nombre de porcs s'ébaudissent dans les champs sous la garde de pâtres qui semblent les dieux Termes d'autrefois. De temps à autre passent des paysans qui cheminent sur leurs ânes avec leurs femmes en croupe. Du reste, solitude absolue et calme de désert. Nous nous sommes rapprochés de la mer, car la voilà qui se montre sur notre gauche, comme un lac d'huile. D'autre part, sur la droite, les montagnes ressortent du sol, et s'exhaussent de telle sorte, qu'abruptes, sauvages, et leurs rochers taillés à pic, c'est à grand'peine si nous trouvons un passage entre les flots de la grève qui déferle et leur haute muraille de pierre. Nous sommes dans une défilé historique, où le drame des Fourches-Caudines fut plusieurs fois répété, dans les guerres du Latium contre le Samnium. En effet, la terre et l'eau menacent tellement le voyageur qui passe, qu'il suffirait d'un caporal français et de quatre hommes pour tenir en échec toute une armée, fût-elle de cent mille hommes.

Enfin, voici l'horizon qui reparaît au-delà du défilé... La haute muraille à pic des rochers qui nous frôlaient à droite s'écarte, recule et se forme en amphithéâtre sans gradins, dont le sommet est couronné de ruines majestueuses, débris de l'antique cité des Volsques, *Anxur*, et comme Horace, dans son voyage à Brindes,

> . . . . Subimus
> Impositum saxis latè candentibus *Anxur*,

en bon français : *Nous entrons dans Anxur hissée sur des rochers éblouissants.* La mer creuse à leur pied une anse qui servait de port à l'ancienne ville, et fut, dans l'antiquité, une station maritime importante, qui servait de port de relâche aux flottes romaines, quand le mauvais temps les chassait de Misène. Aujourd'hui, de sa splendeur passée, il ne reste, à ce port creusé par Antonin-le-Pieux, que les anneaux de bronze auxquels on amarrait les navires ; nous les voyons auprès d'une auberge.

Terracine, c'est le nom moderne d'Anxur, occupe une position des plus pittoresques. Assise, les pieds dans la mer, à la base de la chaîne des rochers du défilé que surmontent des ruines grandioses de la ville antique, elle voit se développer en face d'elle la nappe immense des eaux, avec les îles Ponza qui en décorent l'azur de leurs vertes émeraudes, et, sur sa droite, elle plonge sur la montagne homérique de Circé, où plane encore l'ombre de la magicienne, et sur la plaine des Marais-Pontins, que coupent en lignes droites, et la Via Appia et, presque côte-à-côte, le canal qu'Auguste fit creuser jadis pour assainir le pays, et sur lequel Horace, à l'aide d'une galiotte ou d'un bateau-poste, fit jadis le trajet du Forum Appii à Anxur.

Je ne vous dirai pas que nous consacrons plusieurs heures à gravir la colline de rochers qui portent l'antique Anxur et à en visiter les ruines. Nous y trouvons des débris splendides du beau *Temple de Jupiter-Anxurus* des Volsques, dont les colonnes, en magnifique cipollino, font la gloire de la cathédrale de Terracine. Nous y admirons aussi les ruines immenses des terrasses d'appui qui soutenaient les jardins et le *Palais gothique du roi Théodoric*. Puis ce sont les murs cyclopéens qui ont notre visite, ainsi que les débris d'autres édifices qui parsèment le vaste plateau volsque. Seulement, à l'inverse de ce qui advint à Horace, *on y attendait ni Mecènes, ni Cocceius*, car où ces grands hommes ont porté leurs pas, il y a mille huit cents ans, aujourd'hui l'on ne trouve plus que cendres et poussière, cendres de morts et poussière de décombres :

Hic venturus erat Mæcenas optimus, atque
Cocceius....

Je me contenterai de vous apprendre, afin que vous preniez compassion de moi, que nous faisons, à l'Albergo-Reale de Terracine, un très-maigre repas qu'on nous taxe fort grassement. Mais, ici, ou vous écorche tant de fois et si doucement, que l'épiderme s'y habitue et qu'on finit par se laisser faire.

A peine quitte-t-on Terracine du pied gauche que l'on a le pied droit dans les *Marais-Pontins*, la Barbe-Bleue, le Croquemitaine de l'Italie. Il n'est pas de mal que l'on en dise ! Eh bien ! en vérité, on calomnie les Marais-Pontins. Je croyais entrer dans des flaques d'eau jusqu'au cou, devoir me frayer un chemin à travers les roseaux, les glaïeuls et les ajoncs ; je me figurais cette région comme le séjour des brouillards et des brumes. Pas du tout ; rien de plus verdoyant, rien de plus poétique, rien de plus pittoresque, rien de plus gracieusement éclairé par le soleil. Belles échappées de vue, riches collines, paysages romantiques, nombreux troupeaux de buffles au regard étonné, à l'aspect rustique ; villages épars, et enfin horizon de terre charmant, et horizon de mer délicieux. Seulement, solitude calme et paisible comme une Thébaïde; et puis, le soir, après le départ du soleil, règne de la mal'aria. Les maremmes de la Toscane, que nous connaissons, tuent leur monde en deux ans; il suffirait du séjour d'un an dans les maremmes de Terracine pour occire un Hercule. Les voleurs mêmes qui exploitent ces parages y demeurent le temps de faire leur coup, après quoi, détaler au plus vite est dans leur programme sanitaire. Les voleurs!... Qu'ai-je dit? Heureusement j'ai la ressource de soustraire cette lettre aux yeux de ma bonne mère...

Notre calèche est attelée... on m'appelle... A Rome!...

A vous, tout à vous, mes chers amis,

. . . . . Animæ dimidium meæ... (1).

E. Doulet.

---

(1) La plus chère moitié de moi-même. *Horace*, Ode iii. *ad Virgilium*, v. 8.

II.

A MONSIEUR ET MADAME JULES NEVEUX, A PARIS.

Les Marais-Pontins. — La *mal'aria*. — Histoire des Marais-Pontins. — Comme quoi les chevaux du soleil sont inférieurs aux chevaux des Marais-Pontins. — Le Monte Circeo. — La grotte de la magicienne Circé. — Comment on a des nouvelles des compagnons d'Ulysse changés en pourceaux. — *Forum Appii*. — Où l'on traite encore des bandits. — Etats de l'Eglise. — Aspects de l'horizon. — *Cisterna*. — Les *Tres Tabernæ* de saint Paul. — *Velletri*, l'antique *Vetitræ* des Volsques. — Origine d'une vierge que l'univers admire. — Un mot sur la famille de l'empereur Auguste. — L'ancienne *Cora*. — Ruines splendides. — Où le soir vient. — Transparence admirable. — Lac Némi. — Temple de Diane. — Le prêtre meurtrier. — Profil de l'antique *Lanuvium*. — Murs cyclopéens. — Amphithéâtre. — Temple de Junon-Sospita. — *Asture*. — Son Acropole. — *Nettuno*. — Son origine. — L'antique *Antium*. — Ruines gigantesques. — *Ardée*. — Le siége d'Ardée. — Collatin. — Meurtre de Lucrèce. — Silhouette de l'antique *Laurentum*. — Apparition de *Lavinium*. — Lavinie entre Turnus et Enée. — Le Mont-Albain. — Temple de Jupiter-Latial. — *Albe-la-Longue*. — Le lac d'Albe. — Le bois sacré de Ferentum. — Tusculum. — Ses ruines aériennes. — Aspect des villes anciennes de *Corioles* et de *Bovillæ*. — L'antique *Aricie*. — Souvenirs du poète Horace. — L'Arx, la Cella de Diane et le viaduc antique d'Aricie. — Insomnies d'un prêtre de Diane. — Tombeau d'Aruns, fils de Porsenna. — *Albano*, l'ancienne *Albanum*. — Première vue de Rome des hauteurs du Mont-Albain, aujourd'hui Monte Cavi. — La Campagne de Rome. — Bassin grandiose. — Vaste théâtre de luttes. — Les Frattochie. — Ciceron *pro Milone*. — Clodius. — Tombeaux d'Ascagne. — De Pompée. — de Clodius. — *Castel-Gandolfo*. — *Rocca-di-Papa*. — Les voies consulaires. — Les tombeaux de la Voie Appienne. — Le camp de Coriolan. — Champ de Bataille des Horaces et des Curiaces. — Ruines. — Leurs tombeaux. — Sépulture de Sénèque. — La mort d'un philosophe. — Les aqueducs de la campagne de Rome. — L'Ager Romanus au clair de lune. — Casa Rotundo. — Tombeau de Cecilia Metella. — Entrée dans Rome.

Rome, 28 octobre, 185...

Vous me suivez du regard, sur la carte, mes chers amis, et j'espère un peu par le cœur, vous me l'avez promis. Mais, comme vous avez le projet de venir un jour sur mes traces dans la belle Italie, je veux vous y appeler davantage encore, en vous prouvant que l'on ne peut faire un pas sur cette terre de l'histoire, sans heurter un souvenir, et sans faire lever la poussière de quelque ruine dont le nom est tout un drame.

Veuillez donc pénétrer avec moi sur le territoire romain et entrer dans la célèbre cité des Césars et des Papes.

Hier, venant de Naples, nous entrions dans les Marais-Pontins, par la voie Appienne, et sous les arceaux du plus pur gothique d'une magnifique allée d'arbres qui la couvrent.

Les Marais-Pontins s'étendent de Terracine à Antium, une des villes antiques du littoral. Ils ont quarante milles romains de longueur, sur quatre à dix de largeur. L'origine de ces marécages se perd dans la nuit des temps. Homère raconte que la demeure de Circé, — le cap Circé, dont je vous parlais hier, je crois, — était une île, et il est assez probable que toute la plaine basse qui, derrière ce cap, forme les Marais-Pontins, a été jadis couverte par la mer. Plus tard, dans les premiers temps de la république romaine, d'après Pline, il y avait sur l'emplacement des Marais-Pontins, trente-trois villes, que des guerres et peut-être aussi des exhalaisons méphitiques firent bientôt disparaître. *Pometia*, la plus considérable de ces villes, aurait laissé son nom à ces marais, qui se forment de la grande quantité d'eau que d'innombrables sources, provenant des montagnes orientales voisines, déversent dans la plaine, où, faute de déclivité, elle se répand, croupit, et n'est absorbée que très-lentement par les sables.

La perte d'un aussi vaste terrain, susceptible d'être fertilisé, les vapeurs qui s'en élevaient, et que le vent du midi poussait jusque sur leur capitale, ne tardèrent pas à fixer l'attention des anciens Romains. Aussi, ce fut dans un but de dessèchement qu'Appius-Claudius fit traverser ces marais par la grand'route qui devint, de son nom, la Via Appia. Le consul Cethegus suivit son exemple. Jules-César avait conçu le plan gigantesque de conduire le Tibre à travers les Marais-Pontins : mais la mort ne lui permit pas de réaliser ce projet. Auguste fit alors creuser un grand canal et d'autres canaux auxiliaires, communiquant avec le premier. C'est le *Naviglio-Grande* actuel. Sous ses successeurs, l'entretien de ces ouvrages fut négligé, jusqu'au moment où Néron fit entreprendre d'autres travaux. Trajan les continua pendant dix années avec tant de zèle, que tout le pays, de Treponti à Terracine, fut desséché, et la Voie-Appienne parfaitement restaurée. Mais pendant les orages qui amenèrent la chute de l'empire, les Marais-Pontins retombèrent dans leur ancien état.

Sous le roi Théodoric, au moyen-âge, on fit de nouveaux essais d'assainissement; mais les mesures prises ne furent pas d'une longue durée, et la nature hostile du sol recouvra encore ses droits.

Je n'essaierai pas de vous raconter toutes les tentatives de nos papes, pour atteindre un but que poursuivent tous les siècles: Martin V creusa le *Rio-Martino*; Sixte-Quint fit ouvrir l'immense canal *Fiume-Sixto*; Pie V, plus que tous ses prédécesseurs, prit à tâche le succès de cette affaire ; mais, malgré tous ses efforts extraordinaires, et les travaux du gouvernement français au commencement de notre siècle, ces vieux marécages sont rebelles à toute tentative de transformation.

Néanmoins, comme je vous l'ai dit, les Marais-Pontins ne sont pas si terribles qu'on le dit vulgairement. La route, constamment bordée de ses quatre rangs d'arbres, court vers Rome, sans la moindre inflexion ; toujours, à notre droite, une même chaîne de montagnes stériles et dénudées, borne notre horizon de ce côté, mais avec mille aspects divers et gracieux, villages de bon ton, clochers de bonne mine, massifs d'arbres abritant des cascines, auberges même présentant de joyeuses façades, troupeaux de buffles et de cavales qui paissent sur des pelouses tondues comme par le rasoir du barbier; assez fraîches jeunes filles, paysans passablement robustes, postillons gaillards. Enfin, toujours à notre gauche, à dix pas de la route, et formant avec elle une ligne parallèle de la rigidité d'un i, le Naviglio-Grande, et, au-delà, vaste plaine descendant vers la mer. Puis, le mont et l'île antique, confondue avec la terre-ferme aujourd'hui, de Circé, la magicienne, la terreur des pâtres d'à-présent, comme aux temps passés. Nous remarquons que les parties de ces marais, qu'on a pu livrer à la culture, sont d'une fertilité remarquable. Une multitude de ponts caracolent sur les canaux navigables, souvent obstrués par des plantes aquatiques, dont la puissance de végétation est telle, qu'en arrachant celles qui occupent le fond, on parvient à faire baisser d'un demi-mètre les eaux dont elles prennent la place.

Près du relai de *Torre di Mezza-Via*, nous rencontrons un colossal tombeau antique, placé le long de la Via Appia, sur un large et vaste soubassement.

De Naples à Terracine, nos chevaux, grands et forts, allaient à l'amble, nonobstant toute invitation de mieux faire. Depuis que nous sommes dans les Marais-Pontins, notre caritelle n'est attelée que de petits chevaux malingres, dont on ne donnerait pas un écu, et qui volent, qui volent, comme ne volaient pas Pyrocis, Eous, Æthon et Phlégon, les ardents chevaux de défunt Phaëton.

Certes! si Ovide avait bien observé l'allure des chevaux des Marais-Pontins, il en cût fait les chevaux du soleil. Avec ces chevaux, gros comme des chats, et que conduit un petit postillon, à mine blafarde, du volume d'un rat, nous nous sentons emportés comme par un attelage fantastique. Tout, autour de nous, passe avec une effrayante rapidité : les arbres, les buffles, qui nous regardent d'un air béat, les maisons des collines, les ponts, etc. Par fois, des oiseaux de marais, hauts sur pieds, au long cou, à large envergure, et que l'on nomme des *foulques*, poussent un cri d'effroi, se lèvent à notre approche, et prennent leur essor vers les bois de haute futaie qui bornent les dunes de la mer.

Nous arrivons ainsi, ventre à terre, à *Bocca di Fiume*, où un touriste qui prend des chevaux, comme nous, raconte qu'il arrive du *Mont-Circé*, où il a visité la *Grotta della Maga*; le seul souvenir qu'ait laissé dans la contrée la magicienne Circé, fille du Soleil. Quant au Palais de Marbre, dans lequel fut admis Ulysse, après avoir échappé à la dent du cyclope Polyphème et au lestrigon Antiphate, pas le plus léger vestige ! Toutefois, comme nous lui demandons des nouvelles des compagnons du roi d'Ithaque, changés en cochons par la magicienne, ainsi que vous le savez, il nous répond qu'il a réellement trouvé de nombreux troupeaux de porcs magnifiques, paissant sous les chênes de la montagne, et dont, à raison de leur gloutonnerie, on ne peut se permettre de contester la descendance des imprudents compagnons d'Ulysse.

De ce relai, en un clin-d'œil, nous sommes au *Forum Appii* d'autrefois, aujourd'hui encore *Foro Appio*, où s'embarqua notre cher Horace, et dont il dévoila la *friponnerie des bateliers et des cabaretiers :*

> . . . . Indè *Forum Appi*
> Differtum nautis, cauponibus atque malignis.

Nos coursiers passent trop vite, pour que nous ayons le temps de vérifier si le moral des habitants du lieu ne s'est pas amélioré quelque peu.

J'ai eu la très-bonne idée de ne pas dire à madame D.., notre compagne de voyage, que, du temps même des Romains, les Marais-Pontins étaient déjà très-mal famés, et qu'un de leurs poètes, *Juvénal*, parle de la terreur que le poignard de ses brigands inspirait jusque dans Rome, où parfois ils se permettaient des incursions nocturnes.

En outre, Emile et moi, nous sommes convenus de ne pas lui souffler mot du fameux bandit *Pépé Mastrilla*, de Terracine, auquel une passion par trop vive fit commettre bon nombre d'assassinats dans ces mêmes marais, dont il avait fait son royaume; qui fut banni des États Romains, et du royaume de Naples, sous peine d'être écartelé; et qui, enfin, échappé des mains de la justice, mourut très-paisiblement dans son lit, comme le plus honnête homme du monde. Il a eu, et il a, dans ce moment même, des successeurs dans l'exploitation des Marais-Pontins : ils n'ont pas donné signe de vie. Le fait est que j'espérais toujours un peu la plus mince aventure, et que nous sommes arrivés aux limites des Marais, à la *Torre de Treponti*, sans avoir vu autre chose que des braves gens qui nous ont salué très-poliment, et des postillons qui n'ont pas même demandé leur *bona mancia!* Chose fort rare ! Il faut en prendre son parti : mais Emile trouve très-triste d'avoir parcouru toute l'Italie, depuis trois ans, dans les meilleures dispositions possibles, et de n'avoir pas trouvé la plus maigre occasion de faire échange de coups de poignards ou de révolvers... *O tempora! ô mores!* Il désirait tant voir quelle mine j'aurais faite en face de quelques six ou huit bandits !...

Une chose nous a nui, du reste : nous avons eu jusqu'à Tréponti, la trop belle lumière du soleil. Maintenant que l'heure du danger n'est plus, le voici qui se couche, et déjà la campagne se charge à l'horizon de teintes violacées, de tons d'ocre jaune, de nuances purpurines du plus bel effet. Je trouve ici que les lignes de l'horizon romain, plus étendu, prennent une grandeur poétique à nulle autre pareille, et les lointains se revêtent d'une beauté tellement indéfinissable, que l'œil les étudie sans fin, et ne peut s'en détacher. A Naples et à Rome, le ciel est plus bleu que partout ailleurs, les étoiles plus brillantes, la comète plus splendide aussi, j'imagine, et voici, Madame la lune qui nous sourit du haut d'un nuage d'argent, sur lequel elle trône avec majesté. Nous entrerons dans Rome de nuit. Faut-il m'en plaindre, ou dois-je m'en applaudir? L'épreuve me répondra.

La voie Appienne fait enfin un léger coude vers le levant; mais elle perd ses arbres centenaires, et nous met tout-à-fait *sub dio*.

Cisterna. Ce n'est qu'un pauvre village. Certains savants ont pris Cisterna pour l'antique station romaine des *Tres Tabernæ*, dont il est question dans les actes des Apôtres. Mais, en réalité, les Tres Tabernæ se trouvent sur la gauche de la Via, au village détruit par les Sarrasins qui a nom *Avittona*. Ce fut là que saint Paul s'arrêta, la première fois qu'il vint à Rome, et qu'eut lieu sa première entrevue avec les chrétiens romains, qui s'étaient portés en foule à sa rencontre.

Les montagnes qui bordaient notre horizon depuis Terracine, du côté droit, s'abaissent brusquement. La voie Appienne est dégagée, seulement, de ci, de là, quelque monument funéraire nous apparaît dans le crépuscule, le long de la route, et nous impressionne tristement. Nous sommes si peu habitués à voir ainsi des tombeaux border une voie publique!

Mais voici que sur une éminence, autour de laquelle se groupent les dernières ondulations du *Monte Artemisio*, se montre, dans la brume du soir, une cité couronnée des débris d'une Acropole. Ce doit être une ancienne ville des Volsques, car les premiers peuples de l'Italie choisissaient de préférence les sites abruptes pour y établir leurs demeures. Ils aimaient à dominer les plaines, sur des plateaux escarpés, afin d'être à l'abri d'un coup de main, et de voir venir l'ennemi. En effet, nous arrivons à *Vellétri*, l'antique *Velitræ*, capitale des Volsques, les plus farouches antagonistes des Romains. Domptés à la sanglante bataille d'Asture, les Volsques virent ruiner leur acropole, et les remparts de leur ville. Leurs sénateurs furent envoyés à Rome, et confinés au-delà du Tibre, dans le Transtevère, d'où jamais ils ne devaient s'écarter, pas même pour franchir le fleuve. C'est bien là, en effet, une cité primitive: rues étroites, tortueuses; maisons mal bâties. A Vellétri, on devient triste sans le vouloir, car les ruines mêmes n'y offrent pas d'intérêt, ce n'est plus qu'un amalgame de décombres. De jour, sa position pittoresque nous égaierait, sans doute. Toutefois, ma chère Amédée, nous voyons assez pour reconnaître qu'à Vellétri, les femmes méritent leur renommée de beauté majestueuse. On dirait d'anciennes mâtrones romaines vêtues d'ajustements au goût du jour. Nous sommes ici dans l'Arles de l'Italie. On dit que Raphaël, à la vue d'une Vellétrane allaitant son enfant, fut saisi d'une telle admiration, qu'il conjura la digne mère de conserver sa posture, et qu'alors, à défaut de papier, saisissant de la craie, l'artiste traça sur une porte l'esquisse qui devint ensuite sa belle *Madona alla Seggiola*, la Vierge à la Chaise. Ce qu'il y a de bien certain, c'est que Vellétri a livré l'une des plus belles statues du monde, la Pallas, trouvée dans ses ruines, et que possède notre Musée de Paris.

La famille de l'empereur Auguste habitait Velletri. Son père y prêtait à la petite semaine et se donnait le titre de banquier. Son argent lui rapportait cent pour cent: c'était assez joli. J'imagine que c'est là une noire calomnie...

Nous avions espéré pouvoir nous rendre jusqu'à *Cora*, une autre ville des Volsques, fort curieuse, cité nichée sur la cime d'un rocher pittoresque et possédant encore ses murs cyclopéens, deux *Temples*, l'un de *Castor et Pollux*, l'autre d'*Hercule* élevé sur un *podium* de granit entièrement isolé et de l'ordre dorique le plus pur. Mais la nuit, l'inflexible nuit fait tomber ses voiles sombres et ne nous permet plus de nous écarter de notre route.

J'ai tort de me plaindre de la nuit : elle est d'une admirable transparence, d'une limpidité que nous ne connaissons pas dans nos contrées boréales, et ce qui ajoute à sa blanche lucidité, c'est la lune d'abord, mais aussi la rutilante comète dont le ciel nous gratifie. Aussi nous jouissons de la plus belle vue de paysages plombés, pleins de poésie, et des moindres accidents de terrain, à d'assez grandes distances même ; et il nous est facile de reconnaître les lacs, les bois, les villas, les bourgades, les villes, et les ruines qui parsèment l'horizon. En effet, nous commençons à ne pouvoir plus compter les pans de murailles croulantes, les massifs de fondations d'antiques demeures montrant à fleur de terre leurs vieilles briques romaines, les blanches façades de palais ou d'églises qui se cachent à demi sous la fourrure des hauts arbres, les silhouettes de vastes sépultures, et les milles curiosités archéologiques qui nous apparaissent parmi de longues processions d'oliviers, de palmiers et de cyprès.

Aux noms que je vais vous donner, selon les diverses apparitions qui appellent notre regard, jugez combien les souvenirs de l'antiquité s'accumulent autour de nous, et combien est émouvante la poésie de ses souvenirs !

D'abord vient à nous, sur la droite, reflétant la splendeur des cieux et le luxe de ses bords arrondis en forme de coupe profonde, le plus délicieux des lacs qu'il soit possible de rencontrer dans les pérégrinations humaines. On l'appelle *Lac Némi*, *Lacus Nemorensis*. Il est enchâssé, comme dans un entonnoir, au centre de la montagne qui porte Gensano sur ses rampes. Entre tous, ce lac faisait l'admiration de lord Byron ; mais on n'a pas besoin d'être un lord Byron pour être en extase devant le lac Némi. Les anciens le nommaient *Miroir de Diane*. En effet, sur ses bords et réfléchissant son image dans ses eaux, s'élevait un *Temple de Diane*, la *Diana Nemorina*, qu'ombrageait un bois sacré dédié à la chaste déesse. Nul ne pouvait devenir prêtre de la sévère divinité s'il n'avait tué préalablement son prédécesseur. Aussi le pauvre sacrificateur, toujours menacé dans son existence, ne marchait-il que le casque au front et la cuirasse sur la poitrine, comme un paladin, dégainant à tout propos, ayant peur de son ombre et ne dormant que d'un œil. Trajan affectionnait le Lacus Nemorensis sur lequel il avait fait placer une galère magnifique pour ses promenades sentimentales. Un jour, un orage terrible et un coup de foudre firent couler la riche galère. Depuis ce temps, à diverses reprises, on vit surgir, des profondeurs à la surface du lac, des bois dorés, peints en minium ou au cobalt. Provenaient-ils de la galère engloutie ou des débris du temple ? Nul ne saurait le dire. On croyait ce temple de Diane tellement ruiné qu'il n'en restait pas le moindre vestige; mais, tout récemment, un architecte, du nom de *Rosa*, en fouillant des massifs d'une végétation vigoureuse, le retrouva parfaitement dessiné par des débris de fondations qui ne permettent pas le moindre doute.

Ensuite s'élève à notre gauche l'antique *Lanuvium*, aujourd'hui *Civita Lavigna*, dont Diomède, fils de Tydée et roi d'Etolie, en Grèce, errant sur les mers, comme Ulysse, après la prise de Troie, 1280 avant notre ère, jeta les fondements et qu'il décora des plus riches monuments. Son *Temple de Junon Sospita* devint le plus vénéré des sanctuaires du Latium. Dans ses guerres avec Antoine, Octave en pilla les trésors immenses, en promettant bien de les restituer. Mais Auguste oublia plus tard l'emprunt fait par Octave. Vue de nuit, Lanuvium a quelque chose de fantastique. Les ruines de son vaste temple de Junon, d'un *théâtre*, d'un *amphithéâtre* et de ses *murs cyclopéens*, qui dentellent le bleu du ciel, vous rappellent que, dans cette ville, le pieux Antonin reçut le jour, mais aussi que le cruel Commode s'y fit donner le surnom d'Hercule, parce que, dans ce même amphithéâtre, qu'il avait fait contruire exprès, il s'amusait à lutter contre les bêtes féroces et à les tuer de son bras vigoureux. Le Vatican s'est enrichi des statues, des sarcophages et de grand nombre d'objets d'art trouvés dans le sol, sur lequel repose Lanuvium.

Puis, sur notre gauche encore, mais plus au loin, dans la brume transparente de la mer, voici venir le long cordon des villes antiques, Asture, Nettuno, Antium, Ardée, Lavinium, Laurentum et Ostia.

Des voies parées, étroites et blanches, où nul ne passe, et que, du point élevé où nous sommes, on prendrait pour de gigantesques serpents déroulés dans de vertes prairies, unissent toutes ces vieilles cités déchues, mais non sans gloire.

Debout sur la grève solitaire du désert romain, entre l'homérique montagne Circé et le Temple de Neptune, autour duquel se forma peu à peu la bourgade du Nettuno actuel, *Asture* n'est séparée du vaste royaume de la mal'aria que par une ceinture de forêts vierges, que l'on peut dire primitives. Elles se déroulent d'Anxur à Antium. Assise sur un rocher complètement isolé, la sombre Asture voit couler à ses pieds l'onde sablonneuse de l'antique *Lanuvius*, aujourd'hui la *Conca*. De son *acropole* ou citadelle, de ses murailles volsques, de ses palais, de la délicieuse villa où Cicéron venait passer avec son frère Quintus les plus beaux mois de l'année, il ne reste plus qu'un amas informe de décombres avec lesquelles le moyen-âge fit un château-fort. Mais Asture a ses titres à la renommée. D'abord elle vit la grande bataille dans laquelle les Romains défirent les Latinus, de telle sorte que pour jamais ils placèrent sous leur joug ces fiers sujets de Latins et d'Énée. Ce fut aussi à Asture qu'Auguste et Tibère sentirent les premières atteintes du mal qui les conduisit au tombeau, celui-ci à Misène, celui-là à Nola. Enfin le donjon d'Asture fut témoin de la honte d'un Frangipani qui en était le seigneur; car, dans une des salles basses, Conradin, l'infortuné Conradin, qui était venu se mettre sous sa garde et implorer son hospitalité, fut livré à son mortel ennemi, Charles d'Anjou, qui l'envoya au supplice.

Quant à *Nettuno*, qui a pris son nom de l'ancien temple du dieu des mers, on peut le citer comme occupant un site admirable, entouré d'une large baie et plongeant son regard sur un horizon sans limites. Ce qui ajoute à son charme, c'est le costume demi-oriental que portent les femmes aux beaux jours de fête.

Vient ensuite *Antium*, aujourd'hui *Porto d'Anzio*. Elle avait des *murs cyclopéens*, un *Palais des Césars*, des *jardins* splendides, des villas opulentes, des *quais* immenses, un *port* creusé par Néron, une plage bordée d'édifices somptueux, toutes choses placées sur une éminence gracieuse en face d'une mer sans limite. Aussi Antium avait acquis une grande importance militaire; ses alentours s'étaient couverts de villas de la plus grande beauté, et Cicéron, comme Lucullus, n'avait pas été des derniers à s'y faire construire une délicieuse maison. L'air y était si pur alors! C'était à Antium que se trouvait Auguste au moment où le sénat de Rome le proclama Père de la patrie. Dans le palais naquirent Caligula et Néron. Agrippine, la mère du dernier, résidait à Antium, où elle se livrait à l'arboriculture, car elle aimait beaucoup les fruits. C'est d'Antium que son fils la fit venir à Baïa où il se trouvait, pour la livrer au poignard d'Anicetus, dans la villa qu'elle possédait à Bauli. Aujourd'hui Antium n'est plus qu'une plage déserte, empoisonnée par le mauvais air, et tout au plus y voit-on quelques fragments de ses murs saturniens et quelques pilotis en chêne, qui autrefois portaient les quais du port. Dix-huit siècles ont passé sur ces bois vigoureux, et ils résistent encore à l'action du temps et des eaux. Notez que ce fut dans les décombres d'Antium, que sous Jules II, on trouva l'*Apollon* qui fait la gloire du Belvédère au Vatican, et le *Gladiateur*, dont notre musée de Paris est à bon droit si fier.

Sur un rocher battu par les vagues de la mer de Tyrrhène, voici une autre ville, *Ardée*, jadis puissante, maintenant remplacée par un vieux manoir féodal, vide et délabré, qui dessine sa silhouette fantastique sur le calme miroir des caux, entouré de portions encore notables de fortifications rutules et dominant de pauvres masures jetées sans ordre sur le plateau taillé à pic. Fondée par Danaé, fille du roi d'Argos, Acrisius, et contemporaine des volcans éteints de l'Italie, ce nom d'Ardée, qui résonne depuis plus de trois mille ans, lui reste fixé au front, comme un souvenir des temps reculés où *ardaient* les champs de feu du Latium. Elle aussi avait des peuples vaillants, les Rutules, et des rois chevaleresques, dont le dernier, Turnus, fut célébré par Virgile.

Plus près de nous, et hissée sur le plateau d'une colline dont la base est voilée par l'épaisse fourrure d'un bois de lauriers dont elle a pris le nom, voici *Laurentum*, que la légende fabuleuse dit avoir été fondé par Saturne, exilé du ciel et venu chercher un asile dans l'Ausonie. Sous ce mythe de Saturne, il faut voir un homme supérieur, fugitif sans doute, qui répand la civilisation dans la contrée. Il a pour fils Picus, qui, obsédé par les Sicules, appelle à lui les Aborigènes des hauteurs de l'Apennin, et chasse ces voisins turbulents, qu'ils contraint à s'établir dans la Sicile, à laquelle ils donnent leur nom. Picus règne alors sur les peuples du Latium. Faune, son successeur, montre des vertus qui le font passer pour un dieu. Aussi lui élève-t-on un temple dans la plaine voisine, et le nouveau dieu y rend des oracles. Latinus monte sur le trône à sa place. C'est alors que la flotte d'Enée débarque sur les plages du Tibre. A la nouvelle que des étrangers usurpent ses terres, et veulent s'établir près de sa capitale, le vieux Latinus frémit de colère et marche contre les nouveaux venus. Mais Faune, son père, lui apparaît dans le sommeil, et lui ordonne de respecter Enée. Alors une conférence a lieu entre le chef des Latins et le chef des Troyens.

Enée raconte à Latinus qu'il est le fils de la belle Vénus et du vénérable Anchise. Il lui dit les combats des Grecs qui assiégèrent Troie et des nobles défenseurs de cette ville infortunée. Il lui peint le sac de la ville, sa fuite pendant la terrible nuit de la ruine de sa patrie, avec son père Anchise sur ses épaules, Creüse, sa femme, et son fils Ascagne. Il montre son désespoir quand Creüse s'égare dans une forêt, l'amour de Didon, la mort d'Anchise, ses longues pérégrinations sus les mers, sa descente aux enfers, près de Cumes, et la volonté des dieux qui lui ont assigné l'Italie pour royaume. Le cœur de Latinus s'ouvre à la voix du héros troyen. Les deux rois font alliance, et Latinus offre même à Enée sa fille *Lavinie* en mariage.

Alors voici qu'Enée, non loin de Laurentum, élève à grands frais une ville nouvelle, qui sera sa capitale. C'est dans la clairière d'une forêt séculaire qu'il fait ceindre de remparts formidables la haute colline sur laquelle il l'asseoit. Bientôt leur enceinte se peuple de monuments, de temples, de palais, de demeures. Le héros y installe ses fidèles Troyens, qui y déposent les dieux lares de leur patrie détruite, et alors à cette ville il donne le nom de sa belle fiancée, en l'appelant *Lavinium*.

Cependant Turnus avait conçu l'espérance d'épouser Lavinie. Aussi quand il apprend que le pieux Enée l'emporte sur lui, le Rutule frémit de rage dans son aire d'Ardée. De nouveau, les Troyens sont obligés de prendre les armes, car Turnus marche contre Lavinium. Les deux peuples sont en présence. Mais au lieu de livrer une bataille générale, Enée propose à Turnus de vider leur querelle dans un combat singulier. Le drame s'accomplit : Turnus est tué. Alors Enée devient l'heureux époux de Lavinie, et Latinus étant mort, il règne sur le Latium et sur Ardée.

C'est d'Ardée dont ils font le siége, que les Tarquins vont visiter Lucrèce à Collatie, une nuit, et que Sextus, l'un d'eux, commet le crime qui a pour résultat la mort de Lucrèce et l'abolition de la royauté dans Rome !

Comment se fait-il que le gracieux nom de Lavinium a été enlevé à cette ville et remplacé par celui de *Pratica*, qu'elle porte actuellement ? Je ne saurais le dire. Mais ce que je puis vous apprendre, c'est que rien n'est plus triste que la physionomie de cette cité réduite à l'état de ruines. On ne voit plus sur sa colline qu'un mélange de terres cuites et de marbres pulvérisés. Quant à Ardée, elle conserve son nom et la plus grande partie des murailles antiques de ses premiers fondateurs. De Laurentum, nulles traces. Aux fragments de pierres et de ciment qui couvrent le sol, on suppose qu'elle occupait l'emplacement où l'on voit, à cette heure, la ferme de *Capocotta*. Du reste, toute cette côte jusqu'au cap Misène, n'est plus qu'un désert, et sur ce désert règne la mal'aria, c'est-à-dire la mort !

Nous franchissons une nouvelle chaîne de montagnes, la dernière, nous dit-on, qui nous sépare de la campagne de Rome. C'est le *Mons Albanus*, le fameux Mont-Albain si vanté par les Romains, poètes, orateurs ou historiens.

Aussi, à notre droite, sur les rampes les plus élevées de cette montagne, voici *Albe-la-Longue*, dont nous avons rêvé tant de fois, aux beaux jours de nos premières études, et qui doit son origine à une colonie venue de Lavinium, sous la conduite d'Ascagne, fils d'Enée. Cette ville eut pour rois, comme vous le savez, Munitor et Amulius, de qui descendent, par Rhéa Sylvia et le dieu Mars, Romulus et Rémus, les fondateurs de Rome.

Au-dessus des ruines d'Albe-la-Longue, et du *lac Albano*, qui en baigne le pied, sur la cime la plus escarpée de ce majestueux Mont-Albain, voici également les vestiges du *Temple de Jupiter Latial*, qu'érigea Tarquin le Superbe, afin qu'il servit de centre à la confédération romaine, lorsque tous les peuples du Latium furent soumis à sa puissance. C'était autour de ce temple, et dans son sanctuaire, que le même roi, politique habile, imagina de faire célébrer les *Féries Latines*, qui appelaient un concours immense des peuples du voisinage, et les habituaient à se confondre en une seule nation. Les voies antiques, qui conduisaient au sommet de la montagne que dominait le temple, existent et conservent leur ancien pavé. A cette heure, elles comptent deux mille cinq cents ans. Que de générations de croyants et de curieux ont passé par-là !

Au pied du même Mons Albanus, et sur ses rampes les plus pittoresques, un peu au-dessous d'Albe-la-Longue, et près de la ville moderne de Marino, voici le *Lucus Ferentinus*, bois sacré, sauvage, et d'un aspect romantique autrefois, aujourd'hui tout aussi sauvage, dans lequel les peuples confédérés du Latium tenaient leurs assemblées nationales. Il était consacré à *Ferentina*, la plus ancienne divinité du pays. C'est dans ce bois, et dans la fontaine, qu'on y voyait alors, et qu'on y trouve encore de notre temps, le *Capo d'Acqua*, nom antique resté à cette source vénérable, que le Tarquin dont je vous parlais tout-à-l'heure ne craignit pas de jeter un député d'Aricia, l'intrépide démocrate Herdonius, qui prétendait mettre un frein à ses projets ambitieux.

Sur la partie de la chaine du Mont-Albain, qui serpente vers la Sabine, au nord-est, parmi de verts buissons d'églantiers, et des massifs de plantes alpestres, blanchissent d'autres ruines qui semblent l'acropole de difficile accès d'une autre cité primitive. En effet, ce sont l'*Arx* ou citadelle, le *Théâtre*, l'*Amphithéâtre*, un *Forum*, et des palais, et des villas de la vieille *Tusculum*, que fonda Télégone, fils d'Ulysse et de Circé la magicienne. C'est de là que Cicéron lança sur le monde romain ses *Tusculanes*, qu'il y avait composées dans le calme et le silence de la méditation. De nos jours, Tusculum est fière de ses ruines ; mais ce n'est plus qu'une ville morte. Toutefois, avant de mourir, elle a donné naissance à la charmante et jeune *Frascati*, qui, plus frileuse, a dédaigné la crête de la colline trop élevée, et s'est étendue au soleil, sur le versant le plus chaud, au pied de l'antique Tusculum. La brillante cité Frascatane, du site heureux qu'elle choisit, jouit de la vue la plus admirable sur toute la campagne de Rome. En effet, le sol qu'elle recouvre était, à l'époque d'Auguste, une des plus délicieuses villas du riche Lucullus, qui, par amour pour ce beau domaine, y fit construire une tourelle funéraire, dans laquelle on déposa ses cendres. A présent, cette dernière demeure d'un des grands du monde ancien décore un carrefour de Frascati, et l'urne de marbre de Lucullus y est remplacée par l'immonde établi d'un savetier ! Faites-vous donc faire un tombeau des plus précieuses matières, pour qu'il devienne ensuite la proie d'un Vandale !...

De l'autre côté de Tusculum, sur le prolongement de la chaîne du Mont-Albain toujours, et dans un cratère de volcan rempli de l'eau pure des montagnes, maintenant écoulée au travers des scories, et par l'émissaire que l'on voit au fond, se trouve l'emplacement qu'occupait le *lac Régille*, sur les bords duquel Posthumius, l'an 500 avant Jésus-Christ, remporta la brillante victoire qui avec celle d'Astura, donna pour toujours aux Romains la suprême puissance sur leurs voisins.

Or, nous atteignons ce point culminant de la voie Appienne, au-dessous de la crête du Mont-Albain, le *Monte-Cavi* ou *Cavo* de notre époque, d'abord en laissant, à notre droite, les lacs Némi et Albano, les grandes et belles ruines dont je viens de parler, *Rocca di Papa*, village récent, placé comme une corbeille d'argent parmi ces vertes oasis des collines tusculanes; *Castel-Gondolfo*, bourgade née au moyen-âge, et qui mire dans les eaux d'azur du lac Albano, la façade de l'unique maison de plaisance des Souverains-Pontifes de Rome ; puis, à notre gauche, au pied du *Monte-Giove*, la tant vieille cité de *Corioles*, dont le siég heureux valut au fils de Véturie, Caïus Marcius, le surnom glorieux de *Coriolan;* sur un mamelon solitaire, et couvert de ronces et de broussailles, la non moins antique *Bovillæ*, bâtie par le quatrième roi d'Albe, Latinus Sylvius, qui élève encore, non sans fierté, vers les cieux, sur lesquels ils se découpent en noir, son *Sanctuaire des Césars*, un *Cirque*, un *Odéon*, des *Temples*, et quantité d'édifices particuliers. Puis nous traversons *Gensano*, charmante bourgade moderne qui rivalise avec Vellétri, pour la beauté majestueuse de ses femmes, vrai type conservé de la vieille Rome républicaine ; et bientôt nous sommes à Aricia.

Aricia est une ville extrêmement ancienne. Elle était la première cité qui se trouvât sur la voie Appienne, à la sortie de Rome; et, en effet, ce fut elle qui offrit le premier repos à Horace, dans son voyage à Brindes; toutefois il n'appelle que *modeste, l'hospitalité* qu'il y reçut, *après avoir quitté Rome la Grande :*

> Egressum magnâ me accepit *Aricia* Româ
> Hospitio modico.....

Aricia fut fondée 1400 ans avant l'ère vulgaire. Elle avait aussi une Acropole, *Arx* ou citadelle, qui avait son émissaire. Comme la ville était assise sur les revers des rampes du Mont-Albain, et en face d'autres collines séparées par une vallée, Appius Claudius, pour continuer sa voie Appienne, avait fait construire une chaussée haute de quarante pieds, épaisse de trente-neuf, et longue de sept cents, supportée par trois arcades permettant aux eaux de s'écouler. Au centre de la ville était un *Temple de Diane*, *Diane Aricène*, qui recevait les hommages de toutes les contrées d'alentour. Mais, en outre du temple, la Déesse, avait à Aricie, un *bois* qui lui était consacré. Le prêtre du temple et du bois devait être toujours un esclave fugitif. Tout esclave fugitif qui le tuait, le remplaçait jusqu'à ce qu'il subît à son tour le même sort. Aussi les misérables marchaient-ils toujours armés, et prêts à vendre chèrement la *belle position* qu'on prétendait leur ravir.

Le village qui a remplacé Aricie porte encore ce nom. Il occupe l'emplacement de l'antique acropole. On voit, un peu à l'écart, la *Cella* du Temple de Diane, en gros blocs de pierre d'Albe-la-Longue, admirablement jointoyées, sans aucune sorte de ciment. Nous retrouvons également l'émissaire de l'Arx, la chaussée d'Appius Claudius, et des ruines de toutes formes.

Mais tout en respectant la chaussée antique de la Voie Appienne, on l'a remplacée à quelque distance par un magnifique viaduc de trois rangs d'arcades superposées, qui unit les deux hautes chaînes de collines du mont Albain, en face desquelles s'ouvre un immense ravin, évasé comme une coupe, qui descend vers la plaine et s'arrête à la mer.

Vient enfin la ville assez récente d'*Albano*, où l'on remarque un *Amphithéâtre* de Domitien, des *Thermes* et quelques autres édifices construits par cet empereur, lorsque les villas de Pompée et de Clodius, qui étaient sur les rampes du Mont-Albain furent acquises au domaine impérial. Mais ce qui attire davantage le regard, en entrant dans Albano, après le viaduc à gauche, c'est un vaste *Tombeau Etrusque*, parfaitement conservé, et qui se compose d'un massif carré de haute maçonnerie, appuyé de quatre colonnes pyramidales reposant sur un soubassement quadrangulaire. On suppose que ce monument n'est autre que le *Tombeau d'Aruns*, fils de Porsenna, tué sous les murs de l'ancienne Aricia, dont il est très-proche.

Lorsqu'on a dépassé la ville, que courone de son arête aigue le Mont-Albain, et que la ruine du Temple de Jupiter Latial vous apparaît surmontée de la croix de l'Eglise des Passionnistes qui la couvre, vous êtes à peu près à l'endroit même où Virgile fait placer Junon, la reine des dieux et des hommes, lorsqu'elle veut contempler autour de la montagne le drame qui va se dénouer entre Enée et Turnus :

> At Juno e summo, qui nunc *Albanus* habetur,
> Prospiciens tumulo, campum adspectabat, et ambas
> Laurentnm Troumque acies, urbem que Latini. (1).

Comme Junon, du côté de la mer, vous voyez les villes du vieux Latium : *Anxur*, *Asture*, *Antium*, *Ardée*, *Lavinium*, *Laurentum*, *Lanuvium*, etc. Comme elle, en vous tournant vers le nord, vous avez la poétique *Campagne de Rome* sous les yeux. Qui pourrait alors décrire la magie du spectacle incomparable qui vous frappe ?

Au milieu de l'immense espace que vous entrevoyez nageant dans les blancheurs d'un mystérieux horizon, vous voyez rutiler un centre que constellent des milliers de feux. C'est Rome ! Pas une voix, pas un bruit, nulle rumeur ne s'élèvent de la zône qu vous sépare de ce foyer lumineux. Le silence règne sur la plaine que remplissait jadis cette grande cité, et dans laquelle désormais elle ne semble qu'un point noyé dans l'infini, car cette plaine c'est la solitude, c'est le désert. Mais vous n'y voyez ni la solitude, ni le désert, vous, Touriste fiévreux ; et vous croyez entrer sur le sol glorieux de la Rome des Publicola, des Paul Emile, des Scipions. Aussi, dans le lointain, vous apparaissent, comme des phares désirés, *Ostie*, *Cære*, *Vulci*, *Tarquinies*, *Véies*, *Saturnia*, *Faléries*, toutes ces villes étrusques, qui comme celles des Rutules et des Sabins, comme celles du Latium, ne sont plus que des ruines, car, elles aussi, sont tombées tour à tour sous les coups de la fougueuse République dont le nom ROME signifie force et puissance. Vous voyez, au nord, le dôme du *Soracte*, blanchi par la lune, comme s'il était couvert de neige :

---

(1) Du sommet de ce mont, appelé maintenant *Albain*, Junon regardait la plaine, les deux armées et la ville de Latinus. *Virgile*, Enéide, Liv. XII. v. 134, etc.

> Vides ut alta stet nive candidum
> Soracte............ (1)

et, à partir du Soracte, la longue *Chaine des Monts de la Sabine* qui, en se réunissant à la *Chaine des Montagnes du Latium* et au *Mont Albain*, forme avec eux un vaste hémicycle qui aboutit à la *mer Tyrrhénienne* et compose les gradins d'un gigantesque théâtre, dont le parterre est la campagne de Rome, et, la scène, Rome elle-même. Les ruines du *Temple d'Apollon*, sur le mont Soracte; *Tibur* devenu *Tivoli*, avec son frémissant *Anio*, les énormes palais de Mécènes, les villas d'Horace et de Catulle, le temple de la Sibylle et ses cascades; *Prénoste*, *Gabie*, *Collatie*, etc, jalonnent de leurs blanches décombres, ou de leurs cités ressuscitées, les talus verdoyants de ces chaînes circulaires, et, avec le *Lac Régile;* le *Bois Forentinus*, *Tusculum* ou *Frascati*, *Albe-la-Longue* et *Aricia*, voisines des villes maritimes du Latium, achèvent et complètent cette immense enceinte de cités vaincues et tombées avec les nationalités primitives *Falisque*, *Marse*, *Osque*, *Sabine*, *Hernique*, *Rutule*, *Volsque* et *Samnite* dont elles étaient les capitales.

Vous étonnerez-vous donc, mon cher Jules, que j'aie la fièvre, la fièvre de l'enthousiasme, de l'impatience et du désir, et que mon imagination s'exalte, lorsque, ces doux noms de cités, poétiques et glorieux, qui ont bercé notre adolescence, comme les notes mélodieuses d'une harpe éolienne invisible, je n'ai plus à les lire sur les pages d'un auteur froid et compassé, mais je les applique au front même de chacun des sites, des monuments, debout ou en ruines, qui les portèrent, aux horizons témoins de leurs drames de vaillance, et sur le sol, où par les études et la pensée, nous avons vécu de si longues années?

Il est minuit. La lune, à son zénith, resplendit sur tout *l'Ager Romanus*, et fait pâlir les feux qui, comme des phares, signalent Rome. Il y a quelque chose de

---

(1) Vois comme une neige épaisse blanchit la cime élevée du *Soracte*. Horace. Odes IX. v. 1.

mystérieux et de solennel à contempler, à pareille heure, et dans un calme aussi profond, pour la première fois, une terre illustre entre toutes, une terre où chaque pas est marqué par une victoire ou une défaite, une gloire ou une honte, la vertu ou le crime. Rome et son territoire ne sont-ils pas un livre sublime où chacun peut trouver des sujets de la plus haute instruction ? Aussi a-t-on le cœur serré, l'âme pantelante, toutes les facultés en émoi, quand on se voit en face de de l'immense désert qui entoure Rome aujourd'hui, et qu'autrefois Rome emplissait de ses temples, de ses palais, de ses villas, de ses tombeaux ! Toutes les sensations sont nouvelles. La campagne de Rome, cette zône immense qui, de la mer de Tyrrhène et de la ceinture des montagnes à la ville, entoure Rome toute entière, n'offre pas une plaine unie, absolument plate et sans accident de terrain. Au contraire. A la voir des hauteurs d'Albano, on pourrait supposer que le sol, mis en mouvement par un cataclysme quelconque, alors qu'il était soulevé, hérissé, boursouflé par une fermentation souterraine, a été subitement, instantanément saisi, figé, durci, consolidé. Or, ma supposition est une réalité, car l'action volcanique des anciens feux de la contrée, maintenant éteints, mais révélés par de nombreux cratères changés en lacs, par des eaux chaudes et sulfureuses, par des couches de scories, et des masses de pouzzolanes que l'on trouve sous les terres, est suffisamment démontrée. Il advint donc que le sol, ainsi tourmenté, a produit cent collines disséminées çà et là, et particulièrement dans le voisinage du *Tibre*. Ce fleuve, descendant des montagnes de l'Etrurie, à travers les plaines ondulées de l'Ombrie, entre dans la campagne romaine, où il sépare l'Etrurie de la Sabine, et reçoit, à dix-huit mille de la mer, l'Anio, qui vient de Tibur. C'est à la rencontre de ces deux cours d'eau que s'élève un massif de collines, entrecoupées de vallées, qui furent choisies, l'une après l'autre, pour y placer la ville destinée à donner un jour ses lois à l'univers entier, du haut de ces éminences. L'aspect de l'Ager Romanus n'a donc rien de monotone. Mais, en outre de ces collines, le sol verdâtre de la plaine est coupé en mille endroits par de longues lignes sombres qui serpentent dans tous les sens et prennent toutes les directions. On croirait voir des léviathans couverts de frimats qui veulent secouer le givre qui les blanchit. Ce sont des aqueducs antiques, ici encore debout, là écroulés, mais partout signalant leur passage par la silhouette de leurs innombrables arceaux. Et puis, voici, en face de vous, une longue avenue qui, du pied d'Albano s'étend jusqu'à Rome, et que bordent, dans toute son étendue, comme des squelettes de géants, ou couchés sur le sol, ou se dressant à-demi, pour effrayer le voyageur qui passe. C'est la Voie Appienne et son interminable file de tombeaux, semblables à des armées rangées en bataille. Partout ailleurs, solitude, sol inculte, désert. Car, il faut l'avouer, une vaste plaine désolée par le souffle de la *malaria* qui, chaque jour, y décime les rares habitants respectés par le misère, a remplacé le beau Latium de Virgile. Les buffles et les chèvres broutent les buissons dans cette morne solitude, autrefois merveilleux oasis qu'embellissaient encore les palais somptueux et les villas épicuriennes où Lucullus, Horace, Ovide, Tibulle, et tant d'autres venaient rêver de plaisir et de poésie, sous les ombrages de bosquets odorants, et parmi des jardins arrosés par des eaux jaillissantes ou des cascades au doux murmure. Le voyageur classique ne reconnaît plus ce qu'il a lu sur la Rome de la république et des empereurs. C'est que le temps, les guerres et de nombreuses révolutions ont passé par-là. C'est que temples, palais et villas ont encombré le sol de ruines. C'est que, à travers les enceintes et les tombeaux, s'est promenée la charrue exhumant et dispersant les dépouilles de tant de grands hommes dont s'affola notre enthousiaste jeunesse.

De jour, sur les nombreuses voies qui aboutissent à Rome, comme à un centre commun, de tous les points de l'horizon, il n'est pas rare de voir descendre de Bracciano, de Tivoli, de Palestrina ou de Frascati, des *Fontadine* aux jupes de pourpre et au corsage d'or, de graves matrones de Gensano ou d'Ostie, le village calme, nobles, fières et immobiles, véritables statues vivantes de la Cérès d'Eleusis, cahottées sur de lourds chariots attelés de bœufs blancs aux longues cornes noires, ou des cavaliers, pressant le pas de leurs chevaux à crinière sauvage et à queue flottante. Sur les pelouses de maigre gazon, seul produit de la plaine inculte, en mille endroits, on découvre des troupeaux de buffles à la respiration bruyante et aux yeux de flamme, gardés par des pâtres, armés d'une longue lance et montés sur de pauvres haridelles qui trottent quand même, sous le long éperon qui les saigne sans fin, galoppant de ci, de là, pour surveiller le bétail. Mais, le soir venu, pas une âme dans la campagne ! Avant même la chute du jour, les bergers et leurs troupeaux ont regagné l'étable ; les matrones sont rentrées de bonne heure au logis ; tous les cavaliers et colons ont disparu. Malheur à qui s'exposerait à la *mal'aria !* L'*Agro Romano* inspire alors un tel effroi, que les détrousseurs de grand chemin et les coupeurs de bourses eux-mêmes désertent ce sol maudit. Aussi faut-il voir notre postillon demeurer aux abois et donner des signes de terreur lorsque, aux relais, Emile et moi, nous descendons de notre caritelle pour nous avancer curieusement, ou vers les aqueducs les plus voisins, ou près des tours guelfes et gibelines, ou des paillis, sortes de cahuttes de paille qui abritent des troupeaux, toutes choses qui jalonnent la longue steppe romaine, pour y écouter les brises qui gémissent sous les vieux arceaux. C'est le seul bruit que l'on entende alors : j'en excepte pourtant quelques lointains murmures d'écluses ou de rares aboiements de chiens perdus dans la solitude. Il n'en a pas toujours été ainsi, car autrefois les plus riches des Romains, les Quintiliens ; Sénèque ; l'affranchi de Néron, Phaonte ;

Livie, femme d'Auguste ; M. Aquilius Regulus ; Ovidius Naso ; l'empereur Adrien (1), avaient de merveilleux palais et de splendides villas en cent endroits de ce désert, et des milliers d'esclaves cultivaient ce sol qui produisait alors les meilleures moissons et ne corrompait point l'air de ses émanations fétides.

Mais ne parlons plus de l'Agro Romano, que d'ailleurs nous allons traverser, et continuons notre route.

Nous sommes entrés dans la région des sépulcres. Avant Albano, nous avons vu le *Tombeau de Télégone*, fils d'Ulysse et de Circé, qui fonda Tusculum. En entrant dans Albano, nous avons salué le *Tombeau d'Aruns*, fils de Porsenna. Sur les rives du lac Albano, nous avons reconnu les ruines du Tombeau de *Tullus Hostilius*, vainqueur d'Albe dans le combat des Horaces et des Curiaces. A notre sortie d'Albe, voici le *Tombeau de Pompée*, et enfin, au bas de la colline, sur notre droite, le *Tombeau de Clodius*. Ces deux derniers personnages furent inhumés dans ces tours colossales qui dominent la voie Appienne, parce que le sol sur lequel elles reposent faisait partie des domaines qu'ils possédaient en cet endroit.

A peine a-t-on atteint le bas de la colline d'Albano et quitté la ligne d'air pur qui circule au-dessus de la région empestée de la campagne de Rome, là où finit la culture des terres et où commence la fièvre, on trouve, sur la gauche, un chemin qui s'engage parmi des ondulations verdâtres que dominent des rochers de tuf. Sur ces roches des premiers âges, on distingue les ruines de trois villes antiques, fort proches l'une de l'autre. On voit encore les murs cyclopéens de la première de ces cités, *Tellène*, et des masses de substructions des deux autres, *Mugilla* et *Apiola*, l'une à droite, l'autre à gauche du chemin herbu. C'est chose curieuse, en vérité, de retrouver ainsi, encore debout, des remparts érigés, il y a près de quatre mille ans ; car ces villes furent fondées par les Sicules, près de mille ans avant le siége de Troie. Saccagées d'abord par Ancus Martius, elles

---

(1) Les deux frères *Quintilien* et *Sénèque* avaient leurs villas sur la voie Appienne : l'affranchi de Néron, *Phaonte*, possédait une riche villa, sur la via Nomentana, et ce fut là que Néron se donna la mort ; *Livie* avait la *Villa Cæsarum* sur la via Flaminia, près du Ponte Milvio ; *M. A. Regulus*, à côté du Ponte Mammolo ; *Ovide* construisit la sienne, entourée de magnifiques jardins, au point de jonction de la via Flaminia et de la via Cassia, *l'empereur Adrien* avait une villa suburbana sur la voie Latine.

furent détruites par Tarquin l'Ancien. Il est vrai que la politique du temps exigeait cette œuvre d'anéantissement, et que, par compensation, pour trois villes perdues, Tarquin dota son royaume d'Ostie; mais ce n'est pas un motif pour ne pas laisser tomber une larme sur ces pauvres cités, qui n'ont laissé d'autre souvenir que celui de leur chute.

Voici les *Frattochie*, à la base des monts Albains que nous quittons. Qu'est-ce que les Frattochie ? Le théâtre du fameux drame qui nous a valu le *Pro Milone* de Cicéron, compromis dans l'affaire, c'est-à-dire le lieu où *Clodius*, entouré de ses sicaires et sortant de sa maison de campagne pour retourner à Rome, fut assailli par les bestiaires de Milon et par Milon lui-même, et atrocement tué sur place. Ce fut l'un des mille épisodes des haines civiles qui trop souvent inondaient Rome du sang de ses citoyens, patriciens contre plébéiens, l'opulence contre la misère, la démocratie contre l'aristocratie, toujours haletante d'ambition. Que les mœurs étaient impures déjà ! Jules César, trahi par sa femme en cette occasion, ne prit-il pas le parti de celui qui l'avait offensé, de Clodius ? Et comme Terentia, l'altière épouse de Cicéron, traça son devoir à son mari, qui dut agir quand même, et plaider en faveur de Milon !

A l'endroit même où le turbulent Clodius rendit l'âme, on brûla son cadavre, et on éleva ce tombeau sur sa cendre impure. Ainsi se trouva-t-il reposer sur son domaine et près de sa villa, qui, avec celle de Pompée, dont elle était voisine, couvrait les charmantes collines qui sont à notre droite. Le domaine impérial acquit, plus tard, ces deux propriétés et les réunit en une seule. Les empereurs en firent leur séjour de prédilection. En effet, le site est des plus ravissants, car le regard découvre Rome au loin et plonge sur toute la campagne romaine, alors si riche et si belle. Domitien donna même à cette résidence une immense étendue, et les thermes, les amphithéâtres qu'il y construisit, font aujourd'hui partie d'Albano, qui s'éleva sur cet ancien domaine de Pompée. La partie des collines qui appartenait à Clodius est aujourd'hui occupée par *Castel-Gandolfo*, village et maison de plaisance des Pontifes de Rome. Ainsi ce territoire n'a pas cessé d'appartenir aux maîtres de la grande cité.

Quant aux Frattochie, c'est tout simplement une moderne *Ostéria*, médiocre auberge de village.

Nous mettons le pied sur la campagne de Rome et, laissant sur notre droite une route moderne qui va se confondre avec la belle *Voie Latine*, se dirigeant vers Tusculum et le mont Albanus, nous suivons la Voie Appienne, qui se rend en une ligne inflexible à la *Porte Saint-Sébastien*, l'ancienne *Porta Appia*, remplaçant elle-même la *Porta Capena*, plus ancienne encore. A partir de ce point, des tombeaux bordent la voie jusqu'à Rome sans interruption.

Quoique, pour ce voyage de Naples à Rome, nous ayons adopté une berline ou caritelle, une calèche, vous lui donnerez le nom que vous voudrez, et que nous prenions des chevaux de poste à tous les relais, néanmoins, comme nous tenons à tout voir et à tout étudier, nous ne pressons pas l'allure de notre équipage. Au contraire, nous la modérons, et souvent même nous faisons arrêter. Je vous demande donc pardon de faire durer aussi long-temps ce trajet; mais il nous est impossible de passer à côté de sites ou de ruines historiques sans les mentionner. N'est-ce pas Rome déjà, et ne trouvons-nous pas là des lambeaux de son histoire? Acceptez donc mes longueurs, s'il vous vous plait; pour moi, je ne puis rien changer à ma façon de raconter les choses.

A cette occasion, je vous dois une anecdote. Au relais d'Albano, ancienne *Albanum* des Romains, élevée après la chute d'Albe-la-Longue, un peu plus bas que celle-ci, et sur la pente occidentale du mont Albain, il nous arriva de trouver un postillon récalcitrant. Pendant que nous étions allés visiter des ruines, cet homme s'était attablé avec deux compères et prétendait boire pendant une heure, suspendant ainsi notre départ sous prétexte de *mal'aria*. Mais voici que, dans les caquetages de nos buveurs, j'avise que l'un d'eux est le sacristain de l'endroit, car il annonce être de corvée seulement à cinq heures du matin. Je n'insiste plus auprès du postillon, c'est inutile. Seulement, comme je remarque une antique horloge qui marque une heure de la nuit, j'ai l'idée de tourner les aiguilles du cadran et de les placer sur cinq heures. Les bouteilles s'étaient succédé de manière à menacer la raison de ces drôles. Je mets dans mes intérêts la maîtresse de la taverne, par un de ces compliments qui coûtent simplement la peine de les tourner, et alors, sur un signe que la brave contadine fait au bedeau en lui montrant l'horloge, cet homme se lève comme s'il était piqué d'une tarentule, s'extasie sur la rapidité du temps, et, croyant qu'en effet il est l'heure de l'*Ave Maria*, prend en hâte le chemin du clocher. Nous montons en voiture de notre côté, et notre postillon, enfin dompté, fait claquer son fouet pour le départ, lorsque nous entendons sonner l'Angelus à toute volée. Que se sera-t-il passé dans Albano, lorsque tout chacun aura été réveillé par le son prématuré de la cloche? Je l'ignore. Je sais seulement que le vin rendit notre postillon si bon enfant, que dix fois nous nous arrêtâmes sur la voie Appienne, et dix fois le bonhomme s'endormit sur ses chevaux et ronfla en nous attendant. J'ajoute, chose prodigieuse et unique dans les annales du service des postes, en Italie! le digne garçon oublie de demander son pour-boire.

Lorsque Appius Claudius *Cæcus*,—car il ne faut pas confondre ce censeur avec Appius Claudius, le terrible décemvir, qui fit assassiner Sicinius Dentatus, et tenta d'enlever la pudique Virginie, — eut achevé la voie Appienne, en 442 de la fondation de Rome, on la trouva si admirablement construite et son parcours si utile et si agréable, qu'on la proclama la reine des voies consulaires, *Regina Viarum*. En effet, aujourd'hui qu'elle compte 2,300 ans d'existence, sa solidité résiste au temps, son niveau ne subit aucune pression, et en mille endroits, surtout dans le voisinage de Rome, on retrouve son pavé primitif en gros polygones de lave. Les roues de notre voiture s'enfoncent même dans les rainures qui furent creusées par les roues des chars romains. Comme je vous l'ai dit, elle coupe à vol d'oiseau l'Agro Romano, et, de sa plate-forme, vous voyez, au fond de la nappe de pâle verdure du désert, si unie qu'on ne peut préjuger son étendue, le pied de l'Apennin de la Sabine nager dans une brume mouvante, tandis que ses sommets se profilent, rigides et tranchés, sur l'azur du firmament. Vous regardez avec saisissement, et même, de nuit, avec une sorte de terreur, les triples, les quadruples lignes des acqueducs surgir du sol, et, par leurs ruptures ici, leur marche solennelle là, produire le plus ravissant effet de paysage. Mais surtout vous vous extasiez à la rencontre successive de ces innombrables monuments funéraires de toutes grandeurs, de toutes formes, de caractères différents, mais tous beaux, tous riches, tous éloquents, soit que leurs inscriptions vous parle le langage de la philosophie, de la raison, soit qu'elles se montrent facétieuses et quelquefois cyniques.

Dans les premiers temps, les Romains, à leur mort, avaient été inhumés à l'interieur de la ville et même dans leurs maisons. Mais bientôt la salubrité publique dut souffrir de cet usage. En outre, les sacrifices publics étaient constamment exposés à être souillés par des convois et des cérémonies funèbres. Fut alors portée une loi qui prohiba la crémation des corps et la conservation des cendres dans l'enceinte de Rome. Seules, les illustres familles des Publicola, des Fabricius, etc., et les triomphateurs morts pendant le triomphe, furent exceptés. Dès-lors tout chacun songea à préparer son sépulcre ; et, comme ce fut long-temps une croyance que l'âme, sortie d'un corps privé de sépulture, errait pendant cent ans sur les rives du Styx, avant de jouir des Champs-Elysées, on mit, à se préparer un tombeau, la recherche que met une coquette à se tailler un manteau parfaitement assorti à sa taille.

Mais ce n'était pas tout d'avoir un tombeau : encore fallait-il que ce tombeau fût agréablement placé. Car, si le Romain mettait grand soin à posséder ce qu'il y avait de plus confortable en maison pendant sa vie, au moins, pour sa demeure devait-il avoir un gîte honnête et un peu bien situé. Pour les païens, la mort n'était pas un affreux cadavre au rictus horrible, à l'œil éteint, au crâne dénudé et aux pâles violettes; mais une blanche femme, aux noires draperies, fille du sommeil et de la nuit. Donc fallait-il égayer cette pauvre solitaire. Qu'y avait-il de plus propice qu'un grand chemin, une route fréquentée, une des vingt voies consulaires qui, de Rome, rayonnaient sur tout l'empire ? Le Romain, curieux, frivole, ami du mouvement, de l'agitation, des nouvelles; le Romain, fort orgueilleux personnage, et recherchant toujours et partout l'occasion d'étaler son opulence, choisit donc les grands chemins pour y placer sa villa mortuaire, et certes ! les grands chemins ne manquaient pas à Rome !

Au nord de la ville, ne voyait-on pas la *Via Flaminia* dérouler son long ruban blanc à travers les mamelons et les collines qui accidentent le sol de ce côté, passer au *Ponte-Milvio*, longer la *Villa-Cæsarum*, où Livie, femme d'Auguste, se livrait aux plaisirs de la villégiature, traverser la plaine de *Capène*, bâtie sur les bords d'un petit lac, ancien cratère, passer au pied du *Mont-Soracte*, toucher à *Faleries*, et, par le *Pays des Sabins*, l'Ombrie et le territoire des Senones, atteindre *Ariminium*, la Riminie actuelle ?

De la Via Flaminia, ne se détachait-il pas la *Via Cassia*, conduisant à Véies, et passant au milieu de rochers de tuf très-élevés, percés de grottes sépulcrales étrusques, rangées en ligne, double par fois, quelques-unes décorées de pilastres, de frontons sculptés dans ce tuf même, route pittoresque s'il en fut, et aboutissant à *Sutri*, une autre ville étrusque des plus anciennes ?

La *Via Claudia*, se ramifiant aussi à la Via-Flaminia, ne s'acheminait-elle pas vers le *Lac Sabatinus*, aujourd'hui le *Bracciano*, cratère éteint; et vers des thermes et des villas sans nombre, qui en embellissaient les rivages ?

Enfin, la *Via Æmilia* ne se montrait-elle pas côtoyant les bords de la mer Tyrrhénienne qu'elle remontait jusqu'à Pise, pour tourner ensuite vers Plaisance, couper l'Appennin, et arriver aussi à Ariminium par un immense circuit ?

Au levant de l'Ager Romanus, des remparts de Rome ne découvrait-on pas le long serpent de la *Via Salaria*, enjambant l'Anio sur le *Ponte Salario*, où, en 394 de Rome, Manlius soutint un rude combat contre un Gaulois auquel il enleva son collier d'or, *torques*, d'où lui vint le surnom glorieux de *Torquatus*, et conduisant dans le *Pays des Sabins*, par *Fidène*, le fleuve de l'*Allia*, rendu si fameux par la victoire que remporta Brennus sur les Romains et qui lui valut la prise de Rome, et à *Cures*, patrie de Tatius, de Numa, d'Ancus Martius, antique cité qui donna un dérivé de son nom aux Romains eux-mêmes, *Quirites*, lors de la paix qui suivit l'enlèvement des Sabines et fut conclue avec Tatius, le vénérable chef des Sabins?

Ne comptait-on pas du même côté et la *Via Nomentana*, effleurant le *Mont-Sacré*, touchant à la *Villa de Phaonte*, aux *Catacombes* que devait plus tard sanctifier sainte Agnès, et allant former un embranchement à la Via Salaria ?

Et la *Via Tiburtina*, s'élançant comme une flèche vers *Tibur*, le gracieux Tivoli de notre époque, par le *Ponte Mammolo*, ainsi nommé de Mammée, mère d'Alexandre Sévère, qui le fit réparer; frôlant la splendide *Villa de M. Aquileius Regulus*, les Thermes appelées *Aquæ Albulæ* et la grande *Villa* qu'*Adrien* enrichit de nombreux monuments imités des plus belles œuvres architecturales, que cet empereur avait admirées en Grèce et en Egypte ?

Et la *Vice Prœnestina* conduisant à *Préneste* et dans le *Pays des Herniques* ?

Et la *Via Collatina*, et la *Via Labicana*, se dirigeant, la première vers *Collatie* et *Gabie*, et la seconde vers *Labicum* et le *Pays* des *Marses* et des *Osques* ?

Au sud et au couchant, à travers les sites les plus beaux, et de la ville à la mer, les Romains n'avaient-ils pas la *Via Latina*, marchant vers le *Pays des Latins*, et escaladant les montagnes du Latium, pour gagner le *Lac Rhegille*, le *Bois Ferentinus*, *Tusculum*, le *Mont-Albain*, *Albe-la-Longue* et son *Lac* ?

Enfin, à l'ouest, après la *Via Appia*, n'avait-on pas taillé :

La *Via Ardeatina*, se dirigeant vers la *Mer de Tyrrhène*, le *Pays des Samnites* des *Rutules* et des *Volsques*, et reliant à Rome *Asture*, *Ardée* et *Antium* ?

La *Via Ostiendis*, descendant, vers *Ostie*, le port de Rome ?

La *Via Triomphalis*, qui servait à déployer les pompes du Triomphe accordé par le sénat aux généraux vainqueurs ? Ceux-ci partaient, avec leur cortège, du sommet du *Monte Mario*, où commençait la voie, suivaient la route qui traversait le Tibre sur le *Pont Triomphal*, coupaient le *Champ-de-Mars* par son milieu, entraient dans Rome par la *Porte Triomphale* et allaient rejoindre la *Voie Sacrée* à l'endroit où se trouve l'Arc de Constantin, à l'extrémité du *Forum*. De la cime du Monte Mario, la vue la plus étendue se déployait aux regards, sur le Tibre, sur la ville, sur l'Ager Romanus tout entier, et en vérité ce site était admirablement choisi pour y faire stationner une armée qui allait recevoir les lauriers du triomphe au milieu de la plus belle ville du monde. C'est sur cette voie triomphale que Constantin vit se montrer à lui la Croix de feu, dont il fit son Labarum, avec la devise : *In hoc Signo vinces !* la veille de la bataille dans laquelle il défit Maxence près du monte Milvio, sur le Tibre.

Et la *Via Aurelia*, qui, partant du sommet du Janicule, serpentait à travers les ondulations de la plaine, à l'occident, pour aller à Civita-Vecchia, l'antique *Centum-Celle*, à *Alsium*, ville fondée par Halesus, un fils d'Agamemnom, après les cruelles tragédie des Atrides, à *Pyrgos*, cité pélasgique, à *Cœre*, aujourd'hui *Cervetri*, et à *Argylla*, autres villes primitives, etc?

Mais de toutes ces voies, et de celles que je puis oublier la première, la plus belle, la plus aimée, était sans contredit la voie Appienne, la grande Appia, la *Regina Viarum*, le chemin de l'*Elysée* sis à *Baïa*, la route qui passait près de *Lavinium*, de *Lanuvium*, de *Laurentum*, qui traversait *Aricie*, *Bénévent*, *Capoue*, *Naples*, qui aboutissait à *Brindes*, le port, etc., où les flottes romaines s'élançaient vers la Grèce, et le grand chemin qui apportait à l'Europe des nouvelles de l'Afrique et de l'Asie. C'était sur la voie Appienne qu'après la chaleur du jour, alors que le soleil descendait vers Ostie, et quand les premières brises soufflaient des montages bleues que dominait le temple de Jupiter Latial, les *Trossuli* de Rome, les élégants en laticlave; les matrones sous leurs plus élégants ajustements, *stoles* et *peplum* de pourpre; les cavaliers montés sur des chevaux Numides de la plus grande beauté; les litières dorées qu'entouraient des esclaves vêtus de la *penula*; les *cisii*, chars aériens trainés par des mules chargés de grelots d'argent; les *carruccæ*, voitures haut placés sur leurs roues; les *rhedæ*, calèches garnies de riches coussins; les *cavinir*, nos modernes berlines, hermétiquement fermées, allaient, venaient, caracolaient, se panadaient sur cette longue avenue, le Longchamps de Rome. Une fois sur la voie Appienne, si le plus grand nombre des promeneurs continuait sa marche aux derniers rayons du soleil les plus élégants, mettaient pied à terre et se promenaient sur les *margines* ou trottoirs. Les femmes entrouvraient leur *palla*, les hommes leurs *toges*. On se saluait, on se souriait, on devisait. Plusieurs, les plus efféminés, s'asseyaient sur des siéges garnies de tapisseries que portaient leurs esclaves liburniens ou des noirs d'Etiopie; mais la plupart des dames laissaient voltiger sous la brise leurs robes de gaze de Cos, vrai tissu de brouillard. On était là dans le royaume de la mode; on y étudiait les modèles du bon gout : coupe de cheveux, taille de barbe, forme des tuniques, heureuse façon de porter la chlamyde. On s'y occupait des meilleurs cosmétiques, des plus jolis bijoux, des plus fameux faiseurs.

Aussi Tibulle dit-il dans sa IIIe Elégie du livre II :

> Illa gerat vestes tenues, quas femina *Coa*
> Texuit, auratas disposuitque vias... (1)

---

(1). Qu'elle porte de ces fins tissus où les femmes de Cos entremêlent l'or et la soi.

Et Properce, dans son Élégie du livre II, parlant de sa Cynthie :

> Sive togis illam fulgentem incedere *Cois*,
> Hoc totum e *Coa* veste volumen erit.

Or, puisque la voie Appienne était ainsi le rendez-vous de la vie, n'était-il pas naturel qu'elle devînt le rendez-vous de la mort? Ainsi fut fait. Toutes les voies eurent bientôt leurs tombeaux à Rome d'abord, puis à Naples, puis à Tibur, à Pouzzoles, à Baïa, dans tout l'empire. Les sépultures bordèrent la Via Flaminia, la Via Latina, et bien d'autres : mais aucune ne put lutter avec l'élégance funéraire de la Via Appia. Heureux qui obtenait un terrain pour faire construire son sépulcre sur la voie Appienne! Ce fut un tel engouement, on y attacha tant de gloire et d'honneur, que les élus érigeaient leurs tombeaux de leur vivant, et ce qui le prouve, c'est la quantité d'inscriptions ainsi conçues, que nous y trouvons : V. F. C. ce qui veut dire *Vivus faciendum curavit*, il a pris soin d'ériger ce tombeau de son vivant; ou encore, V. S. P. *Vivus sibi posuit*, étant vivant, il s'est préparé ce sépulcre ; ou tout simplement V. F. *Vivus fecit*, vivant, il a dressé ce sépulcre.

De cette façon les morts devaient être bienheureux! Ne continuaient-ils pas de se mêler, en esprit, aux choses de la terre et de la République? Mais le monde romain, bien ingrat, hélas! passait joyeux, affairé, rapide, insouciant, et, s'il ruminait quelque pensée, ce n'était pas à l'endroit de ces pauvres morts, déjà trop oubliés, malgré l'emphase des inscriptions qu'ils s'efforçaient de faire lire au passant. Je ne vous en citerai pas, nous n'arriverions jamais à Rome. Tout au plus, vous désignerai-je quelques-uns des plus fameux souvenirs qui foisonnent autour de la Via Appia.

Déjà nous laissons derrière nous le *Tombeau de Gallien*, et celui de *Q. Vera-*

---

(1). S'avance-t elle brillante sous les tissus de Cos, je consacre aux tissus de Cos un volume entier.

nius, légat impérial, en Bretagne. Nous arrivons au *Sépulcre de Perse*, le poète satirique, mort à la fleur de l'âge. C'est un monument d'un style exquis, et pourtant en *opera lateritia*, nom que les Romains donnaient aux constructions en simples briques. Puis voici venir des colonnes encore debout, débris d'un *Temple d'Hercule*.

Mais quel est cet énorme tombeau circulaire, très-élevé, dont le sommet est devenu tout un domaine, car nous y voyons une maison et les hauts arbres d'un jardin qui produisent l'effet d'un panache sur un cimier de géant? Parmi le peuple de l'Agro-Romano, ce môle en beau marbre blanc, entouré d'une rampe que j'ai gravie, mais dont une porte m'a refusé l'entrée de la plate-forme, a nom *Casa Rotondo* : dans l'histoire, il est anonyme, et l'on ignore quel est le personnage, au moins millionnaire, qui a dû le faire construire. Non, je me trompe: dans son itinéraire, M. J. du Pays, désigne ce tombeau comme étant celui de *M. Valerius Messala Corvinus*, l'ami d'Auguste et d'Horace. On aurait acquis cette connaissance d'après certaines fouilles récentes. En tout cas, la Casa Rotondo est bien gardée, car, s'il n'y avait personne dans la maison de la plateforme, au moins la porte était solidement fermée d'abord; mais ensuite, comme je cherchais à ouvrir une porte basse, celle de la chambre mortuaire, sans doute, il s'en échappa des aboiements si furieux, que je m'éloignai en hâte, convaincu que maître Cerbère avait été chargé par les mânes du défunt, d'écarter les curieux de ce séjour de la mort.

Au loin, sur la marge de la voie Latine, à notre droite, nous voyons se dresser, comme des spectres réunis pour un sabbat qui tiendrait ses assises dans les bruyères, au sommet d'une éminence dominant à peine le désert, des ruines nombreuses qui portent le nom de *Roma Vecchia*. Pourquoi ce nom de *Rome Ancienne* donné par le peuple à cette partie de la campagne de Rome? Je l'ignore. Ce que je sais, c'est que cette plate-forme de l'éminence fut jadis le théâtre d'un noble spectacle. Dans les premiers âges de la République Romaine, on vit camper sur le sol de cette ondulation, parsemée de décombres aujourd'hui, un guerrier romain, conduisant une armée de Volsques contre Rome sa patrie. Ce guerrier venait de triompher de la ville Volsque de *Corioles*, la petite cité que je vous ai signalée, à l'ouest d'Aricia, et, à l'occasion de sa victoire, on lui donnait le surnom de *Coriolan*. Or, mal agréé de la ville qui l'avait envoyé à Corioles, il avait déclaré la guerre aux Romains. Grand effroi dans Rome! Caïus Marcius était un si habile général! Il s'apprêtait à faire le siége de sa patrie lorsque, un matin, il voit arriver dans son camp une longue procession de dames romaines, qui, les cheveux épars, en vêtements de deuil voltigeant sous la brise, viennent lui demander grâce!

Parmi ces femmes, Coriolan reconnaît sa mère, Véturie : il reconnaît sa femme, Volumnie... Jusques alors prêt à tout détruire, le Romain se sent ému...

— O ma patrie, dit il, vous savez faire fléchir mon courroux, en employant les larmes de ma mère... C'est par elle, et pour elle, que je vous pardonne !

Et, après avoir embrassé sa mère, il s'éloigne pour toujours, et devient bientôt la victime des Volsques, qui le font périr comme un traître.

Bientôt se montrent, sur notre droite encore, des pans de murailles croulantes, de majestueux débris, non plus d'un tombeau, mais au moins d'une villa des plus vastes, car nous reconnaissons des viviers, un nymphée, des thermes, le plan de la villa, aux murs sortant de terre, et même un amphithéâtre. De ce domaine voici en deux mots l'histoire funèbre : Rome entendit un jour raconter qu'un des princes qui devait la gouverner, trouvant trop chaud le bain qu'on venait de lui préparer, fit mettre dans le foyer l'esclave qui l'avait chauffé, et ne prit le bain que lorsqu'on lui eut dit que l'esclave était cuit à point. Heureusement le pédagogue du César avait eu l'idée de jeter dans la fournaise une peau de mouton toute fraîche, et l'odeur que le petit prince, âgé de douze ans seulement, prit pour celle de l'esclave, lui plut beaucoup. Cela promettait, que vous en semble, amis ? Le César tint parole. Il fit tant et si bien, que devenu odieux au peuple et aux nobles, vingt conspirations se forment contre lui.

La plus terrible fut celle dont fit partie Lucilla, sœur aînée du tyran. On comptait parmi les conjurés des sénateurs et des personnages fort considérables. Je me contenterai de vous désigner *Maximus* et *Condinus Quintilii*, deux frères qui s'aimaient tendrement. Ils étaient fort savants, et surtout très-riches. C'était à ces deux frères qu'appartenait cette villa suburbane de la voie Appienne, dont les ruines nous occupaient. Cette villa, merveilleusement belle et décorée de tous les objets d'art et de plaisance qui pouvaient la rendre plus admirable et plus précieuse, longeait la via Appia et couvrait un espace de trois mille pieds. Le tyran en question, Commode, convoite la fortune des Quintilii, et profite de l'accusation de complot qui pèse sur eux.

Les deux frères Quintilii, renfermés dans leur villa, reçoivent l'ordre de mourir, et cet ordre est appuyé de la présence de six gladiateurs qui les immolent, sur le sol même que nous foulons. Puis l'empereur s'empare de leurs biens et de leurs trésors. Leur villa est pillée, détruite, et reste depuis ce temps dans l'état où nous la voyons. Seulement on y fit faire des fouilles, naguère encore, et on y trouva les plus belles choses que possède le Vatican.

J'ai dit. Je passe à présent du côté gauche de la voie Appienne : là, nous attend l'un des plus beaux souvenirs des premiers âges de Rome.

— Que voulez-vous donc nous faire admirer de si curieux ? me direz-vous.

Rien, presque rien. Un champ carré, ou à peu près, autrefois enfermé entre quatre gros murs, dont il reste encore des ruines fort notables du côté du sud, murs élevés par l'ordre du sénat de Rome, et dont un des fragments, d'au moins sept pieds de long, conserve tous les caractères des ouvrages primitifs de la Rome antique, tels que la prison Mamertine, par exemple. Ce lieu sacré n'est autre que le *Champ de bataille des Horaces et des Curiaces*, en présence des deux armées Romaine et Albaine. Le lieu n'était-il pas bien choisi, juste entre Rome et Albe-la-Longue, pour vider la querelle qui s'était élevée entre le peuple des deux villes, jalouses l'une de l'autre, et voulant, à tout prix, donner des lois, et commander l'une à l'autre ? C'était sous Tullus Hostilius, le troisième roi de Rome, 667 avant Jésus-Christ; il y a de cela deux mille cinq cent vingt-six ans ! Les deux cités prirent les armes, et l'on s'avança dans la plaine. Vous savez le reste : notre Corneille s'est chargé de vous l'apprendre.

Seulement, pour avoir égorgé Camille, sa sœur, la fiancée du Curiace, on fit passer le jeune Romain, la tête basse, humiliée, sous une sorte de joug, que l'on appela le soliveau de la sœur, *Tigillum sororium*. Tite-Live nous apprend qu'on le réparait tous les ans et qu'il subsistait encore de son temps. Il était placé en travers du Vicus Cyprius, chemin, et bientôt rue, qui unit le Cœlius à l'Esquilin, ou le quartier des Carines à celui de Subure, au nord-est du Palatin...

En vérité, mes amis, croyez-vous que ce souvenir n'ait pas sa valeur, rappelé sur le lieu même qui fut témoin du drame, il y a 2500 ans ?

Notez bien qu'à l'authenticité de ce champ de bataille rien ne manque, pas même les deux pyramides qui signalent les *Tombeaux des deux Horaces*, et, un peu plus en avant, les trois éminences de terre reposant sur un soubassement de maçonnerie étrusque, et désignant les *Tombeaux des trois Curiaces*.

Mais passons à une autre tragédie qui a aussi son souvenir émouvant.

Sur le même côté de la route, à quelques mètres plus loin, nous arrivons à un semis de ruines, à fleur de terre, qui rappellent parfaitement une villa. Un édicule sépulcral, en *opera lateritia*, les précède. Ce sont et la *Villa* et le *Tombeau de Sénèque*.

A l'époque des Empereurs, de Néron surtout, le bourreau était un luxe inutile, on l'avait supprimé. On envoyait un message au citoyen devenu suspect. A sa vue, le condamné s'inclinait, en signe de soumission, écrivait quelques lignes, testament mortuaire qui léguait la moitié de sa fortune à son assassin, afin de sauver l'autre moitié en faveur de ses héritiers, faisait rendre grâces au tyran, de sa clémence, se mettait dans un bain chaud, demandait rasoir ou ciseaux, selon son goût, s'ouvrait les veines, et passait enfin de vie à trépas. Donc, Sénèque, accusé par un certain Natalis d'avoir été en relation avec Pison, qui avait une campagne à Bauli, voisine de celle des César, et devenu suspect à l'empereur, on envoya le tribun d'une cohorte prétorienne demander à Sénèque s'il reconnaissait la vérité de l'accusation. « Soit hasard, soit dessein, dit Tacite, Sénèque était arrivé ce jour-là même de Campanie, et *il s'était arrêté à la quatrième borne milliaire de la voie Appienne, où il avait une maison de plaisance*. Le tribun s'y rendit vers le soir, et entoura la maison de soldats. Sénèque était à table avec sa femme, *Pompéia Paulina* et deux de ses amies, quand lui arriva le message de Néron. Il fallut obéir. Sénèque se mit au bain; sa femme fit de même. L'un et l'autre s'ouvrirent les veines. Mais Néron envoya l'ordre de vivre à Paulina ; quant à Sénèque, il perdit difficilement la vie, au milieu des plus affreuses douleurs, tantôt se promenant sur ces dalles que nous foulons aux pieds, tantôt en reprenant sa place dans la baignoire....

A partir de cet endroit, les tombeaux de la voie Appienne se montrent de plus en plus rapprochés: ils forment des deux côtés deux lignes continuelles, et vous avancez, tristement impressionné, au milieu d'une nécropole sans pareille au monde, à travers un cimetière tel qu'aucun peuple n'en créa jamais. Et comme la plupart de ces tombeaux ont été violés et que la main du temps, ainsi que celle des hommes, a passé sur ces mausolées, monuments de l'orgueil et de l'ostentation, on foule aux pieds, parmi les plus beaux débris de marbres de porphyre, de cipollino, de bronze, parmi des fleurons gracieux, des oves du plus fin travail, et mille sculptures délicates, les ossements mêmes des personnages célébrés par l'histoire. Aussi vous frissonnez sous le vent de la nuit : il vous semble voir se lever ici et là les ombres de ceux qui ont reposé long-temps dans ces abris : un froid glacial glisse sur vos membres, comme si vous étiez frôlés par leurs suaires ou par le souffle des mânes qui voltigent autour de vous. Et, si la lune se cache sous un banc de nuages noirs, et qu'il vous arrive de ne plus voir nettement, distinctement les objets qui vous entourent, votre frisson se change en un frémissement de terreur, car il vous semble entendre des soupirs, des sanglots et des gémissements s'échapper des tombes solitaires. Mais non : c'est tout simplement la brise qui siffle entre les colonnes et les pylônes, parmi ces demeures funèbres échelonnées en droite ligne comme des soldats à la parade: tombeaux ronds en forme de môles, tombeaux carrés en manière de donjons ; tombeaux en hémicycles, sortes de sanctuaires destinés à recevoir les vivants en deuil des morts, et tombeaux disposés en enceintes sacrées, afin d'y pleurer sans témoins; *Columbaria* munis de leurs niches pour y placer les urnes renfermant les cendres de chaque membre de la famille, et *Sacella* avec bancs circulaires pour y méditer dans le calme et le repos; bas-reliefs de toutes sortes appelant d'un côté à l'autre de la voie Appienne, en tout fort semblable aux grandes allées du père Lachaise, moins la croix qui prie et les arbres qui pleurent. Qu'importe le nom des défunts? Plaignez-les, plaignez-les tous ; car, si Rome vit encore, les Romains sont morts, et nul ne vient plus sur ces tombeaux célébrer les *remuralia* pour honorer la mémoire de ceux qui ont vécu... (1)

Que vos regards se portent à l'horizon maintenant, mes amis, et admirez avec moi la belle ceinture des Apennins qui forment les monts de la Sabine et de la chaîne des montagnes du Latium. Voici déjà l'aube qui en blanchit la cime, et les interminables lignes des aqueducs deviennent plus visibles encore.

Mais puisque ce mot d'*Aqueducs* se trouve sous ma plume, que je vous dise une fois ce que l'aspect de ces aqueducs offre de magnifique, afin que vous compreniez pourquoi je m'extasie devant le merveilleux effet qu'ils produisent dans le paysage du désert qui entoure Rome.

Assise au bord du Tibre, un peu au-dessous du confluent de ce fleuve, qui coule du nord au sud, avec l'Anio, qui descend de l'est, Rome occupe les derniers monticules d'une chaîne de hauteurs qui bornent au sud-est le bassin de l'Anio. Dès la fin du Ier siècle de notre ère, sous Nerva et Trajan, neuf de ces aqueducs, construits en maçonnerie, et marchant, tantôt sous terre, tantôt en remblai, à travers les montagnes, aux penchants des côteaux, puis, sans rien perdre de leur pente régulière, franchissant les vallées et les plaines sur des arcades

---

(1) On appela *Remures* ou *Larves*, les mânes ou les ombres des morts, chez les Etrusques, puis chez les Romains. Ce mot s'appliquait surtout aux âmes tristes et malheureuses. On les regardait comme des divinités malfaisantes, et l'on institua en leur honneur des fêtes nommées *Lemuries, Lemuralia*, et d'autres disent *Remuralia*, parce que ce fut à l'occasion de Rémus, tué par son frère Romulus, que ces cérémonies expiatoires furent imaginées.

magnifiques, apportaient dans Rome un immense volume d'eau. Six de ces dérivations, appelées *Aqua Appia, Aqua Marcia, Aqua Virgo, Aqua Claudia, Anio Vetus, Anio Novus*, avaient leurs prises d'eau dans la vallée de l'Anio ; deux autres, *Aqua Tepula* et *Aqua Julia*, détournaient les sources des petits affluents de la rive gauche du Tibre inférieur. Enfin, la dernière sortait du lac Alsietinus, situé sur la rive droite du Tibre, au nord-ouest de Rome, et se nommait *Aqua Alsietina*.

La hauteur de ces aqueducs atteignait parfois jusqu'à trente-trois mètres. Pour plusieurs, les arcades se superposaient, en se rencontrant, afin de ne rien perdre de leurs niveaux respectifs, et cheminaient alors confondues en un seul aqueduc à trois rangs d'arcades. Telles sont les dérivations Julia, Tepula et Marcia. Les aqueducs de la rive gauche du Tibre, à l'exception de l'Aqua Virgo, suivaient, en approchant de Rome, un long côteau parallèle à la voie Appienne, et y trouvaient de vastes réservoirs où l'eau se clarifiait par le repos, avant d'entrer dans la ville. Ceux qui puisaient aux sources les moins pures, l'Anio Vetus et l'Anio Novus, avaient, en outre, un semblable réservoir à leur tête. Leur longueur singulière variait de vingt trois mille à quatre vingt onze mille mètres ; et ils mesuraient ensemble quatre cent dix-sept mille sept cent vingt-deux mètres, soit quatre cent dix-huit kilomètres.

Figurez-vous donc quatre cent dix-huit kilomètres, distribués en arcades, formant étoile autour de Rome, dans cette immense plaine verdâtre, légèrement capitonnée d'éminences médiocres qui a nom Campagne de Rome, et dites-moi si, ou au soleil, ou au clair de lune, ce n'est pas d'un aspect majestueux, pittoresque, délicieux à l'œil, car ces aqueducs existent encore, ou ceux qui sont en ruines parlent plus peut-être encore à l'imagination. Pour faire place à ces magnifiques ouvrages, montagnes coupées, roches percées, vallées franchies, rien ne fut épargné, aussi ne trouve-t-on rien de plus merveilleux dans l'univers entier. Les fleuves qui coulent sur ces montagnes artificielles semblent avoir un lit creusé naturellement dans les plurs durs rochers, puisqu'ils résistent depuis tant de siècles à l'impétuosité du courant. Les flancs des monts s'écroulent, le lit des torrents s'efface, mais ces ouvrages des anciens ne périront pas tant qu'un peu d'industie et de vigilance sera employé à leur conservation.

D'autres aqueducs ont été élevés après ces premières dérivations : l'*Aqua Felice*, l'*Aqua Paola*, etc, mais je renonce à rien dire de plus, car j'imagine que vous avez suffisamment compris leur gracieux effet dans le désert.

Ces eaux, amenées avec tant de magnificence, étaient administrées avec une admirable sagacité. Chaque réservoir considérable recevait le produit de deux conduites, afin que, l'une venant à faire défaut, l'autre maintînt la permanence du service. La plus limpide, l'Aqua Marcia, était exclusivement réservée à l'alimentation. Les autres s'écoulaient dans les palais, les jardins, les viviers des souverains et des riches particuliers ; dans les camps des soldats, dans les bains, les thermes, les naumachies, les théâtres, les fontaines publiques et jusque dans les égouts. C'était l'eau de l'Anio, presque toujours limoneuse, qui servait au curage de ces derniers.

Ajoutons que ces mêmes eaux arrivent encore des mêmes sites et par ces mêmes canaux, sans que jamais leur cours ait été interrompu. Aussi aucune ville du monde ne possède de plus belles fontaines, d'aussi nombreuses, et des eaux plus exquises que celles de Rome. Il y a dans son enceinte telles eaux qui jaillissent depuis des siècles dont, j'imagine, on n'a jamais connu le point de départ, ni su par quelle voie elles sont amenées. Aussi serait-on bien embarrassé pour rétablir leur cours si, par malheur, il venait à s'arrêter. Les ingénieurs et les architectes qui ont exécuté de telles œuvres, sont morts depuis deux mille ans, emportant avec eux, dans la tombe, le secret et le plan de leurs travaux.

Il y avait à peine une demi-heure que nous avions laissé sur notre droite *Tor Fiscale*, l'un des tombeaux de la Voie Latine, converti par le moyen-âge en une forteresse des *Orsini*, ces neveux du pape Nicolas III, si ardents à la rescousse ; et, derrière nous, la Casa Rotondo, qui, elle aussi, fut transformée en château-fort, pour les besoins belliqueux des *Frangipani*, de la famille des Frangipani, qui reçurent ce nom de leur générosité à rompre leur pain en faveur des pauvres, mais aussi de ce Frangipane qui, à Asture, livra Conradin à Charles d'Anjou, lorsque nous arrivons à un autre tombeau qui devint aussi une citadelle à l'usage des *Gaetani*, comme d'autres sépulcres servaient de tanières aux autres familles rivales, les *Colona*, les *Savelli*, etc.

Ce môle a le front ceint d'un diadème, formé par une plaque de marbre, placée il y a près de deux mille ans, et que la griffe du temps n'a jamais descellée. Il porte, gravé sur ce marbre, le nom historique de *Cecilia Metella*. Là, pas de doute possible sur l'authenticité du monument. Ce *Tombeau de Cecilia Metella* présente à l'œil une masse gigantesque de blocs en travertin, si parfaitement taillés, si merveilleusement jointoyés, que c'est à supposer d'un seul morceau ce mausolée colossal circulaire. La plate-forme de cette magnifique tour, cuivrée par les longs soleils qu'elle a subie, était jadis surmontée de colonnes supportant une coupole, sous laquelle s'élevait la statue de l'orgueilleuse Cecilia Metella, dont le nom sourit encore à ceux qui passent, comme il a souri à tous les âges écoulés, du haut de la frise en marbre blanc, décorée de saillies sculptées en bucranes, couronnant des murs qui n'ont pas moins de trente-cinq pieds d'épaisseur. Qu'était donc cette Cecilia Metella ? La fille de Quintus-Creticus, et la femme de *Crassus*, le riche, mais l'avare triumvir. Voluptueuse et prodigue, Cecilia joua un grand rôle dans Rome, et y eut les plus belles relations. Ce fut elle qui apprit à la belle Cléopâtre à fondre des perles dans du vinaigre, philtre dont à cette époque on attendait d'étranges effets, mais qu'on ne pouvait se procurer que dans le faste et l'opulence. Hélas ! nonobstant sa beauté, ses grandeurs et son renom, il en fut de la vanité posthume de Cecilia Metella, à l'endroit de son tombeau somptueux, comme de celle des Pharaons d'Egypte, à l'endroit des pyramides. On enleva leurs cendres de leurs mausolées, et le sarcophage magnifique qui renfermait la charmante Cecilia, sert maintenant de vasque aux fontaines jaillissantes, qui décorent le Palais Farnese, à Rome. Quant au sépulcre, les Gaetani en brisèrent les colonnes soutenant la coupole, et dans le parapet du fronton circulaire, ils ouvrirent des créneaux guelfes pour leur défense. Mais, à part cette profanation, le tombeau subsiste, majestueux toujours, et pleure sur lui-même et sur les ruines d'un palais éventré, mais debout comme un squelette, qui lui fait face, et qui appartient aux Gaetani.

En quittant le tombeau de Cecilia Metella, la Voie Appienne descend rapidement vers Rome... On sent que la ville éternelle approche et va s'ouvrir devant vous. Vous êtes même déjà dans la ville en quelque sorte, car, à votre droite, voici la Villa et le *Cirque de Maxence*, voici le *Temple de Romulus*, magnifiques ouvrages de l'antiquité; voici la *Fontaine de la Nymphe Egérie* : puis, de Rome, souveraine du monde catholique voici de même, à gauche, la *Basilique de Saint-Sébastien* et les *Catacombes de saint Calixte*; et enfin, ici, là, le *Temple du dieu Reticulus*, le *Columbarium* composé de trois chambres superposées, renfermant les cendres de plus de trois cents serviteurs de la maison d'Auguste; le *Lucus Deæ Dix*; le *Tombeau de Priscilla*, en face de l'*Eglise Domine, quò vadis?* édifiée sur le lieu même où N. S. apparut à saint Pierre, quittant Rome pour échapper au martyre, et répondit à sa question : *Domine, quò vadis?* Seigneur, où allez-vous ? — Pierre, je vais mourir une seconde fois pour vous !... puisque vous partez ! avait dit le Sauveur.

Mais de toutes ces choses je ne puis vous entretenir : elles font partie de Rome. Or, de Rome, à une autre fois, s'il vous plaît !

Nous arrivons à l'antique *Porte Capène*, la *Porta Appia* du moyen-âge, et la *Porte Saint-Sébastien* d'à-présent, encadrée dans la muraille d'enceinte d'Aurélien, surmontée des remparts de Bélisaire.

Je ne suis plus de votre monde, à vous, mes amis; je suis citoyen romain, j'entre dans Rome! Mon cœur bat à se rompre... Certes! je sens que je vous aime, mais, à cette heure solennelle, tout en vous serrant la main, permettez-moi de m'écrier :

>Salve, magna parens frugum, Saturnia tellus,
>Magna virum!... (1).

VALMER.

---

(1) Salut, terre féconde, terre de Saturne, mère des grands hommes! *Virgile.*

III.

AUX ÉLEVES DE L'INSTITUTION VALMER, RUE DES MARTYRS, A PARIS.

Rome. — Mise en scène. — Premiers peuples des bords du Tibre. — Evandre. — Hercule. — Le géant Cacus. — Enée. — Mont *Palatin.* — Colline de Saturne. — Ses deux cimes. — Intermontium. — Monts *Quirinal.* — *Viminal.* — *Esquilin.* — *Cœlius.* — *Aventin.* — Forum Romanum. — Mont *Janicule.* — Où se montre Romulus. — Faustulus et Acca Laurentia. — Figuier Ruminal. — Fontaine de Juturne. — Lupercal. — Vengeance de Romulus. — Où Romulus trace l'enceinte de Rome carrée. — Aruspices. — Rites Etrusques. — Flora, Amor, Rome. — *Arx* ou citadelle de Romulus. — Bois de l'Asile. — Enlèvement des Sabines. — Temple de Jupiter-Férétrien. — La jeune Tarpeia. — Sabins et Romains. — Bataille sur le Forum. — Lac Curtius. — Roche Tarpéienne. — Voie sacrée. — *Lotus* de Romulus. — Temple de Jupiter-Stator. — Voie triomphale. — Sénat. — Curies. — Patriciens et Plébéiens. — Le Marais de la Chèvre. — Comment on immole un roi. — Apothéose de Romulus. — Temple de Quirinus — Numa Pompilius. — Le *Lituus* sacré. — Augures. — Temples de Vesta. — Des dieux Pénates. — Palladium de Troie. — Atrium Regium. — Temples de la Foi. — De Janus. — Nymphe Egérie. — Tullus Hostilius. — Guerre d'Albe-la-Longue. — Combat des Horaces et des Curiaces. — Fécial et père Patrat. — Où l'on écartelle. — Curia Hostilia. — Curia Regia sur le Cœlius. — Ce qui précédé la mort de Tullus Hostilius. — Ancus Martius. — Guerre avec les Latins. — Citadelle du Janicule. — Pont Sublicius. — Prison Mamertine. — Fondation d'Ostie. — Tarquin l'Ancien. — Comment et pourquoi l'on fonde le Cirque Maxime. — Les jeux de Rome. — La Cloaca Maxima. — Temples de Saturne. — De Jupiter Capitolin. — D'où vient le nom de Capitole. — Où une augure coupe un caillou avec un rasoir. — Servius Tullius. — Ses réformes. — Le Tullianum. — Les Gémonies. — Les Cent Marches. — La nouvelle enceinte et les sept collines de Rome. — Les Portes de la ville. — L'Agger de Servius Tullius. — Temple de Diane sur l'Aventin. — Les Temples de Matuta. — De la Fortune Virile. — De la Fortune Vierge. — Les filles du roi. — Parricide. — Où une fille foule aux pieds le corps de son père. — Tarquin le Superbe. — Féries Latines. — Temple de Jupiter Latial. — Le Mont-Albain. — Le bois sacré de Ferente. — Temple de Jupiter Capitolin. — Le clou d'or. — Tabularium. — Un drame dans le bois de Ferente. — Les livres Sibyllins. — Siége d'Ardée. — Drame de Collatie. — Suicide de Lucrèce. — Expulsion des rois. — L'île du Tibre. — Les consuls. — Siége de Rome. — Horatius Coclès. — Mucius Scævola. — Clélie. — Aruns à Aricie. — Tombeau. — Bataille du lac Rhégille. — Temple de Castor et Pollux. — Brutus et ses fils. — Scénographie de Rome.

Rome, 1er novembre, 185...

Vous ne prendrez pas pour une réclame l'adresse de l'institution Valmer, que je mets en tête de cette lettre, mes bons amis, puisque, depuis long-temps déjà, cet asile de vos études, les beaux ombrages de vos récréations, tout a disparu. C'est un simple souvenir topographique que je veux évoquer, pour vous demander s'il vous revient à la mémoire combien alors nous étions empressés, le soir, à la pénétrante chaleur du foyer, et sous les rayons de la lampe, en nous courbant sur des cartes et des gravures, à chercher, à étudier, à connaître les villes de l'antiquité, leurs sites et leurs gloires, Babylone et Ninive, Thèbes et Memphis, Sparte et Athènes, Rome et Jérusalem. De ces villes, celui d'entre vous qui apprenait aux autres une particularité nouvelle, recevait un éloge, une faveur, une récompense. Que nous eussions été heureux de voir ces villes fameuses pendant nos vacances, et, au retour, de pouvoir nous poser en *cicerone*, en narrateur, en peintre, devant la petite assemblée, et de décrire, de raconter, de peindre !

Eh bien ! j'aurai ce privilége vis-à-vis de vous, une fois dans ma vie, mes enfants, car je suis à Rome, comme vous savez. J'entrais à peine dans les vieilles murailles de cette ville, illustre entre toutes, que je pensai à vous. Que vous en dirai-je pourtant ? Peu de choses par écrit, car le champ est si vaste.... que la moisson est trop abondante. Mais une fois rentré à Paris, près de vous, cet hiver, je ne reculerai pas devant la jouissance d'un long bavardage. Pour le moment, je vous envoie simplement l'exorde de mes futurs récits. Je mets entre vos mains la préface historique de Rome, telle que la fonda Romulus. Ce n'est qu'un ressouvenir ou plutôt une répétition de nos entretiens d'autrefois. Endossez donc votre robe de chambre, enfoncez vos pieds dans des pantoufles bien fourrées, placez-vous commodément dans votre fauteuil, en face d'un premier feu du soir, puisque l'automne est humide dans notre France, et lisez :

Il était trois heures du matin quand la chaise de poste qui nous amenait de Naples par Capoue, les Marais-Pontins, le Mont-Albain et la voie Appienne, arrivait à la Porte San Sebastiano, jadis Porte-Capène, à Rome. Vous dire ce que nous vîmes tout d'abord, au clair de lune, dans cette ville immense, dont la première zône circulaire, l'antique *Pomœrium* (1) de la maîtresse du monde, n'a que peu de monuments et de maisons, mais est semée ici et là de ruines co-

---

(1) Chez les Etrusques, le *Pomœrium* était un large glacis entourant les remparts, qui restait consacré aux dieux, et qui pouvait servir d'asile aux coupables.

lossales qui escaladent le ciel, me serait impossible. Aussi je renonce à vous analyser les premières impressions que nous donne la ville de Rome, vue de nuit, et endormie dans la solitude et le silence. Une fois casés dans notre *Hôtel de la Minerve*, à deux pas du fameux Panthéon d'Agrippa, je me couche avec la fièvre des plus vibrantes émotions et l'imagination en feu. Dès-lors, vous ne serez pas étonnés que, dans mon sommeil, je sois devenu la victime d'un cauchemar, le jouet d'une hallucination, le caprice d'un rêve : cauchemar, hallucination, rêve que je bénis, car, pendant toute une nuit, ils ont fait passer sous mes yeux le plus étrange, le plus merveilleux spectacle que l'homme puisse désirer voir.

J'étais en Italie, et, dans l'Italie, sur les bords du Tibre, au confluent de ce fleuve avec l'Anio. Comment étais-je venu là ? Je l'ignore. Pourquoi m'y trouvais-je ? Je ne saurais le dire. Qu'étais-je ? Ne me le demandez pas. Ce que je puis répondre, c'est que je jouissais de toutes les facultés de mon âme, et que je regardais des deux yeux de mon corps. En outre, j'avais la conscience que les premiers âges du monde étaient passés ; et, à voir, parmi les dernières rampes des montagnes de l'Etrurie, à travers les chaînes de collines de l'Ombrie, dans les vallées des Appennins de la Sabine, sur les croupes du Latium et le long des rivages de la mer de Tyrrhène, à voir les Etrusques, les Sabins, les Herniques, les Marses, les Latins, les Rutules et les Volsques cultiver en paix leurs guérets, rendre leurs villes florissantes, et surveiller d'un œil jaloux les limites de leurs contrées, ce devait être vers le milieu du viiie siècle avant notre ère, que je me trouvais ainsi témoin des faits qui vont se dérouler.

D'abord au-dessus de ma tête s'étendent le bleu pavillon d'un ciel incomparable et les rayons d'or d'un soleil rutilant. Autour de moi se développe à perte de vue la verte oasis d'une plaine encadrée au nord par les croupes multipliées des collines de l'Etrurie et de la Sabine; au levant par la chaîne bleuâtre des Appennins ; au sud par les dentelures vaporeuses des montagnes du Latium, et au couchant par le vaste miroir de la mer de Tyrrhène. Au milieu de ce pittoresque et poétique encadrement, du nord-est au sud-ouest, serpente, comme un immense ruban d'ocre jaune, jeté capricieusement sur un océan de verdure, le Tibre, qui sillonne la région de ses flots limoneux et s'achemine vers la mer. Rien d'admirable comme les perspectives de cet horizon grandiose. Une imperceptible gradation de couleurs s'étend dans tout ce vaste pourtour, et se mélange de telle sorte, que l'on ne peut déterminer où commencent et où finissent les nuances délicieuses du violet, du carmin, de l'orangé, du cinabre et de l'azur qui en décorent les profondeurs. Une brume, exquise de transparence, répandue dans les lointains, adoucit les contours des objets et des sites : aussi n'ont-ils rien de heurté, rien d'anguleux. Partout, inclinaison mollement fuyante des plans qui se superposent, s'abaissent ou se relèvent.

Mais ce qui surtout charme le regard, à l'endroit où le Tibre se courbe en replis tortueux, c'est une succession de gracieuses collines, disposées en massif, qui se baignent dans les teintes les plus suaves et offrent les aspects les plus opposés, les reliefs les plus variés. Les unes sont élevées, sauvages, abruptes même ; les autres, plus basses, couvertes d'arbustes et de broussailles. Celle-ci forme un plateau, dont un rocher formidable, entouré de précipices, compose la base ; celle-là, chauve, dénudée, contraste avec la riche verdure de ses sœurs. Toutes sont isolées et entrecoupées de vallons que capitonnent des marais, car le Tibre, dont aucun endiguement ne contient les eaux, couvre ses rives du trop plein de son lit. Et sur ce vaste massif de renflement d'un sol volcanique, qu'une riche végétation décore en maint endroit de son vert feuillage, pas ou peu d'ombres noires, lourdes, choquantes. Rampes dénudées ou taillis verdoyants, sommets arrondis en cônes planteureux ou rochers à pic, éminences ou profondeurs, tout ce paysage est placée dans de telle conditions que l'air, un air vivifiant, circule autour, et, avec l'air, s'infiltrent de chauds rayons de lumière qui donnent à l'ensemble les teintes les plus douces et en rendent parfaitement nets et distincts les moindres accidents.

Les premiers peuples de cette contrée ont été les *Sicules*, amenés des pays Celtiques par *Ogmius*, surnommé l'*Hercule Gaulois*. Cet Ogmius, qui vivait 1,500 ans avant Jésus-Christ, s'était fait le fondateur des colonies gauloises des Insubriens au nord du Pô, des Ombriens au sud du même fleuve, des Vénètes au fond du golfe Adriatique, des *Aborigènes* sur les bords du *Tibre*, et des *Volsques* sur la rive droite du *Liris*, le Garigliano moderne. Aussi, en souvenir de ses exploits, avait-on donné le nom de *Port d'Hercule* à la ville située sur les limites de la Gaule et de l'Italie, qui subsiste encore sous le nom de *Monaco*. Toutefois les Sicules, dépossédés, par les mouvements des tribus du nord de l'Italie, du sol sur lequel Rome devait s'élever, s'étaient bientôt réfugiés dans une île de la Méditerranée, qui prit le nom de *Sicile*, de celui des Sicules.

Etrange effet du hasard et jeu bizarre de la nature ! Sur la rive gauche du Tibre, à l'endroit où il se tord comme un serpent blessé avant d'arriver à la mer, les collines sont disposées en un vaste cercle, et, autour de l'une d'elles, qui occupe le centre et affecte la forme d'un carré plat, composent une charmante couronne de mamelons. En l'enfermant ainsi de leur enceinte en amphithéâtre, elles semblent lui rendre hommage et la reconnaître pour leur reine. En effet, à un moment donné, ce mont carré aura l'honneur de porter les premières assises de la ville éternelle : elle sera la base de Rome carrée, *Roma quadrata*; et si ses voisines partagent un jour sa gloire, c'est que, riche à l'excès, cette colline reportera complaisamment sur elles les temples et les palais qu'elle ne pourra plus contenir.

Cette colline privilégiée est le *Palatinus Mons*, le *Mont Palatin*, ou simplement le *Palatin*. Elle tire son nom de la ville de *Palantum* qu'y fonda un prince d'Arcadie, *Evandre*, qui, un peu avant la guerre de Troie, en 1,500, amena sur les bords du Tibre une colonie grecque. Là, *Hercule* reçut l'hospitalité du généreux Evandre ; là aussi vint *Enée* demander au jeune prince son appui contre les Rutules. Du passage de ces héros, restent, au nord-ouest du Palatin :

D'abord un autel, *Ara Maxima*, qu'Hercule, l'*Hercule Grec*, érigea en son propre honneur. Voici à quel propos : Hercule, dans ses voyages, conduisait avec lui des troupeaux de bœufs, qu'il prenait tantôt ici, tantôt là, selon sa convenance. Pendant qu'il se reposait chez Evandre, les plus belles bêtes de son troupeau disparurent. Grand émoi de la part du héros ! Il s'informe et apprend qu'il est, dans un antre d'une colline voisine, le mont Aventin, un géant monstrueux, demi-homme et demi-satyre, fils de Vulcain, qui vomit des tourbillons de flammes et de fumée, que l'on a vu décimant son bétail. Ce géant a nom *Cacus*. Hercule s'empresse de courir à la caverne du ravisseur. Mais Cacus s'enferme dans son antre. Le héros s'inquiète peu des barrières qu'on lui oppose : il enlève les blocs de rochers qui barricadent l'entrée de la caverne, saisit Cacus de ses bras nerveux, l'étouffe en le serrant contre sa poitrine, et jette son cadavre aux vautours. Puis il se dresse à lui-même un autel, l'Ara Maxima, à l'endroit des rives du Tibre, où sera bientôt le Forum Boarium, ou marché aux bœufs.

Ensuite le *Temple d'Hercule Triomphant*, édicule de forme ronde, dans lequel Evandre élève au vainqueur de Cacus une statue en airain doré, qui deviendra chère aux Romains à tel point qu'aux jours du triomphe de leurs généraux, on couvrira cette statue d'une toge de triomphateur. Ce temple est placé près de l'Ara Maxima (1).

---

(1) Cette statue curieuse, et intéressante à cause de son extrême antiquité, fut retrouvée dans les décombres, sous le pontificat de Sixte IV, et maintenant occupe une place dans le Musée du Capitole de Rome.

Enfin le *Tombeau de Carmenta*, mère d'Evandre, placé au pied occidental de la colline de Saturne, qui sera bientôt la Roche Tarpéïenne et le Capitole.

Voici même des pierres qui servirent d'escalier, lors du débarquement d'Enée venant demander à Evandre le secours de son bras contre Túrnus, son rival. Ces pierres occupent le point de la rive gauche du Tibre où l'on placera bientôt le pont Sublicius.

Au nord-est du Palatin, et séparée de lui par une vallée, s'élève la première des collines qui forment son enceinte. C'est la plus sauvage et la plus abrupte. Elle est composée d'un énorme rocher à pic qui se dresse à une hauteur de cent cinquante pieds. On l'appelle la *Colline de Saturne*, parce que le héros qui porta ce nom fixa son séjour sur son plateau. Déprimée vers le centre, elle se termine à l'est et à l'ouest par deux cimes arrondies. La première deviendra le *Mont Capitolin*, et la seconde la *Roche Tarpéienne*.

La dépression qui sépare ces deux cimes est chargée de la luxuriante végétation d'un épais fourré de chênes. Cette courte vallée supérieure sera l'*Intermontium*, et le fourré deviendra le *Bois-de-l'Asile*.

En face de la colline de Saturne, au nord, s'étend une plaine qui remonte jusqu'au fleuve, coulant à un kilomètre plus haut. Cette plaine sera le *Champ-de-Mars*.

Egalement en face de la colline de Saturne, mais au sud, et passant devant la côte oriental du Palatin, s'ouvre une assez large vallée, qui sépare le Palatin du côté occidental de l'Esquilin et du Quirinal. Cette vallée portera le nom de *Forum Romanum*.

Je ne sais quelle voix souffle à mes oreilles tous ces noms et les applique aux sites que je vois : mais chacun des horizons, des paysages ou des moindres sites que je contemple, m'est aussitôt nommé par le génie invisible que mon rêve place à mes côtés.

A l'orient de la colline de Saturne encore, et du mont Palatin, se dessine le dôme verdoyant de la seconde colline, qui portera le nom de *Mont Quirinal*, quand les Sabins, venus de Cures pour être incorporés aux Romains, auront élevé sur son point culminant le temple qu'ils consacreront à Romulus, sous le nom de *Quirinus*.

A cette colline, en descendant vers le sud, succèdent les pentes douces du *Viminal*, que capitonnent des massifs d'oseraies flexibles, *Vimen*, en langue latine. C'est le nom latin de cette oseraie qui s'applique à cette troisième éminence.

Vient ensuite l'*Esquilin*, quatrième colline, dont les versants gracieux se couronnent aussi de deux cimes, comme le mont Capitolin, et reçoivent leur dénomination d'une variété de chênes, dite *Esculus*, dont ils sont ornés par la nature.

La vallée, qui sera le Forum Romanum, sépare ces trois monts du royal Palatin, à l'orient de ce dernier.

Mais à l'occident de la vallée, et au sud du Palatin, en suivant le cercle que ces éminences décrivent autour de lui, voici que se profile l'orbe d'une cinquième colline qui, plantée d'une sorte de chênes, appelée *Querquetulanus*, s'appellera d'abord *Querquetulane*, mais, plus tard, recevra le nom de *Mont Cœlius* que lui donnera *Celes Vibenna*, un chef étrusque, quand cette nation, vaincue, s'établira sur ce mont.

Enfin, à l'ouest du Palatin entre le Cœlius et la Colline de Saturne ou Mont Capitolin, s'élève la sixième colline, éminence qui baigne son pied dans le Tibre et couronne sa tête d'arbres de toutes les essences, mais surtout de lauriers. *Lauretum* d'abord, son nom est devenu *Aventin*, depuis qu'un roi d'Albe-la-Longue, *Aventinus*, a fait placer son tombeau sur sa pente orientale. Elle rappelle le souvenir du géant Cacus, par la caverne béante que l'on voit à sa base, en face du Tibre, et qu'habitait le farouche voleur.

Or, ces six éminences, entourant la septième, le Palatin, vous voyez nettement, je l'espère, mes amis, la belle enceinte d'ondulations pittoresques composant, sur la rive gauche du Tibre, le merveilleux théâtre qui aura Rome pour décor, pour acteurs les maîtres du monde, et qui s'appellera la *Ville-aux-Sept-Collines*.

Il y a bien encore, sur la rive gauche du Tibre, au nord-est, une huitième colline, riche de verdure, belle de forme, qui se tient à l'écart de ses sœurs, et que l'on nommera le *Pincio*. De son sommet on jouit de la vue la plus ravissante; mais cette éminence ne sera comprise dans Rome qu'après de nombreuses années, et alors elle sera la *Colline-des-Jardins*.

Mais sur la rive droite du fleuve, il est d'autres collines encore, tout aussi gracieuses, plus élevées, et formant une chaîne majestueuse qui suit le cours capricieux du Tibre, car, à leur pied, le fleuve, pressentant ses grandeurs futures, se donne les airs d'un serpent d'or, et se tortille avec fantaisie. Du nord au sud-est, ce sont le *Monte Mario*, le *Vatican*, le *Janicule*, le *Monte Verde*, etc. Nous verrons plusieurs d'entre eux faire partie de la Cité, quand elle franchira le Tibre, pour s'étendre sur ses deux rives.

Entre les hauteurs qui hérissent la rive gauche serpentent les gazons verts de vallées étroites les unes, plus espacées les autres, toutes maculées de laquets et de mares, résultats des débordements du fleuve. Ce sont les *Paludes Capræ*, les *Marais de la Chèvre* qui occupent une partie de la plaine destinée à devenir le Champ-de-Mars, au nord de la colline de Saturne. C'est l'*Argilète*, sur le bord du Tibre un peu plus au sud, dont on fera un jour l'une des plus belles rues de Rome qu'envahiront les libraires, entre le Champ-de-Mars et le Vélabre. C'est le *Vélabre*, un peu plus au sud encore et près du Tibre également, sur le sol qui deviendra le Forum Boarium, et le Circus Maximus. C'est la *Vallée de Murcia*, entre l'Aventin et le Palatin. C'est la *Vallée du Cœlius et du Palatin*, que traversera bientôt la voie Triomphale. Ce sont les *Curines et Suburre*, entre le Cœlius et l'Esquilin. C'est le *Forum Romanum*, entre le Palatin et la chaîne des Esquilies, du Viminal et du Quirinal. C'est le *Vicus Patricius*, etc.

Cependant, après l'examen du paysage, je reportais mon attention sur les chauves talus du Palatin, sur sa plate-forme déserte et parmi les ruines de l'antique Palantum, lorsque je vis, à l'angle nord-ouest de cette colline, près d'un figuier sauvage, couvrant de son ombre une source limpide, et en face d'une caverne creusée dans la base du mont, un tableau qui me frappa.

Des troupeaux de bœufs blancs, aux cornes démesurées, de longues files de buffles au pelage sordide, des légions de brebis et de chèvres sortent de leurs étables, et se répandent en tout sens dans la plaine, ou vont s'abreuver sur les berges du fleuve. J'entends les mugissements des uns et les bêlements des autres se perdre dans l'immensité, faiblement répétés par les échos des collines. Mais en même temps j'avise une horde de pâtres, d'esclaves fugitifs et de bandits même, car je reconnais leur profession à l'accoutrement et à la désinvolture de ces personnages. Ils entourent un chef, debout au milieu d'eux, et vibrent avec violence les bâtons et les houlettes dont ils sont armés. Celui que je nomme chef est jeune, il compte à peine dix-huit ans. Mais une force musculaire supérieure et sa taille élevée le distinguent de ses compagnons. Une épaisse barbe noire, frisée, couvre une partie de son visage et lui donne une physionomie sévère. De longs cheveux, bouclés par la nature, se déroulent sur son cou hâlé par le soleil. Il porte une misérable tunique serrée à sa taille ; mais son bras et ses jambes sont nus. De son œil fauve jaillit la flamme d'une sourde colère. Heureusement un berger, dont un anneau de bronze, qui captive la cheville du pied, révèle qu'il appartient au service des étables éparses sur le revers occidental du Palatin, la contient et parle au jeune aventurier qui l'écoute, bouche béante.

— Sache-le donc, à cette heure, tu n'es pas mon fils... Le sang des rois coule dans tes veines ! lui dit-il.

— Le sang des rois ? fait l'impétueux jeune homme, tressaillant comme le coursier au son belliqueux du buccin.

Le pâtre étend le bras dans la direction des montagnes du Latium et, désignant du doigt le Mont-Albain et Albe-la-Longue qui, au loin, dessinent leurs silhouettes dans les brumes bleuâtres du levant, j'entends qu'il explique au jeune chef sa descendance de *Procas*, arrière petit-fils de Latinus et roi du Latium, par *Numitor* et par la belle *Rhea Sylvia*, fille de ce dernier. Puis, ramenant son attention sur la caverne, le figuier et la fontaine que je vous ai signalés, il lui révèle le premier drame de deux enfants exposés sur les eaux débordées du Tibre qui, en rentrant dans son lit, laissa le berceau qui les portait sous le figuier sauvage. Il lui dit comment une.... louve, sortie de la caverne, accourt à leurs cris pour les allaiter, et le zèle compatissant que lui-même, émerveillé de les rencontrer, met à les ravir à la louve pour les confier à sa femme, dans ces huttes de paille du mont Palatin. Il lui apprend alors que ces deux jumeaux, qui ont passé leur jeunesse parmi ces collines et ces marécages, tantôt menant pâturer les troupeaux de leur père adoptif, tantôt luttant dans les bois contre les bêtes fauves, d'autres fois aussi se posant en chefs de brigands pour faire des incursions sur les terres des Sabins, des Hernique et des Eques, ne sont autres que lui-même, *Romulus*, et son frère *Rémus*, à cette heure prisonnier des Latins. Il lui révèle enfin que ces latins ont fait tomber dans une de leurs embuscades ce Rémus, son frère, et qu'ils l'ont livré à *Amulius*, frère de Numitor, mais usurpateur de son trône d'Albe-la-Longue et tyran de Sylvia dont il a fait la prêtresse de Vesta. Aussitôt Romulus s'écrie :

— Ah ! je suis fils de Rhéa Sylvia, petit-fils du roi Numitor, et Amulius, mon cher oncle, s'est emparé du trône qui ne lui appartient pas et tient dans ses cachots Rémus, mon frère Rémus !... Aux armes, mes amis, aux armes !

Et Romulus, suivi de sa bande, court en hâte vers Albe-la-Longue.

Je comprends que j'ai sous les yeux le fondateur de la race romaine, Romulus; que le pâtre n'est autre que *Faustulus*, le sauveur des deux frères, et que ce pâtre modeste, par pudeur, n'ose avouer que sa femme, *Acca Laurentia*, courtisane rustique, fut elle-même, dès le début, la louve qui allaita ses enfants, car *lupa* chez les Romains, désignera les femmes impures. Je comprends que le figuier sauvage va devenir le figuier *Ruminal*, de *rumen*, mamelle, sous lequel bientôt Rome placera le bronze représentant deux enfants nourris par une louve ; que la caverne de cette louve, asile préféré par Acca Laurentia, à cause de sa fraîcheur, sera le *Lupercal* honoré par des fêtes de la statue de Priape, Dieu des vergers, au nom de la république romaine ; et enfin la source, la *Fontaine de Juturne*, ainsi nommée de la sœur de Turnus, vaincu par Enée, qui s'y noya de désespoir.

Tels sont les premiers monuments de l'histoire de Rome, placés à l'angle nord-est du Palatin, en regard de la Roche Tarpeïenne.

Je passe sous silence le meurtre d'Amulius et la restitution de son trône à Numitor ; le projet de nos deux héros de fonder une ville aux lieux mêmes qui les ont vus se fortifier et grandir ; les augures du Janicule pour Rémus, et du Palatin pour Romulus, qui donnent à ce dernier le droit d'être le parrain de la nouvelle cité ; enfin la mort de Rémus que Romulus immole, comme Caïn fit Abel, et j'arrive à la fondation de Rome.

Romulus a envoyé chez les Etrusques, à Céré, ville du littoral, qui renferme les prêtres les plus habiles dans les connaissances des *cérémonies* religieuses, — ce nom vient de la ville, paraît-il, — pour consulter sur les rites religieux à observer dans la consécration de la ville. Romulus croit au dogme étrusque, et il veut introduire les cérémonies dans son code nouveau.

Autrefois l'Etrurie a été dévastée par des tremblements de terre, des détonnations souterraines, de subits déchirements du sol, et, dit-on, effrayée par d'épouvantables apparitions d'êtres monstrueux ou de phénomènes bizarres. En effet, on retrouve sur les vases que l'on découvre dans leurs tombeaux, des dessins fantastiques, hommes de petite taille avec têtes énormes et nez démesurés ; figures de monstres, bêtes hideuses, chimères grimaçantes, etc., souvenirs de cette époque. Il est advenu de là, que les Etrusques, fort capables sur beaucoup de points, ont imaginé, à l'endroit de leur religion, une foule de rites superstitieux, excentriques. Le vol des oiseaux, leur manière de chanter, de manger, fixe surtout l'attention de leurs prêtres. Une corneille paraît-elle à votre gauche ? Le bonheur vous attend. Un corbeau se montre-t-il à votre droite ? Malheur à vous! Que vos poulets becquettent avec appétit la graine que vous leur donnez : Succès! Que vos oies refusent de manger : Vous êtes perdu ! Ouvrez le corps palpitant d'un pauvre animal, volatile ou quadrupède, à la façon dont ses entrailles frémiront sous le scalpel, vous aurez bonne ou mauvaise nouvelle de vos entreprises. Ainsi l'ont réglé les *Aruspices* (1).

Donc Romulus, renseigné par les Etrusques, attelle à une charrue, dont le soc est d'airain, un jeune taureau et une génisse blanche; puis, les laissant aller à l'aventure, il prend pour enceinte de sa ville le sillon que trace la charrue. Ouvert à l'angle nord-est du Palatin, près du Figuier Ruminal, le sillon tracé par l'attelage se creuse dans la vallée qui sépare le Palatin de la Colline de Saturne jusqu'à l'angle nord-ouest de la même Colline du Palatin. Là, Romulus soulève la charrue et la *porte* quelques pas, désignant ainsi l'endroit de la ville qui doit avoir une *porte* ou entrée. *Mugonia*, tel est le nom qu'il donne à cette entrée, parce que dans le voisinage on entend *mugir* le bétail qui pâture sur la rive du Tibre. L'attelage suit alors la vallée de Murcia, entre l'Aventin et le Palatin, sur le côté occidental de ce dernier mont, et à l'angle qui regarde l'Aventin et le Cœlius, le jeune roi porte de nouveau la charrue. Cette porte s'appelle *Trigonia*, à cause des trois angles de collines qu'elle regarde. La génisse et le taureau descendent ensuite le flanc méridional du Palatin, entre cette éminence et le Cœlius ; puis ils tournent sur le côté oriental, le long du futur Forum Romanum, au centre duquel, Romulus porte un troisième fois la charrue d'airain. Ce sera la *Porta Romana*, nom que lui donneront les Sabins, parce qu'elle fait face à leur pays. Enfin le sillon se termine où il a commencé, au Figuier Ruminal. C'est donc le mont Palatin tout entier qui doit porter la ville projetée. Son œuvre achevée, Romulus dépose dans un caveau, creusé tout exprès au centre du Palatin, le soc d'airain et la charrue qui lui ont servi à dessiner l'enceinte de sa ville, et bien long-temps ces instruments sacrés seront religieusement conservés, en signe de bon présage (2).

---

(1) *Aruspices*, de *Ara*, autel, et *aspicio*, j'examine, Ministres de la religion, chargés de rechercher les présages dans les mouvements des victimes et de leurs entrailles, avant et après le sacrifice.

(2) Les caveaux que l'on montre actuellement, au centre du Palatin, sous le nom de *Bains de Livie*, d'après MM. Dezobry et G. Robello, sont précisément le souterrain dans lequel on conserva long-temps la charrue de Romulus.

Alors, selon l'usage étrusque toujours, le nouveau roi donne trois noms à la ville. Flora devient son nom sacré, son titre sacerdotal ; amor, son nom cabalistique, mystérieux ; et enfin roma, anagramme d'*Amor*, son nom politique et le diadème impérial qui, un jour, ceindra son front. A ces noms les historiens ajouteront une épithète tirée de la forme carrée du Palatin. Ainsi *Festus* appellera Rome primitive *Roma quadrata*; et, à son tour, *Ennius* dira, en parlant de Romulus : *Et quis extiterat Romœ regnare quadratœ*. De son côté, *Tite-Live*, à l'occasion de l'emplacement choisi par Romulus, s'exprimera en ces termes : « Ce n'est pas sans motifs que les dieux et les hommes ont choisi ce lieu pour y fonder une ville. Des collines très-saines ; un fleuve commode pour exporter les produits du sol et recevoir toutes les marchandises qui arrivent par la mer ; une mer assez voisine pour être utile, et pas assez proche pour exposer le pays au danger d'incursions de pirates, tel fut le lieu qui leur sembla créé tout exprès pour faire la prospérité d'une grande ville. »

Afin de rendre la cité, vide encore d'habitants, plus puissante et plus redoutable, sur la Colline de Saturne, au sommet de sa cime occidentale, rocheuse, escarpée, inabordable, Romulus construit une citadelle formidable, *Arx*, défendue par d'énormes murailles d'abord, mais aussi par les affreux précipices qui l'entourent. C'est au pied de l'Arx que Romulus, fort modeste, bâtit la *hutte royale* qu'il veut habiter.

Cependant, il ne suffit pas d'avoir tracé l'enceinte d'une ville, sur le Palatin, il faut lui donner des habitants. Pour les attirer, de l'épais fourré de chênes verts qui couvre l'étroit vallon au pied de la citadelle, vallon que l'on nommera l'Intermontium, le fils de Sylvia fait un lieu de refuge qu'il appelle le *Bois de l'Asile*. En effet, voleurs, meurtriers, débiteurs, esclaves fugitifs d'accourir en foule. C'est triste à dire : mais le premier élément du peuple romain se compose de tous les bandits du voisinage. Chose plus triste encore ! Ces bandits n'ont pas de femmes ; et comme les peuples de la contrée refusent de leur donner leurs filles en mariage, vous savez de quel moyen se sert l'astucieux Romulus afin de pourvoir d'une famille ses nouveaux sujets. Il enlève les filles des Sabins que l'attrait de la curiosité a fait venir à Rome.

Sur le revers occidental du Palatin, il est un vallon marécageux qui sépare la nouvelle ville de l'Aventin et que l'on nomme *Murcia* à cause du *Temple de Murcia*, déesse de la paresse. Ce sanctuaire de la paresse fait allusion aux eaux stagnantes qui couvrent le sol. C'est là que, par l'ordre du jeune roi, on a préparé des jeux en l'honneur de Neptune équestre et du dieu Consus. *Consus* est une divinité étrusque que l'on vénère comme l'auteur des bons conseils. Aussi lui a-t-on déjà érigé un autel dans ce vallon, autel à moitié enfoncé en terre pour signifier que les desseins doivent être tenus secrets. Quant aux jeux, ils se composent de courses de chars, de chevaux et d'exercices de pugilat. Un jour, l'emplacement de ces jeux, provisoire aujourd'hui, deviendra définitif, et ce sera là qu'on élévera le *Cirque Maxime* ou Grand Cirque. Le vallon de Murcia devient ainsi le théâtre de l'enlèvement des Sabines.

Alors les habitants de Crustumère et d'Antemne, villes situées au nord-est de Rome, dans le voisinage de la rivière *Allia*, victimes du rapt de leurs filles, prennent les premiers les armes. Romulus marche à leur rencontre, les atteint bientôt et tue de sa propre main leur roi *Acron*, qu'il dépouille de son harnais de guerre. Rentré dans la ville de Rome, il élève, à côté de l'Arx et de sa demeure, un sanctuaire qui prend le nom de *Temple de Jupiter Férétrien*, parce que ce dieu l'a aidé à frapper l'ennemi, *Ferire*. C'est le premier temple que possède la cité nouvelle, édicule de quelques mètres seulement, mais sanctuaire dont la gloire sera grande, car désormais tout général vainqueur, et rapportant du combat les armes du chef ennemi qu'il aura tué, sera fier d'y déposer les harnais du vaincu, appelés alors *dépouilles opimes*. Romulus y suspend les premières dépouilles opimes, celles du roi Acron.

A leur tour, les Sabins, de Cures, autre ville assise également à l'orient de Rome, s'avancent jusque sous les murs de l'Arx, dont ils songent à s'emparer, comme du point le plus important. C'est alors qu'ils avisent la jeune *Tarpeia*, fille du gouverneur de la citadelle, qui descend vers le Tibre pour y chercher l'eau des sacrifices. Vous savez ce qui se passe en cette circonstance, à la forteresse. La jeune fille accepte de montrer aux ennemis le chemin de la forteresse, mais, pour prix de sa trahison, elle demande qu'on lui donne ce que chaque soldat porte à son bras gauche. Tarpeia désigne par là le bracelet d'or ou d'argent dont chaque guerrier est pourvu. La porte de la citadelle est à peine ouverte, que les Sabins, feignant de n'avoir pas compris, écrasent leur guide, en l'ensevelissant tous ensemble sous le poids des boucliers de fer qu'ils portent en effet au bras gauche.

Romulus était en rase campagne. Il accourt avec son armée. Un combat furieux s'engage dans la vallée du Forum Romanum, au pied de la colline de Saturne, qui porte l'Arx sur sa cime occidentale. Alors un jeune cavalier romain, *Curtius*, se précipitant tête baissée contre les Sabins, perd de vue un petit lac qui occupe le milieu de la vallée, et tombe dans l'abîme avec son cheval. On ne manque pas de dire que ce généreux guerrier s'est dévoué aux dieux infernaux pour le salut de sa patrie, et on appelle désormais *Lac Curtius* le marécage qui lui sert de sépulcre. A cette vue, l'ardeur des Romains se ranime; mais les Sabins vont triompher cependant. Aussitôt Romulus lève son glaive vers le ciel et conjure Jupiter de rendre fermes ses guerriers. Il fait même vœu de lui élever un temple, s'il lui accorde la victoire. A peine a-t-il parlé que les Sabines enlevées surviennent, les yeux mouillés de larmes, les cheveux épars et tenant leurs enfants dans leurs bras. Elles se jettent parmi les combattants, au risque de se faire écraser par les chevaux. Ici, elles implorent leurs pères ; là, elles contiennent leurs époux. Enfin, elles parviennent à désarmer les deux peuples qui, d'ennemis qu'ils étaient, font alliance, et ne forment plus qu'une seule nation, une même famille, que Romulus et Tatius se proposent de gouverner en commun.

Alors les deux armées se réunissent sur le Forum qui devient désormais le lieu des assemblées populaires. Là, Romulus et Tatius, avec une branche de myrthe, se purifient du sang qui a été versé. Puis une victime est égorgée, et les deux chefs se frappent dans la main. A ce moment solennel, les deux rois se trouvent sur le chemin qui passe devant le Palatin, descend un peu vers l'Esquilin, et monte ensuite vers la Colline de Saturne. Ils donnent à cette voie, témoin du pacte sacré qui se fait à cette heure, le nom de *Voie Sacrée*, comme témoignage et mémorial du serment d'alliance, et le point culminant de cette route glorieuse reçoit celui de *Summa Sacra Via*. Quant au lieu précis où le pacte est scellé, on l'appellera plus tard le *Vulcanal*. Pour le moment, Romulus y plante un *Lotus*, et ce lotus, jusqu'au règne d'Auguste, ombrageant le centre du Forum, rappellera aux Romains leur première origine. Bref, les Sabins sont reçus dans la nouvelle cité : la pique sabine, *quiris*, symbole de leur dieu *Quirinus*, devient l'arme de leur légion, et comme preuve de leur affection, les Romains prennent eux-mêmes le surnom de *Quirites*; mais ils le porteront seulement dans les camps et en temps de guerre.

Ensuite, on ensevelit, au pied du rocher qui forme la base plongée dans les précipices de la Colline de Saturne, juste au-dessous de la citadelle, le corps de l'infortunée Tarpeïa, et ce rocher prend désormais le nom de *Roche Tarpeïenne*. Depuis ce jour, comme souvenir et flétrissure de ce premier crime, ce sera du haut de cette roche que l'on précipitera les citoyens coupables de haute trahison.

Cependant, l'époux de la fière Sabine *Hersilie*, Romulus, accomplit le vœu qu'il a formulé au plus fort de la mêlée. A l'angle nord-ouest du Palatin, non loin de la Porte Mugonia, et dominant la *Voie-Neuve* qui longe le côté septentrional du Palatin, il élève un magnifique édifice sous le nom de *Temple-de-Jupiter-Stator*.

Non loin de là, il érige aussi l'*Auguratorium*, petit édifice destiné à la consultation des Augures, et c'est à ce lieu sacré que bientôt Numa adjoindra un collége de prêtres, chargés d'interpréter les présages, sous l'appellation d'*Aruspices*.

Enfin, c'est à l'abri du Temple de Jupiter Stator, que se trouve la chaumière de Faustulus et de Laurentia. Mais, comme ce pâtre vient de mourir, Romulus le fait enterrer près du Figuier Ruminal, et place un *Lion de pierre* sur son tombeau.

La vallée qui règne entre le Palatin et le Cœlius reçoit à son tour une voie qui se réunit à la voie Sacrée. Un jour le peuple décidera que cette route portera le nom de *Voie Triomphale*, *Via Triumphalis*, et que, tout général, vainqueur des ennemis, entrera sur le Forum, et de là au Capitole, par cette voie réservée aux guerriers honorés du triomphe.

Je ne vais pas vous dire que Romulus institue un Sénat, *Senes*, qui prennent le nom de Pères, *Patres*, et leurs descendants, celui de *Patriciens* composant la caste noble ; ni qu'il divise le peuple en trois *Tribus*, les *Ramnenses*, les *Titienses* et les *Luceres*, et chaque tribu en six *Curies* ; je ne vous dirai pas non plus qu'avec les Sabins de Cures, se forme l'ordre mitoyen des chevaliers, *Equites*, divisé en trois *Centuries*, portant le même nom que les trois tribus plébeïennes. Ce n'est pas autre chose que la cavalerie romaine, qui aura l'importance d'un corps politique, après l'expulsion des rois.

Telle est la cité primitive qui deviendra la souveraine du monde : Un assemblage de quelques temples consacrés aux dieux, de maisons en bois pour les citoyens, d'étables pour les animaux, de huttes pour emmagasiner les fourrages, le tout campé fort irrégulièrement sur le Palatin, qu'entourent des palissades percées de trois portes. Sur sa gauche, au nord, une citadelle s'élevant sur un massif de roches abruptes, escarpées, avec l'humble demeure du roi, et quelques temples. A l'orient, le Forum Romanum, lieu de réunion des tribus. Puis, tout autour, des collines dont les rampes verdoient, que purifient les brises de mer, et qu'illuminent les plus beaux horizons. Enfin, un fleuve qui arrose l'ensemble, ensemble occupant une surface de quelques milles de circuit.

Rome n'est encore qu'une simple fille des champs à son lever ; mais, attendez, et bientôt la vierge modeste deviendra reine !

Le vainqueur des Sabins est d'un naturel jaloux et peu commode, mes amis. Aussi mon rêve me le représente cherchant bientôt querelle au vénérable Titus Tatius, et le faisant mourir de mâle mort. Mais son tour ne se fait pas attendre. Un jour que, précédé de ses gardes appelés *celeres*, mot qui exprime leur célérité dans l'exécution des ordres qu'ils reçoivent, il passe une revue de ses troupes, dans les *Marais de la Chèvre*, sur la rive gauche du Tibre, au nord, une horrible tempête éclate tout-à-coup, le jour s'obscurcit, et des torrents de pluie dispersent ses soldats tremblants sous les éclairs et la foudre. C'était déjà une magnifique armée, savez-vous? Elle comptait trois mille citoyens, casque en tête, arc et pique à la main, carquois sur l'épaule. Chose étrange! Quand l'Aventin se couvre de l'arc-en-ciel, présage du calme et de la sérénité, c'est en vain que l'on cherche le roi. Le peuple qui l'aime se met en sédition : le Sénat qui le hait, ne sait que répondre aux rumeurs accusatrices. Heureusement survient Proculus, l'un des plus vénérés des Romains, mais aussi l'un des plus adroits :

— Arrière ! s'écrie-t-il, en s'adressant à la plèbe échauffée par la fureur, écoutez-moi, je viens vous parler de Romulus! J'arrive d'Albe-la-Longue. Là-bas, comme ici, les ténèbres sont devenues tellement épaisses, que la lumière du jour a disparu, et que le croissant de Diane s'est montré. A sa pâle lueur, soudain, m'apparait Romulus, enveloppé d'une blanche trabée. Ce n'est plus le mortel que vous avez vu beau, grand, noble et fier, c'est un immortel majestueux et sublime. « Cours, Proculus, me dit-il, vole vers mes Quirites, dis-leur de ne pas offenser mon souvenir par leurs larmes, commande-leur de préparer l'encens pour mes autels, de vivre en paix entre eux, et de réserver toute leur force pour les ennemis du dehors. » Il dit, et s'élevant sur ces nuages de feu que vous voyez rutiler à l'horizon, il monte vers les cieux, où le palais de Mars, son père, s'ouvre pour le recevoir. Quirites, obéissez, Romulus n'est plus votre roi, Romulus est votre Dieu !...

A ce récit de Proculus, le deuil cesse, la sédition s'apaise. Le *Temple de Quirinus* s'élève, comme par enchantement, sur l'une des collines septentrionales, qui devient dès-lors le *Mont-Quirinal*.

Mais l'astucieux Proculus a menti par la gorge : Romulus a été tué et bien tué par les sénateurs, à la faveur de la tempête et de ses noires ténèbres. Puis, afin de dissimuler leur crime, les conjurés n'ont pas craint de couper le cadavre royal par morceaux, et d'enlever mystérieusement sous leurs robes ces preuves du crime, avant que l'orage ait calmé ses fureurs.

Ne vous effrayez pas, mes amis : je vous parlerai peu des autres roi de Rome. Je vous ai mis quelque temps en présence de Romulus, afin de vous donner l'intelligence et la justification du fameux vers de Virgile :

Tantœ molis erat Romanam condere gentem!

Oh! oui, c'était une rude tâche de fonder la puissance romaine! car, Romulus assassiné, voici le Sénat turbulent qui rêve le pouvoir démocratique, en choisissant un chef du nouvel état, assez souple pour céder à ses influences. Après un an d'étude, il avise Numa Pompilius, gendre de Titus Tatius, dont il a épousé la fille *Tatia*, mais que ses modestes vertus retiennent à Cures, sa patrie. Numa n'accepte le trône qu'à grand peine; et après avoir consulté les augures, sur la cime orientale du mont Tarpéien, la tête voilée, l'Aruspice tenant à la main le *Lituus*, bâton recourbé à l'une de ses extrémités. Là, les oiseaux déclarent roi Numa, et Numa devient roi, en effet, par décision du sénat. Dès lors le règne de la paix succède au règne de la guerre. Petit de taille, quelque peu voûté par l'habitude de la méditation, Numa, dans le but d'adoucir les mœurs des farouches habitants de Rome, crée un code de lois et de cérémonies religieuses, qui ne compte pas moins de vingt-quatre volumes. Il nomme des prêtres de Jupiter qui sont vêtus de longues robes de laine blanche serrées à la taille, chaussés de sandales de pourpre, et ont la tête couverte d'un voile couleur de feu, image de l'inspiration divine, appelé *Flammeum*, ce qui leur fait donner le nom de *Flamines*. Il compose un collége d'Augures dont le ministère a pour but d'expliquer, *augurari*, les tressaillements des animaux égorgés par les *Victimaires*, le vol et le chant des oiseaux. Il fonde le collége des prêtres *Saliens*, qui honorent en dansant, *salientes*, un prétendu bouclier tombé du ciel, *ancile*, que gardent très-précieusement les prêtres de Mars et de Romulus, son fils. Il établit des *Frères* et des *Fêtes Arvales*, pour honorer la culture des champs, *Arva*: des *Féciaux* armés d'un javelot, teint de sang et brûlé par un bout, *Fax*, pour déclarer la guerre, et des *Pères Patrats*, pour recevoir les serments d'alliance et de paix, *Patrare Jusjusrandum*. Enfin il institue un *Collége de six Vestales*, consacrées au culte de *Vesta*, symbole de la nature, et tout un clergé païen, habilement composé des membres des plus recommandables familles.

Des édifices dont il décore la nouvelle Rome, voici les plus importants:

D'abord, à l'angle nord-est de Rome carrée, dans le fourré d'un petit *bois sacré* voisin du figuier ruminal, Numa fait élever, au-dessus du taillis verdoyant le dôme d'un édifice circulaire qui n'est autre que le *Temple de Vesta*. Vesta est une déesse qui représente la terre. Aussi donne-t-on à son sanctuaire la forme ronde, parce que telle est la forme de notre planète. Sur l'autel il allume un feu, le *Feu Sacré*, image du feu perpétuel qui vivifie la nature, et que les Vestales, vierges immaculées, ne doivent jamais laisser éteindre, ni profaner dans leur personne virginale, sous peine d'être enterrées vives.

Derrière ce temple, le prince élève un édicule carré dont il fait le *Temple des Dieux Pénates* de Rome, et dans lequel il enferme le fameux *Palladium de Troie*, sauvé et apporté par le pieux Enée, et qui n'est autre que la statue de Pallas ou Minerve.

A l'entour de ces deux constructions, il édifie l'*Atrium Regium*, demeure des rois, qui se compose de trois ailes, avec portiques. Il habite l'aile centrale, et, après l'expulsion des rois, les pontifes-rois l'occupent de même. Les deux autres ailes sont destinées aux Vestales. On nomme aussi ce palais *Regia*.

Sur la cime orientale de la colline de Saturne ou mont Tarpéïen, il construit un *Temple de la Bonne foi*, déesse dont le rôle est de faire respecter les traités ; puis un *Edicule du dieu Terme*, autre divinité qui rend sacrées les limites des domaines et des propriétés.

Enfin, à la base occidentale de la roche Tarpéïenne, près du tombeau de Carmenta, le pieux roi érige le *Temple de Janus Geminus*, car, à sa mort, la reconnaissance des Latins a fait un dieu de Janus, roi du Latium, qui, doué du don de connaître l'avenir, est gratifié d'une double face, *Geminus*, puisqu'il voit l'avenir comme le passé. Cet édifice, fermé, annoncera que l'on est en paix ; ouvert, il indiquera que l'on est en guerre. Hélas ! avec le caractère romain, il ne sera fermé que trois fois : sous Numa d'abord ; puis, après la seconde guerre punique ; et enfin sous Auguste, le premier empereur de Rome. Mais ne vous représentez pas le temple de Janus, colossal comme sa renommée ; c'est un tout petit édifice quadrangulaire, sans colonnes, sans portiques, au centre duquel se trouve la statue de *Janus Bifrons*, et c'est tout.

C'est une chose digne de remarque que les Romains, ces prétendus fils d'une louve, n'ont dans leurs annales qu'un seul épisode riant et gracieux, véritablement empreint du génie grec. Le voici : Dans un bois qui décore le flanc méridional du mont Cœlius, Numa cherche souvent le calme et le silence, afin d'y méditer plus à l'aise. Un jour, d'après son récit, il y rencontre une nymphe protégée par Diane et renommée par sa sagesse. *Egérie*, tel est son nom, prend plaisir à deviser avec le second roi de Rome. C'est par son conseil et son inspiration que le prince crée ses lois les plus saintes. Puis, quand le roi meurt, et est inhumé sur ce Janicule, avec son code sacré, inconsolable, Egérie s'enfonce sous les ombrages, désormais solitaires du bocage, afin d'y donner un libre cours à ses larmes. Touchée d'un si chaste désespoir, Diane, déesse des lieux, change Egérie en fontaine. Dépouillée de son merveilleux, cette histoire veut dire, qu'après la mort de Numa, le peuple de Rome, ignorant et grossier, se rend dans le bois afin de visiter la retraite mystérieuse de son roi, et comme il trouve en réalité une source claire et limpide coulant dans le bocage, au lieu de la belle nymphe, il croit et publie que les dieux ont fait de la nymphe la fraîche *Fontaine Egérie*.

Le petit-fils d'Hostilius, guerrier romain qui se signala dans le combat livré sur le Forum contre les Sabins, après le rapt de leurs filles, Tullus Hostilius, altier, superbe, d'humeur martiale, devient le troisième roi de Rome. Il prétend relever la majesté royale par un appareil imposant, et il s'entoure de soldats portant sur leur épaule des faisceaux de verges liés par des courroies. Ce sont les exécuteurs de ses sentences; on les nomme *Licteurs*, de *ligare*, lier. En effet, doivent-ils frapper de verges un coupable ? ils prennent les verges de leurs faisceaux, lient le patient avec les courroies, et lui font subir son châtiment. Ont-ils une condamnation capitale à exécuter ? une hache est ajoutée à leurs faisceaux. Ils attachent le criminel à une potence avec les courrroies, le frappent avec les verges, et le décapitent avec la hache. Cette hache ne fait partie du faisceau que dans ces occasions, ou lorsque le roi quitte Rome, pour faire la guerre. Le faisceau des licteurs sert aussi à frapper à la porte de ceux chez qui se rend le roi.

Albe-la-Longue offusque Tullus Hostilius, et son dictateur *Cuilius* lui déplaît. Les colons d'Albe et ceux de Rome, en se pillant réciproquement, font éclater la guerre. Elle est déclarée. Les deux armées, quelques mille hommes seulement, se rencontrent sur le chemin qui sera un jour la voie Appienne, au lieu qui se nomme encore aujourd'hui les *Fossés de Cuilius*, parce que les Albains y placent leurs retranchements. C'est à deux pas de là que se livre le fameux *combat des Horaces et des Curiaces*. Je vous en fais grâce. Rome est vainqueur, et Albe devient sa vassale. Un traité est fait entre les deux peuples.

Hélas ! la paix n'est pas de longue durée. *Metius Fuffetius*, qui a remplacé Cuilius, mort pendant la guerre, est mal vu de son peuple, qui pleure les Curiaces. Afin de regagner sa confiance, il profite d'une guerre qui éclate entre Rome et les habitants de Fidènes et de Veïes, villes situées au nord-est de Rome et à quelques lieues seulement. Contraint de venir se mettre sous les ordres de Tullus Hostilius, il prend, dans la bataille, une position qui lui permette de se déclarer pour le parti que favorisera la fortune. Le sang coule à flots sur les bords du Tibre, et le fleuve en est rougi. Cependant les Romains triomphent. Le lendemain, doit avoir lieu un sacrifice lustral, pour la purification du sang. Au point du jour, on convoque les deux armées. Quand les deux chefs sont en regard des soldats, Hostilius s'adressant à Fuffetius, lui dit :

— Hier, ton cœur s'est partagé entre Rome et Fidènes : ainsi sera partagé ton corps !

Aussitôt il fait approcher deux chars attelés de quatre chevaux. On y attache Metius Fuffetius. Alors les coursiers fougueux, lancés en sens opposé, déchirent en lambeaux et emportent les membres sanglants du traître. En même temps, Tullus Hostilius fait marcher ses troupes vers Albe-la-Longue. A leur approche, la ville est saisie d'une muette terreur. La cavalerie s'empare des infortunés habitants et l'infanterie met le feu aux maisons. Les captifs sont conduits à Rome ; et quand le bruit de leurs demeures qui s'écroulent frappe leurs oreilles, quand la poussière soulevée par la ruine des édifices s'élève comme un nuage, mêlée à la fumée de l'incendie, quand, le soir venu, la flamme éclaire la campagne et teint les cieux de lueurs rougeâtres, jamais peut-être on ne vit semblable désolation.

Les Albains sont installés sur le Mont-Cœlius ; et, pour veiller sur eux de plus près, Tullus Hostilius se fait élever un palais au milieu des maisons qu'ils s'y construisent.

A l'angle nord-est du Palatin, sur le Forum, le troisième roi de Rome édifie ensuite un vaste palais destiné aux séances du Sénat. Il lui donne le nom de *Curia Hostilia*. C'est un édifice en pierres, vaste et beau, qui couvre de son ombre le figuier Ruminal. On y arrive par un large escalier, que surmonte une tribune, d'où l'on peut parler au peuple assemblé sur le Forum. Ce sera bientôt le théâtre de drames sanglants et de scènes tragiques...

Un orage annonça la mort de Romulus. Celle de Tullus Hostilius est précédée d'une pluie de pierres qui tombe sur le mont Albain. Ce prodige semble incroyable, et l'on envoie des commissaires pour le vérifier. Les pierres tombent sous leurs yeux, et le fait ne peut être revoqué en doute. Peu de jours après, on apprend que Tullus, redoutant la mort, se livre à mille pratiques superstitieuses et ordonne aux Romains d'honorer les dieux, sentiment respectable, mais dont il n'avait cure jusque-là. Néanmoins il meurt. On raconte qu'ayant oublié d'accomplir certaines cérémonies dans une opération magique, à laquelle il se livrait, le ciel, irrité, le punit en le foudroyant. Mensonge ! Tullus Hostilius périt victime d'une peste qui éclate dans Rome, et, fort heureusement, n'est pas des longue durée.

C'est vraiment chose curieuse pour moi d'assister ainsi au spectacle que me donnent les jeunes Romains et de voir Rome, si modeste, si réduite d'abord, s'agrandir, et, débordant l'enceinte carrée et le pomœrium que a lui tracés Romulus, s'étendre sur le mont de Saturne, où demeurent les Sabins, au pied de l'Arx et dans le Bois-de-l'Asile, et envahir le Cœlius, qui se couvre des maisons des Albains et de la *Curia Regia* de Tullus Hostilius. Mais c'est chose plus curieuse encore de juger ce que va devenir ce peuple, belliqueux par nature, et qui se livre sans fin aux exercices les plus durs, et aux fatigues les plus pénibles. Les Marais de la Chèvre, sur les bords du Tibre, au nord-ouest de la nouvelle ville, ont été convertis en un immense Champ-de-Mars, où la jeunesse romaine s'exerce à toutes sortes de jeux et d'exercices d'adresse, voire même à plonger dans le Tibre, lorsqu'ils sont couverts de sueur et de poussière.

Cependant les *Comices* ou l'assemblée du peuple élit pour quatrième roi de Rome, Ancus Martius, petit-fils de Numa, prince d'un caractère à la fois religieux et guerrier. Il déclare tout d'abord la guerre aux Latins, et s'empare de *Tellène*, *Mugilla* et *Apiola*, villes voisines de la voie Appienne, non loin du lieu où combattirent les Horaces et les Curiaces, dont les murs saturniens, encore de bout de nos jours, nous ont montré de loin leurs silhouettes dentelées, à notre arrivée à Rome. Prises d'assaut, ces trois cités voient leurs habitants conduits à Rome, où on les établit sur le mont Aventin.

Ancus Martius fait ensuite émigrer une partie de la population de Rome sur le Mont-Janicule, sur la rive droite du Tibre, non pas faute de terrain sur la rive gauche, mais pour empêcher les ennemis d'en faire jamais une place d'armes contre la ville. Alors il en couronne le sommet d'une seconde *Arx*, citadelle puissante, reliée par deux courtines à la ville et au fleuve dont elle protège la navigation de ce côté, comme le fait, de l'autre, la citadelle de Romulus sur la roche Tarpéienne.

Mais en même temps, pour faciliter les communications des deux rives du Tibre, il pose sur ce fleuve le *Pont Sublicius*, qui est fait tout en bois et dont toutes les parties sont jointes ensemble, sans le secours du fer, ni d'aucun autre métal.

De ces accroissements successifs de citoyens étrangers, qui doublent bientôt la population de Rome, résultent des crimes nombreux et de toute nature. Afin d'effrayer cette audace toujours croissante de gens haineux et de caractères difficiles, Ancus Martius fait creuser, au pied sud-est de la colline de Saturne, dans le rocher souterrain, une prison obscure, ténébreux cachot qu'il nomme *Prison Mamertine*, de son propre nom Martius ou Mamers.

Enfin, non-seulement il recule l'enceinte du Palatin et l'étend aux collines du Cœlius, de l'Aventin et de la Roche Tarpeïenne, sur la rive gauche, et du Janicule, sur la rive droite, mais il élargit aussi le pomœrium et les limites du territoire romain.

En dernier lieu, il enlève la *Forêt Mœsia* aux Véiens, et fonde *Ostie*, à l'embouchure du Tibre.

Puis il meurt, en confiant la tutelle de ses fils à un *Lucumon*, venu de Tarquinies, dans le pays étrusque, avec sa femme *Tanaquil*. On disait de ce Lucumon, qu'en arrivant à Rome, un aigle avait enlevé cérémonieusement sa coiffure, pour la lui remettre ensuite sur la tête, en présage de royauté future.

Toujours est-il que cet Etrusque, qui se fait appeler Tarquin, du nom de sa ville, à l'aide de ses richesses, gagne d'abord la confiance d'Ancus Martius, puis enlève aux enfants de ce prince la couronne royale qu'il devait leur assurer, et enfin se fait proclamer roi sous le nom de Tarquin l'Ancien.

Afin de flatter les grands, Tarquin fait cent nouveaux sénateurs ; puis, pour caresser l'instinct du peuple, il déclare la guerre aux Latins, à l'exemple d'Ancus Martius, et, comme lui, prend encore d'assaut la ville d'Apiola. De la conquête il raporte un butin tellement considérable, qu'il veut employer ses nouvelles richesses à donner des fêtes à Rome, afin de se gagner tous les cœurs, car il sait que les Romains aiment les jeux et les fêtes.

C'est au lieu même des premiers jeux, donnés par Romulus, et sur le théatre de l'enlèvement des Sabines, qu'il dispose les nouvelles fêtes. Il y construit un cirque immense, de deux mille quatre cents pieds de long sur quatre cent cinquante de large, terminé à son extrémité méridionale par un hémicycle, au centre duquel, plus tard, on érigera un arc-de triomphe, et à son extrémité septentrionale par une ligne droite de *carceres* ou de *stabulæ*, écuries et remises. Ce cirque, en bois pour le moment, mais qui, un jour, sera réédifié en pierres, décoré de marbre, et dont les carceres et les stabulæ seront remplacées par douze portiques, destinés aux chars et aux chevaux, et sera couronné d'une colonnade qui embrassera son immense circuit, occupe toute la largeur de la Vallée de Murcia, entre le Palatin et l'Aventin. On lui donne le nom de *Circus Maximus*. Viennent quelques années, et le Cirque Maxime verra son arène partagée dans sa longueur par une *spina*, sorte de mur large de douze pieds et haut de quatre, qui sera pourvue à ses deux extrémités de trois bornes, *metœ*, en bois doré, cônes placés de front sur une base commune, pour dessiner la courbe que doivent décrire les chars et les chevaux en tournant. L'autel du dieu Consus, et l'autel de Vénus-Murcia, déesse protectrice de la vallée, décoreront cette spina, dont, sous Auguste, le centre sera fier de porter un obélisque égyptien, hiéroglyphié sous Aménophe Ier, quinze siècles avant J.-C., et haut de soixante-quatorze pieds. La porte principale du Cirque-Maxime regarde le nord, et sa sortie le sud. La Voie Triomphale le traverse dans toute sa longueur. C'est l'une des merveilles de Rome : il peut contenir deux cent cinquante mille spectateurs. Les jeux de Tarquin s'appellent les *Grands-Jeux* ou les *Jeux de Rome*. Je ne vous en ferai pas le détail, non plus que de cent sortes de jeux imaginés par l'amour des Romains pour le plaisir : *Jeux Scéniques*, *Jeux Séculaires*; *Jeux Solennaires*, *Jeux Céréaux*, *Jeux Augustaux*, *Jeux Floraux*, *Jeux Honoraires*, etc., etc. Un jour, nous verrons le peuple de Rome tellement passionné pour ces sortes de jouissances, que les jeux sanglants du Colysée, la plus horrible de ces sortes de plaisirs, lui feront préférer l'oisiveté et du pain, et crier : *Panem et Circenses* !

Tarquin entreprend ensuite des travaux plus considérables encore, pour l'embellissement de Rome. Il assainit le Forum et en fait disparaître les marécages malsains, à l'aide d'un *canal collecteur*, qui le traverse, en reçoit les eaux descendant des collines qui l'entourent, et les déverse dans un égout colossal, qu'il appelle *Cloaca Maxima*. Canal et cloaque existent encore, après deux mille cinq cents ans d'existence, mes amis. C'est un énorme conduit souterrain, qui commence au centre du Forum Romanum, et va porter ses eaux jusqu'au Tibre, auprès du Pont Sublicius. Pour le construire, on doit vaincre les obstacles d'un sol meuble et peu solide. Des masses de travertin (1), jointes sans ciment, en forment la voûte à plein cintre, et malgré le nombre des années et la force des crues du Tibre, qui y font refluer le courant, les eaux n'ont pu disjoindre ses trois rangs superposés de voussoirs en péperin. La hau-

---

(1) Les pierres dont se servaient les Romains pour leurs édifices étaient 1o le *péperin*, production volcanique, comme le *tuf* et la *pierre de Gabies*. 2o le *travertin*, pierre calcaire employée surtout dans les grands monuments publics. Ils avaient, en outre, le marbre apporté de loin et leurs excellentes briques cuites, liées avec de la *pouzzolane*, dont ils faisaient leurs *opera lateritia*.

teur de la voûte est de dix pieds, et sa largeur telle, qu'Agrippa, qui le fit nettoyer pendant son édilité, y navigua en bateau, fort à l'aise, depuis le Forum jusqu'à son embouchure, un demi kilomètre.

Ensuite, le Mont-Tarpéïen étant réuni à la ville, on exhausse le sol du Forum, sur lequel on élève des temples, des portiques, des statues. Le matin, marché public, le reste du jour, le Forum devient le théâtre des comices, des réunions du peuple, et des luttes des patriciens avec les plébéïens. Mais, malgré cet exhaussement du sol, la Roche Tarpéïenne domine encore le Forum de plus de cent pieds. Alors, pour la rendre accessible, on taille dans le flanc du rocher jusqu'à la base de l'Arx, un chemin incliné, qui prend le nom de *Clivus Capitolinus*.

Alors, sur le côté de ce clivus, au-dessous de l'Intermontium, Tarquin élève le *Temple de Saturne* au héros qui habita long-temps la colline. La façade de ce sanctuaire regarde le nord, et le Forum est décoré de la colonnade de son côté droit dont il restera de majestueux débris jusqu'à notre époque, débris qui nous donneront une idée de la solidité de l'édifice. Le Temple de Saturne est destiné à renfermer le trésor public.

Enfin, du côté opposé à l'Arx, au-dessus de la prison Mamertine, un autre clivus sillonne le roc et reçoit le nom de *Clivus du Bois-de-l'Asile*, bois situé sur le plateau de l'Intermontium, où le clivus conduit, en effet. Sur le sommet de la cime orientale du même mont Tarquin prépare l'emplacement d'un temple, qu'il a voué, pendant la guerre qu'il termine contre les Sabins et les Latins de *Collatie*, à Jupiter Optimus Maximus, et qui doit porter le nom de *Temple de Jupiter Capitolin*.

Aussi, la colline de Saturne, ou Roche Tarpéïenne, va prendre désormais le nom de *Mont-Capitolin*, comme la citadelle et le temple s'appelleront le Capitole. Voici ce qui donne lieu à ce changement de dénomination :

Pour élever ce temple, il fallait un terre-plein, qu'on ne pouvait exécuter qu'à l'aide d'énormes murs de soutènement. A l'étendue des fondations que l'on creuse, on dirait que le roi pressent la grandeur future de l'édifice. Mais voilà qu'un jour, en remuant les entrailles de la terre, on trouve une tête d'homme, fraîchement coupée, dont le sang est rose encore, et dont les traits ne sont pas altérés. On allait crier au prodige, lorsque l'histoire suivante se répand dans la ville : Un citoyen de *Vulci*, ville d'Etrurie, nommé *Tolus*, avait essayé d'usurper le pouvoir dans sa patrie. On le décapite, et sa tête est marquée au front d'un fer chaud, qui trace le nom du coupable. Or, comme le territoire étrusque s'étend jusque sur la rive droite du Tibre, et qu'il est défendu d'inhumer le cadavre du supplicié dans sa patrie, ses parents passent le fleuve à la faveur de la nuit, et enterrent la tête de Tolus sur la cime orientale du Mont-Tarpéïen. A peine a-t-on commencé à creuser les fondations du temple, que l'on trouve ce débris humain, dont le front porte CAPVT TOLI. Le nom de Capitole est dès-lors donné au Temple et à la colline.

Hélas ! les gloires de la terre sont exposées aux plus sinistres accidents ! Tarquin, offensé de certaines révélations de sa conduite, échappées à *Accius Navius*, fameux augure, qui avait coupé un caillou avec un rasoir, en sa présence, pour lui prouver la vérité de ses paroles, le fait périr et se désaffectionne le peuple. En outre, les fils d'Ancus Martius n'ont pas oublié que Tarquin n'est qu'un usurpateur. Une conspiration se forme, le roi est tué à coups de hache, par deux pâtres déterminés, dans l'Atrium Regium, voisin du Temple de Vesta. Mais Tanaquil dissimule la mort de son mari. Jadis, à la prise de *Corniculum*, au pays des Latins, le roi de la contrée, Tullius, ayant été tué, avait laissé enceinte sa jeune femme. Reconnue parmi les captives, elle fut accueillie par Tanaquil, la femme de Tarquin. Celle-ci fait couvrir de la trabée royale le fils de cette esclave qu'elle affectionne, Servius Tullius, et lui fait rendre la justice, sur le trône de Tarquin, et entouré de ses licteurs. Enfin, quand elle suppose son pouvoir assuré, Tanaquil annonce au peuple la mort de Tarquin, à grand renfort de cris, et lui présente le fils de l'esclave, Servius, entouré d'une garde nombreuse. On le proclame sixième roi de Rome. Heureusement, le sénat est bienveillant, et autorise cet avènement au trône, quelque peu suspect. Quant aux fils d'Ancus, évincés une fois encore, ils se retirent à *Suessa Pometia*.

Rome est bien différente alors de la Rome carrée que j'avais vue tout d'abord si étroitement campée sur le Mont-Palatin. Elle crève de tous côtés son enceinte primitive, elle déchire les langes de son enfance, elle jette ses premiers hochets, et bondit au grand soleil sur les talus des collines qui entourent son berceau. Servius Tullius, dont on prétend que les dieux ont signalé la naissance, en entourant sa tête de flammes rutilantes, au moment où il vint au monde, mais qui, en tout cas, est un prince de grand mérite, voyant la population de Rome considérablement augmentée, conçoit et exécute de grands projets à l'endroit de sa capitale. D'abord il établit la hiérarchie du *cens* ou de l'impôt. Les charges de l'état sont réparties selon le revenu, c'est dire que le cens constitue des *classes*, des *centuries*, et que les charges retombent du pauvre, qui les subissait jusqu'alors, sur le riche. Le recensement des fortunes est fixé à tous les cinq ans, terme qui constituera un *lustre*, et sera célébré par une fête *lustrale* ou de purification, qui portera le nom de *Clôture du Lustre*.

Ensuite, comme les crimes se multiplient davantage encore que sous Ancus Martius, la ville ayant une extension double, je vois Servius Tullius qui fait creuser sous la prison Mamertine, que vous connaissez déjà, jusqu'à une profondeur de douze autres pieds, un second cachot plus affreux que le premier, dans lequel on descend par une ouverture ronde, pratiquée dans la voûte. A cette prison inférieure, il donne le nom de *Tullianum*. Quant au peuple, il confond la prison Mamertine et le Tullianum sous l'appellation commune de *Latomiæ*, mot qui signifie *carrières*, parce que ces deux cachots sont creusés dans le rocher. C'est dans les horribles ténèbres de la prison Mamertine, que l'on jette ceux qui auront à expier des délits politiques ; mais c'est dans le Tullianum qu'on les fera périr par la strangulation. Puis, leurs cadavres seront retirés avec des crochets, par l'ouverture béante de la voûte, et livrés aux regards de la multitude, sur les marches d'un escalier que l'on construit pour monter au Capitole, et qui passant derrière le haut de la prison, prend le nom de Cent Marches, *centum gradus*. Mais le populaire, dans son langage expressif, nomme ces degrés les *Gémonies*, du mot *gemere*, gémir : car, en effet, celui qui descend ces cent marches pour aller à la prison, doit gémir, comme quelqu'un qui n'a plus d'espérance. Enfin des Gémonies, les cadavres seront portés au Pont Sublicius, d'où on les précipitera dans le Tibre. C'est ainsi que l'on verra périr Jugurtha, qui mourra de faim dans le Tullianum; les complices de la conjuration de Catilina, et *tutti quanti!* simples citoyens, pauvres hères ou princes et rois.

Enfin, Servius Tullius veut faire de Rome la ville par excellence. Il comprend, dans une enceinte nouvelle, toute de pierres et composée de formidables remparts, non plus seulement le Palatin, le Capitolin, l'Aventin et le Cœlius, mais aussi le Quirinal, le Viminal et le mont Esquilin; sur le sommet duquel il construit une *Curia Regia* qu'il habite avec sa famille et sa cour, afin d'y appeler les habitants. Et pour que les ennemis de la puissance romaine ne puissent trouver aucun côté faible dans les murailles de la ville, comme les revers des collines orientales offrent peut-être quelque facilité à des assiégeants, il creuse tout autour un fossé large et profond, qu'il appuie d'une gigantesque courtine formée d'énormes blocs de péperin, que, vingt siècles après, les générations, dont je fais partie, mes amis, admirent encore sous le nom de *Agger Servii Tullii* ou rempart de Servius Tullius.

Cette fois Rome peut porter le nom de *Ville aux sept Collines*. Son Pomœrium est reculé de nouveau. Des trois portes de Rome carrée, la porte Trigonia, seule, est conservée dans l'enceinte nouvelle. Vingt-trois autres portes percent l'enceinte de Servius, dans l'ordre que voici, à partir de la rive gauche du

Tibre, sur le Champ de-Mars, qui n'est pas compris dans l'enceinte, en allant du nord à l'orient.

C'est d'abord la *Porte Flumentane* ou *d'Argilète*, placée sur le bord du fleuve et donnant accès à la rue ou *via Argiletana*, que les plus riches magasins et les libraires vont bientôt occuper dans toute la longueur.

C'est ensuite la *Porte Triomphale*, par laquelle devront passer les généraux et les légions auxquels on aura décerné l'honneur du triomphe, et qui, descendant du monte Mario, traverseront le pont et la porte *Triumphalis*, le Circus Maximus, la voie Triomphale et le Forum pour atteindre le Capitole et le Temple de Jupiter Capitolin, qui le couronnera bientôt.

C'est la *Porte Carmentale*, placée au couchant du mont Capitolin, et ainsi appelée de Carmenta, mère d'Évandre, dont le tombeau est voisin. Plus tard, on la nommera aussi *Porta Scelerata*, lorsque trois cents membres de la famille Fabius sortiront de Rome, par cette porte, pour aller mourir en combattant les Véiens.

C'est la *Porte Ratumena*, au pied septentrional du Capitole, qui, de cette porte à la porte Carmentale, ne présente qu'un rocher de cent pieds de haut, fort escarpé et sans nul accès possible. Un jour, Ratumène, un conducteur de chars de Véies, emporté par ses chevaux, fut traîné de cette ville à l'endroit où s'élève cette porte, qui reçut son nom, et devint une porte de bon augure, parce que la mort de ce cocher pronostiqua la chute prochaine de Véies.

En s'approchant du Quirinal, et au centre de la base occidentale de cette colline, on voit la *Porta Catularia*, ainsi nommée de ce que l'on se rend, par cette porte, dans un bois voisin, sacrifier une chienne, *Catula*, et une brebis à la déesse Rébiguo, dans le but d'obtenir qu'elle préserve les moissons de l'influence de la canicule.

Au pied du même Quirinal, on trouve la *Porte Sanquale*, du mot *Sanqualis*, orfraie, oiseau funèbre consacré à *Sanco*, l'Hercule des Sabins, qui s'abrite dans les arbres de cette colline.

Là, comme la colline tourne vers l'orient, l'Agger de Servius Tullius, qui fortifie l'enceinte, tourne avec elle, et bientôt on rencontre la *Porte Salutaris*, placée proche du *Temple du Salut*, d'où elle a pris son nom.

Se succèdent alors, sur le revers oriental du Quirinal, du Viminal et de l'Esquilin, la *Porte Expiatoire*, porta Piacularis, par laquelle on sort de la ville, pour aller faire des sacrifices dans un champ destiné aux expiations ;

Et la *Porte Colline*, ainsi nommée parce qu'elle occupe le sommet du Quirinal, le point le plus vulnérable de la ville ; celui dont s'emparèrent Brennus et ses Gaulois, en l'an 365, pour entrer dans Rome, et celui dont Annibal s'approcha, en l'an 543, lorsqu'il tenta de se rendre maître de la cité.

Aussi, c'est à partir de la porte Colline, que, pour soutenir et défendre la muraille d'enceinte, Servius Tullius a fait creuser son Agger proprement dit, qui est un fossé profond, de cent pieds de large, sur trente de profondeur, dont les talus sont formés d'énormes blocs de péperin.

Viennent ensuite la *Porta Viminale*, sur le mont Viminal, situé au milieu de l'Agger, et dans le voisinage de laquelle, un jour, l'empereur Dioclétien élèvera ses Thermes fameux ;

La *Porte Esquiline*, du mont Esquilin, à l'extrémité de l'Agger;

Puis la porte de mauvais augure, celle par où les criminels seront conduits au supplice, et que l'on nomme *Porta Metia*, parce que ce fut là que Tullus Hostilius fit écarteler Metius Fuffetius, général des Albains, après sa victoire sur les Sabins de Fidènes ;

Entre l'Esquilin et le mont Cœlius, au levant, la *Porte Querquetolana*, dont la dénomination vient des chênes qui couvrent la vallée, séparant ces deux collines, et qui fait suite au Forum;

La *Porte Cœlimontana*, ouvrant l'accès de Cœlius, du côté du Tusculum;

Sur le versant oriental de la colline, la *Porte Fontinale*, à laquelle donnent son nom des fêtes appelées *Fontinalia*, célébrées, le 13 octobre de chaque année, dans un champ voisin et qui consistent à couronner de fleurs les puits et les fontaines ;

La *Porte Ferentina*, qui ouvre sur le chemin conduisant au bois sacré de Ferente, près d'Aricie.

Près d'un temple et d'un bois consacré aux Muses, *Camœnœ*, en tirant vers l'ouest, la *Porte Capène*, où commencera bientôt la voie Appienne, conduisant à Capoue et à Brindes ;

La *Porte Nevia*, au pied du mont Aventin, qui avait une forêt appelée Nœvia ;

Et la *Porte Rudusculana*, dont le nom *rudus*, bronze, est dû à l'épisode que voici : Un préteur romain, sortant de la ville par cette porte, s'imagina qu'il lui poussait subitement deux cornes sur la tête. L'oracle consulté lui annonça que ce prodige présageait sa royauté future, s'il rentrait immédiatement dans Rome. Le généreux citoyen, loin de céder à des pensées ambitieuses, s'éloigna à tout jamais. Aussi Rome reconnaissante couronna la porte du buste en bronze du préteur, *rudus*, d'où vient le nom de Porte Rudusculane.

Enfin, à l'ouest de la ville, à la jonction de la muraille d'enceinte avec le Tibre, la *Porte Lavernale*, ainsi nommée d'un autel, consacré à Laverna, divinité des larrons, des fraudeurs et des escrocs ;

Et la *Porte Navale*, placée au pied de l'Aventin, près du vieux port du Tibre, où débarqua Enée, venant demander à Evandre le secours de son bras.

Là, le mur d'enceinte remonte parallèlement au fleuve, et le long de la *via Ostiensis*, route conduisant à Ostie, jusqu'au pont Sublicius ; mais il est encore percée de deux portes :

La *Porte Minuccia*, voisine d'édifices élevés par le peuple à la famille Minuccia, sa bienfaitrice ;

Et la *Porte Trigonia*, la seule de la Rome primitive conservée dans l'enceinte nouvelle, et surnommée *Trigomina*, en souvenir des trois Horaces, qui sortirent par cette porte pour aller au combat. Elle est voisine de la caverne qu'habitait le géant Cacus, et dans laquelle Hercule immola ce voleur de ses bœufs.

En franchissant le Tibre, on trouve, sur la rive droite, et gravissant les rampes du mont Janicule, un long rempart, percé d'une porte près du fleuve, et reliant la ville à l'Arx d'Ancus Martius, qui couronne le sommet de cette colline. De la citadelle redescend ensuite vers le fleuve, en formant un V renversé de la sorte Λ, une dernière courtine, complétant l'enceinte de Servius Tullius, percée d'une poterne à la base du Janicule, et aboutissant en face de la partie du Champ-de-Mars, nommée le Marais de la Chèvre.

Cependant Servius Tullius se montre infatigable. Il bat les Etrusques et notamment les habitants de Véies, toujours portés à la révolte ; il fait marquer à son effigie la monnaie romaine représentant jusqu'alors une brebis ; il adoucit le sort des esclaves, en autorisant leurs maîtres à leur rendre la liberté par une cérémonie qui consiste à leur donner un léger soufflet, en présence d'un magistrat. L'esclave devient alors *affranchi* et peut être compté parmi les citoyens.

A cette époque, le temple de Diane, à Ephèse, jouit d'une grande célébrité. Ce sanctuaire est l'œuvre de la piété commune de toutes les cités de l'Asie. L'habile politique de Servius amène les peuples du Latium à élever dans Rome un temple à cette même divinité. En effet, en quelques années, le mont Aventin voit se dresser sur sa cime l'un des plus beaux édifices de la cité. Le *Temple de Diane* devient le lien d'union des peuples vaincus et du peuple vainqueur. Or, dans ce même temps, nait, dans la Sabine, une génisse d'une beauté singulière. Les oracles annoncent soudain que le citoyen qui aura le bonheur d'immoler à Diane cette rare victime, assurera l'empire à sa patrie. Aussitôt le Sabin de venir à Rome. Le prêtre, initié à son secret, mais fort astucieux, l'envoie d'abord se laver dans le Tibre. Alors, profitant bien vite de son absence, il immole lui-même la génissse, au grand mécontentement du Sabin, fort irrité d'un tel escamotage..... Les cornes de la victime, suspendues dans le vestibule du temple, attesteront pendant long-temps le pouvoir de Rome sur l'univers.

Je n'en ai pas fini avec les constructions dont Servius Tullius décore sa ville bien-aimée. C'est lui qui édifie encore le *Temple de Matuta*, nourrice de Bacchus, près de la porte Carmentale, et dans le voisinage d'une rue qui gravit le *jugum* ou pente méridionale de la Roche Tarpéienne, à partir de la porte Carmentale, jusqu'au Forum Romanum, et qui, eu égard à la position oblique qu'elle occupe, prend le nom de *Vicus Jugarius*.

Ce Vicus Jugarius est parallèle au *Vicus Tuscus*, et à la *Voie Neuve*, trois rues longeant la vallée qui sépare le Capitolin du Palatin.

Enfin, comme le bon roi n'a pas oublié que jadis il fut esclave, il consacre un *Temple à la Fortune vierge*, qui a favorisé ses destinées, et le place précisément sur le Vicus Tuscus que je viens de vous nommer.

Puis, sur la rive gauche du fleuve, en face du point où bientôt sera placé le Pont Palatin, il érige le *Temple de la Fortune virile*, édifice d'une élégante simplicité, d'ordre ionique, avec portique, tout en travertin, et placé sur un podium précédé d'un escalier, dans l'ensemble miniature de temple, mais délicieuse miniature. C'est là que les dames romaines viendront souvent offrir des sacrifices pour obtenir de la déesse... qu'elle dissimule aux yeux de leurs maris... leurs défauts corporels...

Je me permets, mes amis, d'étaler sous vos yeux cette scénographie historique; car, pour comprendre Rome moderne, il faut connaître Rome ancienne! Pardonnez-moi donc de vous montrer toutes les transformations que me montre mon songe béni, et représentez-vous Rome telle que je vous la dessine ; n'exagérez ni l'élévation, ni le développement de ses collines. Ce sont de légères ondulations du sol, que la chute des pluies tendra toujours à amoindrir par la suite des siècles, en même temps que les ravages des monuments et de la ville, par la main des hommes, comblera peu à peu les vallées. Examinez le cours de son Tibre jaunâtre et limoneux, admirez son ciel bleu, ses chauds horizons, les tons riches et variés de la campagne, et suivez la succession des événements qui se pressent dans l'enceinte de la ville aux sept collines qui se couvrent de temples, de palais et d'édifices de toute sorte.

Vous souvient-il du drame qui termine la vie de Servius Tullius ?

Tullia, la première fille du prince, charmante enfant! est mariée à *Lucius Tarquin*, fils de Tarquin l'Ancien, un monstre! *Tullia*, la seconde fille de Servius, ambitieuse et sans pudeur, est mariée au doux et modeste *Aruns*, second fils de Tarquin. Le monstre Lucius et Tullia, la femme sans pudeur, s'entendent bientôt: l'un tue sa femme, l'autre tue son mari. Libres, ils s'épousent. Quelle association ! la mort de Servius et le trône sont désormais l'unique désir des deux époux.

Un jour, Lucius Tarquin, à la tête d'une bande de sicaires, quitte tout-à-coup le palais du mont Esquilin, et s'élance sur le Forum. Vous savez qu'à l'angle du Mont-Palatin, du côté du Forum, s'élève la Curia Hostilia, lieu de réunion du Sénat. Là, se dresse un trône placé en avant du palais, et sur les marches qui y conduisent. Lucius Tarquin monte sur ce trône, et charge un héraut de convoquer les sénateurs au nom du roi Tarquin.... Tous s'empressent d'obéir. Alors Lucius, dans un discours plein de feu, lève l'étendart de la révolte, calomnie indignement le vieillard, son beau-père, et se proclame roi.... Survient Servius Tullius, averti par un serviteur alarmé. Lucius saisit le vieillard par le milieu du corps et le précipite du haut des marches de la Curia. Toutefois Servius, meurtri, ses cheveux blancs souillés de sang, se relève péniblement, et se dirige en trébuchant vers les Esquilies, en traversant le Forum. Lorsque, en suivant la Voie Neuve qui coupe le Forum du couchant au levant, on a dépassé la Voie Sacrée et qu'on atteint la pente douce de l'Esquilin, on franchit la *Via Cypria* unissant le Cœlius avec le Forum, le Capitole et le Champ-de-Mars, or, le vieillard blessé, cheminant à pied et perdant le sang, était arrivé au *Soliveau de la Sœur*, poutre sous laquelle on fit passer Horace, vainqueur des Curiaces, placé sur cette Via Cypria, lorsque une horde d'assassins, envoyée par Tarquin, l'atteint, et le massacre sans pitié.

Dans le même moment, Tullia, la femme de Tarquin, audacieuse et impatiente, vient dans un fringant équipage, voir à quel point du drame en est son digne mari, lorsque, sous les murs de la Curia Hostilia, l'agitation populaire et l'avis de Tarquin, qui lui fait dire qu'elle n'est pas à sa place, la forcent à reprendre le chemin des Esquilies, tout aspersé du sang de son père. Elle arrive bientôt à la Via Capria, pour gravir la *Via Virbia* qui se dirige vers la Regia de l'Esquilin, lorsque sur cette Via Virbia son char est arrêté par le cadavre de son père, qui entrave la rue... Tullia ne recule pas pour si peu. Sans détourner la tête, elle ordonne de passer outre, et le cocher.... laboure avec les roues de son char le corps inanimé d'un père et d'un roi !...

Cette rue reçoit alors le nom de *Via Scelerata* ! Elle le mérite, certes !...

Gouvernée par un roi et une reine chargés d'un épouvantable parricide, Rome tremble. A peine assis sur le trône, le nouveau roi est appelé par le peuple Tarquin le Superbe, flétrissure à l'adresse de sa tyrannie. En effet, despote cruel, Tarquin fait mourir les principaux sénateurs, confisque leurs biens, et gouverne, au mépris des lois, sans consulter le sénat ni le peuple. Il s'entoure de soldats étrangers et donne en mariage sa fille *Tarquinie* à Octavius Mamilius, citoyen de Tusculum, que la tradition fait descendre d'Ulysse et de Circé, mais qui est surtout le plus influent personnage du Latium. C'est ainsi qu'il veut se donner au dehors l'appui qui lui manque au dedans.

En même temps, il forme une alliance étroite avec les peuples du voisinage, à laquelle adhèrent quarante-sept villes latines, herniques et volsques. Puis, afin de cimenter cette union, il institue les *Féries Latines*, fêtes politiques et religieuses, qu'il place sous le patronage de Jupiter *Latial*, c'est-à-dire protecteur du Latium. La durée des Féries Latines, bornée d'abord à un seul jour, est ensuite portée à quatre, et le moment de la réunion sera plus tard fixé par le consul. Alors les peuples du Latium se réunissent dans le *Bois sacré de Ferente*, au pied du *Mont Albain*, à l'orient de Rome, et délibèrent sur leurs intérêts communs, à l'entour d'une *source* consacrée à la déesse Ferenta. Mais, sur le sommet du même mont Albain, d'où la plus admirable vue s'étend sur Rome et ses collines, le Tibre et son cours, la campagne de Rome et ses horizons, la mer et ses rivages, le Latium et ses villes, les Marais Pontins et la chaine des monts Latins et de la Sabine, Tarquin le Superbe fait construire le magnifique *Temple de Jupiter Latial*, autour duquel les peuples de Rome et du Latium se rendent en foule par de larges voies, pavées de ces blocs triangulaires que doivent retrouver encore les nations futures, et dans lequel on célèbre les Féries Latines par des adorations et des sacrifices. Le Bois de Ferentum et sa fontaine, eux aussi, subsisteront à jamais. Mais, à la chute du paganisme, abandonné pendant long-temps et enfin tombant en ruines, comme Albe-la-Longue qui est à ses pieds, le temple de Jupiter Latial sera la preuve de l'inanité des divinités de l'Olympe.

Toutefois, comme certaines cités refusent l'alliance proposée, prise de *Suessa Pometia*, capitale des Volsques, siége et prise de Gabies, colonie d'Albe, en un mot, guerre d'extermination partout où l'on résiste.

Le riche butin enlevé aux villes ruinées permet alors à Tarquin le Superbe de mettre à exécution l'œuvre commencée par Tarquin l'Ancien, son père. Je veux parler du Temple de Jupiter, sur le Capitole. Il est bientôt érigé avec une magnificence sans égale. Les plus habiles ouvriers de l'Étrurie sont employés à ce travail, car, c'est une chose digne de remarque! les Romains admirent les belles merveilles de l'art, mais ils les font exécuter, et n'ont pas le talent de les faire eux-mêmes. Le monde entier concourra à embellir Rome, mais le Romain restera oisif.

La façade du *Temple de Jupiter Capitolin* ou *Capitole* regarde le midi. Il est placé sur l'esplanade commencée par Tarquin l'Ancien, esplanade que l'on nomme *Area Capitolina*, et qui domine l'Intermont de vingt pieds. Une splendide colonnade d'ordre corinthien, comme tout le temple, le précède; d'admirables portiques, chargés de statues, l'entourent; et un délicieux fronton le couronne. Vu à distance, du Forum par exemple, il charme le regard par la noble hauteur, la richesse et l'élégance de ses proportions. La blancheur de ses marbres du plus beau pentélique, se détache à ravir sur l'azur du ciel. Son toit est en airain, relevé de rosaces d'or. Il semble commander à la ville et à toute la contrée. L'intérieur compte trois nefs soutenues par des colonnes et des pilastres du plus bel effet. A leur extrémité se montre une vaste *Cella*, dont le milieu offre à l'œil ébloui la statue de Jupiter, assise, tout en or et en ivoire; ayant à sa droite la statue de Junon, et à sa gauche, celle de Minerve. Au-dessus de la nef qui précède la cella, la voûte est ouverte, parce que, d'après les rites étrusques, le roi de l'Olympe doit être adoré sous le bleu pavillon du ciel. La cella est partagée par des murs mitoyens, dans lesquels, chaque année, le Souverain-Pontife, en grande pompe, enfonce un clou d'or, le *clavus annalis*, à l'aide duquel les Romains compteront le nombre des années écoulées. On voit aussi, sur les côtés du temple, la statue de la Jeunesse, la lance, Quiris, symbole du dieu Mars, et la représentation du dieu Terme, que l'on n'a pu faire changer de place, lors des travaux de fondation, et qui n'est autre qu'une grosse pierre brute. Autour du temple s'évase une place, *Area*, fermée par un mur, dans le but de garder le sanctuaire, contre toute profanation, et de garantir nombre d'objets d'art, que la suite des siècles y entassera, et notamment la statue de Jupiter, et l'Hercule de Lisippe, que Fabius Maximus apportera de Tarente, lorsqu'il prendra cette ville, en 543. Enfin, un magnifique escalier descend de l'Area Capitolina sur le Forum Romanum, par les deux clivus qui en atteignent la base, et donne accès au temple, soit pour les pompes religieuses qui se déploient, soit pour la marche des triomphateurs arrivant au Capitole.

Vous vous rappelez qu'au centre du Mont-Capitolin, il est un petit vallon produit par l'exhaussement de la cime orientale que couronne le Temple de Jupiter, et de la cime occidentale qui porte l'Arx ou citadelle. Ce vallon s'appelle l'Intermontium, et fait face au Forum. Il est occupé par le Bois-de-l'Asile, ouvert par Romulus, par le Temple de Jupiter Férétrien, par le *Temple de Vejovis*, où Jupiter enfant, etc. A la base de cet Intermontium, Tarquin fait élever par des architectes, et à la mode d'Etrurie, un vaste et solide édifice, qui prend le nom de *Tabularium*. Voisin du Temple de Saturne, qu'il domine; cet édifice est destiné à recevoir le dépôt des lois, décrets, etc., que l'on grave sur des *tables de bronze*, d'où le nom de Tabularium lui est donné. Construit tout entier en travertin, pierres de Tibur, et en pierres de Gabie, ordinairement employées dans les grands édifices publics, on couronne la partie supérieure de ce monument de galeries superposées, composées d'arcades à plein cintre, couronnées de statues, décorées de colonnes doriques engagées, et ouvertes sur le Forum. Cette construction subsiste encore en partie, et reste comme un spécimen des travaux gigantesques de cette époque reculée.

Tarquin achève ensuite le *Circus Maximus*, et fait construire d'élégantes galeries dans son pourtour extérieur. Il complète le système d'égouts commencés par Tarquinius Priscus. Enfin, il fonde des colonies à Signia, chez les Volsques, non loin de Gabies; et à Circeï, sur la côte du Latium, dans le but de les faire servir, pour Rome, de boulevards et sur terre et sur mer.

Il rétablit les *Fêtes Compitales*, qui se célèbrent dans les carrefours, *compita*, imaginées par Servius Tullius, en faveur des *dieux Lares*, car on le disait fils du

Lare familier. Les Lares, vous le savez, sont les âmes des hommes justes. Ces fêtes ont lieu au mois de mai.

Cependant, il convoque les chefs du Latium à se réunir au Bois-Sacré de Ferentum, afin de délibérer sur leurs intérêts communs. Ils s'y trouvent en grand nombre, au point du jour, heure dite. Chose étrange! Le jour se passe, Tarquin ne vient pas. Le soleil se couche, Tarquin ne paraît pas encore. Des plaintes éclatent dans l'assemblée. Turnus Herdonius, le chef d'Aricie, s'emporte avec violence contre le roi de Rome. Turnus est un Latin turbulent, criminel même. Il vomit mille invectives contre Tarquin, lorsque soudain, au moment où la lune, à son lever, fait pénétrer des rayons furtifs sous l'épaisse ramée du bois, Tarquin s'avance au milieu des chefs. Sa présence foudroie les Latins : l'orateur se tait. Mais Lucius Tarquin, Tarquin le Superbe a tout entendu. Il dissimule toutefois, et la nuit, qui disperse l'assemblée, est employée à préparer sa vengeance. Par l'intermédiaire de quelques habitants d'Aricie, ennemis de Turnus, il obtient, à force d'or, d'un esclave de ce dernier, de faire cacher dans la maison d'Herdonius des armes de toutes sortes. Puis, dès que l'aube blanchit le firmament, il appelle les chefs latins au bois de Ferentum, et accuse Turnus Herdonius de vouloir les égorger tous pour régner seul sur le Latium. Enfin, dans le but d'acquérir une certitude sur la vérité du complot, il demande à ses confédérés de le suivre chez Turnus. On part, on arrive. Des gardes enveloppent la demeure du prétendu conspirateur. Les esclaves sont réduits à l'impuissance d'agir ; la maison est fouillée, et, partout, on trouve des armes. Le crime de Turnus devient évident. On le charge de chaînes, on le conduit au Bois-Sacré. La vue des glaives et des piques, trouvés chez le coupable, excite une violente indignation de la foule ameutée. L'accusé n'est même pas entendu. Par l'ordre de Tarquin, on place une claie, sur la nappe d'eau de la fontaine de Ferenta : Turnus Herdonius est couché sur cette claie que l'on surcharge de pierres, et l'infortuné meurt dans les convulsions d'une affreuse immersion, englouti dans l'abîme qui reste à jamais marqué du souvenir de cet horrible supplice.

Je m'abstiens de vous raconter l'apparition d'un serpent dans le royal palais des Esquilies, et la terreur qu'en ressentent et Tarquin et Tullie. Les fils du roi partent pour Delphes consulter l'oracle, et un fils de *Tarquinia*, sœur de Tarquin, appelé *Brutus*, tant il semble idiot, les accompagne. Moins idiot qu'on le croit, Brutus offre un lingot d'or caché dans son bâton de sureau à l'oracle consulté, par curiosité, sur l'avenir des princes :

— L'empire de Rome est réservé à celui qui embrassera le premier sa mère! répond la Pythie.

Brutus se laisse choir et baise la terre, notre mère à tous. Ainsi accomplit-il l'oracle.

En effet, bientôt Brutus sera consul, et Rome n'aura plus de rois...

Cependant, voici venir, de Cumes, une vieille femme, sordidement vêtue, qui, courbée par l'âge, laisse flotter au vent les longues mèches de ses cheveux gris, s'appuie sur un bâton blanc et noueux, traverse Rome et frappe hardiment à la porte du palais de Tarquin. Admise en présence du roi, la vieille Cumane se dépouillant de sa toge rapiécée, fait voir neuf bouquins dont elle demande au prince neuf talents d'or.

— Neuf talents d'or ! se récrie Tarquin.

— Ne plus, ne moins ! fait la Sibylle (1).

Tarquin fait signe de la tête qu'il n'accepte pas semblable marché. Alors la Cumane s'approchant d'un trépied sur lequel brûlent des parfums en l'honneur des dieux, y jette précipitamment trois de ses volumes, que la flamme dévore. Puis, se retournant vers le roi, et du doigt lui montrant les six volumes qui restent, elle paraît s'irriter du refus du prince, lorsqu'elle lui demande encore dix talents d'or pour ces livres. Singulièrement intrigué de l'allure de cette vieille, Tarquin ne voit pas sans stupeur qu'elle livre aux flammes trois autres de ses bouquins.

---

(1) *Sibylle*, du latin *Sibylla*, et du grec Sios pour Theos, et Boulê, conseil, *conseil divin* ou *oracle*. Le nombre de femmes prophétisant dans l'antiquité est inconnu. Ausonne en compte trois : l'*Erythréenne*, la *Sardienne* et la *Cuméenne*, qui est celle de Tarquin. Mais la Cuméenne est la plus fameuse de toutes les Sibylles. Saint Augustin, dans la *Cité de Dieu*, liv. 17, ch. xxiii, parle d'un acrostiche de la Sibylle Erithréenne dont les initiales produisaient ces mots : Iesous Christos theou uios soter, ce qui veut dire : Jésus-Christ fils de Dieu, Sauveur. Après ce témoignage d'un père de l'Eglise, faut-il s'étonner de la vénération de nos pères pour les Sibylles ? Dans l'hymne *Dies iræ*, etc, on lit le vers :

Teste David cum *Sibylla*.

Autre preuve de la croyance aux Sibylles. Enfin dans les peintures du Christianisme, au Vatican surtout, et ailleurs, les Sibylles sont représentées avec les prophètes, etc.

— Pour neuf talents d'or refuser la connaissance des destinées de Rome! fait la Cumane.

— Les voici... répond Tarquin.

— Oui, mais vous n'aurez plus que trois volumes! ajoute la Sibylle avec un rire satanique, que répètent les échos du palais...

Ces livres, les fameux *Livres Sibyllins*, sont enfermés dans un coffre de pierre scellé que l'on descend dans les souterrains du Capitole. On institue un collége de prêtres, pour les garder, et on ne les consultera que dans les occasions importantes. Encore faudra-t-il un décret des consuls. Hélas! ces livres curieux seront brûlés dans l'incendie du Capitole, sous la dictature de Sylla.

Cependant Tarquin a ruiné le trésor public. Pour le remplir, que lui faut-il? La guerre! Il la déclare aux Rutules qui occupent Ardée, sur les bords de la mer, au sud-est de Rome. On essaie d'abord d'emporter la ville dans un assaut. Mais un assaut est difficile, car Ardée couronne un large rocher fort escarpé : l'attaque est repoussée. Aussi commence-t-on à bloquer la cité rutule, et à la fermer de près par des travaux de blocus. C'est alors que se passe le terrible drame de Sextus, allant de nuit à *Collatie* tout exprès pour y profaner la chaste *Lucrèce*, épouse de *Collatin*, surnom donné à Lucius Tarquin, neveu du roi, parce qu'il possède de grands biens à Collatie, cette ville latine que je vous ai désignée déjà.

Vous savez le reste. Les portes de Rome sont fermées au roi, qui veut en vain rentrer dans une ville qui le chasse lui et les siens. Il est obligé d'aller chercher refuge près de *Porsenna*, roi de *Clusium*, dans l'Etrurie, et l'une de ses douze lucumonies.

Cependant le peuple de Rome, mis en rébellion à la vue du cadavre sanglant de Lucrèce, que l'on apporte au Forum, se précipite dans la plaine située au nord du Capitole, qui, après avoir servi de Champ-de-Mars, avait été donnée aux rois, comme domaine royale. Dans son aveugle fureur, il ravage les moissons dorées, les arbres, toute la culture, et précipite ces débris dans le Tibre. Ces gerbes et les arbres descendent sur les eaux. Mais comme, en face du Janicule, le Tibre se courbe en replis tortueux, que la marche de ses eaux, moins rapide, permet au limon de s'amonceler dans le coude, et d'y former des atterrissements, arbres et gerbes s'arrêtant sur ce bas-fonds, s'y accumulent, et y composent une masse énorme que les sables, les fanges et le temps solidifient, au point qu'elle donne naissance à une île dont la longueur est de trois cent vingt mètres, et la largeur de soixante-dix. Ainsi se forme l'*Insula Tiberina*, ou l'*Ile Sacrée*, ou bien encore l'*Ile d'Esculape*. En effet, en 461, la peste désolant Rome, on enverra à Epidaure, chercher Esculape, le dieu de la médecine, sous la forme d'un serpent qui se cachera dans l'île. Aussi lui élèvera-t-on un temple, le *Temple d'Esculape*.

Quant au domaine des rois, il est rendu à son ancienne destination et reprend le nom de *Champ-de-Mars*.

Alors des Consuls remplacent les rois. Comme ceux-ci, précédés de *licteurs*, ils ont la *chaise curule* pour marque de leur dignité dans les temples, les comices, le palais du sénat, etc, et le *laticlave* pour vêtement.

Cependant, excité par Tarquin, Porsenna, *Larte* des Etrusques, vient placer son camp au pied du Janicule, en face de Rome, et, à la tête d'une armée formidable, prétend contraindre les Romains à recevoir leur roi déchu.

C'est alors qu'*Horatius Cocles* défend si vaillamment l'entrée du pont Sublicius, seul, contre les cohortes étrusques, et ne se retire, le bouclier criblé de flèches, qu'au moment où le pont, coupé par ses soldats, tombe dans les flots. Porsenna l'admire, et Rome, après lui avoir élevé une statue sur le Forum, lui donne tout le terrain qu'une charrue peut enfermer d'un sillon en un jour.

C'est alors que *Mucius* pénètre dans le camp du Larte de Clusium, tue son secrétaire, croyant le tuer lui-même, et, en présence de l'armée d'Etrurie, punit sa main qui s'est ainsi trompée, en la brûlant dans le foyer allumé pour un sacrifice. Puis, il dit au prince, étonné de tant de courage, que trois cents jeunes Romains, animés du même désir de venger leur patrie attaquée, ont fait le serment de l'égorger, s'il ne s'éloigne de Rome au plus vite. Le roi, effrayé, annonce qu'il est prêt à signer la paix, et Rome récompense son héros en lui donnant le nom glorieux de *Mutius Scævola*, qui veut dire Mucius le Gaucher, et à ce don elle ajoute des terrains assis sur la rive droite du Tibre, en face du Champ-de-Mars, désignés dès-lors sous le nom de *Prés Muciens*.

C'est alors qu'une jeune fille, *Clélie*, faisant partie des otages donnés au Larte Porsenna, se met en tête de ses compagnes et, se précipitant dans le Tibre, le traverse à la nage et rentre dans Rome; puis, reconduite au roi de Clusium, qui, d'abord irrité, mais ensuite séduit par la grâce de la jeune Romaine, lui fait don d'un cheval richement caparaçonné et lui rend la liberté. Alors Clélie retourne, joyeuse, dans sa famille, et voit avec orgueil sa patrie lui ériger une statue équestre en bronze, dans l'enceinte des Comices, sur le Forum.

C'est alors aussi qu'une conspiration en faveur des Tarquins ayant éclaté dans Rome, et *Titus* et *Tiberius*, les fils de Brutus, cousin des Tarquins, devenu consul avec Collatin, faisant partie des conjurés, ces infortunés jeunes gens sont traduits devant l'assemblée du peuple, condamnés par Brutus, dépouillés, battus de verges et frappés de la hache sous les yeux de leur père impassible ; tandis que l'esclave *Vindicius*, qui a découvert le complot, est *affranchi* par une baguette que l'on appelle *vindicta* de son nom, au lieu de l'être par le soufflet ordinaire, et a l'honneur de compter sa statue (1) parmi celles qui décorent déjà le Forum Romanum.

C'est alors enfin, qu'après avoir fait don aux Romains, qu'il admire, de tous ses approvisionnements de guerre, et pour ne pas avoir l'air de fuir, Porsenna, envoie son fils, *Aruns*, attaquer Aricie, sur le mont Albain, où il est tué dans une bataille, et où son père lui fait élever un sépulcre qui subsiste de nos jours encore, dont j'ai admiré l'architecture étrusque parfaitement caractérisée, et qui, aujourd'hui porte le nom de *Tombeau d'Aruns*.

Quant à Tarquin-le-Superbe, n'espérant plus rien de l'Etrurie, il se tourne vers le Latium. Venu à Tusculum, chez son gendre *Octavius Mancilibius*, trente chefs se rendent à sa voix dans le bois sacré de Ferente. Une ligue est formée ; on prend les armes. Le danger qui menace Rome est d'autant plus grand que son peuple est en rébellion contre les patriciens. Alors un Sabin, établi à Rome depuis peu, *Appius Claudius*, l'un des chefs de la *famille Claudia*, qui s'illustrera dans l'avenir, empêche de calmer la plèbe, mais fait nommer un *dictateur* avec pouvoir absolu. A ce *Maître du peuple* on joint un lieutenant ou *Maître des chevaliers*. Vingt-quatre licteurs entourent le nouveau magistrat, qui a droit de vie et de mort. L'enrôlement se fait. L'armée romaine, *Aulus Posthumius*, dictateur, en tête, et Ægidius, maître des chevaliers, marchent à la rencontre des Latins, que l'on surprend près du *lac Rhégille*, à l'est de Tusculum, sur les montagnes. La victoire est complète. Les fils de Tarquin et ses généraux sont tués, le Latium est soumis de nouveau, Posthumius reçoit, dans Rome, les hon-

---

(1) La statue élevée à l'esclave Vindicius, dans l'attitude d'un rémouleur accroupi et prêtant l'oreille à la conjuration, a été reproduite en bronze, et c'est elle que nous admirons dans le jardin des Tuileries, à Paris, sous le nom du *Rémouleur*.

neurs du triomphe, et Tarquin désespéré, se retire à Cumes, où il meurt, et où nous avons vu quelques ruines que l'on désigne sous le nom de *Tombeau de Tarquin*.

Au moment où Rome bat de la sorte ses ennemis sur le lac Rhégille, deux jeunes guerriers, couverts de sueur et de poussière, arrivent à franc-étrier, sur le Forum Romanum, annoncent la victoire, et se baignent dans la fontaine de Juturne. Les citoyens s'empressent de venir les féliciter... On ne les trouve plus. Plus de doute! ce sont les deux frères jumeaux, Castor et Pollux... Aussitôt on élève, à côté de la fontaine, en l'honneur des deux héros, fils de Léda, le *Temple de Castor et Pollux*. C'est un vaste parallélogramme, de style grec, entouré d'une colonnade corinthienne cannelée, et faisant face à l'orient et au Forum. Un jour, ce sanctuaire deviendra le vestibule du palais que Caligula fera construire à l'angle nord-est du Palatin, en arrière de la Curia Hostilia, dans lequel vestibule cet infâme empereur, se plaçant entre les deux frères, partagera avec eux les adorations des Romains!

Tous ces souvenirs que j'évoque, sur le lieu même où ils se sont passés, sont-ils sans poésie, mes amis? Non, certes! pardonnez-moi donc; car vous devinez combien ils ont de charmes pour celui qui foule aux pieds le théâtre de ces événements et les horizons qui en ont été les témoins; pour celui qui, nourri, comme du lait de sa mère, des récits de ces faits héroïques, arrive de loin, avec la fièvre de la curiosité, pour étudier ces sites fameux célébrés par l'histoire, par la poésie, par les monuments encore debout...

Maintenant, vous qui venez de voir renaître, sous ma plume, Rome carrée, Rome primitive, et qui venez aussi de juger ses accroissements successifs, placez-vous près de la porte Romaine, cette royale entrée du Palatin, alors que cette colline constituait Rome à elle seule; et, de là, contemplez le mont Capitolin déjà hérissé de son Arx et de vingt monuments; le Quirinal, son temple de Quirinus et les édifices qui le décorent, le Viminal et les Esquilies avec leurs palais; le Cœlius, l'Aventin et le temple de Diane qui décore ce dernier; le Janicule et sa citadelle; le Palatin même et ses temples de Jupiter Stator, etc.; et la mer de maisons qui couvre déjà toutes ces éminences, et ses vagues toujours croissantes d'édifices de toute sorte, dites-moi si cette ville ne promet pas d'être la reine des cités du monde?

Admirez surtout le Forum, ce vaste cirque, où luttent déjà, où vont lutter plus vigoureusement encore les violentes passions républicaines; cette arène des tempêtes politiques; ce théâtre de grandioses cérémonies religieuses triomphales, funèbres ou civiques; cette enceinte des rendez-vous nocturnes quand elle est doucement éclairée par les rayons mélancoliques de la lune. Qu'il est beau ce Forum, avec son encadrement de vertes collines, capitonnées de blanches façades de constructions diverses; avec ses promenoirs en arcades et ses portiques à tavernes qui en fixent la limite à l'orient; avec ses nombreuses statues de marbre et de bronze, fantômes immobiles et silencieux qui le peuplent et ornent sa Voie Sacrée; avec ses cent édifices placés côte à côte : Curia Hostilia, au splendide fronton et aux colonnes hardies; Rotonde de Vesta à demi-noyée sous les ramures de ses bois sacrés; Aula Regia de Numa, modestement voilée par l'ombre du Palatin; Temple de Saturne et son portique; Tabularium et ses ceintres aériens; Vulcanal et Comices, et ceci, et cela, le tout entremêlé de bouquets de verdure, du Lotus planté par Romulus, du Figuier Ruminal, abritant la fontaine de Saturne, de bois sacrés entourant le Temple de Castor et Pollux, le Temple de Janus-Bifrons, le groupe de bonze, œuvre étrusque, représentant Romulus et Remus, allaités par la louve rugissant, enfin, le bosquet de figuiers, d'oliviers sauvages et de vignes marquant l'emplacement où fut naguère le lac Curtius !

Je m'arrête. Mon rêve historique m'a conduit jusque-là. Oui, moi aussi, après la série de faits que je viens de dire, j'étais en extase devant ce noble Forum, faiblement éclairé par le bleu pavillon du ciel ruisselant du feu des étoiles, lorsqu'un coureur de nuit, débusquant du Bois-Sacré de Vesta, appliqua sur ma joue droite un assez violent soufflet... Je me réveille en sursaut, et je me trouve dans mon lit... Mais Emile, mons Emile est en face de moi, se préparant à me carresser l'autre joue, et me disant :

— Tu dors, Brutus, et Rome... est là qui t'attend !...

Que faire ?... Je regrette mon songe, mais, me levant aussitôt de ma couche humide de sueur, je vois, non sans remords, qu'il est grand jour, que le soleil luit, et qu'en effet, Rome, la ville aux sept collines, l'éternelle cité, attend ma visite...

Je pars. A bientôt, mes amis, à bientôt. Jusque-là, cœur et âme, tout est à vous.

VALMER.

IV.

A MADAME DUPRÉ, NÉE DELANNEAU, A PARIS.

Les enfants, à Rome. — Autorité des Pères. — Soumission des Mères. — Vêtements des Enfants. — Habillements des Hommes. — Toilettes des Femmes. — Costumes militaires. — Rome vue du sommet du Capitole. — Tableau. — Transformation des quartiers. — Physionomie du Palatin sous la république. — Revue des collines. — Tavernes et portiques du Forum. — Ce que l'on vend dans les boutiques. — Le Vélabre. — Forum Boarium. — Ce que l'on voit dans le Vélabre. — Vicus Tuscus. — Meretrices. — Forums Piscatorium, Olearium, Olitorium. — La colonne des enfants abandonnés. — Curieux aspects. — Boulangers, Charcutiers et marchands de vins. — Ce que montre l'Aventin. — Ses habitants. — Portique aux Fèves. — Temples de Diane et de la Lune. — Les voleurs de grands chemins. — Les détrousseurs de nuit. — Physionomie du Cœlius. — Comment on s'y nourrit. — Delubrum de Minerve. Tableaux de Mœurs. — Horreum. — Le grand abattoir. — Area Radicaria. — La vallée de Tabernola. — Le Forum Cupedinis. — Ce que l'on nomme les Carènes. — Les brûleurs de cadavres. — Les masseurs de corps. — Dianium. — Subure. — Quel genre de quartier. — Etude sur ses habitants. — Aspect de Subure. — Où la population n'est pas pure. — Scénographie du Viminal et du Quirinal. — Le champ de mort. — Supplice d'une Vestale. — Iles et Ilots de maisons. — Photographie générale. — Mise en scène du Champ-de-Mars. — La villa Publica. — Via Lata. — Champ Tibérin. — Janicule. — Quelle sorte d'habitants. — Rome vue des hauteurs du Janicule. — Temple et bois sacré de Furina. — Aqueducs. — Ponts. — Le Capitole et la Roche Tarpéienne. — Origine des noms latins. — Sobriquets souvent injurieux. — Noms d'honneur et de gloire. — Les petits maîtres et les matrones dans leurs équipages. — Promenades du Forum. — Le Forum à l'heure des assemblées. — Les Voies Consulaires. — Ce que dit sur le Forum un vieillard couvert de haillons. — Tribuns du peuple. — Mont-Sacré. — Coriolan. — Rome sauvée par deux femmes. — Les trois cent six Fabius. — Cincinnatus. — La forêt d'Algide. — Champs Quintiens. — Luttes intestines. — Les récompenses publiques. — Les dix tables de lois. — Virginius et Virginie. — Comment un père tue sa fille. — Un citoyen précipité de la Roche Tarpéienne. — Tribuns militaires. — Siége de Véies. — Furius Camille. — Bataille de l'Allia. — Les oies du Capitole. — Les Gaulois dans Rome. — Camille et le Brenn. — Manlius Capitolinus. — Manlius Torquatus. — Valerius Corvinus.

Rome, 14 novembre, 185...

Je croyais en avoir fini, et bien fini, avec mes études classiques, dans votre excellente institution, ma toute bonne maîtresse, et voici que je me retrouve plus écolière que jamais.

— Comment et pourquoi cela ? me demanderez-vous.

Ne remarquez-vous pas de quelle ville est datée cette lettre ?... Ah ! ce nom de Rome vous répond, n'est-ce pas ?... Il vous dit que l'on ne peut entrer dans l'enceinte et fouler le sol d'une pareille cité, sans avoir l'histoire à la main... Rien de plus vrai. Ici, les souvenirs voltigent et murmurent tant et tant autour du cerveau, comme une brise printanière caressant le visage : ils font vibrer si fort l'écho des temps passés et forcent la mémoire à tirer de ses replis de si nombreuses légendes, qu'alors, dans cette activité de la pensée ressuscitant les âges, les héros et les faits, en face de leur théâtre de gloire ou d'ignominie, on gagne la fièvre, et la fièvre donne le délire. Je vous plains, chère bien-aimée, car c'est vous qui serez la victime de cette fièvre et du délire qui me prend. Faites provision de patience pour m'entendre... et m'écouter. Puissiez-vous me prêter l'oreille aujourd'hui avec une moitié du bonheur que je trouvais à vous prêter la mienne jadis, lorsque vous parliez sur le même sujet ! J'aimais tant à vous voir évoquer les grandes images de ces fiers républicains de la Rome antique, de ces majestueux laboureurs soldats, quittant le soc et la charrue pour saisir le glaive des batailles, et, couverts du sang de l'ennemi, faisant taire les accents belliqueux des trompettes du camp, pour revenir sous leurs toits de chaume jouir des chants pacifiques des oiseaux de leurs métairies, ou prendre part aux discussions du Forum.

Comme vos récits nous trouvaient émues, nous jeunes filles, simplettes et naïves, quand vous nous disiez la puissance des pères sur leurs enfants, absolue à ce point qu'ils pouvaient même les mettre à mort, les vendre, les battre de verges, les charger de fers... Il est vrai que cette loi draconienne de la jeune République Romaine ne s'appliquait qu'aux garçons; mais notre pauvre cœur n'en saignait pas moins. Aussi combien nous nous intéressions à ces enfants de Rome !

C'était grande fête au logis, quand venait au monde un enfant, et que la famille comptait un membre de plus. On le déposait aussitôt aux pieds de son père. Le relevait-il ? c'est qu'alors il l'agréait, au grand bonheur de la mère. Le laissait-il à ses pieds ? c'est qu'il le refusait. Alors, nonobstant les pleurs de l'infortunée matrone, on exposait le pauvre petit être dans le bocage du lac Curtius, sur le Forum. Là, ses destinées appartenaient à la Providence. Combien étaient sacrifiés de la sorte ! Quant à l'enfant accepté, on le lavait, on l'habillait de blanc, et on lui offrait le sein de sa mère ou d'une esclave nourrice, que l'on allait prendre au *Forum Olitorium*, marché aux olives et à l'huile, près et hors de la porte Carmentale. Puis on lui attachait sur le front une *bulle*, en or, si sa famille était riche; en cuir, si elle était pauvre. Dans la croyance romaine, cette bulle préservait des maléfices. Elle était ronde d'ordinaire, souvent ovale, quelquefois en forme de cœur. En âge d'être habillé, l'enfant ne portait plus sa bulle qu'au cou, suspendue par un cordon d'or ou de cuir. Alors on lui donnait la *toge* ou *robe prétexte*, de pure laine blanche, mais bordée d'une bande de pourpre, comme celle des magistrats, auxquels on l'assimilait, dans un but de protection. Il la quittait, de quinze à vingt ans, c'est-à-dire adolescent, pour revêtir la *toge virile*. La veille de cette prise d'habit d'homme, on le couchait revêtu d'une *régille*, grande tunique droite, d'une autre tunique blanche, et de réseaux couleur de safran ; et, le lendemain, il déposait sa bulle au cou des dieux Lares de la maison, et prenait la toge blanche, sans aucune bordure. Aussitôt, à travers les rues encombrées de vieilles matrones couronnées de lierre et vendant des gâteaux de fine fleur de farine et de miel, on le conduisait au Capitole, où se célébraient toutes les fêtes de famille ; puis, du Capitole, on descendait au Forum, afin de faire connaître au peuple qu'il comptait un citoyen de plus. C'était le XVIe des kalendes d'avril, aux fêtes de Bacchus ou *Libérales*, que se faisait cette cérémonie.

Nous aimons à parler d'atours, de costumes, de toilette, nous autres femmes, bonne amie; laissez-moi donc vous rappeler la forme des vêtements des Romains, maintenant que je suis dans la ville des toges, *urbs togata*, comme dirait mon fils. On est bien aise de savoir comment sont vêtus les acteurs d'un drame dont on vous entretient. Permettez-moi donc de vous offrir un spécimen des costumes dont sont affublés les Romains qui vont tout-à-l'heure parader sous nos yeux, dans le développement de leur histoire.

Tout citoyen de Rome porte une tunique sans manches. C'est à cette tunique que l'on reconnaît à quel ordre il appartient. La tunique de l'homme du peuple est simple et toute unie. Celle du chevalier est décorée d'une bande de pourpre, que capitonnent des boutons d'or en forme de têtes de clous. Or, de ce que la bande de pourpre est étroite, *angusta*, et qu'elle est marquée de clous d'or, *clavus*, on appelle cette tunique des chevaliers *Angusticlave*. Une large bande de pourpre signale la tunique des patriciens, et on la nomme *Laticlave*, précisément à cause de la largeur de cette bande, *lata*, et des boutons d'or, *clavus*. Seule, la tunique des patriciens est serrée à la taille par une ceinture.

Par-dessus ces vêtements de dessous, que les Romains des ordres supérieurs ont grand soin de laisser voir par orgueil, s'étale la *Toge* en question.

C'est une pièce de laine blanche, taillée en demi-cercle, se posant sur l'épaule gauche, enveloppant la poitrine, passant sous le bras droit qu'elle laisse libre, et se rattachant sur l'épaule gauche. Cette toge est brodée de pourpre pour les consuls, mais alors elle prend le nom de *Robe Prétexte*.

Les chevaliers remplacent la toge par la *Trabée*, manteau court, en pourpre marine, rayée de bandes écarlates et s'agrafant sur l'épaule droite. Ils ont de plus un anneau d'or au petit doigt de la main gauche.

Patriciens et chevaliers ont tous au cou un riche collier d'or.

Afin d'épuiser la matière des costumes masculins, je vous rappellerai de suite que le vêtement militaire du Romain se compose d'une tunique qui a beaucoup de ressemblance avec notre blouse gauloise. On l'appelle *Penula*. Elle se serre à la taille, et des franges, plus ou moins riches, selon le grade militaire, en décorent l'extrémité inférieure. Le *Paludamentum*, long manteau de guerre, que l'on ne porte que dans les camps, pour le soldat, remplace la toge civile. Le *Sagum* est la toge militaire des chefs.

Quand aux dames romaines, voici quel est leur ajustement :

D'abord, un peu comme nous autres, Françaises, et comme toutes les femmes de l'univers, j'imagine, elles combinent avec la nuance de leur teint, et de manière à faire ressortir le plus possible leur beauté, la forme, la coupe et la couleur de leurs vêtements. Mais cependant, l'habit de caractère est la *Stole*, longue robe blanche, qui descend à terre et couvre à demi les pieds. Les femmes honnêtes ont, seules, le droit de la porter. Mais où les excentricités commencent, je vais le dire : Par-dessus cette stole, elles passent soit une *Plumetie*, c'est-à-dire une tunique chargée de broderies microscopiques, légères comme des plumes ; soit une *Chamarrée*, autre tunique courte, formée de fleurs d'or et de pourpre ; soit une *Impluviale*, toge carrée, peu longue ; soit enfin une *Régilla*, autre tunique droite, non serrée à la taille. Mais, en outre, comme varier est l'attribut de notre sexe, elles ont la ressource des tuniques transparentes et des tuniques épaisses ; de la tunique *Royale* et de l'*Etrangère*, de la *Mandilla* et du *Manteau*. Pour sortir, elles s'enveloppent le buste du *Peplum* ou de la *Rica*, sorte d'écharpe légère dont elles peuvent se voiler le visage, si le voile ordinaire, *Linteole*, leur semble trop indiscret.

Me trompé-je dans ma description des vêtements des anciens Romains ? Non, car vous preniez la peine de nous les peindre vous-même, chère maîtresse, au temps heureux où vous nous appreniez l'histoire. Et comme alors vous nous faisiez voir que ce devait être un beau spectacle que cette Rome, son Forum, son Capitole et ses collines, avec ses citoyens, innombrables déjà, vêtus de ces éclatants costumes, et fourmillant dans la ville comme fourmillent les abeilles dans leur ruche !

Ne soupçonnez-vous pas que cette lettre est une œuvre inspirée par l'amour-propre, à votre endroit, chère bien-aimée? Ne devinez-vous pas que je veux racheter mes anciennes langueurs, en vous prouvant que vos leçons, d'abord sans moisson apparente, ont enfin produit chez moi des fleurs et des fruits? Eh bien! oui : rien de ce qu'a semé votre parole n'a été perdu ; je retrouve tout dans ma mémoire aujourd'hui, et combien cela me sert! Sachez donc que si j'essaie de balbutier le langage de l'histoire en ce moment, c'est uniquement pour vous montrer la vérité de ce que j'avance. Lisez donc, tout bas, et jugez...

J'ajoute qu'avec mon entourage je deviens archéologue, antiquaire, scénographe, que sais-je? Ne riez pas de mes prétentions : elles se réduisent à quelques mots aventurés par-ci par-là...

L'autre soir, après tout un jour consacré à voir, à étudier, à juger Rome, nous avons voulu ressusciter Rome et ses héros. Mon fils m'a conduite alors au cœur même de la vieille cité, c'est-à-dire au Capitole, son point central. Le soleil descendait lentement derrière le Janicule, et nous nous assîmes sur les ruines du Temple de Jupiter-Capitolin, au-dessous d'Ara Cœli, et au-dessus des Gémonies et de la prison Mamertine, alors que des masses de chaude lumière et des ombres transparentes donnaient des aspects merveilleux à la scène qui nous entourait, et aux lointains horizons de la campagne de Rome.

Le visage tourné vers le sud, nous avions au loin, devant nous, la longue chaîne des Monts Albains, et les vagues profondeurs de l'antique Latium des Volsques et des Rutules, auxquelles commandent encore les ruines du Temple de Jupiter-Latial, assis sur la crête la plus haute du Mont-Albain. A nos pieds dormait, c'est le mot à employer, à nos pieds dormait le Forum Romanum, désert, triste et lugubre, nonobstant ce qui reste des admirables chefs-d'œuvre qui le peuplaient. Nous dominions surtout le semis de temples, d'architraves, de colonnes, de débris grandioses de toutes sortes, calcinés par le feu, entassés à l'entour de l'Arc-de-Triomphe de Septime-Sévère, oublié par les Barbares. A notre droite s'étendaient, au couchant, le chauve Palatin et le vert Aventin, séparés du Janicule par le Tibre, dont le ruban d'or sillonne le Champ-de-Mars, l'Argilète et le Vélabre, et disparait derrière la vallée de Murcia, où fut le Cirque Maxime. A notre gauche, c'est-à-dire à l'orient, se développaient en éventail, après le Cœlius, voisin du Palatin, et qui est au sud, les Esquilies, le Viminal, le Quirinal et le Pincio, nageant dans la brume du soir, et dorés par le soleil, pendant qu'au loin, la chaîne des monts de la Sabine, depuis le Soracte jusqu'à la rencontre des monts Albains, dentelait de lignes délicatement teintes de lilas, de violet, d'incarnat, de cinabre et de tous les tons de l'iris, l'horizon le plus poétique et le plus délicieux que l'imagination puisse se figurer. Enfin, derrière nous, s'étendait l'antique Champ-de-Mars, devenu la Rome moderne.

Alors, tantôt mon fils prenant la parole, tantôt M. Valmer pérorant, tantôt même votre servante disant son mot à son tour, de notre droite à notre gauche, c'est-à-dire du couchant au midi et du midi au levant, nous reconstruisions Rome de la façon suivante :

D'abord, au centre, là, devant nous, s'étalaient, le Palatin, où fut la Rome carrée de Romulus, le berceau de la reine des nations, et, à l'orient du Palatin, le vaste Forum Romanum, marché le matin, puis après, pour tout le reste du jour, théâtre des assemblées, des discussions politiques, lice de toutes les passions, assises des comices et des tribunaux, séjour des tempêtes, et scène nocturne des promenades érotiques et des causeries impures.

Depuis Romulus jusqu'au début de la république, quelle transformation n'a-t-il pas déjà subie, le royal Palatin ! Il n'a pas suffi aux premiers consuls d'y trouver le Temple de Jupiter-Stator, de Cérès, l'Auguratorium, etc., on a fait disparaître quantité de ses demeures primitives, pour les remplacer par de nouveaux temples et de nouveaux palais.

Quatre voies principales l'entourent de leur ceinture :

Ainsi, quand on franchit l'antique *Porte Romaine*, qui ouvre sur le Forum, à l'orient, on monte des degrés, et on rencontre les *Curies des Saliens*, constructions qui servent à loger les prêtres de Mars, institués par Numa. Là, on trouve une première voie, le *Clivus Curiarum*, allant du sud au nord, sur le flanc oriental du Palatin, parallèlement à la Voie-Sacrée, qui traverse le Forum. Mais alors on atteint un palier, à gauche, et de nouveaux degrés qui unissent le Clivus Curiarum à une plus grande voie, le *Clivus Victoriæ*, ainsi nommé, parce qu'elle aboutit, au nord, au *Temple de la Victoire*, édifice circulaire, ouvrage récent de la république, placé au-dessus de la Curia Hostilia, sur un point appelé *Velia*.

Au nord, une seconde voie, la *Via Nova*, longe le Palatin et les édifices qui le bordent, Temple de la Victoire, Curia Hostilia, Fontaine de Juturne

Lupercal, surnommé aussi *Temple de Pan*, à cause d'une statue de ce dieu, représenté nu et ceint d'une peau de chèvre, qu'on y a placée, et *Rumia*, parce que ce temple fait face à la statue en bronze de Romulus et de Rémus, allaités par la louve, qu'on a élevée, depuis peu, près du Figuier Ruminal, enfin Temple de Vesta, Temple de Castor et Pollux ; Temple de Jupiter Stator, etc. Cette voie neuve est interrompue seulement par les *Scalæ Annulariæ*, qui en occupent le centre, et qui se composent de degrés montant sur le Palatin, bordés de tavernes, où se tiennent des marchands d'animaux : puis elle aboutit au Cirque Maxime. Mais, en outre de la Via Nova, ce côté septentrional du Palatin est, par le *Vicus Tuscus*, habité par des Etrusques, réfugiés à Rome, après la bataille livrée par *Aruns*, fils de Porsenna, aux habitants d'Aricie, et compte des marchands de soieries et de très-nombreuses courtisanes, qui sont ainsi à portée du Forum Romanum et du Cirque Maxime, aussi bien que du quartier très-populeux du Forum Boarium, auquel conduit également le Vicus Tuscus.

Au couchant du Patalin, une troisième voie, la *Voie Triomphale*, qui arrive du Champ-de-Mars, à travers le Vélabre, passe au beau milieu du Circus Maximus, suit la vallée de Murcia, séparant le Palatin de l'Aventin, et arrivant au Cœlius, tourne subitement au midi du Palatin, et sillonne la vallée que forment cette colline et le Cœlius et y forme une quatrième voie, toujours sous le nom de Voie Triomphale. Lorsqu'elle débouche sous le nom du Forum Romanum, elle y rencontre la tête de la Voie-Sacrée, à laquelle elle se soude.

Alors la *Voie-Sacrée* traverse le Forum du sud au nord, en gravissant le pli de terrain formé dans cette vallée large et belle, qui sépare le Palatin des Esquilies, du Viminal et du Quirinal, placés à son levant, fait un coude vers l'est, sur le sommet du pli où elle prend le nom de *Summa Sacra Via*, et longe le côté oriental du Forum, pour atteindre le pied du Capitole.

Ces voies que bordent de nombreux monuments, des portiques, des tavernes et des maisons, le Palatin lui-même, entièrement couronné d'édifices et de temples, offrent aux regards de l'imagination qui les réédifie, un aspect des plus grandioses.

Mais ce qui sourit davantage par la variété des formes et des couleurs, c'est le Forum Romanum, que franchit la Voie-Neuve, du couchant au levant, et que sillonne la Voie-Sacrée, du sud au nord, avec des légions de statues, des forêts de colonnes, et des temples qui lui servent de bordure, généralement enveloppés de bocages d'oliviers, de bois sacrés de lauriers, de chênes ; puis, ici, le long du Palatin, *Temple des Dieux Pénates*, ombragé par la verdure de vieux citronniers; là, *Sanctuaire de Volupia*, déesse du silence, nommée aussi Angerona, qui préside au culte du nom mystérieux de Rome, Amor! Ailleurs, sur la même ligne, *Autel d'Orbone*, édifice consacré à la fièvre; puis *Area de la Victoire*, et *Temples des Dieux Lares*, à l'extrémité méridionale du Forum et le long de la Voie-Sacrée, et *Portiques*, où, dans de jolies tavernes, s'agite tout un monde de bouquetières, vendant à haute voix leurs fleurs aux *trossuli* et aux coquettes. Enfin, sur le côté oriental, Temple de Romulus et de Rémus, et beaucoup d'autres, avec portiques, où se tiennent des changeurs, des bimblotiers, des vinarii, des popinæ, etc., et cent boutiques où l'on vend tous les colifichets de femmes, boîtes de toilettes, coffrets en bois précieux, éventails de plumes de paon, osselets d'ivoire, bagues, colliers, bracelets, peignes, tablettes à écrire, et les mille bagatelles que l'on peut facilement offrir en cadeau. Les débitants de drogues, de remèdes, d'élixirs, de parfums, se trouvent là aussi, côte à côte avec des ciseleurs, des barbiers, des tondeurs, etc. Enfin, dans le centre, Lotus du premier roi de Rome, lac Curtius, remplacé par un bosquet, et en vingt endroits, édicules avec oliviers, figuiers, vignes sauvages, sur lesquels tranchent et se profilent de la façon la plus ravissante les silhouettes des colonnades, des frontons, les marbres et les bronzes des statues.

Aussi, pour le touriste qui, comme nous, occupe un point culminant quelconque, même dans la désolation actuelle du Forum Romanum et du Palatin, avec leur encadrement de collines, dont les nuances d'ocre et les tons violacés de l'horizon font trembler les contours vigoureusement estompés, c'est un aspect sublime, imposant, majestueux, que cet amphithâtre magnifique dont nous rappelons les splendeurs évanouies et dont nous voulons réveiller les héros endormis.

Mais je continue notre œuvre de reconstruction.

Sur notre droite, au nord-ouest de Palatin, voici d'abord le *Vélabre*, vaste quartier attenant à la rive gauche du Tibre, et que mon fils me dit ainsi nommé du mot grec *hélos*, *marais*, car les inondations du fleuve en avaient fait primitivement un marécage. Mais les Tarquins, à l'aide d'une forte digue et surtout à l'aide de la Cloaca Maxima qui, venant du Forum, passe à côté du Vélabre, l'ont tellement assaini qu'il est devenu l'un des quartiers de Rome les plus peuplés et les plus commerçants, ainsi que *l'Argilète*, son voisin au nord, dont la belle *rue de l'Argiléte* est la résidence des libraires copistes.

A raison de la nombreuse population du Vélabre, au centre du quartier, l'édilité romaine a ouvert, pour servir de marché à la viande, un vaste carré long qui a pris le nom de *Forum Boarium*. Ce Forum porte l'un de ses angles jusqu'à l'angle du Palatin, près du Cirque-Maxime. Il est entouré de portiques occupés par des boutiques. Une fontaine, *Fons Muscosa*, s'élevant à la pointe qui touche au Palatin, et que décore le magnifique taureau de bronze, œuvre de *Miron*, enlevé à Egine, après la conquête de cette île, fait son plus bel ornement. Toutefois, d'un côté se dresse le *Temple de Matutà*, nourrice de Bacchus, ouvrage de Servius Tullius, dont l'entrée est interdite aux femmes esclaves, mais où les matrones viennent prier pour les enfants de leurs frères, et s'abstiennent de prier pour les leurs, parce que cette Matula ne fut pas heureuse en enfants. De l'autre, s'élève le *Temple de la Fortune Vierge*, autre ouvrage de Servius Tullius. En outre, ici et là, dans l'enceinte de ce même Forum Boarium, se montrent l'*Ara-Maxima* qu'Hercule éleva en son propre honneur sur ces terrains alors incultes; le microscopique et circulaire *Edicule d'Hercule Triomphant* dont la statue fut érigée par Evandre; et, près de la Fontaine Muscosa, le *Sacellum Pudicitiæ*, sorte de chapelle consacré à la pudicité patricienne, d'où les femmes du peuple sont exclues avec une telle rigueur qu'une patricienne, *Virginia*, fille] du noble *Aulus*, s'étant mésalliée, en donnant sa main au plébéïen *Voluminius*, qu'elle aimait, on lui interdit l'entrée de ce sacellum. Mais alors Virginia, par vindication, éleva une chapelle à la pudicité plébéïenne, dans le *Vicus Longus* qu'elle habitait, et les patriciennes en furent exclues à leur tour.

Deux rues que j'ai nommées déjà, la *Via Nova* et le *Vicus Tuscus*, mettent le Forum Boarium en communication avec le Forum Romanum, sur la côte septentrionale du Palatin.

Nulle part dans Rome plus de tapage, de turbulence, d'agitation que dans ce Vélabre et le Forum Boarium qu'il entoure ! Dans les rues étroites et tortueuses, où les maisons très-élevées ne permettent jamais au soleil de pénétrer, se pressent des chariots chargés de marchandises qui arrivent ; des mules qui viennent enlever des dépouilles d'animaux; des bouchers ayant la tête couronnée d'un grand cercle auquel sont appendus des viandes qu'ils vont vendre, dans la ville ; des maîtres d'école appelant leurs écoliers qui s'écartent; et des boules-dogues aboyant sans relâche après les passants. Puis vont et viennent des Ethiopiens à demi-nus et plus noirs que l'ébène; des Gaulois dont les vêtements bleus sont zébrés par les tresses de leurs longs cheveux blonds; des Egyptiens, couleur de brique, enveloppés dans leurs chlamydes de lin; enfin de jaunâtres Asiatiques portant avec nonchalence leurs robes de pourpre et le buste enserré dans des pièces de soie. En un mot, c'est une foule diaprée de tous les types de visage et de tous les costumes de l'univers, qui afflue déjà dans Rome, pour courtiser cette reine future et y négocier en y apportant les produits de toutes les contrées.

Le Vélabre est divisé en *Vélabre supérieur* et *Vélabre inférieur*. Dans le premier se trouve un autre marché, le marché aux poissons, *Forum Piscatorium*, très-voisin du Forum Boarium. Mais le Forum Piscatorium n'est pourvu d'aucun monument. En échange, il est riche en senteurs nauséabondes qui font fuir au loin les Trossuli et les petites maîtresses romaines. On l'a placé sur les bords du Tibre, afin d'y recevoir le poisson à la sortie des barques, qui l'apportent de la mer ou des rivières de l'intérieur.

Dans le Vélabre inférieur, près et hors la porte Carmentale, au pied et à l'ouest de la roche Tarpéïenne, le long de la Voie Triomphale, existe aussi le *Forum Olearium* ou marché à l'huile et aux olives, dont les Romains font une énorme consommation, le bas peuple surtout, ses aliments étant presque toujours préparés avec de l'huile.

A la même porte Carmentale se tient le marché aux herbages, *Forum Olitorium*, de *Olera*, légumes. Ce Forum est entouré de portiques et comprend tout l'espace qui est borné par le mur d'enceinte de Servius Tullius, la longue Voie Triomphale et le temple de Janus Geminus, bâti par Numa Pompilius, qui se trouve en dehors du rempart. C'est dans ce marché que l'on fait les ventes à l'encan. C'est là aussi que, comme dans le bosquet du lac Curtius, on expose les enfants nouveau-nés, en les abandonnant au pied d'une colonne que l'on nomme pour cette raison la colonne de l'allaitement, *Columna Lactaria*, placée auprès du *Temple de la Pitié*. Certes! l'endroit est bien choisi!... Des femmes esclaves se louent, comme nourrices, au pied de cette même colonne; ce qui n'empêche pas les pauvres abandonnés de mourir de faim, si la déesse de la Pitié ne touche le cœur d'aucun passant!...

On voit encore, près de la porte Carmentale, l'*Æquimelium*, autre marché où l'on ne vend que de très-petits animaux pour les sacrifices.

Le quartier du Vélabre est, sans contredit, le plus curieux de Rome. Fort pittoresque déjà par l'originalité, l'imprévu et l'absence de symétrie de ses rues, les tavernes qui y abondent le rendent plus pittoresque encore. Rien de plus joyeux, de plus animé que ces groupes de petites gens, plèbe misérable s'il en fut, qui s'agitent, boivent et reboivent, se disputent et se battent dans des boutiques de dix pieds carrés! Là, on ne trouve que *Thermopoles* ou cabarets vendant des boissons chaudes au miel, au vin, etc : *Salsamentaires* ou trafiquants de salaisons ; *Pepinæ* ou débitants d'aliments cuits ; *Botulaires* ou vendeurs de boudins et saucisses ; *Vinarii* ou marchands de vins, et *Pistrini*, boulangers et pâtissiers. Qu'on lève les yeux au-dessus des boutiques, et l'œil s'amuse à contempler les enseignes les plus excentriques : Maître d'école donnant le fouet à un enfant, ce qui doit peut tenter la marmaille romaine ; Silène assis sur un tonneau et vidant des amphores, ce qui est d'un bien autre attrait ! Ailleurs rébus en action les plus significatifs et les moins obscurs !...

Un peu plus au sud, vient le quartier de l'Aventin. La colline de ce nom apparait couverte des nombreuses habitations du petit peuple de Rome, comme le Vélabre. Aussi l'a-t-on dotée du Forum Pistorium, marché au pain ; et sur la pente septentrionale, en regard du centre du Cirque-Maxime, d'un *Portique aux fèves*, où l'on vend, en effet, des fèves, des pois-lupins, des cicers et toutes sortes de graines légumineuses. On le nomme aussi *Marché Fabaria*. Le portique aux fèves et le Forum Pistorium sont voisins l'un de l'autre.

Les monuments, simples ou fastueux qui décorent le mont Aventin, sont :

L'antique *Tombeau d'Aventinus*, roi d'Albe, qui donna son nom à la colline ;

Sur le versant septentrional, au-dessus de la porte Trigonia, l'*Autel qu'Evandre* éleva jadis aux dieux ;

Le *Remuria* ou *Tombeau de Rémus*, sur le sommet de la colline, au lieu même où il avait pris les augures, afin de disputer à Romulus l'honneur de donner un nom à la nouvelle cité qu'ils fondaient ;

L'*Autel de Jupiter Elicius*, élevé par Numa Pompilius, près du Remuria ;

Puis voici surtout, sur le même point culminant du mont Aventin, et au centre du quartier appelé *Laurentum* d'un bois de lauriers dont il a pris la place, le magnifique *Temple de Diane*, ouvrage commun des Latins, entrepris sous l'inspiration politique de l'habile Servius Tullius ;

Le *Temple de la Lune*, fondé de même par Servius Tullius, l'infatigable architecte, et précédé des statues de Diane et de Junon, en face du *Clivus Publicus*, rue qui descend vers l'angle septentrional de la colline ;

Enfin, l'*Armilustrium*, vaste arca, dont un autel décore le centre, et où chaque année l'on fait la procession des Ancèles, ou boucliers sacrés, tombés du ciel.

Des bois consacrés à diverses divinités dont le Mont-Aventin jadis était parsemé, il ne reste plus alors que le *Sacrarium* et le *Bois de Saturne*, au pied de la colline, vers l'extrémité occidentale du Circus Maximus.

Du côté du Tibre et sur la rive gauche, on voit encore la caverne de Cacus, en face du pont Sublicius détruit, et près de la porte Trigonia.

En avant s'élève l'*Ara de Jupiter Inventeur*.

De l'Aventin passons au quartier du Cœlius. Il abonde en loueurs d'ânes et en ouvriers de laine. Là plus qu'ailleurs on fait maigre chère. Lupins cuits à l'eau, *cicers bonillis*, choux crus, fèves avec leurs cosses, porc et têtes de moutons, le tout accompagné de ciboules et de vinaigre, tel est le grand régal des habitants du Cœlius. Il faut dire aussi que ce quartier est la place forte des voleurs. Les voleurs ! Voilà l'une des plaies de Rome. Entre les Marais-Pontins où ils exercent leur métier, sous le nom de *Grassateurs*, détrousseurs de grands chemins, et le Cœlius, il y a des relations très-intimes, car les grassateurs s'y font citadins, et de là vont opérer sur les Forums, au Cirque-Maxime, et partout où il y a foule.

Du reste, le Cœlius a des aspects fort romantiques. Ce fut là que se retirèrent, après la ruine d'Albe-la-Longue, les infortunés Albains dont les demeures, connues sous le nom de *Mansiones*, sont à demi-cachées sous la ramure des vieux chênes qui couvrent cette colline. Tullus Hostilius y avait son palais ; mais le feu du ciel le détruisit. On y trouve le premier établissement fondé par Romulus et Tatius, c'est-à-dire les *Curies-Vieilles*. Ils ajoutèrent ensuite à cette construction, le long de la Voie Triomphale, parallèlement au Palatin que le Cœlius regarde, les *Curies Nouvelles*. Ces édifices servent aux réunions du peuple pour les sacrifices et les banquets publics.

Egalement sur la bordure de la Voie Triomphale on a construit des magasins, *Horreum*, destinés à garder des dépôts d'argent ou toutes choses précieuses, que les citoyens ne croient pas en sûreté chez eux.

Une divinité singulière, Carna, dont les attributions sont de protéger dans le corps humain le cœur et le foie, possède un temple, le *Temple de Carna*, sur le sommet du Cœlius. L'adroit et dissimulé Brutus est le fondateur de ce sanctuaire, dont la coupole domine les arbres centenaires du Mont.

Là aussi, *Minerve*, mais Minerve captive, a un *Delubrum* et un *Temple*. Delubrum n'est autre chose qu'un vaste emplacement découvert, un area, une plate-forme, qui précède un édifice imposant.

CHÂTEAU ST ANGE.

Là encore, devant les Mansiones des Albains, on a élevé, sur le Cœlius, le *Macellum Magnum,* fort grand marché de viandes et de poissons pour l'approvisionnement du quartier.

Enfin, à l'entrée de la Voie Sacrée, au pied du Cœlius qui regarde le Forum, au milieu de la verdure d'un *bois sacré,* se dresse le *Temple de Strenia,* élevé par le vieux coadjudeur de Romulus, Tatius, en l'honneur de l'une de ses divinités Sabines. C'était là que le roi des Sabins acceptait, comme augure d'une heureuse nouvelle année, les verveines et les feuillages cueillis dans le bois sacré voisin.

A la pointe occidentale du Cœlius qui regarde le Cirque Maxime, le peuple du quartier trouve, pour ses besoins, un marché aux racines, *Area Radicaria.*

Tous ces portiques, Forums et Area, de la portion occidentale de la Rome Républicaine, sont pourvus par des campagnards venant du Latium, au midi de la ville ; car, au nord, l'Etrurie s'étend presque jusqu'au Tibre. Or, c'est par la voie qui bientôt portera le nom d'Appienne, qu'il arrive à Rome le plus de maraichers apportant les poireaux d'Aricie, les raves de Nurcia, les navets d'Amiterne, et les mille produits des fertiles contrées latines. Aussi, nous disiez-vous jadis, chère bonne amie, et je n'ai pas oublié votre riant tableau, combien la variété de costumes, d'habitudes, de manières et de figures de tous ces paysans latins devait offrir un gai spectacle. D'abord ce sont des légions d'ânes récalcitrants chargés de fruits entassés dans d'énormes paniers en sparterie, tissus de glaïeuls et de roseaux ; de pauvres poneys accablés sous le faix de marée venant d'Ostie et d'Antium ; puis des groupes de femmes dirigeant avec effort des attelages de bœufs blancs aux longues cornes, amenant d'Asture et même de la Campanie, des volailles de toutes sortes. Hommes et femmes précèdent leurs marchandises en hurlant à pleine poitrine, pour faire trouer la foule et laisser le passage libre. Mais ce qu'il y a de plus amusant encore, nous racontiez-vous, c'est le départ de ces braves gens. A vous entendre on aurait cru que vous aviez vu leurs ébats de vos propres yeux. Arrivés sur les différents marchés de la ville, et leurs victuailles achetées à la criée par des revendeurs, la police de Rome exige que voitures et bêtes de somme soient immédiatement conduits hors des portes dans des hôtelleries spéciales. Délivrés de cet embarras, les vivandiers rentrent en ville, et qui dans les *Popinæ* des Forums, qui chez les *Vinarii* des quartiers plébeiens, où l'on vend à peu de frais les vins frelatés de Velitre (Velletri) ou d'Herbanum (Orvieto), nos poissonniers, légumiers, pourvoyeurs de toute sorte, vont faire de telles libations à Bacchus, qu'à l'heure du soir où ils se mettent en file, à la porte Capène surtout, pour regagner leurs pénates, chargés de copieuses rasades, ils offrent, par anticipation, le curieux spectacle d'une pittoresque descente de la Courtille.

Entre le Mont-Cœlius et le Mont-Esquilin, la vallée du Forum se retrécit et se prolonge vers l'est, sous le nom de *Vallée de Tabernola*.

Sur le point même où la vallée s'amoindrit, à l'endroit où sera plus tard le Colysée, s'élève le *Macellum ou le Forum Cupedinis*, sorte de halle où se vendent des fruits, des pâtisseries, de la confiserie, et même de la viande de boucherie.

Puis, sur la droite de la Voie-Sacrée, en regardant le Capitole, et sur les rampes occidentales de l'Esquilin, se profilent des édifices en forme de carènes de navire, d'où cette partie de Rome a pris le nom de *Quartier des Carènes*.

Là se montre avec majesté le plus renommé des Sanctuaires de la ville, le *Temple de Tellus, Ops ou Cybèle*. Il est assez spacieux, pour qu'à un moment donné, on puisse y réunir le sénat, ce que fera le prince des orateurs, Cicéron.

Dans toute la longueur de la Voie-Sacrée, à la suite du Temple de Tellus, sur un terrain qui monte assez sensiblement d'abord, jusqu'à la *Summa Sacra Via*, puis tournant à droite, descend vers le Capitole, s'ouvre sous des portiques une série de tavernes, de boutiques, de cabarets, de bureaux de change de monnaie, etc.; mais derrière ces portiques s'étend le Vicus Cyprius, auquel se raccorde la Via Scelerata. Là, on trouve le *Soliveau de la Sœur*, et tout à côté, les *Autels de Junon et de Janus-Curiace*, élevés, afin d'offrir des sacrifices expiatoires pour le meurtre de Camille, commis par son frère Horace. On se trouve là dans le Quartier de l'Esquilin.

Oserai-je vous rappeler que sur l'Esquilin habitent les *brûleurs* de cadavres, les *masseurs* employés dans les thermes peu nombreux encore, et les *frotteurs* de parfums? Ces professions qui trafiquent des corps vivants et morts, ont une relation qui a suffi pour établir des sympathies entre ceux qui les exercent.

En suivant toujours ce côté du Forum on rencontre le *Temple de Romulus et de Rémus*, en forme de rotonde, et dont la Cella possède, gravé sur ses dalles, le plan de Rome.

A la rencontre du Vicus Cyprius et de la Via Scelerata, on aperçoit aussi un édicule rond, qui a nom *Dianium*, et qui, en effet, est consacré à Diane, et, plus haut, le célèbre *Temple de Junon Lucine*, déesse de la Maternité.

Quant à la Via Scelerata, elle débusque sur le Forum d'un côté, et gravit l'Esquilin, de l'autre. Au sommet de l'Esquilin on trouve alors le palais de Servius Tullius, et le *Temple de la Fortune Mauvaise*, que ce prince édifia.

Sur le côté septentrional de cette colline, se développe le fameux *Agger* ou fossé de Servius Tullius, imposante et formidable fortification de Rome, du côté de ses plus redoutables ennemis.

Vient alors le *Quartier de Subure*, de *sub urbe*, sous la ville, dénomination qui indique que le sol de ce quartier est plus bas : mais il montait, un peu plus loin, sur les rampes des Esquilies. Cette partie de Rome est fort peuplée ; mais quel peuple ! Les Mimes, les Athlètes, les Gladiateurs s'y donnent rendez-vous dans les Lupanars, qui y sont fort nombreux.

Chez les barbiers, tout aussi nombreux, on fait assaut d'esprit populaire, et on y entend le *dialecte* des carrefours. Mille boutiques y mettent effrontément en vente les objets volés. Qui veut faire un mauvais coup, est sûr de trouver là, dans d'infâmes échoppes, des assassins qui lui louent leurs poignards et leurs bras. Les marchands de fouets pour châtier les esclaves, les cordonniers, les tondeurs de chiens, les plus sales métiers ont élu domicile dans la principale rue, la *rue Suburane*. Rien, du reste, de plus sale, de plus étroit, de plus fangeux, de moins bien pavé, de plus raide à gravir. On y entend constamment aboyer les chiens, hurler les esclaves que l'on bat de verges, retentir les cris de rixes et de querelles, et s'appeler d'une porte à l'autre les misérables femmes qui font la fortune des mauvais lieux. Nulle part, pas même dans le voisinage des marchés et du Cirque Maxime, où elles abondent, on ne voit leur infamie se produire au grand jour plus que dans la rue Suburane et dans *le Vicus Patricius*, qui sillonne les Esquilies. J'en excepte toutefois le Forum Romanum, où, pendant la nuit, de pâles lumières, renfermées dans des lanternes de corne ou des vases de couleur, font appel aux mauvaises passions, et au désordre.

Dans ce quartier, au pied septentrional du Mont-Capitolin, on trouve un sépulcre long de sept à huit mètres, avec pilastres doriques et frises en bas reliefs, que le peuple, d'après l'épitaphe, appelle le *Tombeau de G. P. Bibulus*. Mais il est hors de la porte Ratumena, et on voit, par ce tombeau, que déjà l'usage de se faire inhumer le long des voies publiques s'introduit à Rome.

Le *Quartier du Quirinal* succède ensuite. Les portes Sanqualis, Salutaris, Piacularis, Catularia et Colline l'entourent au nord-est.

Si l'on s'arrête devant cette dernière porte, à l'intérieur de l'Agger de Servius, on est sur un champ qui s'appelle le *Champ Scélérat*. Il est destiné au supplice des Vestales. Or, à cette occasion, je me rappelle le récit que vous nous fîtes jadis de la mort d'une de ces pauvres jeunes prêtresses. Avant tout, elle était innocente : mais Rome étant livrée à de certaines calamités, on accusa ma Vestale, nommée la Plotilla, d'avoir violé son vœu. Tout au plus, avait-elle arrangé avec grâce le long voile quadrangulaire, *suffibulum*, qui, d'ordinaire, cachait ses traits à l'heure du sacrifice. Néanmoins elle comparait devant le tribunal du Grand-Prêtre. On l'accuse, on l'interroge, elle proteste de son innocence. Aussitôt le Pontife la fait dépouiller de ses bandelettes sacrées, et de sa robe de prêtresse. Elle est livrée aux batteurs de verges qui déchirent son corps, puis on la couvre des parements mortuaires. Elle est portée dans une litière funèbre, destinée, par les coussins qui en forment les parois, à étouffer les cris de la victime, et juges, bourreaux, porteurs et curieux s'acheminent du Temple de Vesta, par le Forum et les Esquilies, vers la Porte-Colline, au milieu d'une foule énorme accourue de toute la ville. Les Temples, la Curia Hostilia, le Comitium, les tavernes, les portiques, tout est fermé sur le passage du funèbre cortége. Enfin on arrive devant le lieu du supplice. Là, se montre béant un caveau souterrain, dont l'ouverture laisse voir le sommet d'une échelle qui s'enfonce en terre. La *lectique* s'arrête devant ce gouffre funèbre : la victime sort de sa prison mouvante. Elle est pâle, mais elle est ferme. Plotilla promène un long regard, et voit ses parents éplorés. « Moi, criminelle, impure ? Non ! » s'écrie-t-elle. Cependant le Pontife prie. Hélas ! la Vestale rappelle autour de sa taille, non plus les emblèmes de la pureté virginale, mais la simple stole, qui entoure son corps délicat et gracieux, dérangée par la brise ; on peut entrevoir son doux visage résigné. Puis elle descend la fatale échelle... On ne voit plus que son buste ; on ne voit plus que sa tête ; on ne voit plus rien... L'échelle est retirée... mais la pierre tombe sur l'ouverture disparue, et on la couvre de terre, jusqu'au niveau du sol...

Hélas ! encore hélas ! la pauvre enfant ne trouve dans son tombeau qu'un petit lit, une lampe, un peu d'huile, un peu d'eau, un peu de lait, un peu de pain, et, quand ces provisions de la mort seront épuisées, elle n'aura plus qu'à se coucher...... et à...... mourir !...

Entre le Quirinal et le Viminal, où se sont établis les constructeurs de litière, les tabellions, les pêcheurs, bon nombre d'affranchis et quantité de marchands de lait de chèvre, je vous signale le petit temple de *Janus-Bifrons*, élevé par Tatius et Romulus, comme un symbole de paix entre les deux pays des Sabins et des Romains. C'est un fronton à quatre faces, soutenu par des colonnes, tout en bronze, mais si rétréci qu'il suffit à peine à mettre à l'abri la statue du Dieu, dont la face antérieure regarde Rome et la face postérieure la Sabine.

Sur la hauteur on distingue parmi les hauts arbres du plateau le *Temple des Saliens Collins*, précédé d'un area. L'un et l'autre sont l'œuvre de Tullius Hostilius.

Mais ce qui fait la gloire de cette colline, c'est le *Temple de Romulus* honoré sous le nom de Quirinus.

Gardez-vous de vous représenter les monuments de tous les quartiers, que je parcours du regard et vous fais parcourir avec moi, comme isolés, solitaires ou tout au plus voisins l'un de l'autre. Non, ils occupent généralement un large espace, et sont groupés à peu près selon la nature du terrain qu'ils occupent et le paysage que l'on veut mettre en regard de leurs façades. Toutefois, dans leur juxta-position, une harmonie mystérieuse, muette en apparence, et en réalité fort pittoresque, en rend l'aspect des plus gracieux à l'œil. D'ailleurs, ici et là, dans la plupart des intervalles qui séparent ces groupes, s'élèvent des *îles* et *des îlots* de maisons composées généralement de deux étages, mais dans les beaux quartiers, dans le voisinage du Forum notamment, surélevées de cinq, six et sept. Le tout apparaît, en cent endroits, entremêlé de bouquets de verdure, de massifs d'arbres, de mélèzes et de platanes, qui dénoncent les demeures des riches citoyens, bosquets et bocages du plus heureux effet.

Du reste, le Mont-Quirinal, comme le Viminal, sont encore assez peu habités au début de la République.

Il en est de même du Champ-de-Mars. Respecté jusqu'à-présent par les constructions et abandonné uniquement aux exercices militaires, à peine puis-je parler du *Bois-Sacré* et d'un vieux *Lotus* qui le décorent, tout au bord du Tibre. Au centre de ce bois, sur une area, l'on vient d'élever le *Temple de Lucine*. Il faut noter cependant l'*Autel de Mars*, toujours sur la rive du fleuve, mais plus rapproché de la ville, où l'on fait la cérémonie de cloture du *lustre*; et d'autres petits bois qui capitonnent de leurs verdures cette vaste plaine.

Mais je dois signaler la *Villa Publica*, placée à l'angle septentrional du Mont-Capitolin, le long de la *Via Lata*, qui se confond avec la Voie Flaminia et sert à recevoir les consuls lorsqu'ils passent la revue du peuple. Cette Villa Publica est un monument qui se compose d'un seul étage, couronnant une suite d'arcades qui reposent sur des pilastres, et dont la galerie supérieure forme une terrasse bordée de balustrades. Elle est adossée à une sorte d'*Hospitium*, où on loge les ambassadeurs étrangers envoyés à Rome. La Villa Publica est l'œuvre des premiers consuls. C'est là qu'un jour Sylla fera égorger quatre mille citoyens, dans ses démêlées avec Marius.

Du reste, le Champ-de-Mars, vaste plaine couverte de gazon, se partage en deux parties, *Champ-de-* *ars*, proprement dit, commençant à un *Bois Sacré* au nord-ouest de celui de Lucine, se prolongeant, à l'est, jusqu'à la colline des jardins ou Monte-Pincio, et, à l'ouest, jusqu'à un coude du Tibre, un peu au-delà de la Voie Triomphale; et le *Champ Tiberin*, qui n'est autre que le fameux Marais-de-la-Chèvre, mais l'un et l'autre sont encore sans édifices.

Si nous franchissons le Tibre, pour gravir le Mont-Janicule, près des murs de la courtine rattachant la forteresse d'Ancus Martius, qui le couronne sur la pointe de la colline la plus rapprochée du fleuve, afin d'en protéger le cours et la navigation, nous verrons le *Temple de Fors Fortuna*, bâti par Servius Tullius, œuvre d'une grande magnificence, comme tout ce que faisait ce prince.

Non loin du Pont-Sublicius, nous trouverons aussi le Temple et le Bois de Furina, près duquel campa Porsenna, le Larte Etrusque.

Un peu plus au nord-ouest s'élève encore le vaste et somptueux monument, *Tombeau de Numa*, enfermé là, sous la pierre, avec les vingt-quatre volumes de ses lois et de ses cérémonies.

D'après les peintures que vous nous avez faites de Rome, chère maîtresse, c'est du point où se dresse l'Arx d'Ancus Martius, sur le Janicule, que l'on voit le mieux se développer aux regards la ville aux sept collines et sa riche campagne. En face de soi, l'horizon n'est borné, au loin, que par l'immense hémycicle des verdoyants Apennins, montagnes de la Sabine, dont les cimes plombées sont capitonnées, çà et là, de tapis de neige que le soleil fait étinceler comme des glaciers. A droite, les monts Albains et la chaîne du Latium, avec leur diadème formé par le Temple de Jupiter-Latial, Tusculum, Aricie, etc., enferment la mer de verdure qui entoure Rome de son enceinte romantique. A gauche descendant les rampes étrusques, et venant du pays des Sabins, le Tibre sillonne le Champ-de-Mars, entre dans la ville, s'y tord avec effort, entoure l'île que l'un de ses nœuds y a créé et s'éloigne comme à regret. Enfin devant nous les sept collines étalent leurs édifices, avec l'amour que met une coquette à montrer les bijoux de ses riches écrins.

Je viens de faire avec vous, chère bonne maîtresse, la revue des collines nouvelles qui entourent le Forum Romanum, et le Mont-Palatin, la Rome primitive, collines qui composent la Rome de la République. Je tenais à vous prouver comment je conservais le souvenir de vos leçons à l'endroit des choses de l'antiquité. Vous rappelez-vous combien le nom seul de Rome éveillait nos sympathies, et jusqu'à quel point vos récits sur cette merveilleuse cité, la sœur cadette de Jérusalem et la sœur aînée d'Athènes, en renommée, excitaient notre enthousiasme? En effet, d'après ce que je viens de dessiner, par de simples jalons, Rome n'est-elle pas une ville unique au monde? Quels nombreux édifices et quelle splendeur dans tous ces monuments! Quand, à l'aide de l'imagination, on revêt chacun d'eux des richesses architecturales qui les signalaient, quoiqu'ils ne fussent presque tous encore que pierre et que bronze, et que la rigidité républicaine en éloignât le marbre; quand on les anime de ces Romains en toges, en angusticlaves, en laticlaves; en robes prétextes, de ces fières Romaines, si belles que leur type passe pour le plus pur et le plus élégant modèle; de ces soldats vêtus de leur penula, enveloppés de leur sagum, coiffés de leur casque au splendide cimier, et qu'on emplit le Forum Romanum de masses compactes et barriolées de ce peuple énergique et noble encore, je le dis, avec la conviction d'être approuvée : c'était un spectacle magique!

Que sera-ce donc, quand les magnificences de l'empire éblouiront mes yeux ? Un peu de patience, cela viendra....

Rome est déjà la reine du monde. Des esclaves de toutes les nations de l'Italie pullulent dans ses rues; elle reçoit le tribut et les hommages de beaucoup de peuples. Mais voici qu'elle s'enrichit bien autrement encore. Par des *aqueducs* admirables, on amène l'eau dans son enceinte des points les plus éloignés. Le Tibre ne roule que des eaux blanchâtres, tirant sur le vert, souvent, trop souvent limoneuses. La fontaine de Juturne est trop peu abondante. Un citoyen, Servilius, vient bien d'ouvrir une source nouvelle, le *lac Servilius*, à l'entrée du Vicus Jugarius, à la base occidentale de la Roche Tarpéienne, et, à la porte Capène, la Fontaine de Mercure; mais ces eaux sont insuffisantes pour Rome. Alors on se met à l'œuvre, et des aqueducs, gigantesques comme des dragons fabuleux, ondoyant comme des léviathans, sillonnent de leurs croupes toute la campagne à l'entour de Rome, et apportent leur tribut à leur souveraine maîtresse, l'*Aqua Appia* découverte de Plautius et de l'égoïste Appius; l'*Eau de Tibur*, travail de Curius Dentatus; l'*Aqua Marcia*, don généreux de Marcius Rex; puis viendront plus tard la *Tepula*, la *Julia*, l'*Aqua Virgo*, signalée par une jeune fille des monts latins, et enfin l'*Alsietina*, présent d'un lac de l'Etrurie. L'eau déborde donc dans Rome, pure, argentée, agréable plus que nulle part ailleurs, et, dans deux mille ans, c'est-à-dire à l'époque où nous sommes, ces eaux généreuses couleront encore dans la ville éternelle, comme aux premiers jours, faisant de Rome, brûlée par le soleil, un lieu de délices et de fraîcheur. Aussi crée-t-on la *Fêtes des Fontanelles*, le III des Ides d'octobre. Cela devait être ; pour les Romains, des sources bienfaisantes sont des divinités.

Des aqueducs on passe aux *ponts*.

Voici que l'on élève le *Pont Palatinus*, en face du Palatin. C'est le premier pont en pierre que possède Rome.

Puis le *Pont Fabricius* enjambe le fleuve de la rive gauche à l'île du Tibre, et le *Pont Cestius* le traverse à son tour de la même île à la rive droite. Deux *Hermès Quadrifrons*, placés à l'entrée du premier, le décorent, et, dans vingt siècles, on admirera encore le travail de cette maçonnerie romaine. Le second, plus simple, aura la même durée et tiendra enchaînés des moulins à blé, mobiles, imaginés par Bélisaire bloqué dans Rome par les Goths, et placés en amont.

Puis, l'empire venu, Caligula jettera sur le Tibre *le Pont Triomphal*, entre le *Champ du Vatican*, où l'on voit un chêne vert plus vieux que Rome, à la descente du Monte-Mario, de la rive droite venant à la rive gauche, en face de l'immense Voie Triomphale.

Ensuite Adrien, entre le pont Triomphal et les ponts de l'île du Tibre, construira le *Pont Elius*, l'un des plus beaux ouvrages des temps anciens, en face du tombeau qu'il préparera pour ses cendres, et que notre époque appellera le Château Saint-Ange.

Enfin Caracalla fera communiquer le Champ-de-Mars avec la colline du Janicule par le *Pont du Janicule* placé entre le pont Elius et les ponts de l'île du Tibre. Ce pont sera saint et sacré, car c'est de sa hauteur que l'on précipitera dans le fleuve les chrétiens condamnés à être noyés.

Quant au *Pont Sublicius*, rendu célèbre par Horatius Coclès, et réédifié, mais toujours emporté par la violence du courant, on l'abandonne à son malheureux sort, et ses ruines toujours apparentes diront aux siècles futurs la gloire de son héros.

Maintenant, pour terminer l'examen de ce vaste tableau et voir le Mont-Capitolin sur lequel nous sommes assis, il nous faut descendre au centre même du Forum; c'est de là que nous en jugerons mieux les splendeurs et la majesté. Oui, c'est du Forum que le regard s'arrête avec un charme ineffable sur l'antique montagne de Saturne dont les deux cimes, séparées par l'intermont, offrent une perspective magique et produisent l'effet de promontoires aériens. A droite, la cime orientale s'élève vers les astres, supportant dans son essor le magnifique *Temple de Jupiter Capitolin*, dont les nombreuses statues blanches, se détachant sur l'azur du firmament, semblent une légion céleste qui communique à la terre les volontés du ciel.

A l'entour se montre le très-petit *Temple de la Foi*, fondé par Numa et placé près du grand escalier.

Le *Temple de Mens*, plus petit encore, et celui de *Vénus Ericine*, dont les blancs profils se détachent sur les verts feuillages du Bois-de-l'Asile.

A gauche, la cime occidentale n'a pas moins de richesse à déployer.

Voici d'abord les lourdes murailles de l'*Arx de Romulus*, au-dessus desquelles plane, ainsi qu'un nuage dans les airs, le *Temple de Junon Moneta*, entouré d'un bois sacré. L'*Atelier des Monnaies* paraît à son tour derrière le temple de Junon.

Un peu au-dessous se dessine la silhouette de la *Curia Calabra*, érigée par les premiers rois, pour l'étude des astres, et dont le portique, véritable observatoire, sert aux prêtres à examiner l'état des cieux, la marche des sphères, et enfin le lever de la nouvelle lune, qu'ils annoncent alors au peuple par des cris répétés.

En avant du sanctuaire de Junon, se montre aussi le petit *Temple de Jupiter Férétrien*. Fort étroit à son origine, il a reçu deux ailes qu'a construites Ancus Martius. C'est là que l'on place les *dépouilles opimes* qu'un chef romain peut ravir à un chef ennemi en le tuant de sa propre main. On en fait des trophées qui portent le nom du vainqueur. *Première opime*, tel est le nom donné aux dépouilles enlevées par Romulus.

Enfin, plus voisin que l'intermont qu'il domine, apparaît le *Temple de Mars Bisultor*, Mars vengeur.

Je ne vous dis rien d'un *puits*, aussi ancien que Rome, creusé dans la masse du tuf tarpéien, et dont la profondeur dépasse le niveau des plus belles parties de la ville.

Jadis, avant qu'il existât sur la cime occidentale de la colline d'autres constructions que la citadelle, sur l'aréa qui fait face, au temple de Jupiter Férétrien et à la Curia Calabra, Romulus avait bâti sa maison. Ce palais du premier roi de Rome n'est qu'une humble petite cabane de forme ronde, couverte avec des roseaux, étroite et sombre. Mais quelle gloire rayonne à l'entour! Je vous laisse à penser quel culte religieux les Romains rendent à cette précieuse relique. Ce curieux spécimen de Rome primitive sera ainsi conservé jusqu'à l'avènement des empereurs. Sans doute, leur luxe insolent la fera disparaître alors. Les contrastes renferment de si grandes leçons!

La citadelle du Capitole, elle aussi, a ses portes. A l'angle occidental de la Curia Calabra, près des Casernes, qui occupent l'arrière du monument, la *Porte Pandana*, domine le vide de la Roche Tarpéienne; aussi, à pareille hauteur, cette porte remplit-elle l'office de fenêtre.

Sur un plan inférieur, et appuyée sur le flanc occidental du Tabularium, par conséquent, faisant face au Forum, se trouve aussi la *Porte Stercoraire*. Elle ouvre sur un angle de la colline caché à tous les regards, sorte d'impasse appelée *Angiportum*, où l'on dépose les cendres du feu perpétuel entretenu dans le temple de Vesta.

Dans ces quartiers patriciens où foisonnent le monde doré, on se salue en portant la main droite à la bouche, et en détournant quelque peu son corps de droite à gauche. Alors on s'aborde en se donnant des noms empruntés la plupart du temps à une infirmité du corps, quelquefois à une gloire de famille, parfois aussi à une passion ridicule.

— Bonjour, Sylla!... *Sylla* se traduit par *couperose*.

— Salut, ô bon Flaccus!... *Flaccus* signifie qui a les oreilles *pendantes*.

— Que vous êtes matinal, Cincinnatus!... *Cincinnatus* veut dire que le citoyen a les *cheveux frisés*.

— Anobarbus, je suis votre ami!... *Anobarbus* a pour synonyme *barbe rousse comme le cuivre*.

— Bonjour, Murena!... *Murena* est un nom de famille pris par un grand amateur de *Murènes*.

De même, *Claudius* signifie *boiteux*; *Cœcus* veut dire *borgne*; *Pœtus*, *louche*; *Labéon* qui a des *lèvres sensuelles*, etc., etc.; mais les noms qui retentissent le mieux, écoutez-les:

— Gloire à Macedonicus!... *Macedonicus* est un nom d'honneur conquis dans une guerre contre les Macédoniens.

— Salut au vaillant *Numidicus*!... Allusion à un succès en Numidie.

Puis ici, là, partout, on entend nommer César, c'est-à-dire qui avait des cheveux en venant au monde; *Spurius*, qui n'a pas de père à nommer; *Dendatus*, celui dont les dents sont un peu longues.

Enfin *Corvinus* indique qu'un *corbeau* protégea par un prodige l'homme honoré de ce nom; *Capitolinus*, que le Capitole fut sauvé par celui-ci; *Torquatus*, qu'il avait ravit un collier à un ennemi sur le champ de bataille, etc., etc.

C'est là que les citoyens vont et viennent, qui, dans un *Rheda*, char à quatre roues; qui dans sa *Carruca*, sorte de phaéton; qui, en *Esseda*, espèce de tilbury. Beaucoup se font conduire dans la *Petorrita*, notre char-à-bancs : ou dans les *Césius*, l'Américaine de notre époque, traînée par trois mules aux grelots sonores. D'autres, plus modestes, se promènent en *Covinus*, ou berline couverte. Généralement quelques cavaliers précèdent ces attelages du *trossuli*. Ces petits maîtres, les fats de l'époque, ne se montrent que précieusement enveloppés de la *lacerna*, manteau de pourpre de Tyr, attaché sur l'épaule droite par une agrafe éblouissante de pierreries, les cheveux bouclés et parfumés, des mouches au visage, oui, des mouches ! Ils sont épilés, rasés frais, et n'ont autre souci que de jeter de la poudre aux yeux de la foule. Les plus efféminés ne se font voir que dans des *lecticaires*, litières élégantes portées sur les épaules de quatre, six et huit esclaves, vêtus de la *penula* fermée au cou et aux poignets.

Quant aux matrones, leur équipage ordinaire est le *Carpentum*, attelage de quatre chevaux et voiture à quatre roues, assez semblable à une conque, dans laquelle on les voit à demi-couchées, la tête appuyée sur le bras gauche, et ayant avec elle leur porteuse d'éventails qui agite sans fin sa palme de plumes de paon, et leur porteuse de parasol, sorte de petit dais carré, agencé sur des baguettes d'ivoire et d'ébène. Des Éthiopiens, noirs comme de l'érèbe, courent en avant, la poitrine cuirassée de *phalènes* d'argent, en forme de croissant. Mais la dame romaine est-elle en litière, des Liburniens, esclaves blancs comme le lait, suivent la chaise et portent à sa suite tout son attirail, à savoir ombrelle, éventail, pliant, escabaux, etc.

S'agit-il, au contraire, d'une assemblée populaire, d'un *Comitium*, par exemple ? Que ces comices aient lieu par curies, centuries, par tribus et qu'ils aient trait à l'élection de consuls ou de tribuns, peu importe ! Le Forum devient alors une ruche démocratique dont ma plume ne saurait vous rendre l'activité, le mouvement, l'ardeur passionnée. Pourtant, qu'un accent d'émotion se fasse entendre, qu'une voix tonne, que la parole d'un orateur plane sur cette multitude agitée, aussitôt le calme se fait comme un seul homme, cette foule frémissante se tait ; à la tempête succède le silence le plus profond. Tous les regards se portent vers celui qui domine l'assemblée.

Au pied oriental du Mont-Capitolin, à l'endroit même où finit la Voie-Sacrée, et où commencent les deux *Clivus* du Capitole, les premiers consuls de la République ont fait élever un piédestal en pierres, plus haut que n'est la taille d'un homme, carré long, faisant face au Forum, et précédé d'un escalier en demi-cintre, que protége une balustrade, afin de donner à celui des Romains qui veut parler à ses concitoyens la facilité de s'en faire entendre sans efforts. De toutes les parties du Forum, on peut voir l'orateur de la tête aux pieds, suivre son allure, étudier le moindre de ses gestes. Ce piédestal n'est autre que la célèbre *Tribune aux Harangues*. Bientôt, quand la ville maritime d'Antium sera conquise sur les Volsques, et que, par sa chute, elle marquera la soumission définitive du Latium, les Romains vainqueurs, pour punir les Antiates de la persévérance qu'ils auront mise à défendre leur indépendance, livreront aux flammes tous leurs navires, et, ne conservant que les proues de bronze de ces navires, *rostra*, il les transporteront à Rome, et s'en serviront à décorer le massif de pierres de la tribune aux Harangues, qui, dès-lors, portera également le nom de Rostres. C'est de là que part cet accent d'émotion, c'est de là que tonne cette voix, c'est de là que parleront au peuple les Scipions, les Gracques, les Cicéron, etc., et nos livres, à nous, ne seront que les échos affaiblis des grandes choses qui seront dites de la plate-forme de ces Rostres, Tribune aux Harangues d'impérissable mémoire.

Des hauteurs du Capitole, on ne découvre pas seulement les merveilleux horizons dont je vous ai parlés, mais on aperçoit aussi les nombreuses voies qui amènent à Rome tous les peuples du monde. Car, soit que l'on se tourne vers les crêtes sourcilleuses d'Albe-la-Longue et de Tusculum ; soit que l'on regarde les riches côteaux d'Exules et de Tibur ; soit que l'on se tourne vers les Monts de la Sabine, ou de l'Etrurie, vers la mer, la République fait rayonner toutes ces voies vers la capitale, comme arrivent au cœur tous les vaisseaux du corps. Pas un point de la verte campagne que l'on ne voie sillonné par la blanche écharpe de ces routes inflexibles, qui se rendent sans détour à la contrée qu'elles doivent atteindre. Pour les établir, on leur donne une fondation profonde, à l'aide d'une épaisse couche de chaux. Alors on pose un lit de maçonnerie en blocage, qui a nom *rudération*. Puis, on couvre l'aire de maçonnerie d'une solide couche de cailloux, sur lesquels, enfin, on adapte, avec une étonnante précision, de grands polygones irréguliers de pierres volcaniques d'une couleur fauve, tellement bien jointoyés, que les âges les laisseront à jamais sans blessures. Ainsi Appius fait la *Voie Appienne* qui, pavée de la sorte, atteint Capoue, et, cailloutée, va mourir à Brindes. Ainsi sont exécutées la *Voie Flaminienne*, qui se rend à Rimini, la *Voie Emilienne*, qui s'achemine vers Florence et Pise, et les cent voies déjà nommées. On leur donne le nom de *Voies Militaires*, de *Voies Consulaires*, ou de *Voies Prétoriennes*, parce que, faites surtout pour faciliter la marche des armées, ces armées, d'ordinaire, sont commandées par des préteurs ou des consuls.

Alors, à la sortie de la ville, le long de ces voies admirables, dont la mode fait le Longchamps des fats et des oisifs de Rome, le Romain, qui les a aimées, vivant, mort, voudra, veut y avoir son sépulcre. Donc, les tombeaux y abondent, surtout sur la voie Appienne. Là, tout en se promenant, le curieux cause avec le trépassé :

— *Comment je me nommais ? Ce que je fus ? Tu ne le sauras pas !* dit celui-ci. *Ma vie, c'est l'éternité ; mon être, c'est de la cendre ! Du reste, mon sort l'attend, va, pas de reproches !.*

— *Que la terre te soit légère !* répond celui-là.

— *J'ai bien vécu*, dit un autre, *mais ma pièce est finie, et la tienne s'achève. Applaudis des deux mains !...*

— *Terre, ne pèse point sur elle, elle n'a point pesé sur toi !* force à répondre une épitaphe gravée ailleurs, et rendue plus visible à l'aide du minium, sur le tombeau d'une jeune fille...

Tels sont les édifices, les monuments, les progrès, la métamorphose, en un mot, que l'avènement de la république a produit sur le sol de Rome. Voilà tout ce que vous m'avez appris sur cette ville immortelle, chère bonne maîtresse : ai-je bien retenu ma leçon ? Mais ce n'est pas tout. Qu'ils sont intéressants les souvenirs laissées par la fière République !

Je ne vous rappellerai rien de l'Histoire des Rois, car je suis presque républicaine à la façon des premiers Romains, c'est-à-dire, en prenant la vertu et le bien général pour ligne de conduite, à l'inverse de nos républicains modernes. Qui aurait dit jamais que ces fils de voleurs et de bandits, au début de leur République, montreraient cette austérité de mœurs, dont, après la chute des rois, le peuple et les consuls Brutus, Collatin, Valerius Publicola, Servilius, Cincinnatus et tant d'autres donnèrent des exemples qui font l'admiration des siècles ?

Mais, hélas ! au milieu même de cette pureté de vie, de cette abnégation si rare, de cette sagesse si belle, la République Romaine, dès le début, porte dans son sein les germes de la corruption. Deux partis ennemis se forment, l'un bon, simple, généreux même dans sa misère, les Plébéiens ou le peuple; l'autre égoïste, inexorable dans son opulence, les patriciens ou les nobles. En effet, le peuple de Rome est pauvre et restera pauvre toujours; au contraire, le Patricien regorge de priviléges, de biens et de jouissances. Il possède toutes les richesses d'or et de terre, mais rien au monde ne le décide à en faire part au peuple qui souffre. *Indè iræ* ! De là, cette haine, cette lutte constante qui divise, à son principe, la Jeune République Romaine en deux camps.

Un jour que le peuple est assemblé sur le Forum, on voit tout-à-coup s'échapper d'une maison de la rue Subure un pauvre vieillard couvert de haillons, pâle, chétif, plus semblable à un spectre qu'à un vivant. C'est un vieux soldat dont la poitrine est couverte de blessures reçues à la guerre. Il raconte que sa récolte a été détruite par l'ennemi, sa métairie brûlée. Obligé de payer l'impôt, il s'est vu contraint d'emprunter. Ses dettes, grossies par l'intérêt, l'ont forcé à se dépouiller d'abord du champ qu'il tient de son père; bientôt ses dettes, s'étendant comme un mal rongeur, ont atteint sa personne elle-même. Saisi par son créancier, il a trouvé en lui, non pas un maître, mais un bourreau. En même temps, mettant son dos à nu, il montre ses épaules meurtries par les coups qu'il vient de recevoir. A cette vue, un cri d'indignation s'élève parmi le peuple. Les Patriciens qui se trouvent dans le Forum sont sur le point d'être massacrés. Le sénat s'assemble en tumulte à la Curia Hostilia pour délibérer. Quant au peuple, il déserte la ville, jurant de n'y rentrer que quand il aura des magistrats à lui, chargés de le protéger et de le défendre.

A trois milles de Rome, vers le nord-est, sur la *Via Nomentana*, et quand on a traversé le fleuve de l'*Anio*, allant se jeter dans le Tibre, à quelques pas du *Pont Nomentanus*, on trouve, sur la droite, une légère ondulation du sol, qui a nom *Mont Velia*. C'est sur le plateau de cette colline que vient camper le peuple de Rome. Il s'y retranche et attend.

Cependant l'effroi est à son comble dans la ville. On prend alors le parti de députer vers ce peuple un homme éloquent et populaire ; Menenius Agrippa. Introduit dans le camp, Menenius récite l'apologue des Membres et de l'Estomac, que je ne me donnerai pas la peine de vous conter. Les remontrances et la douceur du langage du noble citoyen éclairent le peuple sur ses véritables intérêts. Il consent à rentrer dans Rome ; mais avant tout on crée les deux *Tribuns du Peuple* qu'il désire, Licinius et Albinus, qui se donnent pour collègues Junius Brutus et Sicinius, le chef même de la sédition. Désormais le peuple romain a un défenseur dans la personne de ses tribuns. Assis à la porte du Sénat, ils en écoutent les délibérations sans y prendre part, et ils reçoivent les plaintes du peuple. Toute leur force est dans le mot *Veto*, qu'il leur suffit de prononcer, pour interdire l'exécution des décrets qui seraient contraires aux intérêts qui leur sont confiés.

Ces tribuns obtiennent alors la création de deux autres magistrats plébéiens, les *Ediles*, chargés de veiller à la police intérieure, aux approvisionnements des marchés, aux prix des denrées.

Désormais, le mont Vélia prend le nom de *Mont-Sacré*, par allusion au serment sacré que fait le peuple de ne jamais se révolter contre ses Tribuns et ses Ediles. C'est en l'an 449 avant Jésus-Christ que se passe ce drame.

Je ne vais pas vous montrer le jeune Marcius s'emparant de Coriole en sautant par-dessus les murailles et méritant le surnom de Coriolan par sa valeur. Injustement accusé, vous savez comment il se rend à Antium, dans le pays même des Volsques qu'il a vaincus naguère. Arrivé dans la ville, alors que tombent les ombres du soir, Coriolan va droit à la maison de Tullus, le chef de cette nation belliqueuse, qu'il a rencontré plus d'une fois sur les champs de bataille. Entré sans être aperçu, il s'asseoit près du foyer et s'y tient en silence, la tête couverte. Fort étonnés, les gens de Tullus n'osent le faire lever, tant la majesté de l'inconnu leur en impose, et consultent leur maître. Tullus, qui est à table, se lève aussitôt et va le trouver, et lui demande ce qu'il désire :

— Je suis ce Marcius qui vous ai fait tant de mal, à vous et aux Volsques. Banni de ma patrie, je viens, en suppliant, prendre place à votre foyer et y chercher... vengeance contre Rome !

Vous vous rappelez comment devint impuissante la colère de Coriolan en présence de Volumnie sa mère, et de sa femme Véturie, venant l'implorer dans son camp, près de la voie Appienne. Nous avons vu ce camp dont la forme existe encore, ainsi que le *Temple de la Fortune des Femmes*, qui fut élevé par les dames romaines en l'honneur de Véturie et de Volumnie. C'est en 420 que se passe cet autre drame.

Rome, cependant, devint illustre et puissante; mais autour d'elle, nombre de peuples sont jaloux de sa gloire, et quantité d'ennemis conspirent sa ruine.

Au moment où Rome est obligée de lutter contre nombre d'ennemis, et où la ville puissante de Véies, jalouse, déclare la guerre aux Romains, quel bel épisode que celui des trois cent six Fabius quittant Rome tous ensemble, par la porte Carmentale, devenant ainsi la *Porte scélérate* ou *de Mauvaise Augure*, et allant, après de grands succès, périr, jusqu'au dernier, sur les bords du Crémère, près de Véies !

Quel autre bel épisode que celui qui signale la guerre contre les Volsques et les Eques.

A cette époque, sur la rive droite du Tibre, de l'autre côté du pont Triomphal et sur les frontières de l'Etrurie, qui commencent aux premières ondulations du Monte Mario et du Vatican, ainsi nommé du mot *Vaticinari*, parce que les Etrusques y tiraient leurs augures, il est une plaine parsemée de hameaux et de chaumières, d'où Romulus chassa les anciens maîtres étrusques, pour y établir les habitants de la nouvelle cité. C'est dans une des métairies de cette campagne que vivaient *Quintus Cincinnatus*, et la vertueuse *Racilia* sa femme. Or, un jour que Cincinnatus, grossièrement vêtu, laboure son champ, il voit venir à lui des envoyés de Rome, qui lui annoncent que les consuls l'ont nommé dictateur. La pâleur envahit le visage de l'humble colon : tout d'abord il refuse. Mais, en apprenant que les Eques ont envahi le territoire romain et enveloppé l'armée du consul Minucius, il répond alors avec une admirable bonhomie :

— Que la République fasse cultiver ma terre pendant mon absence, afin qu'à mon retour je puisse faire ma moisson, et j'accepte !

Cincinnatus est doué d'autant de courage que d'intelligence. Il vient à Rome, commande à tous ceux qui doivent le service de se rendre au Champ-de-Mars, avant le coucher du soleil, avec leurs armes, du pain pour cinq jours et douze pieux. Au milieu de la nuit, le signal du départ est donné, et, au point du jour, l'armée entre dans la *Forêt d'Algide* (1), sur les collines voisines de Tuscu-

---

(1) Aujourd'hui *Rocca di Papa*, sur les Monts-Albains, dans le site le plus ravissant qu'ils soit possible de voir. G. Sand a poétisé cet endroit dans sa *Daniella*. On y voit encore l'épaisse forêt en question, et dans une plaine un emplacement nommé *le Camp d'Annibal*. On devrait plutôt le nommer *le Camp de Cincinnatus*. Cette plaine aurait été formée, dit M. Robello par l'explosion d'un volcan qui lança sa lave à travers la Campagne de Rome. Sous ses laves on a pratiqué d'immenses souterrains pour la conservation de la neige pendant l'été, à l'usage des amateurs de glaces et sorbets.

lum, où l'on campe. Le lendemain, les Eques sont assiégés à leur tour. Pris entre l'armée de Cincinnatus et celle de Minucius, ils sont contraints de mettre bas les armes. On les fait passer honteusement sous un joug composé de trois lances. Cette campagne est achevée en quinze jours, pendant lesquels le Dictateur, qui ne doit jamais aller à cheval, marche constamment à pied et se livre à mille fatigues.

Le Héros rentre alors dans Rome, vêtu d'une robe de pourpre, au milieu des acclamations de tout un peuple. Mais à peine descendu de son char de triomphe, il renonce à la dictature, court à sa maisonnette de la rive droite du Tibre, reprend son attelage de bœufs, et fait sa moisson, de la même main qui vient de gagner des batailles.

Aussi le domaine de cet homme modeste reçoit le surnom glorieux de *Champs Quintiens*. Et, sous les empereurs, si ces terres sont transformées en jardins, en parcs, en viviers, en villas délicieuses où la vertueuse Agrippine et ses nombreux enfants viendront respirer à l'ombre des hauts platanes; si cette plaine passe en héritage à son fils Caligula, qui y fait construire un cirque, *le Cirque de Néron*, prénom de ce prince; et si enfin, en ce lieu même où périront tant de martyrs dans les horribles jeux de l'amphithéâtre, un jour s'élève majestueusement le *Dôme de Saint-Pierre*, le souvenir de Quintus Cincinnatus ne sera pas oublié, et il sortira encore des Champs Quintiens, comme un parfum de dévouement et de vertu.

Le danger passé, les luttes du Forum recommencent. D'un côté, le plébéien *Terentillus Arsa* propose un code de lois portant une rude atteinte aux priviléges des patriciens. De l'autre, le tribun *Icilius* porte une loi qui distribue au peuple les terrains vagues du Mont-Aventin. Enfin *Siccius Dentatus* tient ce discours du haut de la Tribune aux Harangues :

— Romains, voilà quarante ans que je sers ma patrie! J'ai assisté à cent vingt batailles, et j'y ai reçu quarante cinq blessures, dont douze en un seul jour. J'ai obtenu quatorze couronnes de chênes, *couronnes civiques !* pour avoir sauvé la vie à quatorze de mes concitoyens dans la mêlée, une couronne d'herbe, *couronne obsidionale !* pour avoir fait lever le siége d'une ville; et trois couronnes d'or, en forme de muraille crénelée, *couronnes murales !* pour être monté le premier sur les murs des villes assiégées. J'ai mérité, en outre, quatre-vingt-trois colliers d'or, soixante bracelets d'or, dix-huit lances et vingt-trois harnais, dont neuf proviennent d'autant d'ennemis que j'ai tués en combat singulier. Et cependant, ce Siccius qui vous parle, ce Siccius qui a doté la République de tant de terres, ne possède pas un lambeau de champ, non plus que vous, compagnons de mes fatigues !

A ces mots, grand tumulte parmi le peuple. Le sénat tremble. Il accorde la proposition *Terentilla*, et envoie en Grèce trois commissaires, chargés de copier les lois de Solon. Mais, pendant leur absence, les patriciens ont recours à la ruse. Ils nomment dix magistrats, appelés *Décemvirs*, qu'ils investissent d'un pouvoir absolu et de la mission de faire des lois. Choisis parmi les premiers citoyens, les décemvirs, qui veulent endormir le peuple, gouvernent avec une telle équité, et donnent des lois si parfaites, sous le titre de *Dix Tables de Lois*, que la plèbe, enchantée, rassurée même, après l'année d'exercice des nouveaux magistrats, et à la sortie des titulaires, choisit, comme premier décemvir, le terrible *Appius Claudius*, en lui permettant de nommer ses neuf collègues.

Appius Claudius, qui paraît ainsi sur la scène, est membre de l'orgueilleuse famille Claudia, l'ennemi mortel du parti populaire. Quand on l'a nommé consul, *Volero et Letorius*, tribuns du peuple, se sont écriés :

— Ce n'est pas un magistrat, mais un bourreau, que les patriciens ont donné à Rome !

Voyez, en effet, l'odieuse fourberie de cet homme !

Désormais assuré du pouvoir, il nomme ses créatures les plus ardentes les Décemvirs exigés, et, se concertant avec eux pour gouverner despotiquement, il lève le masque et s'abandonne à toutes ses mauvaises passions. Les décemvirs se montrent dans le Forum avec cent vingt licteurs, les haches dans les faisceaux. Ce n'est plus l'appareil républicain : c'est la pompe de dix rois. Une terreur soudaine frappe tous les esprits. En effet, il n'y a plus de justice, il n'y a plus d'appel. On semble revenu aux mauvais jours des Tarquins. Heureusement, c'est le suicide d'une femme qui a perdu les rois, et c'est le meurtre d'une femme qui va perdre les décemvirs.

Appius Claudius a fait mourir Siccius Dentatus.

Il a publié deux nouvelles Tables de Lois, sans les soumettre aux suffrages du peuple.

Je ne vais pas vous peindre le meurtre de *Virginie*, égorgée par le centurion *Virginius*, son père, sur le Forum même, avec un couteau dérobé à un boucher, sous le portique oriental du même Forum, afin de l'arracher à la passion d'Appius, qui s'est enamouré cette jeune fille, et du haut de son tribunal la réclame comme son esclave. En vérité, j'aurais trop l'air de vouloir tirer vengeance de vos leçons d'autrefois, en vous les répétant aujourd'hui. Vous le savez, cet attentat d'Appius cause une révolution dans Rome. Le décemvirat est aboli, et Appius meurt dans sa prison.

Cependant le consul *Spurius Cassius*, au retour d'une heureuse expédition contre les Herniques, propose de partager entre les Latins et les plébéïens les terres conquises. Il veut y ajouter des portions de territoire, qu'il dit avoir été usurpées sur l'État par les patriciens. Première *Loi Agraire*, qui effraie le sénat. On cherche aussitôt à perdre Cassius dans l'esprit du peuple, en l'accusant d'aspirer à la royauté, car murmurent tout bas les patriciens :

— Si les plébéïens ont la terre, ils auront un nom, ils auront des droits, ils seront bientôt nos égaux!...

A quelque temps de là, un matin, au lever du jour, une foule énorme est rassemblée au pied de la Roche-Tarpéïenne qui regarde l'occident. Un frémissement de douloureuse curiosité glisse sur cette mer de tête, qui encombre le Forum-Boarium, la Voie-Neuve, le Vicus-Tuscus, le Clivus-Jugarius et le Forum-Romanum tout entier. Tous les yeux sont fixés sur le sommet de la roche qui domine le vide. Enfin, on voit sortir de la prison Mamertine un cortége composé de licteurs, armés de haches, de prêtres en robes, et de quelques hommes conduisant un captif, enveloppé d'une tunique courte, de couleur sombre, serrée à la taille. Ce captif est ému : son pas est lent ; c'est avec peine qu'il gravit le Clivus-Capitolin, sur lequel sont taillés de larges degrés très-inclinés, avec des paliers de distance en distance. Une sourde clameur fait osciller la multitude, comme un coup de vent incline la blonde moisson des champs. Cependant, le patient et son escorte atteignent bientôt la plate-forme de la roche, dans un endroit où son bord extrême domine de cent pieds les assises inférieures de sa base. Là, on l'arrête ; des prêtres lui adressent quelques mots... Puis, soudain, un des licteurs s'approche du captif, lui met un voile sur la tête, et aussitôt un autre licteur le pousse avec violence. Il tombe dans le vide, se brise sur les rochers qu'il teint de son sang, et expire dans les dernières convulsions d'une affreuse agonie...

Ce misérable n'est autre que Cassius. Devenu suspect aux tribuns du peuple, et au peuple lui-même, à peine est-il sorti du consulat, qu'il est mis en accusation, condamné et livré à la mort des traîtres.

La lutte des plébéïens contre les patriciens n'en continue pas moins. Un tribun du peuple, *Genucius*, cite en justice les consuls qui s'opposent à la Loi Agraire. Il paie son audace de sa vie : on le trouve mort dans son lit, le jour même du jugement sur le Forum.

Quelle fièvre, quelles convulsions chez ce peuple romain ! Comme les deux éléments qui le composent, patriciens et plébéiens, se croisent, se choquent, se froissent pour opérer une fusion impossible ! L'égalité n'existe que dans le texte de la loi. On veut des mariages entre les deux ordres ; on veut l'admission des plébéiens au consulat ; et, en fin de comptes, rien ne se réalise. Toutefois, on crée, dans l'intérêt du peuple, des *Tribuns Militaires*, magistrature rivale du consulat. Alors le peuple, que l'on trompe toujours par de faux semblants, tressaille de joie, en voyant plusieurs de ses membres paraître en toge blanche sur le Forum, comme *candidats* à la nouvelle charge et même au consulat. On crée aussi des *Censeurs* pour l'opération du cens. Mais ! admirez l'innocence, ou plutôt l'imbécillité des peuples ! Les Patriciens agissent de telle sorte, que c'est parmi les patriciens que le peuple de Rome choisit ses consuls, ses tribuns et ses censeurs !

Cependant, Rome, essentiellement jalouse, trouve que l'Etrurie est une voisine formant un trop grand état, pour qu'on la laisse tranquille. Elle est choquée d'entendre nommer les plus grandes villes de ses douze Lucumonies, Volaterra, Clusium, Volsinies, Faléries, comme des villes puissantes, et Véies (1), comme sa rivale et la ville sainte des Etrusques. Déjà, à l'occasion de Tarquin, Véiens et Romains ont livré bataille dans la *Forêt d'Arsia*, au nord-ouest et à six milles de Rome, et une voix formidable qui sortit des profondeurs du bois, pendant le silence de la nuit, effraya les Véiens et rendit victorieux les Romains. Tout récemment, après la mort des trois cents six Fabius, vaincus sur le Cremère, les Véiens étaient venus occuper le Janicule, pendant deux ans, afin de tenir Rome en respect. L'heure de la vengeance vient de sonner, car les habitants de Fidènes s'étant révoltés contre Rome, à l'instigation de Tolumnius, roi de Véies, et des députés ayant été envoyés à ce prince, il les a fait massacrer.

Les soldats romains sont d'autant mieux disposés à la guerre, que la ville des

---

(1) Aujourdhui *Voltera, Chiusi, Bolsène, Santa-Maria di Falari* et *Isola Farnèse.*

Volsques, Anxur, ayant été prise par eux, désormais on paie l'armée avec le trésor public. Grande joie parmi le peuple !

Première bataille contre les Véiens, près de l'Anio. C. Cossius reconnaît, à son costume, le roi de Véies, Tolumnius, le tue, le dépouille, et consacre, dans le Temple de Jupiter-Férétien, les *secondes dépouilles opimes*.

Je ne counais rien, à mon avis, de plus curieux, de plus intéressant dans l'antiquité, que le siége de Véies. Les armes, la religion, le fanatisme, tout conspire à la fois pour rendre les Romains maîtres d'une ville d'un très-difficile accès.

Véies est antérieure de beaucoup à Rome elle-même. Le fleuve du Tibre la sépare du pays des Latins. Son territoire s'étend sur la rive droite de ce fleuve, comprend le Monte-Mario, le Mont-Vatican, et se prolonge jusqu'à son embouchure. Elle est située sur une montagne. D'un côté, le Crémère en baigne le pied, et, de l'autre, un torrent se précipite du haut d'un rocher, dans un précipice profond de quatre-vingts pieds, d'où il va se jeter dans le Crémère. Une *arx* ou citadelle en couronne le point culminant ; et dans l'enceinte de cette forteresse s'élève le *Temple de Junon*. La ville a sept milles de tour : c'est dire qu'elle est presque aussi grande que Rome. Grand nombre de monuments, avec portiques et colonnades la décorent. Quantité de grottes sépulcrales sont creusées dans les collines qui l'entourent, et servent de cimetières, selon l'usage étrusque. Du reste, elle est éloignée de Rome de quatorze milles seulement, et c'est la *Via-Claudia* qui y conduit.

Cette position dans les gorges de l'Etrurie, et les fortifications de Véies rendent le siége difficile. On le convertit en blocus. Aussi l'armée campe dans des baraques, chose inconnue jusqu'alors aux soldats romains, mais que l'hiver, dans les montagnes, exige sur toutes choses. Huit ans se passent ainsi : les Véiens brûlent le camp, mettent le consul Sergius en déroute, et Rome est humiliée...

Soudain, un prodige attire l'attention générale. Le lac, sur les bords duquel Albe-la-Longue étale ses ruines, entre les bois de Ferentum et la cime du mont Albain que couronne le temple de Jupiter-Latial, s'accroît d'une façon démesurée et porte ses eaux à une hauteur extraordinaire. Rome envoie consulter l'oracle de Delphes. Mais à Véies, un vieillard, au milieu des railleries échangées entre les avant-postes, s'écrie :

— Tant que les eaux du lac d'Albe n'auront pas disparu, les Romains ne prendront point Véies...

Un soldat romain attire le vieillard à une entrevue et l'enlève. C'est un aruspice. Delphes confirme sa prédiction. Alors on emploie les rites étrusques, et Rome se met à l'œuvre près du lac. Ancien cratère de volcan, ce lac est encaissé de bords profonds, revêtus de gazon, et entouré de végétation. A coups de ciseau, on perce dans le tuf un tunnel de trois pieds de large sur six de haut, et d'un mille de longueur. Il suffit d'un an pour achever ce prodigieux ouvrage, l'un des plus étonnants de l'antiquité, œuvre impérissable et telle, qu'après 2,500 ans d'existence, on peut croire qu'il est d'hier. Cet émissaire aussi promptement achevé, le trop plein des eaux du lac d'Albe s'écoule, et, l'onde pure, heureusement partagée en ruisseaux à sa sortie du tunnel, sert à fertiliser la plaine inférieure. C'est ainsi que le fanatisme religieux fait accomplir rapidement un travail qui devait être fort long.

Cependant la prophétie ne s'accomplit pas. Dix ans sont passés, et le siége de Véïes dure encore. On songe alors à nommer un dictateur.

Parmi les nombreuses familles de Rome, il en est une, la famille *Furia*, qui vient de fixer les yeux sur elle, parce que, dans une guerre contre les Volsques, un de ses membres, *Camille Furius*, quoique blessé à la cuisse, n'a pas quitté le champ de bataille, mais arrachant lui-même le trait, resté dans la plaie, s'est précipité sur les ennemis et les a mis en fuite.

C'est ce Furius Camille que l'on nomme dictateur à l'unanimité. Aussitôt il se rend à l'armée et commence par rétablir la discipline. Puis, rappelant le beau travail de l'émissarium du lac d'Albe, si merveilleusement exécuté, il fait creuser par ses soldats une galerie souterraine qui conduit du camp dans le temple même de Junon, au centre de l'Arx couronnant l'Acropole de cette ville inabordable. Puis, il écrit au sénat:

— Véïes va tomber en mon pouvoir!

Le sénat permet alors à qui le voudra d'aller prendre part au pillage de la ville. Une foule immense remplit bientôt le camp.

En effet, le dictateur fait prendre les armes et ordonne l'assaut. Une partie des soldats se précipite vers les murailles; l'autre partie s'engage dans la galerie souterraine. En ce moment, le peuple de Véïes était dans le temple de Junon, où les prêtres offraient un grand sacrifice à la déesse. Quel n'est pas l'effroi de tous les assistants, lorsque, une dalle du souterrain se soulevant comme d'elle-même, laisse passer d'abord la tête, puis le buste, puis le corps tout entier d'un soldat romain, que suit un autre soldat, que suivent dix, vingt, cent, mille autres soldats ? Quel n'est pas la terreur de la ville, quand, au-dehors, les trompettes romaines sonnent, que les cris des combattants retentissent ?...

C'en est fait de Véies ! tous ses défenseurs sont massacrés... Le peuple est passé au fil de l'épée ou vendu. Toutefois Camille exige que l'on respecte ceux des habitants qui ne résistent pas. Le pillage a lieu : le butin est immense (1).

A Rome, la nouvelle de la prise de Véies excite les plus vifs transports de joie. Le sénat ordonne quatre jours de prières. On décerne à Camille un triomphe magnifique. Il entre dans Rome sur un char attelé de quatre chevaux blancs. Offensés de cette pompe, les tribuns demandent que la moitié des habitants de Rome soient transportés à Véies. Le sénat, et surtout Camille, s'opposent à ce projet. Dès lors sa perte est résolue.

Toutefois la guerre d'Etrurie n'est pas terminée.

Sur la via Flaminia, au nord et à trente-huit milles de Rome, il est une autre ville située sur un mont escarpé, également entourée de fortes murailles, également pourvue d'un arx ou citadelle. Cette ville est *Faléries*, que décorent de beaux édifices et dont la montagne est aussi, en mille endroits, percée de nombreuses grottes sépulcrales. De l'Acropole, l'œil se promène avec bonheur sur les sites les plus romantiques. Fondée dans les temps les plus reculés, par les Sicules, Faléries fut ensuite conquise par les Pélasges, par les Etrusques plusieurs siècles après, et, à cette heure, voici Camille qui vient assiéger cette capitale des *Falisques*, peuplade étrusque.

Un jour, le dictateur voit descendre de la montagne que couronne Faléries,

---

(1) Peu de villes, autant que Véies, ont occupé les archéologues. Il n'y a pas long-temps, le lieu où s'élevait cette antique et célèbre cité était encore un mystère. Mais tous les doutes ont été dissipés depuis que Nardini l'a retrouvée, avec preuves, à l'Isola Farnèse. Abandonnée d'abord après sa ruine, Auguste la repeupla, et Véies devint une ville Romaine. A l'invitation des Barbares, elle disparut tout-à-fait. Au moyen-âge, sa position donna l'idée d'y élever un Château-Fort, détruit plus tard par Alex. VI Borgia. Le sol actuel conserve peu d'antiquités étrusques : débris à fleur de terre des anciennes murailles, restes d'un pont sur le Crémère, grottes sépulcrales. De la ville romaine, Columbarium composé de trois chambres; têtes colossales d'Auguste et de Tibère; statue assise de ce dernier, nombreuses colonnes en marbre de Luni, etc., admirable vue...

toute une longue phalange d'enfants, qui viennent droit à son camp, et que conduit un homme enveloppé de la saie des Etrusques. Ce Falisque se présente audacieusement au général romain, et lui dit avec complaisance, que, sous prétexte d'une promenade, il a fait sortir de la ville les jeunes élèves, dont il est l'instituteur, et qu'il vient les livrer au dictateur.

— En mettant ces enfants entre tes mains, lui dit-il, c'est la ville elle-même que je te donne, car ces enfants sont tous fils des plus nobles familles de Faléries.

Indigné de cette noire perfidie, Camille ordonne que l'on dépouille cet infâme instituteur, et, lui faisant lier les mains derrière le dos, il donne des verges à tous ces enfants, en leur recommandant de frapper rudement le traître et le fait reconduire à Faléries, en ce piteux accoutrement.

Les Falisques, dans l'admiration de la noble conduite du dictateur romain, lui ouvrent aussitôt les portes de Faléries.

A son retour, Camille trouve les tribuns qui l'attendent. On l'accuse d'avoir détourné une partie du butin de Véies. Innocent, le vaillant capitaine rougit de honte pour les Romains et s'exile volontairement. Mais avant de quitter la ville, il se tourne vers le Capitole, et s'écrie:

— Puissent les dieux forcer bientôt mon ingrate patrie à me regretter!

Les vœux de Camille sont entendus...

Voici venir du nord de l'Europe un peuple farouche et belliqueux, qui envahit l'Italie. Les Gaulois, hommes d'une taille élevée et d'une force herculéenne, conduits par Brennus et attirés par un Etrusque qui leur a vanté les vins de sa contrée, mettent le siége devant *Clusium*. Clusium demande du secours aux Romains. Trois députés de Rome vont trouver le Brenn Gaulois; mais l'un d'eux a le tort de tuer un soldat du chef barbare. Aussitôt les Gaulois saisissent leurs enseignes, lèvent leur camp et marchent sur Rome. C'est en vain que la République envoie quarante mille hommes à leur rencontre, sur les bords de l'*Allia*, à quelques milles de Rome, non loin du Tibre. Les grands sabres des Gaulois, leur stature formidable, leur accoutrement affreux et surtout leur horrible cri de guerre, effraient à un tel point les Romains qu'ils sont vaincus, et leurs cadavres, emportés par le fleuve, vont annoncer à Rome le danger qui la menace. Les habitants, effrayés, s'enfuient; les soldats seuls s'enferment dans la citadelle.

Vous vous rappelez ce qui arrive, chère bonne maîtresse?

Au point du jour, le 16 juillet 365, par la porte Colline qui occupe le sommet du Quirinal, les Gaulois font leur entrée dans Rome. Le silence qui règne dans les rues et sur les places, les frappe d'abord de crainte. Rassurés ensuite, ils pénètrent dans les maisons. Là, sous le vestibule des demeures patriciennes, sur les chaises curules en ivoire, ils trouvent les sénateurs, les personnages consulaires, etc., assis et immobiles comme des statues. A leur majesté suprême, ils les prennent tout d'abord pour des dieux. Saisis d'une admiration muette, ils s'arrêtent. Toutefois l'un d'eux, plus hardi que les autres, s'avise de passer la main sur la barbe blanche de Papirius. Celui-ci le frappe de son bâton d'ivoire. Irrité, le Gaulois le tue. Aussitôt commence un massacre général. A la boucherie succède le pillage; enfin le vol est remplacé par le sac et l'incendie...

Resté le Capitole. Les Gaulois en font le blocus. Mais bientôt leurs yeux perçants remarquent des traces d'hommes conduisant à la citadelle. Le Brenn conçoit dès-lors le projet d'une escalade nocturne. En effet, par une nuit peu sombre, précédés d'un éclaireur armé, les voici qui commencent à grimper en silence, se soulevant, se poussant, se tirant l'un l'autre. Leur marche est tellement cauteleuse, que sentinelles et chiens de garde sont trompés dans leur vigilance. Mais dans les cavaux du temple de Junon, l'on conserve des oies pour les sacrifices. Ces volatiles ont l'ouïe fine. Elles surprennent le secret de l'assaut, et aussitôt, par leurs cris et leurs battements d'ailes, tout le Capitole est mis en réveil. *Manlius*, un généreux patricien, s'arme le premier; il accourt suivi de quelques hommes, et, d'un bond impétueux, il précipite les ennemis en bas de la Roche Tarpéïenne.

A quelque temps de là, sur le Forum, les Romains, vaincus par la disette, traitent avec les Gaulois. Ceux-ci consentent à se retirer moyennant qu'une porte de Rome restera toujours ouverte et une rançon de 1,000 livres d'or. Par dérision, les Romains laissent toujours ouverte la Porte Pandena, qui conduit à la citadelle, et qui est inabordable. Puis on s'occupe de payer la rançon. Mais les poids, fournis par le Brenn, sont faux, et les tribuns réclament. Le Brenn les regarde de travers, et aux poids ajoutant encore son épée :

— Malheur aux vaincus! s'écrie-t-il.

— C'est par le fer, et non par l'or que les Romains doivent se racheter !... dit à son tour une voix formidable.

Gaulois et Romains se retournent ; ils ont devant eux Camille, Camille qui revient de l'exil, à la tête d'une armée d'Ardéates et de Romains échappés au désastre de l'Allia. Il a fait habiter ces troupes à la vue des Barbares et à leurs cris sauvages. Alors, sans aucun retard, il attaque le Brenn orgueilleux, et extermine ses Gaulois.

On en fit un tel massacre que l'on dut entasser des monceaux de cadavres au pied de l'Esquilin et du mont Cœlius, à peu près à la naissance de la Voie Sacrée, où on les brûla. Aussi cet endroit prit-il depuis le nom de *Busta Gallica*, les Buchers Gaulois.

Les oies du Capitole eurent alors leur récompense. On vota des fonds pour les nourrir, ainsi que leurs descendants, à tout jamais... Quant aux chiens de garde qui avaient si mal veillé, on les mit en croix, supplice que l'on renouvelle tous les ans à l'anniversaire de la délivrance du Capitole.

C'est alors que Camille fit ériger en l'honneur de Junon Bonne Conseillère le *Temple de Junon-Moneta*, auprès de l'Arx et de la Maisonnette de Romulus. Puis on donna à Manlius une maison voisine de cette modeste demeure du premier des rois. Enfin on ajoute à son nom de Manlius le surnom de *Capitolinus*. Mais peu après, convaincu d'aspirer à la royauté, on le précipita de la Roche Tarpéïenne. Ainsi, ce même rocher du Capitole fut témoin de sa gloire et de sa honte...

Quant à Camille, pour se venger noblement de l'ingratitude de sa patrie, il arrête le peuple romain qui déserte Rome pour aller habiter Veïes; il fait détruire entièrement cette dernière; puis, comme les nationalités Eques, Volsques, Etrusques, Rutules, Sabines et autres, prétendant renaître, se soulèvent contre la métropole, et battent les tribuns militaires, il accepte une fois encore le titre de dictateur, et va venger Rome, à *Sutrium*, dans l'Etrurie, où il rétablit à jamais la souveraineté de son peuple.

Alors, la paix étant ainsi rendue à la république, le généreux Camille érige un temple à la Concorde. Il le place au pied même du Capitole, en face du Forum, à gauche de celui qui gravit le Clivus de l'Asile. Ce *Temple de la Concorde* est un édifice circulaire, avec portique composé de six colonnes d'ordre corinthien, cannelées, et du plus beau marbre de Paros. Il est assez vaste pour que l'on puisse y réunir le Sénat; et c'est, en effet, dans son enceinte qu'un jour Cicéron appelle les sénateurs pour y juger Catilina, ses odieux complices, et entendre les fameuses Catilinaires.

Ce n'est pas le dernier service que rend aux Romains le généreux Camille.

Il est âgé de quatre-vingts ans, lorsque le bruit se répand dans Rome qu'il y a *Tumultus Gallicus* par delà les Alpes, c'est-à-dire que des hordes gauloises débordent des montagnes, et s'avancent vers Rome. Alors, pour résister aux lourdes et longues épées des Barbares, qui, d'un seul coup, abattent la tête et tranchent les épaules, il donne aux soldats de ses légions des casques d'acier, des boucliers bordés d'une lame de fer, et emploie de telles mesures qu'il bat complètement les ennemis sur l'Anio.

Camille n'est plus, et dix-huit ans s'écoulent, lorsqu'une fois encore les Gaulois approchent de Rome. Ils ne sont plus qu'à trois mille de la cité, et les Romains campent en face de ces redoutables guerriers, séparés seulement par le *Ponte Salario* qui couvre l'Anio, lorsqu'un des Gaulois, d'une stature colossale, s'avance en tête du pont, et défie le plus brave des Romains. *Manlius*, fils du Manlius Capitolinus qui sauva le Capitole et qui fut précipité de la Roche Tarpéïenne à cause de son ambition, s'avance et demande à son général la permission de combattre l'insolent Gaulois.

— Va, lui dit le général, et montre que le Romain est invincible !

Le Gaulois semble devoir écraser son adversaire, mince et fluet. Mais Manlius, par une passe adroite, plonge son glaive dans le flanc du Gaulois. En même temps il s'empare du collier d'or qui décore sa poitrine. Aussi cette action d'éclat vaut-elle à son auteur le glorieux surnom de *Manlius Torquatus*, de *Torques*, collier.

Un autre Barbare s'avance à son tour. *Valerius*, un jeune officier des plus braves, marche contre lui. C'est sur le pont même que la lutte a lieu. On dit qu'alors un corbeau vient se percher sur le casque du Romain, et tournant son bec contre le Gaulois, lui déchire le visage et lui crève les yeux. Aussi Valerius garda-t-il le surnom de *Corvinus*, et reçut-il du sénat, comme récompense de sa valeur, une couronne d'or et dix bœufs.

Convenez-en, chère bonne maîtresse, tous ces souvenirs sont d'une poésie charmante, surtout pour nous qui errons à toute heure, un peu à l'aventure, sur ce Forum Romanum, et à l'entour de ce Capitole, témoins de tant de faits merveilleux. Notre imagination en est tellement remplie, tellement préoccupée, qu'il nous semble que c'est hier que ces évènements se sont passés. Nous nous promenions, ce matin, le long du Tibre ; à midi, nous suivions le cours de l'Anio, près du Ponte Salario ; et ce soir nous serons à Véies. Nous avons vu le champ de bataille du lac Régile, et nous avons étudié avec attention l'émissaire du lac d'Albe. Mon fils a même recueilli quelques pierres d'Albe-la-Longue, et des marbres de la voie Appienne. Jugez donc si Rome et ses environs intéressent notre curiosité.

Je n'ajouterai rien sur les feuilles de cette lettre, me contentant d'y déposer un baiser. Donnez-lui asile sur vos lèvres, *mia cara*, il vient du cœur. Je suis bien heureuse ici, certes ! mon fils est avec moi, et je redeviens jeune, en contemplant le théâtre des scènes qui ont nourri ma jeunesse. Mais il manque à mon bonheur que vous soyez avec moi, vous qui nous avez dit tant de belles choses sur Rome. Tout au moins votre image, et l'image de votre noble père, m'accompagnent et m'inspirent. Aussi, c'est à vous deux que je dédie cette lettre, comme c'est à tous les deux que j'envoie mille tendresses ferventes d'une âme qui vous chérit à jamais.

Fanny D.

V.

A MONSIEUR LOUIS MARINIER, PROFESSEUR SUPPLÉANT
A LA FACULTÉ DE DROIT DE RENNES.

Les Samnites, premier colosse qui se lève contre Rome. — Pyrrhus, second géant qui la menace. — Annibal, troisième ennemi qui la tient sous le fléau. — Les Scipions. — Paul-Emile. — Une Entrée Triomphale dans Rome. — Un homme célèbre en robe de chambre, ou le terrible Caton dévoilé. — Le cauchemar de Caton le censeur. — Ruine de Carthage. — Où une femme est sublime. — Belle image d'une Romaine. — Les Gracques. — Combats et Batailles. — Luxe et misère. — Luttes sur le Forum. — Pourquoi un esclave poignarde son maître. — Comment une tête vaut plus que son pesant d'or. — La grande Cornélie. — Apparition de Marius et Sylla. — Où Patriciens et Plébéïens s'égorgent. — Décadence romaine. — L'or de Crassus. — Comment signe Pompée. — Le premier socialiste. — Catilina. — Décadence des mœurs. — Festins de Lucullus. — Un descendant de Vénus. — Défiez-vous d'un homme qui a la tunique lâche. — Jules César. — Monuments nouveaux. — Villas romaines. — Leurs Piscines. — Ménageries et Volières. — Physionomie de Rome sous Jules-César. — Comment on se débarrasse d'un homme qui gêne. — Revue des Légions romaines. — Ce qu'est un camp romain. — Les plus forts tuent les plus faibles. — Un bourreau qui se fait empereur. — EMPIRE. — La paix du monde. — Octave mué en Auguste. — Où, de briques, Rome devient marbre. — La Maison Palatine. — Portiques et Temples d'Octavie. — Le Panthéon. — Merveilles innombrables. — La Rome de l'Empire. — La foule dorée aux Septa Julia. — Ce qu'est devenu le Champ-de-Mars. — Portiques de Livie. — Longue procession de fantômes blancs tachés de rouge. — Tibère. — Caligula. — Claude au lac de Fucino. — Une maison d'or. — Néron. — Orgies romaines. — Tueries grandioses. — Comment un empereur devient Dieu. — Affreuses tragédies impériales. — Pourquoi un prince perd sa journée. — Le Colysée. — Série de magnificences architecturales. — Forum de Nerva. — Forum de Trajan. — Les Thermes de Caracalla. — Chefs-d'œuvre. — Défilé des Empereurs. — L'Empire à l'Encan. — La chute de Rome. — Un Ere nouvelle.

Rome 25 Novembre 185...

J'ai besoin d'une oreille amie pour recevoir mes jeunes impressions qui débordent, et je parle à qui mon cœur m'adresse, mon très-cher. Voulez-vous perdre une heure à m'entendre ?... Vous avez mieux à faire, je le sais : mais cependant quittez un moment les Pandectes de Justinien, l'empereur d'Orient, pour voir défiler sous vos yeux, dans leurs suaires rouges de sang, les fantômes des empereurs d'Occident. Vous me rendrez service en m'écoutant, car ici, comme il n'est pas un coin où l'on ne retrouve le souvenir et la trace de leur mâle mort, et que je foule partout aux pieds leurs squelettes réduits en poussière, et il faut que je dise à quelqu'un les émotions qui m'oppressent, à moins que, selon l'exemple des prophètes, je n'aille jeter le trop plein de mon âme au vent du désert.

A Rome, sur le théâtre même de la gloire du plus grand peuple du monde, l'histoire à la main, M. Valmer et moi, nous assistons au spectacle magnifique de la plus haute civilisation qui se soit développée sur la surface du monde. Toutefois, si haut qu'elle s'élève, elle laisse traîner dans la fange un coin de son manteau ; et, si son front est pur, ses pieds sont souvent souillés, parce que la passion, quoiqu'on fasse, a ses mauvais comme ses bons instincts. Or, le mauvais instinct du peuple romain, c'est la soif de l'or et du sang. Il veut conquérir le monde et le rendre esclave pour régner sur ses épaves amoncelées. Aussi ce besoin amènera bientôt sa corruption, puis de sa corruption découleront sa décadence et sa ruine.

Avant tout, un mot d'adieu à la majestueuse république de Rome par l'évocation de quelques-unes des grandes ombres dont les vertus ont fait sa gloire. La renommée des grandes cités est comme une terre d'alluvion : elle se forme de l'apport successif de toutes les gloires individuelles des citoyens qu'elle produit tour à tour dans son sein.

Pendant un temps, Rome, semblable à un athlète qui doit jouer son terrible rôle en face de la foule, a essayé, comme en secret, ses forces contre des ennemis inférieurs. Mais vient le moment où, prête à lutter au grand jour, elle s'attaque désormais à des colosses.

Ces colosses vont être les Samnites d'une part, Pyrrhus, roi d'Épire de l'autre, et, en dernier lieu, les Carthaginois.

De toutes les contrées de l'Italie, et du monde entier peut-être, *la Campanie* est, sans contredit, la plus belle. Rien de plus doux que son ciel ; rien de plus fertile et de plus riant que ses campagnes : Cérès et Bacchus y sèment à l'envi. Elle a pour capitale *Vulturnum*, grande cité livrée à toutes les passions, et dont les habitants, efféminés, ne vivent que pour la volupté.

Mais, à l'Ouest de la Campanie, se trouve une autre contrée de mœurs opposées. C'est le *Samnium*, pays de forêts et de montagnes, entrecoupé de défilés et de rivières. Les *Marses* et les *Samnites* y mènent une vie pastorale et nomade, plongés dans le silence de leurs profondes vallées, enfermés dans leurs solitudes impénétrables, et dédaignant les richesses et les plaisirs et leurs voisins.

Pourtant, une fois, il leur arrive de descendre dans la plaine qu'arrose le Vulturne. Tout fuit à l'approche de ces redoutables montagnards. Les Samnites s'emparent de Vulturnum, changent son nom en celui de *Capoue*, à cause des beaux et riches *Campi* qui l'entourent; et, pour rentrer en possession de leur cité, les Campaniens appellent à leur secours les légions de Rome.

Alors commence *la Guerre du Samnium* qui dure près d'un siècle. Le fils du consul *Manlius* frappé de la hache consulaire, en présence de l'armée, pour avoir manqué à la discipline, en combattant avec succès un Samnite arrogant; le consul *Decius Mus* assurant *la Victoire de Veseris*, au pied du Vésuve, en se voilant de la robe prétexte et en se dévouant aux dieux infernaux; les légions romaines surprises et enfermées dans l'étroit défilé de *Caudium* et obligées de passer sous *les Fourches Caudines* après avoir été désarmées; les Samnites, à leur tour, passant sous le joug, et appelant l'Etrurie toute entière à la vengeance, afin d'enfermer Rome dans un cercle de fer; la victoire des Romains sur les bords sacrés du *lac Vadimon*, dans l'Etrurie, près de la *forêt Ciminienne* (1); les Samnites se réunissant à *Aquilonia*, dans l'Apulie, et y formant avec mystère, et au milieu de rites étranges, *la Légion du Lin*, qui jure de vaincre ou de mourir; le consul *Papyrius Cursor*, à la vue des poulets sacrés qui refusent de manger, faisant tuer à la tête de l'armée, par une main cachée, le pouletier dont la mort apaise les dieux et assure une victoire définitive; trente mille Samnites succombant, quatre-vingt-dix-sept étendards arrachés par les vainqueurs, l'Etrurie, la Campanie, le Samnium et le Latium à jamais soumis, tels sont les épisodes qui signalent cette guerre de soixante treize ans.

Passons à un autre drame.

Il est nuit. Trois guerriers, souillés de sang et de boue, deux jeunes femmes harassées de fatigue, les vêtements en désordre, l'une portant dans ses bras un

---

(1) *Le lac Vadimon* porte aujourd'hui le nom *de lac de Bassano*.

enfant endormi, arrivent sur les bords escarpés de la rivière rapide et profonde du Pénée, près de Mégare, en Epire, dans la Grèce. La pluie qui tombe a grossi le torrent dont les eaux limoneuses paraissent plus effrayantes dans l'obscurité. Aussi le groupe fugitif jette derrière lui des regards d'épouvante et de découragement. Cependant on entend, sur la rive opposée, les pas et les voix de quelques gens du pays. L'un des trois guerriers déploie toute la force de sa voix pour implorer le passage. Ses cris se perdent dans le bruit des flots. Enfin une barque arrive et vient chercher les fugitifs. Cet enfant mystérieux, c'est *Pyrrhus*, fils d'Eacide, roi d'Epire, quinzième descendant de Pyrrhus, chassé de son héritage. Il fuit, à cette heure, la rébellion dont son père est victime.

Voyons-le, alors qu'il a recouvré l'Epire et son trône. Il est l'époux de l'égyptienne *Antigone*, de la belle *Deidamie* et de quantité de princesses auxquelles il se marie pour se faire des alliés nombreux. Son visage est empreint d'une majesté royale; il est doué d'une force si grande que, blessé par un barbare, il assène sur son adversaire un tel coup d'épée qu'il le pourfend, « *et les deux parties du corps séparées de la sorte*, dit Plutarque, *tombent l'une de çà, l'autre de là.* » Un phénomène le distingue : Il n'a qu'une dent à la mâchoire supérieure. Mais cette dent est composée d'un os circulaire sans aucune solution de continuité; et, chose plus étrange! de son orteil droit il guérit les maladies, en récompense de quoi il accepte volontiers un coq blanc (1). Ce prince est surnommé *l'Aigle de l'Epire* : il passe sa vie à perdre et à gagner des couronnes. Appelé par la ville de *Tarente* contre les Romains, qui veulent s'en emparer, Pyrrhus arrive de Grèce avec son ministre l'habile *Cinéas*, de nombreuses et irrésistibles phalanges pour infanterie, et des éléphants pour cavalerie. Ces phalanges et ces éléphants lui donnent la *Victoire d'Héraclée*, non loin de Tarente; mais cette victoire est si désastreuse que le vainqueur envoie Cinéas demander la paix aux vaincus.

— Que Pyrrhus sorte de l'Italie, et alors il pourra demander la paix ! répond le vieil Appius, qui vient de terminer sa voie Appienne.

— Que te semble de Rome ? demande, au retour de Cinéas, le roi d'Epire.

---

(1) A la mort de Pyrrhus, son orteil fut placé dans un reliquaire que l'on conserva long-temps dans un temple d'Epire construit tout exprès.

— Le sénat m'a paru une assemblée de rois, répond Cinéas : et, quant au peuple romain, c'est un hydre de Lerne, dont les têtes repoussent à mesure qu'on les coupe...

Quelle est grande la belle image de *Fabricius* qui se lève à côté de Pyrrhus ! Fabricius, surnommé *Lucinus* parce qu'il a les yeux petits, est envoyé vers l'Aigle-de-l'Epire pour traiter de l'échange des prisonniers. Pyrrhus sait que Fabricius est d'une indigence telle, qu'il ne possède à Rome, dans sa pauvre demeure, qu'une tasse et une salière. Aussi croit-il le gagner en lui offrant beaucoup d'or, que refuse le Romain. Le lendemain, un éléphant ayant été placé derrière la toile de la tente du roi, au moment où Fabricius est en conférence avec le prince, sur un signe de celui-ci, la toile tombe, et l'éléphant paraît subitement, allongeant sa trompe au-dessus de la tête de l'ambassadeur romain, et barétant son cri rauque et sauvage...

— Ta vilaine bête ne me fait pas plus peur aujourd'hui, que ton or ne m'a séduit hier !... dit Fabricius souriant avec calme.

Cependant Fabricius, nommé consul, marche contre Pyrrhus, qui, après être venu camper à vingt milles de Rome, sur les hauteurs du Mont-Albain, a reculé ensuite jusqu'à *Asculum* dans l'Apulie. Là, un message mystérieux vient apporter au consul l'offre d'empoisonner le prince, moyennant une récompense honnête. La grandeur d'âme de Fabricius le porte à prévenir Pyrrhus du complot. Emu d'admiration, celui-ci renvoie tous les prisonniers romains, et fait la paix avec son ennemi. Alors Fabricius démantèle Tarente et promène dans Rome quatre éléphants de Pyrrhus, qui ont été pris vivants.

— Quel beau champ de bataille je laisse aux Romains et aux Carthaginois ! a dit Pyrrhus à Cinéas, en quittant la Sicile où il est allé combattre, appelé par les Siciliens, avant son départ de l'Italie.

Pyrrhus a dit vrai : sa prophétie va s'accomplir.

Le second colosse qui menaçait Rome est à peine tombé, qu'il se lève contre elle un troisième géant, plus terrible que les deux premiers. Je veux parler d'Annibal et du peuple de Carthage, la cité d'Afrique, rivale de Rome.

Je ne vous dirai rien des *Guerres Puniques*, formidables luttes de deux villes puissantes, qui ont juré la ruine l'une de l'autre. Commencées en 261, elles finissent seulement en 145 avant Jésus-Christ.

Dans ce drame grandiose que d'ombres héroïques nous apparaissent !

C'est d'abord le Consul *Duilius* qui, par la victoire navale *de Myles*, conquiert l'honneur d'une colonne rostrale en marbre, érigée sur la Voie-Sacrée, à l'angle du Forum Romanum voisin de la Tribune-aux-Harangues. Certes, il méritait cette gloire : une victoire navale, sur les Carthaginois, rois des mers, par les Romains, qui, pour se faire une marine, copient une galère échouée sur le rivage et étudient l'art de la navigation au moment de la bataille, n'est-ce pas un prodige ?...

J'aime mieux encore cependant le noble fantôme de *Régulus*, vainqueur à *Ecnome*, de trois cent quarante galères carthaginoises qu'il détruit en partie ; envahisseur de l'Afrique, malgré l'hésitation des soldats qui redoutent le mal de mer ; conquérant de deux cents villes, et malheureusement vaincu par le Spartiate Xantippe, et en dernier lieu... prisonnier de ses ennemis. Voyez comme les Carthaginois eux-mêmes l'admirent ! C'est Régulus qu'ils envoient à Rome, traiter de la rançon des captifs. Le voici, sur le Forum Romanum qu'il traverse, humilié, la tête voilée de sa toge, pour se rendre à la Curia Hostilia. Là seulement, ses yeux s'ouvrent, et le vaillant guerrier retrouve son énergie pour décider le sénat à refuser toute négociation et à continuer la guerre... Régulus ne va même pas près de sa femme, déposer sur son front le baiser de l'adieu ; mais, fidèle à son serment de revenir à Carthage reprendre ses fers, il se hâte de courir livrer sa vie. Vous vous rappelez comment ses ennemis récompensèrent tant de vertu !

Quant à Annibal, après maintes victoires déjà, il a tant et tant pourfendu de chevaliers romains sur le sol de *Cannes*, que l'on enlève aux cadavres plusieurs boisseaux d'anneaux d'or. Quelle épopée de gloire, pour Carthage, et quel jour de deuil pour Rome effrayée, de voir le vainqueur à ses portes !

Heureusement Rome a toujours en réserve des héros à la hauteur de toutes les difficultés. Depuis quelque temps on voit chaque jour un jeune Romain plein d'éloquence, d'adresse et d'élégance grecques entrer dans le Temple de Jupiter Capitolin et y rester des heures entières en méditation. Des bruits mystérieux courent sur sa naissance ; on le dit issu d'un dieu. Alors que les chiens du Capitole aboient contre tout autre, ils gardent le silence vis-à-vis de lui et le flattent de leurs caresses. Quand ce jeune homme parle, c'est toujours d'après une vision nocturne ou une inspiration divine. Un soir, dans l'assemblée du peuple, alors que l'on ne trouve aucun homme de guerre à mettre à la tête des légions, ce jeune homme se lève :

Je suis Scipion, dit-il. Qu'on me nomme Proconsul. J'aurai à venger à la fois, mon père, vaincu sur le Tessin, et mon oncle, qui, l'un et l'autre, viennent d'être battus et tués en Espagne !

En effet, *Publius Cornelius Scipion* appartient à cette illustre famille des Scipions, dont le premier fut le bâton de vieillesse de son grand-père, et qui, pour cela, reçut le nom de *Scipio* qui signifie *Bâton*. Il compte parmi ses ancêtres En. Cor. Scipion *Asina*, ainsi désigné parce qu'il fit porter à travers les rues, sur une ânesse, la dotte de sa fille, et En. Cor. Scipion, frère du Pub. Cor. Scipion son père, dont le premier vainquit Hannon, frère d'Annibal, à la bataille de Cissa, battit les Carthaginois à l'embouchure de l'Èbre, et fut tué dans une autre rencontre où il eut le dessous; et le second, qui fut vaincu sur le Tessin par Annibal et blessé grièvement, ne dut son salut qu'au dévouement de son fils, alors âgé de dix-neuf ans, et enfin mourut en Espagne, en luttant contre Massinissa. Aussi, notre rêveur du Capitole dit-il avec raison qu'il veut venger son oncle et son père. Or, comme les Romains font la guerre en Espagne, car ils la font partout, Pub. Cor. Scipion est envoyé en Espagne, selon son désir.

Héros à vingt-quatre ans, il prend Carthagène, un jour, comme il l'a dit la veille, en un seul assaut d'une heure. Puis, avec la permission du Sénat, il passe de Carthagène à Carthage, franchissant ainsi la mer avec une audace sans égale, car il n'a que trente galères et peu de troupes. Mais Céré lui promet du blé; Populonie, du fer; Tarquinies, des voiles; Volaterra, des agrès; Actium, trois mille boucliers et des javelots; Pérouse et Clusium, des bois. Les villes d'Etrurie prouvent ainsi qu'elles sont bien désormais dévouées à la cause de Rome.

Ce que Scipion a prévu arrive. Annibal est obligé de quitter l'Italie. A peine sur le sol de l'Afrique, il est battu à *Zama*, et Carthage est soumise à la domination romaine. Le surnom *d'Africain* est donné à Scipion.

Au nord de la colline du Capitole, s'étend la vaste prairie consacrée au Champ-de-Mars. Jusqu'alors cette plaine n'a d'autres constructions que la Villa Publica, quelques édicules consacrés aux dieux, et des *Area* entourées de leurs bois sacrés. Mais le consul Flaminius, qui mourut glorieusement à la bataille du lac de Trasimène, après avoir achevé la magnifique Voie Flaminienne qui, de ce Champ-de-Mars conduit à Ariminium (Rimini), a eu l'idée d'élever au pied de la Roche Tarpéïenne, près de la Villa Publica, le long de la Via Lata, prolongement de la Via Flaminia, un cirque nouveau, rival du Circus Maximus. Cet édifice colossal qui mesure mille pieds en longueur et cinq cents en largeur, prend le nom de *Circus Flaminius*. Cette lice est entourée de gradins de pierres et close de murs formés d'arcades à plein cintre, sur trois rangs. Elle a des *Carceres* et une *Spina*. Lorsque ce grand travail est achevé, Flaminius en fait don au peuple de Rome. On l'inaugure à l'occasion de la victoire de Zama : et comme on ne sait que faire des prisonniers, qu'il paraît inhumain de tuer, on exige qu'ils se battent les uns contre les autres dans le cirque, sous le nom de *Gladiateurs*. Ces sortes de passe-temps doivent allumer, hélas ! un tel amour du plaisir et du sang chez le peuple de Rome, que bientôt il ne réclamera plus que du pain et les jeux du cirque, *Panem et Circenses !* Aussi comme vont s'éteindre et disparaître les nobles vertus des Publicola, des Cincinnatus, des Fabius, des Camille, des Fabricius, etc.

Vous savez combien est ingrat le peuple romain. Le nom de Scipion et sa gloire lui deviennent odieux. Selon l'expression de *Tite-Live*, on *aboie* contre lui ; enfin on l'accuse nettement. Scipion se présente au Forum ; mais au lieu de répondre à l'accusation, il s'écrie :

— Romains, naguères, à pareil jour j'ai battu Annibal et pris Carthage ! A demain, le jugement : aujourd'hui je vais au Capitole remercier les dieux.

Le peuple, enthousiasmé de cette énergie, gravit avec lui les cent marches et se rend au Capitole. Le lendemain, condamné à l'exil, Scipion part pour *Literne*, non loin de Cumes, sur la Méditerranée, où, comme un autre Cincinnatus, il se livre aux travaux des champs et meurt, en disant :

— Ingrate patrie, tu n'auras pas mes os !

Comment suivre Rome dans toutes les guerres qu'elle entreprend ! Il lui faut le monde, et elle trouve dans son sein des Héros pour le lui conquérir.

Voici venir en premier lieu le vaillant *Paul Emile*. Il part de Rome, à la tête de six légions, pour marcher contre Persée, roi de Macédoine, qui a oublié que Philippe, son père, a été vaincu tout récemment par Q. Flaminius, et, en l'an 168, à Pydna, écraser les admirables phalanges macédoniennes, malgré leurs boucliers formés en murailles, et leurs piques baissées figurant un impénétrable rempart hérissé de fer. Voyez-le aussi rentrer dans Rome, et suivre la Voie Triomphale et la Voie Sacrée, pour monter au Capitole, assis sur un char magnifique traîné par des chevaux blancs, vêtu d'une robe de pourpre et d'or, et tenant dans la main une branche d'olivier. Ce triomphe merveilleux dure trois jours. Le peuple, en toges blanches, remplit les rues et le Forum. L'encens fume sous les portiques de tous les temples, entourés de leurs pontifes, et couronnés de festons et de guirlandes. Le premier jour suffit à peine à voir passer les statues et les tableaux sur deux cents chars, et le second à regarder défiler les armes les plus belles et les plus riches, et sept cent cinquante vases pleins d'argent monnayé, trésors tels que, jusqu'à l'an 44 avant Jésus-Christ, plus n'est besoin de payer des impôts dans la ville. Mais le matin du troisième jour, des fanfares de guerre ouvrent la marche. S'avancent cent vingt bœufs, aux cornes dorées, couverts de bandelettes et de fleurs ; des équipages chargés des vases d'or, d'une énorme coupe d'or garnie de pierreries et de quatre cents couronnes, de même métal, enlevées aux cités de Grèce et d'Asie. Vient ensuite le char de Persée, avec ses armes et son diadème. Derrière, marchent les fils du roi déchu, accompagnés de leurs gouverneurs qui instruisent les enfants à tendre les mains vers le peuple qui pleure, en effet, et se sent l'âme pénétrée de douleur. Enfin apparaît l'infortuné Persée, vêtu de noir, entouré de ses amis en larmes, et tellement plongé dans la stupeur, qu'il semble privé de sentiment. C'est ce vaincu humilié qui suit le char de l'orgueilleux vainqueur. Hélas ! si l'un de ces hommes est contraint de mourir d'insomnie dans le *Tullianum*, l'autre, qui reçoit le surnom de *Macédoniens*, a perdu l'un de ses fils cinq jours avant le triomphe, et il en perd un second trois jours après. La Macédoine devient province de Rome, et l'un des fils des successeurs d'Alexandre le Grand devient l'un des greffiers des Tavernes du Forum !

Malgré sa civilisation, Rome est bien barbare !

A son tour, la Grèce, si fière de son indépendance qu'elle refuse l'intervention des Romains, dans un démêlé qui éclate entre Sparte et les Achéens, est vaincue à *Leucopetra*, puis réduite en province romaine par *Mummius*, qui brûle Corinthe, et envoie à Rome les plus beaux chefs-d'œuvre, en disant à ceux qui les transportent :

— Prenez garde de les gâter, vous seriez condamnés à les refaire !

L'Asie-Mineure, elle aussi, est réduite en province romaine par *Lucius Scipion*, auquel la *Victoire de Magnésie*, sur Antiochus le Grand, mérite le surnom d'*Asiatique*.

Cependant il est dans Tusculum, un homme vieux, d'un aspect sévère et d'un regard aux yeux bleus, qui défie amis et ennemis. Son nom de famille est *Porcius*, qui veut dire gardeur de porcs : mais il se montre si rusé dès son enfance, qu'on le nomme *Caton*, de *catus*, *fin*. A dix-sept ans, il a servi contre Annibal, et ses blessures attestent sa bravoure. Depuis, chaque matin, il va régulièrement plaider et donner des consultations dans les villages voisins de

Tusculum, puis revient à sa maison, se met nu comme ses esclaves, laboure, sue, mange avec eux, et comme eux boit de l'eau ou de la piquette. Il est dur et avare.

— Un bon père de famille, dit-il, doit vendre ses vieux meubles, ses vieilles féraîlles et ses vieux esclaves.

Valérius Flaccus, un patricien dont les domaines touchent à sa métairie, le produit à Rome, où il devient successivement questeur, préteur, consul, et enfin censeur. En qualité de censeur, il est chargé de veiller sur les mœurs, et Dieu sait, Rome aussi, comment il s'acquitte de ses fonctions. A son repas, *Caton le Censeur*, dépense au plus 30 as, soit un franc. Des peaux étendues sur un plancher lui servent de lit; et il a fait vendre, comme inutile, un tapis d'Orient qu'un ami lui a légué. Jugez quelle réforme ce personnage rébarbatif doit chercher à introduire dans la ville de Rome, déjà si riche, si opulente, et passablement efféminée. Il combat le luxe : il met un impôt sur les voitures; il taxe les parures; il veut une prime sur les meubles. Et les faux témoignages donc, et les captations de testaments, et les délations et les meurtres, avec quel zèle il les poursuit, Seigneur ! Or notez, que le bonhomme... prête à usure dans le secret, et, dans le secret encore, mène une conduite infâme... Mais qu'importe ! Au grand jour, il fait condamner Scipion l'Asiatique qui a un trop beau cheval, et dégrader un sénateur sur un simple soupçon. Mais sa manie, sa marotte, c'est Carthage. Ce nom de Carthage lui donne des attaques de nerfs. Aussi ne parle-t-il jamais en public sans terminer son discours, eût-il parlé de la pluie ou du beau temps, par ces mots fanatiques : *Delenda est Carthago* ! Carthage doit être détruite ! Un jour il arrive au sénat, les coins de sa toge relevés, et il en laisse échapper des fruits d'une merveilleuse fraîcheur et d'une beauté rare.

— Cela vient de Carthage ! Carthage est à deux pas de nous ! C'est une ville qui fait ombrage à Rome. *Delenda est Carthago !*

La soif de la conquête l'emporte sur la foi des traités; et comme Carthage est voisine de Massinissa, roi de Numidie, aigle féroce qui veut l'étouffer dans ses serres cruelles, et que les Carthaginois se plaignent, c'est Caton, le farouche Caton, que l'on envoie en Afrique pour voir clair dans le différend. Caton revient bientôt et pousse, comme un hurlement sauvage, son éternel *Delenda est Carthago* ! Vainement Carthage, pour obtenir la paix, livre trois cents otages, deux mille machines de guerre, vingt mille armures, et des millions de piques et de traits : une armée de quatre-vingt mille légionnaires arrive sous les remparts de la cité maudite.

Alors voici venir encore un héros, *Scipion Emilien*, qui commande cette armée. Scipion Emilien appartient à deux familles illustres entre toutes. Il est fils de Paul-Emile, vainqueur de Persée, mais les Scipions l'ont adopté; et, comme noblesse oblige, Scipion Emilien se distingue par ses vertus. C'est, en outre, un vaillant homme de guerre. Il a déjà lutté contre les Carthaginois : cette fois il vient leur donner le coup de la mort. Carthage cependant, malgré l'épuisement où l'a réduite la trahison romaine, dans les convulsions de son agonie, fait sortir de son sein une flotte nouvelle. Les femmes de la ville menacée donnent leurs longs cheveux pour en faire des cordes. Mais efforts impuissants! Les enceintes sont forcées, et la brèche est ouverte. Chaque maison fortifiée et vomissant la mort est un siége à faire. Neuf cents hommes se sont réfugiés dans un temple, et veulent y attendre le trépas par la faim. Mais Asdrubal, le général en chef, se présente à genoux, et une branche d'olivier à la main, devant Scipion. A cette vue, sa femme voue sa mémoire à l'exécration de la postérité; et, en même temps, cette Médée patriotique, belle et parée comme pour une fête, se précipite, après ses enfants, dans les ruines fumantes du temple, où ses neuf cents compagnons la suivent. Scipion assiste, les larmes aux yeux, à cette immense ruine, et se promenant avec *Polybe*, otage et historien grec, ami de Scipion, à la lueur de l'incendie, ils récitent les vers d'Homère qui ont trait à la ruine de Troie.

Que Caton le Censeur dût être heureux, lorsqu'il apprit que de Carthage il ne restait plus pierre sur pierre (1)! et quand il vit un triomphe magnifique accueillir à Rome Scipion Emilien.

---

(1) Un jeune savant français, *M. Beulé*, a poussé le zèle et l'amour de l'archéologie jusqu'à passer de longs jours à explorer la presqu'île qui portait autrefois Carthage. Ses travaux sont tout récents et ont été publiés en 1859 et 1860. Il a retrouvé les deux ports très distincts que, par les auteurs anciens, nous savions exister à Carthage. Le premier, qui était le port marchand, communiquait avec la mer par une ouverture de soixante-dix pieds: sa forme était rectangulaire. Le port intérieur ou port militaire, auquel les navires parvenaient, après avoir traversé le précédent, était circulaire. Au milieu était une île où s'élevait le pavillon d'observation de l'amiral carthaginois, construction assez haute pour que l'on pût surveiller les deux forts et voir la mer. Le secret des armements était assuré par un double mur qui enveloppait le port militaire. Dans les quais étaient ménagées des loges pour deux cent vingt vaisseaux : chaque loge avait, au dessus, son magasin pour le matériel et les agrès. En avant, s'élevaient deux rangées de colonnes ioniques, ce qui formait un magnifique portique double de quatre cent quarante colonnes tout autour du port.

M. Beulé a retrouvé tout cela, c'est-à-dire le premier port, le port militaire et l'île qui occupe le milieu, mais le tout envahi par des sables que les atterrissements du *Bagradas* amoncelle sur toute la côte. Alors M. Beulé a ouvert cinquante tranchées d'abord, puis trois cents; et après avoir reconnu que c'est en plein

L'Afrique, au moins sur le littoral, devient alors province romaine.

Puis, Scipion Emilen, ayant pris *Numance*, dans l'Espagne, avec l'aide de Marius, l'Espagne, à son tour, est convertie en province romaine.

Alors aussi la Gaule Cisalpine devient la conquête de Rome, et se trouve réduite en province romaine.

Cependant, Rome, dont la domination s'étend ainsi sur une partie du monde, renferme un grand nombre de citoyens si pauvres et si misérables qu'ils n'ont pas de maisons pour se loger, et que très-souvent ils manquent de pain pour se nourrir. Tandis que le sol de l'Italie entière est devenu la propriété des Patriciens et des riches, pour lesquels une multitude d'esclaves cultivent les champs et gardent les troupeaux, comme au temps de Ménénius Agrippa et de la retraite du peuple sur le Mont-Sacré et l'Aventin, la plupart des Romains se trouvent au moment de mourir de faim, et le peuple qui vient de conquérir Carthage, Corinthe, Numance, l'Asie et la Gaule, ne vit chaque jour que du blé distribué par ordre des consuls, ou de l'argent que jettent à la foule les triomphateurs par les mains de leurs valets.

Mais alors Rome a dans ses murs la fille de Scipion l'Africain, *Cornélie*, qui ayant épousé *Tiberius Sempronius Gracchus*, de la famille plébéienne *Sempronia*, a donné le jour à *Tiberius* et à *Ca us Gracchus*, deux jeunes héros qui vont mettre Rome en émoi.

---

roc et en terre ferme qu'a été creusé cet immense abri pour deux mille navires, il a pu obtenir le plan des ports de Carthage, et notamment du *Cotton*, nom donné au port militaire du mot sémitique *coupé, taillé*. Ces deux ports, réunis par un goulet de vingt-trois mètres d'ouverture, mesurent ensemble quatre-vingts mètres de long sur trois cents mètres de large.

En outre des ruines de la ville que M. Beulé a explorées, et qui sont fort remarquables, sur le versant de la presqu'île descendant vers la mer et d'où l'on ne pouvait apercevoir Carthage, il a retrouvé tout un cimetière punique. Cette nécropole n'est autre que d'anciennes carrières transformées en tombeaux. Mais la terre ayant recouvert les escaliers et les portes, il faut se laisser glisser par quelque soupirail, et alors on tombe dans de petites salles rectangulaires, dans les parois desquelles sont évidés des trous assez larges et assez profonds pour qu'un cadavre y prenne place horizontalement. Le nombre des trous varie de neuf à vingt. On y introduisait le corps, la tête la première; au-dessus de chaque niche se trouve une plaque en bronze avec une inscription. Les ossements que M. Beulé a retirés sont mous comme une pâte et gonflés par l'humidité. En se desséchant à l'air, ils deviennent friables et se réduisent en poudre au moindre contact. Il est donc évident que les Carthaginois inhumaient leurs morts et ne les brûlaient pas. (Analysé d'un article du Journal de l'instruction publique.)

Un jour, une patricienne de Capoue étalant devant l'austère et belle Cornélie toutes sortes de bijoux, et lui en faisant admirer la richesse, lui demande si, elle aussi, n'a pas de joyaux à lui montrer.

— Certes ! répond Cornélie, et vous allez les voir...

En même temps elle introduit ses deux enfants, qu'elle élève dans toute la pureté des premières vertus romaines, et dont le gracieux visage révèle l'innocence.

Vous avez une âme toute imprégnée de poésie, mon cher Louis; aussi vous comprendrez mon langage. N'est-il pas vrai qu'il n'est rien au monde qui impressionne aussi profondément l'homme qui pense, comme la vue des lieux où se sont accomplis des hauts-faits, ou des crimes, dont la renommée a occupé l'univers entier ? Même après un grand nombre d'années, on subit une émotion ineffable, quand on se dit : Voici le théâtre de ce fait qui a tant rempli mon imagination ! Eh bien ! moi, modeste touriste, mais curieux écolier, tout imbu des souvenirs classiques, je ne sais quelle fièvre s'empare de moi lorsque me trouvant sur le Capitole, dominant le Forum Romanum, en regard de l'enceinte de collines qui entourent ce cœur si brûlant de l'ancienne Rome, je me dis : Ici passa Regulus pour se rendre à la Curia Hostilia ! Là, Manlius fut précipité de la Roche Tarpéienne ! Voici le Forum Romanum sur lequel Scipion l'Africain fut traduit en justice, et c'est par ce Clivus qu'il monta si fièrement au Capitole, suivi d'une foule enthousiaste.

Aussi, mon très-cher, que de fois je visite ce Forum, cette Roche, ce Capitole, leurs ruines; en un mot, *ce cœur de Rome*, comme je l'appelle. Hélas ! il ne bat plus ! Néanmoins l'aube m'y surprend quelquefois interrogeant déjà chaque pierre, suivant tous les sentiers, allant, comme un pèlerin, d'un souvenir à à un autre souvenir. Le crépuscule du soir m'y retrouve errant encore parmi les décombres. Vous ne serez donc pas étonné si je vous avoue, qu'en ce moment où j'évoque les ombres de Tiberius et Caius Gracchus, je suis assis sur les cent marches où fut égorgé le premier, pour aller ensuite au Bois Sacré de Furina qui vit expirer le second, transpercé de son épée.

En effet, les Gracques, qui ont combattu au premier rang des légions romaines, voient partout, avec douleur, l'Italie dévastée par le passage des cohortes carthaginoises et se relevant difficilement de ses désastres. Ils contemplent avec désolation les campagnes incultes, privées de laboureurs, ou péniblement travaillées par des esclaves que le fouet du bourreau et la torture des supplices épuisent et mettent à mal. Le peuple ! le peuple est dans l'abandon et la misère. Il ne possède rien, les riches absorbent tout....

Une fois rentrés dans la vie civile, je vous laisse à penser ce que leur inspire leur noble affection pour ceux qui souffrent. Nommés tribuns du peuple, par le peuple qui les devine, la *Loi Agraire*, c'est-à-dire la restitution des terres envahies par les patriciens et leur partage, puis la distribution, aux plus indigents, des trésors légués par Attale, roi de Pergame, etc, telles sont les réformes qu'ils veulent introduire dans le gouvernement de la république. *Indè iræ* ! Un jour que Tiberius parle au peuple du haut de la Tribune aux Harangues, il est assailli par les patriciens armés de bâtons. Tiberius tire de sa toge le poignard qu'il y tient caché, et portant cette arme à sa tête, il fait comprendre au peuple qu'on en veut à sa vie. Aussitôt *Scipion Nasica*, fils du *Nasica* auquel l'énormité de son nez valut ce surnom, et, tout grand Pontife de Jupiter qu'il est, avide défenseur des riches, le poursuit, alors que, pour mieux se défendre, il gravit les cent marches du Capitole. Alors il l'accuse à grands cris de demander au peuple la couronne de roi... Sur ce, effroyable mêlée... Tiberius, entouré par les patriciens, est impitoyablement assommé avec trois cents de ses dévoués. Leurs cadavres refusés à leurs familles sont précipités dans le Tibre, et les vainqueurs poussent même la barbarie jusqu'à renfermer l'un des amis des Gracques dans un tonneau rempli de vipères.

Je ne vous dirai pas que Caïus est alors entouré et défendu par le peuple. Son éloquence en fait un héros. Par le fait de son influence et de la terreur qu'il inspire aux riches, il devient le souverain de Rome ; mais il ne gouverne la république que pour le soulagement des classes pauvres qu'il fait travailler aux grandes voies dessinées sur tout l'horizon, et pour l'ornementation de Rome, où il appelle les plus fameux artistes. Mais, pendant ce temps, les patriciens corrompent le peuple, et un soir, Caïus est poursuivi par cette plèbe à laquelle il se dévoue, car sa tête est mise à prix par le sénat...

Quand du Forum on va au Tibre, et qu'on a traversé le pont Sublicius, qui fait communiquer l'Aventin avec le Janicule, en tournant à gauche, on arrive au *Temple*, assez modeste, et au *Bois-Sacré* de la déesse *Furina* ou des *Furies*. C'est là que se réfugie Caïus, suivi d'un esclave, *Philocrate*. Deux de ses amis, *Pomponius* et *Licinius* combattent derrière lui, afin d'arrêter ceux qui le poursuivent. Mais à peine y est-il parvenu, qu'il ordonne à Philocrate de le percer de son épée. Ce fidèle serviteur lui obéit, mais avec tant de douleur, qu'il se jette ensuite lui-même sur ce glaive teint du sang de son maître.

Peu après, un citoyen du nom de *Septimuleius*, ayant découvert le corps de Caïus Gracchus, lui coupe la tête, et après en avoir tiré la cervelle, il y coule du plomb fondu, afin de recevoir plus d'or en échange, car le sénat a promis de donner autant d'or que pèsera la tête du fier tribun. Le même jour, trois mille des partisans de Caïus perdent la vie. Leurs corps, avec ceux de Caïus et de Fulvius, sont jetés dans le Tibre, et l'on défend à leurs femmes de porter leur deuil.

Alors Cornélie, l'infortunée mère des Gracques, se réfugie sur le cap Misène, dans une villa solitaire, pour y pleurer ses enfants. Alors le consul Opimius élève un *Temple à la Concorde,* dans le but de tromper encore le peuple. Mais celui-ci reconnaît son ingratitude, et, afin de racheter sa faute, il fait placer à ses frais, sur le Forum, une statue de bronze en l'honneur de Cornélie, la mère de ses vrais amis, et l'on y grave cette inscription :

A CORNÉLIE, MÈRE DES GRACQUES.

Mirabeau a écrit : « Le dernier des Gracques périt de la main des nobles : mais, frappé d'un coup mortel, il jeta son sang vers le ciel, et de ce sang naquit Marius... »

Ajoutons, nous, que le ciel, dans sa colère contre Rome, à Marius adjoignit Sylla.

En effet, *Arpinum*, une petite ville de l'ancien pays des Samnites, envoie bientôt à Rome, *Caius Marius*. Plébéien des plus obscurs, il se montre le plus formidable défenseur des plébéiens. Sa vie se passe à lutter contre l'aristocratie romaine. Occupé dès sa jeunesse aux travaux de la campagne, il dédaigne les arts, les sciences, la civilisation. Doué au plus haut point de vertus militaires, il devient tour à tour soldat, tribun, préteur, et lieutenant de *Métellus*, dans la *Guerre de Numidie*, où il supplante son général. Aussi a-t-il l'injuste avantage de mettre fin à la guerre, en recevant *Jugurtha*, roi du pays, des mains du traître Bocchus, roi de Mauritanie, et infortuné gendre de Bocchus. Jugurtha orne le triomphe de Marius, et meurt ensuite dans le Tullianum. Ensuite l'infatigable citoyen d'Arpinum écrase les *Cimbres* et les *Teutons*, dans la Gaule Transalpine, et noie dans le sang la *Seconde Révolte des Esclaves*. Enfin, il va se reposer dans sa délicieuse Villa du Cap Misène, voisine de celle où Cornélie Sempronia pleure le destin néfaste de ses deux fils.

Mais, à Marius, Rome oppose un terrible joûteur, tiré de l'élément patricien, dans la personne de *Lucius Cornelius Sylla*, de l'antique famille *Cornelia*, qui d'abord sert sous ses ordres en Numidie, fait avec gloire la *Guerre Sociale*, et prend Stabie, Pompéï, etc., commence la *Guerre de Mithrilde*, roi de Pont, fait souvent la Voie Sacrée témoin de ses glorieux triomphes, et vient lutter à mort, avec Marius, dans Rome, où il fait couler des flots de sang.

Près de la porte Carmentale et sur le passage de la Voie Triomphale, il est un temple, le *Temple d'Apollon*, précédé d'un *delubrum*, ayant à son centre une Fontaine Lustrale, qui jouit d'une grande renommée. Le peuple de Rome l'a voué en 323, alors qu'une peste afflige la ville. En 366, les Gaulois l'ont brûlé. Lors de la guerre contre Annibal, afin de se rendre Apollon favorable, on y institua *les Jeux Apollinaires*, qui se célèbrent tous les ans au mois de Juillet. Or c'est devant ce Temple, sur le delubrum, que Sylla a placé son tribunal de proscription, et c'est là qu'il ordonne le massacre de quatre mille soldats de Marius, enfermés dans la Villa Publica. Enfin, c'est là aussi que *Catilina*, qui commence à se faire connaître, vient lui présenter la tête du patricien Gratidius, qu'il vient de tuer sur le Janicule.

Car Marius représente l'Italie, et Sylla représente Rome. Marius égorge les nobles, et Sylla, les prolétaires; l'un protège le peuple, qui souffre de la misère la plus abjecte, et l'autre défend les riches, qui regorgent de biens. Les nations de l'Italie, vaincues, sont en proie aux privations de tout genre, et on les dépouille encore; tandis que les hommes en charge, préteurs, propréteurs, gouverneurs de provinces, absorbent leur substance. Crassus, à lui seul, n'a-t-il pas, en terres, plus de quarante millions de notre monnaie? Verrès, en deux ans, n'a-t-il pas tiré plus de douze millions de la Sicile, en pressurant ses habitants ? Rien que d'une province, Pompée ne se fait-il pas donner, par mois, cent quatre-vingt mille de nos francs? César ne paie-t-il pas cinq millions qu'il a empruntés à Crassus, avant d'aller en Espagne, et, à son retour, n'a-t-il pas économisé quatorze millions! Le vieux et sale Caton le Censeur ne compte-t-il pas jusqu'à trois cents esclaves ? Cicéron ne possède-t-il pas de douze à quinze villas ? Et cependant quand Cicéron devient gouverneur de la Bythinie et qu'il déclare se contenter des quatre cent quarante mille francs que lui alloue le Sénat, la province est stupéfaite d'étonnement! En Achaïe, *Pison* veut aussi de l'argent, beaucoup d'argent ; mais il veut aussi l'honneur des familles... *Gabinius*, en Syrie, touche des milliards.

Ce n'est pas tout encore. Sachez comment les Romains traitent les peuples! A

Ferente, un préteur, qui vient se baigner, chasse tout le monde des Thermes et fait battre de verges un magistrat, qui a voulu lui faire entendre raison. A Venouse, un bouvier rencontre un *trossulus* qui voyage en litière :

— Vous portez donc un mort ? dit-il aux esclaves.

Le petit-maître passe la tête par la portière et, rouge de colère, fait aussitôt expirer le bouvier sous le bâton. Ailleurs, la femme d'un préteur ne trouve pas libres les bains : elle se plaint à son mari, et le préteur fait fustiger tous les magistrats. Un consul ordonne aux habitants de Préneste de venir à sa rencontre et de lui préparer un logement et des chevaux. Un autre fait expirer sous les verges des magistrats qui ne lui ont pas fourni des vivres.

Aussi, à Rome, c'est l'éternelle guerre du pauvre contre le riche, et, il faut bien le dire, Catilina, lui-même, luttant contre la société romaine, n'est autre qu'un de nos socialistes plaidant pour le peuple, les armes à la main.

Admirez, mon cher ami, quelle moisson de grands capitaines et d'hommes illustres de toute sorte, produit Rome, ainsi qu'une terre féconde enfante les richesses qui doivent donner une vie abondante.

Pendant la guerre sociale, qui a pour motif la misère à laquelle sont réduits les anciens Etrusques, les Ombriens, les Marses, est un jeune homme de vingt-trois ans, *Ancus Pompeius*. Ce *Pompée* a levé à ses frais, dans le Picenum, trois légions et battu trois généraux pour aller soutenir Sylla dont il soutient le parti, car il hait Marius, que l'on appelle le troisième *Fondateur de Rome*, dont on met le nom à côté de celui des dieux, auquel on offre les prémices de la table et des libations, et qui, lui-même, affecte de boire dans la coupe où Bacchus a bu, dit-on, après la conquête des Indes, et cela parce qu'il a exterminé les *Géants du Nord*. Au premier coup-d'œil, Sylla juge le mérite médiocre de Pompée ; mais il flatte son orgueil, et, descendant de cheval devant lui, quoique simple patricien, il le salue du titre d'*Imperator*. La figure belle et douce de ce vaniteux citoyen, ses manières nobles et élégantes le font comparer à Alexandre : il aime à s'entendre appeler *Pompeius Magnus*. Il signe même de cette épithète. Aussi Crassus de dire : — Quelle taille a-t-il donc ? Il est vrai que Pompée a mis à fin la *Guerre de Sertorius*, issu du pays des Sabins, avocat, puis questeur de Marius, partisan de ce plébéien, enfin gouverneur de l'Espagne, où il s'est rendu indépendant. Usant d'une adresse qui flatte la superstition des tribus de ces contrées, Sertorius, grâce à une très-jolie *biche* entièrement blanche, que des chasseurs lui ont donnée, imagine de faire croire à ses soldats que, par sa biche blanche, il reçoit du ciel des avis secrets. Aussi son armée est-elle fanatisée. Néanmoins la biche oublie de prévenir Sertorius, et le gouverneur rebelle est assassiné par Perpenna, son affidé. Il est vrai encore que Pompée a lutté avec gloire contre Mithridate, a soumis des provinces de l'Asie, a fait cesser la *Guerre des Pirates*, etc. Bientôt même il entrera dans un Triumvirat, avec Crassus et César.

Apparait aussi *L. Licinius Crassus*, le patricien le plus riche de Rome, lequel, nommé préteur, écrase à tout jamais, mais non sans peine, *Spartacus*, dans la *Guerre des Gladiateurs* révoltés. Consul, il devient ensuite Triumvir, avec Pompée et César. Mais son plus grand mérite, c'est sa fortune immense; et sa plus grande gloire est d'être l'époux de *Cecilia Metella*, amie de la célèbre et fatidique reine d'Egypte, Cléopâtre, avec laquelle on la voit fondre des perles dans du vinaigre, pour faire boire ce breuvage par les favoris de la reine, et dont la renommée subsiste encore, grâce au merveilleux sépulcre que lui fait élever son opulent époux, sur la voie Appienne, où une plaque de marbre, que deux mille ans n'ont point descellée, fait lire encore ces mots : *Tombeau de Cecilia Metella*.

Vient ensuite *L. Licinius Lucullus*, que son luxe et sa magnificence rendent aussi célèbre que ses talents. Questeur en Asie, préteur en Afrique, lui aussi fait avec succès l'éternelle guerre avec Mithridate, qui se nourrit de poison. Puis il passe sa vie dans le faste, les délices d'une vie molle et sensuelle, et les festins qui l'ont rendu fameux. — Lucullus dîne chez Lucullus! dit-il un jour, à son cuisinier, qui, sachant que son maître devait manger seul, croyait pouvoir ne pas allumer tous ses fourneaux. Aussi quels repas que les *Festins de Lucullus*! Pour Lucullus, la plus grande gloire est d'avoir apporté de la ville d'Asie, *Cerasonte*, le premier *Cerisier* que l'on connaisse à Rome. Si, je me trompe : il faut dire que ce riche patricien a des villas merveilleuses, sur le promontoire du Pausilippe d'abord, avec des thermes, des théâtres, des temples, etc., dans la campagne de Rome, et qu'il achète aux héritiers de Cornélie, la mère des Gracques, la maison de plaisance où passa son triste deuil cette illustre matrone, près du cap Misène, sur le rivage de la mer Méditerranée.

Vient encore, et d'Arpinum, comme Marius, *Marcus Tullius Cicero*, le plus fameux des orateurs de Rome, qui débute au barreau à l'âge de vingt-six ans, se perfectionne à Athènes; entre à trente ans dans la carrière des honneurs, devient questeur en Sicile, dont il poursuit le propréteur *Verrès*, insigne spoliateur de la contrée, qu'il fait condamner à un honteux exil; est nommé consul, et alors se fait proclamer *Père de la Patrie*, parce qu'il sauve la république violemment menacée par l'infâme *Sergius Catilina*, qu'il foudroie, dans le Temple de la Concorde, sur le Forum, où il a convoqué le sénat, du feu de ses *Catilinaires* et qu'il fait tuer à Pistoïa, dans une sanglante bataille. Alors les partisans de Catilina, conduits du Temple de la Concorde à la prison Mamertine, qui en est séparée seulement par le Clivus du Bois-de-l'Asile, y sont plongés dans le Tullianum, et ses voûtes ténébreuses voient leur dernier supplice.

Vient enfin le plus célèbre de tous, *Caïus Julius Cæsar.*

Vers l'an 63, avant J.-C., alors que Marius meurt honteusement par trop boire; que Sylla vieillit à Pouzzoles, par trop se livrer aux excès; que Pompée se pavane, que Crassus empile son or, que Cicéron charme ses auditeurs, que l'on tue Catilina, etc., on commence dans Rome à remarquer un jeune homme, qui se dit issu des dieux par son père, de la famille des *Julia*, et du roi Ancus Martius, par son aïeul maternel. Sa taille est haute et mince, sa peau blanche et fine; il a les yeux noirs et pleins de vie, et son nez, légèrement recourbé, lui donne, avec les oiseaux de proie, un air de famille. Notre élégant s'épile la peau, dispose coquettement sa chevelure, qui devient rare de bonne heure, et se gratte la tête avec le petit doigt, pour ne pas en détruire l'heureuse harmonie. Et cependant il demeure dans l'ignoble rue de Subure! Il a nom Jules-César. Débauché, perdu de dettes et d'honneur, prodigue à outrance, il tient à Marius par le sang, il est son neveu. Aussi, dans son adolescence, proscrit par Sylla, il ne dut la vie qu'à de puissantes protections. Revenu dans sa patrie, quand Sylla meurt, il se rend populaire en relevant les statues de son oncle Marius, est envoyé en Espagne, triomphe et devient consul.

Pour son début sur la scène politique il forme secrètement un triumvirat, le *Premier Triumvirat*, avec Crassus et Pompée, et se partage avec eux le monde romain. A lui, César, la Gaule Cisalpine! à Pompée, l'Italie! à Crassus, les armées pour courir sus aux Parthes, dans l'Asie!

César s'éloigne: il se rend dans son gouvernement. Ses deux collègues rient sous cape de ce jeune efféminé, dont des lascivetés trop précoces flétrissent la beauté, et font tomber la chevelure. En effet, son corps amaigri, sa peau maladive et pâle, sa constitution dégradée, semblent le rendre peu redoutable. Mais sous ses dehors efféminés, le libertin cache une âme martiale. Aussi quel n'est pas l'étonnement de Rome, lorsqu'un jour, au Forum, on entend raconter que César, le gouverneur de la Gaule Césalpine, vient de conquérir la *Gaule Transalpine*, la *Bretagne*, la *Calédonie*;

Qu'il rompt avec Pompée, dont il a été le jouet;

Qu'il a franchi le *Rubicon*, fleuve de l'Adriatique, que nul général romain ne doit traverser avec une armée, pour venir à Rome, sans l'autorisation et l'appel du sénat;

Qu'il marche sur Rome, et... qu'il est à la porte de la ville!

Il entre, en effet, par la Via-Flaminia, et campe sur le Forum, pendant que Pompée, le sénat et les patriciens s'enfuient par la porte Capène.

Aussitôt notre héros se met à la poursuite de l'ami devenu son ennemi. Il le rejoint en Illyrie, à *Dyrrachium*, entouré de princes et de rois; est presque battu par lui; prend sa revanche à *Pharsale*, en Thessalie, le 20 juin 48; et n'atteint Pompée, en Egypte, que pour le voir égorger par d'indignes meurtriers, envoyés par Cléopâtre, qui veut le séduire, et le séduit. Mais il ne s'arrête que peu de temps près de cette sirène, et vole vers l'Asie, où il écrase *Pharnace*, fils du grand Mithridate, et d'où il écrit au sénat: *Veni, vidi, vici*. De l'Asie, le vaillant capitaine s'élance sur l'Afrique, où il triomphe, à *Thapsus*, de Q. C. *Metellus Scipion*, petit-fils de Scipion Nasica, le meurtrier de Tiberius Gracchus, qui, avec *M. Porcius Caton*, arrière petit-fils de Caton le Censeur, et *Juba*, roi de Numidie, cherchait à y rétablir le parti de Pompée; et, pendant que Metellus Scipion se perce de son épée, et que M. Porcius Caton s'enferme dans *Utique* et s'y donne la mort, lui, César, rentre dans Rome, monté sur un char, traîné par quatre chevaux blancs, y reçoit tous les honneurs d'un sénat avili, est nommé dictateur, voit sa statue placée sur un quadrige, en face de celle de Jupiter, et lit à ses pieds cette devise courtisanesque:

A CÉSAR, DEMI-DIEU!

Ainsi, le jeune officier, à la tunique flottante, dont Sylla disait: — Prenez garde à cette ceinture lâche! le jeune proscrit, dont le même dictateur se faisant prier pour lui accorder la vie, ajoutait: — Dans cet enfant j'entrevois plusieurs Marius! vole comme l'aigle, fulgure comme l'éclair, marchant à la tête de ses légions, à pied, la tête nue, au grand soleil, par les pluies battantes. Il fait trente lieues par jour, à cheval ou dans une charrette. Une rivière l'arrête-t-elle? Il la passe à la nage ou sur des outres. Sont-ce des neiges alpestres qui lui barrent le chemin? Il les pousse devant lui avec son bouclier. Un jour, il apprend que son armée, dont le hasard l'a séparé, est assiégée dans son camp ; il se déguise en Gaulois, et passe au beau milieu des ennemis. Une autre fois, les secours n'arrivant pas, il se jette dans une barque et va seul les chercher. Les présages ne l'arrêtent pas. Il tombe en sortant d'un navire : — Je te tiens, Afrique ! s'écrie-t-il joyeusement. Dans les moments critiques, il renvoie tous les chevaux, même le sien, afin de mettre ses soldats dans la nécessité de vaincre. Après la bataille de Pharsale, il traverse l'Hellespont dans une petite barque, et rencontre L. Cassius avec dix galères. Il devait être pris. Mais point : c'est lui qui, par son audace, fait Cassius prisonnier. Tel est l'homme qui devient le héros de Rome. Alors il partage 300,000,000 à ses soldats, des terres aux vétérans, etc. Au peuple, il donne du blé, de l'huile, cent deniers par tête, et la remise d'une année de loyer. Puis, ce sont des fêtes indescriptibles, des banquets fabuleux, des combats où figurent cent mille gladiateurs ; des boucheries, dont des milliers d'animaux féroces font les frais ; des batailles navales dans le Champ-de-Mars, converti tout exprès en lac. Alors César devient grand pontife, et, à ce titre, il quitte sa demeure de la rue Suburane, et s'installe dans la *Regia du roi des Sacrifices*, près du Temple d'*Ops Conciva*, sur la bordure orientale du Forum, en face de la statue de Scipion l'Africain. Alors, il se promène dans le Forum, couronné de fleurs : alors on le reconduit dans sa demeure, à la lueur de magnifiques et gigantesques candélabres, portés par quarante éléphants.

Rien ne remue plus dans le monde, nul vent de guerre ne souffle nulle part, les peuples, fatigués de tant de combats, semblent soupirer après le repos. Rome est enfin la maîtresse du monde. Elle est la souveraine absolue de ce grand lac de la Méditerranée, admirable bassin créé par la main de Dieu, pour mettre en communication les trois parties de l'univers, l'Europe, l'Asie et l'Afrique ; miroir immense où se réfléchissent Canope, Tyr, Sidon, Jérusalem, Alexandrie, Cyrène, Carthage, Syracuse, Sybaris, Rhégium, Pœstum, Pompéïa, Naples, Rome, Athènes, etc. Par la Méditerranée, Rome ne peut-elle pas atteindre au cœur de la Gaule, par le Rhône ? au cœur de l'Espagne, par l'Ebre ? à Memphis, à l'Ethiopie, par le Nil ? à l'orient, par la mer Egée et le Pont-Euxin ? Aussi Rome se repose ; elle jouit de l'or des nations, et s'amuse avec le sang des peuples.

Le Champ-de-Mars va se trouver restreint désormais, tant la mode va porter les Romains à construire des tombeaux, des théâtres, des portiques et des édifices de toutes sortes, sur ce côté occidental de la colline du Capitole.

En effet, voici d'abord que l'on élève, au père et à l'oncle de Scipion l'Africain, le long de la Voie Tarpéienne, un sépulcre splendide, honneur réservé aux hommes illustres seulement.

Sylla partage bientôt cet honneur d'un tombeau dans le Champ-de-Mars. Le terrible dictateur, ennemi de Marius, avait vu celui-ci égorger dans Rome avec brutalité, comme un véritable rustre. Lui, Sylla, avait tué méthodiquement, en homme qui savoure la vengeance. Chaque jour il affichait sa liste de proscription, et chaque soir il s'assurait de l'exécution. Pour lui, telle tête valait trois cents talents, telle autre cinq cents. Il proscrivait celui-ci pour ses plaisirs, celui-là pour ses jardins. Ses meurtres ne se bornaient pas à ceux du Cirque, où il massacra un jour bon nombre de citoyens, et à ceux de la Villa-Publica, où, une autre fois, il fit tuer quatre mille suspects, dont les cris effrayèrent Rome entière : ils s'étendaient à toute l'Italie. Sur ses vieux jours, le terrible dictateur s'était retiré à Pouzzoles, en face de Baïa : là, pour recréer ses yeux, la veille de sa mort, il fait amener et étrangler sous ses yeux, un certain Granius, qui ne payait pas ses dettes. Il mourut ensuite, oh! d'une mort affreuse. Il le méritait, du reste! Des milliers de vers jaillissaient de millions d'ulcères qui couvraient son corps, pourri déjà, avant la fin de sa vie. Cela n'empêcha pas que l'on fit à l'ancien dictateur un convoi magnifique. Portée de Naples à Rome, par la Voie Appienne, sa dépouille fut escortée par ses vétérans. Vingt-quatre licteurs, armés de leurs faisceaux, précédaient cet immonde cadavre. Deux mille couronnes d'or, don des cités, des légions et de certains flatteurs, suivaient le char funèbre. Les prêtres l'entouraient, le sénat, les chevaliers, l'armée l'escortaient. L'armée, car on craignait une émeute, était presque au complet ; mais nul cri n'interrompit les fanfares, et l'odieux trépassé arriva au Forum, où, du haut de la tribune aux harangues, on fit son éloge! Enfin, on l'enterra au Champ-de-Mars, non loin du vertueux Scipion.

Mais aux tombeaux sont adjoints des théâtres, dans ce vaste domaine de la République. Le *Théâtre de Pompée* est le premier.

A l'extrémité occidentale du Cirque de Flaminius, assez près des temples d'Apollon et de Bellone, et sur le bord de la Voie Triomphale, on élève un vaste hémicycle de cinq cent cinquante pieds de diamètre, dont les lignes de gradins aboutissent à une espace vide de cent soixante pieds. La partie supérieure qui couronne les gradins est composée d'une colonnade, à jour à l'intérieur, fermée d'un mur à l'extérieur. Les *vomitoires*, les *escaliers*, les *précinctions*, les *cunci*, rien n'y manque. Tout est en marbre et du plus beau. Mais au milieu du vaste demi-cercle des gradins, surgit, dans le haut, un fronton magnifique supporté par six colonnes, du plus bel effet, qui donne accès dans le *Temple de Vénus Victorieuse*. Des statues couronnent l'attique, et sur le mur d'échiffre se dressent, à droite et à gauche, des statues équestres. C'est d'un merveilleux aspect. Les gradins inférieurs s'arrêtent à un *podium* de cinq pieds de haut. Alors la partie vide qui précède la *scène* est occupée par *l'orchestre*. La ligne droite qui termine l'orchestre commence, sur une place élevée à la hauteur du podium, le *proscenium*, espace vide que l'on nomme aussi *pulpitum*, où les acteurs jouent leurs rôles. Pour toile de fond, c'est une immense et haute façade de différents ordres d'architecture superposés, avec colonnes, frontons, niches; statues et trois portes, dont celle du milieu s'appelle *porte-royale*, car elle sert d'entrée aux rois et aux reines, tandis que les deux autres sont destinées aux autres personnages. Cette riche façade est pourvue de deux ailes ayant aussi leurs portes, l'une qui est supposée ouvrir du côté de la ville, et l'autre du côté de la campagne. Enfin un immense *velum* de soie bleue, semée d'innombrables étoiles d'or, couvre la scène.

A l'extérieur, comme de vastes jardins s'étendent, derrière la scène, un merveilleux portique, nommé l'*Hécatostylon* du nombre de ses colonnes, entre chacune desquelles se dresse une blanche statue et dont les longues rangées d'arcades sont ornées de soixante-deux colonnes de granit rose, enveloppe ce précieux et magnifique édifice, sur le côté septentrional.

Le théâtre de Pompée contient vingt-huit mille spectateurs. C'est là désormais que l'on jouera les représentations des faits de gloire, des drames tragiques, etc., ou jeux scéniques. Rome ne possédait encore que des cirques. J'ajoute que son auteur, en y adjoignant le temple d'une divinité, a voulu ménager l'opinion publique qui craignait, par l'érection d'un théâtre, le relâchement des mœurs. Hélas! ce scrupule sera de peu de durée maintenant.

Déjà bien d'autres monuments, érigés par la république, ajoutent à la magnificence de Rome : ainsi les statues de ses nombreux triomphateurs sont placées sur les marges de la voie Triomphale et de la voie Sacrée, debout sur de riches piédestals. Ainsi, *M. Tremulus*, vainqueur des Herniques, voit élever sa statue équestre, en bronze, fièrement campée sur une base de porphyre, en avant du Temple des Dioscures ou Castor et Pollux.

Vainqueur dans la Gaule-Cisalpine, et pour avoir triomphé des Allobroges (Savoyards), à *Fabius Maximus*, elle élève un *Arc-de-Triomphe*, à l'entrée du Forum à l'est, à cheval sur la Voie Sacrée, en face des Tavernes-Neuves.

Ensuite, sur l'alignement des Tavernes-Neuves formant la bordure orientale du Forum, le censeur *M. Fulvius* construit *la Basilique Argentaria*.

Les Grecs, désormais soumis aux Romains, envoyant fréquemment des ambassadeurs à Rome, on élève pour les recevoir en quadrilatère un édifice monumental, entouré de portiques avec colonnes du style le plus pur et dans les plus heureuses proportions, six de face, sur onze de côté, à droite de la Curia Hortilia ou Palais du Sénat. *Græcostasis* ou *Station des Grecs*, tel est le nom donné à ce palais servant de salle d'attente aux députés, avant d'être admis dans le sénat. La postérité jugera la beauté de cet édifice par les ruines qu'elle en verra.

Les deux *Statues de Fabius Maximus*, le vainqueur des Allobroges et de *Scipion*, le vainqueur de Carthage, sont placées en avant de la Græcostasis.

Sur le sommet de l'intermont, en face du Bois-de-l'Asile et du Temple de Véjovis, *Scipion l'Africain* construit un *Arc-de-Triomphe* qui domine le Tabularium de toute sa hauteur. Il ajoute à la décoration, en plaçant, de chaque côté de cet arc, deux *Fontaines*, en marbre, du plus bel effet.

En outre, Paul Émile élève une *Colonne Rostrale*, à quelques pas de là, à droite, et à gauche la *Colonne de Jupiter*, surmontée de la statue de ce dieu.

Puis, près du Vulcanal, comme le Forum a été frappé de la foudre, on place une margelle de puits ouvragée, afin que personne ne pose le pied sur cet endroit maudit, et on nomme cette margelle le *Putéal de Libon*, du préteur Sempronius Libon, qui avait son tribunal près de là. Ce Putéal devient alors le point de réunion des emprunteurs et des prêteurs d'argent.

En avant de la tribune aux harangues, on dresse la *Statue du Satyre Marsyas* qui devient le rendez-vous des plaideurs, et les *Bustes* des ambassadeurs romains, à Véies, tués à Fidènes, contre le droit des gens.

Non loin de là, à l'angle nord-est du Forum, à l'entrée d'une rue que l'on nomme pour cette raison *Tria Fata*, on place aussi le groupe des statues des *Trois Parques*, Clotho, Lachesis et Atropos, que l'on peut prendre aussi pour les trois Sibylles de Cumes, de Samos et de Delphes.

Un certain *Menius* ayant vendu au censeur Caton sa maison, sise sur la limite orientale du Forum, afin d'y construire une basilique, Menius s'y réserve une colonne provenant des démolitions, afin d'avoir le droit d'y établir un échafaud pour assister aux combats des Gladiateurs qui se donnent quelquefois sur le Forum. La *Colonne Menia* devient dès-lors le lieu d'audience et le tribunal de police correctionnelle de Rome, car elle est adoptée pour cet usage par les magistrats de police et les triumvirs capitaux.

A côté de cette statue, un peu plus au sud, se dresse la *Statue de Vénus Cloacine*, déesse des Purifications, parce que c'est dans cet endroit même que les Sabines intervinrent entre leurs pères et leurs époux, et que les deux peuples se purifièrent pour procéder à la réconciliation.

Je dois signaler surtout le *Temple de Bellone*, que l'auteur de la Via Appia, Appius Claudius, érige au nord de la Roche Tarpéïenne, sur le Champ-de-Mars. C'est dans ce sanctuaire belliqueux que se réunit le sénat pour traiter des choses de guerre. Une expédition est-elle décidée? un soldat monte sur une colonne, la *Colonne Bellique*, qui en occupe le milieu, et lance une flèche dans la direction du pays ennemi. Ce temple est le plus fameux de Rome; car, plus qu'aucun autre peuple, les Romains ont le génie des batailles.

Enfin, sur la côte occidental du Forum, entre le Vicus Tuscus et le Vicus Jugaris, près de la Grœcostasis, César, lui aussi, fait élever la splendide *Basilique Julia*, à laquelle il donne son nom de Jules. C'est un grand parallélogramme oblong, qu'entoure un triple rang de portiques composés de galeries en arcades. Cet édifice se trouve placé à cheval sur le canal du Forum, canal distinct de la Cloaca Maxima, mais qui, comme celle-ci, porte les eaux de la place jusque dans le Tibre.

Il construit également, dans le massif de maison, voisin de la *Rue des Tria Fata*, un Forum nouveau, qui reçoit le nom *Forum de Jules César*, car le Forum Romanum, encombré de monuments, devient chaque jour trop étroit. Il le décore du *Temple de Venus Genitrix*, en avant duquel l'adulation romaine place une statue équestre d'Alexandre-le-Grand, ouvrage du grec Lysippe, à laquelle on substitue la tête de Jules-César.

Ces splendeurs de Rome donnent une faible idée du luxe qui s'introduit chaque jour dans la cité et du relâchement qui envahit les mœurs. Riches et patriciens ne vivent plus que pour le faste, l'opulence et les plaisirs. On commence à dépenser des sommes fabuleuses pour rendre luxueuses les villas et les tables.

— Malheureux que je suis! criait une des victimes de Sylla, c'est ma villa d'Albe qui me perd!...

C'était vrai. L'amour des villas est poussé fort loin, en effet, à cette époque. On possède des villas à Naples et à Baïa, pour les brises de mer de leurs golfes ; à Tibur, pour la poussière de ses cascades ; à Tusculum et à Albe, pour l'ombrage des beaux arbres, l'air vif des montagnes et la perspective. Il est tel citoyen, Cicéron, par exemple, qui a des maisons de plaisance dans tous ces endroits, et en bien d'autres encore.

C'est alors que *Licinius* invente, pour les poissons, des réservoirs où sont élevées les espèces les plus recherchées. On les acclimate avec un soin tout particulier. Ainsi le *scarus* est apporté de la mer Caspienne ; le barbeau de mer est tenu en si grande estime, que, sous Claude, nous verrons un certain *Asinius Celer*, en payer un jusqu'à 600 francs ! Cette folie devint contagieuse ; tout le monde veut avoir des *Piscines*. Vous avez entendu parler de celles de *Pollion*, sur le Pausilippe, à Naples, très-cher ? Afin d'en établir une digne de lui, *Lucullus*, l'épicurien Lucullus, rase une même portion du même Pausilippe, et y creuse un détroit qui donne passage à la mer. Aussi Pompée l'appelle-t-il *Xerxès togatus*, par allusion au roi de Perse qui coupa le mont Athos. A la mort de ce Lucullus, les poissons de ces viviers sont achetés quatre millions, soit 776,500 francs. *Hirius*, qui, le premier, a l'idée de séparer les poissons par espèces, consacre un réservoir particulier à l'éducation des murènes. Il en fournit six mille pour les festins que Jules-César donne au peuple à l'occasion de ses triomphes. Sa maison de campagne ayant été mise en vente, les piscines firent monter la mise à prix jusqu'à 776,500 francs. Alors les hommes d'état eux-mêmes, alléchés par le gain, *Hortensius* par exemple, à Baïa, se livrent à ce plaisir avec un tel engouement qu'il tient de la démence. On construit des bassins à flot, qui reçoivent et rejettent tour à tour les ondes marines. Des digues, des môles protégent ces constructions intérieures contre les chocs des vagues. Des piliers, des arcades, des voûtes immenses forment au-dedans des retraites où le poisson va prendre ses quartiers d'hiver. Les hôtes de ces demeures y attendent que les esclaves attachés à leur service viennent leur donner la nourriture qui leur convient. Aussi les poissons de ces piscines prennent les allures de nos animaux domestiques. On leur donne des noms, auxquels ils répondent : ils reconnaissent la voix de leur maître, lui baisent la main, frétillent à l'entour. Des *Nomenclateurs* sont chargés de connaitre leurs noms, leur âge, et d'en faire les honneurs aux personnes qui se présentent. *Pline* raconte même qu'il en est que l'on décore de pendants d'oreille. La passion monte jusque-là que le censeur *Crassus* prend le deuil quand il perd sa murène favorite. Licinius, qui inventa les piscines, change son nom en celui de

Murena, par tendresse pour ses murènes, et *Sergius*, par affection pour ses dorades, se fait appeler *Dorata*.

Les piscines ne sont pas le seul ornement des villas romaines. Ai-je besoin de vous rappeler que la *Colline-des-Jardins*, aujourd'hui le Pincio, porte les plus ravissantes maisons de campagne que l'imagination puisse se figurer ? C'est là que *Salluste* établit ses fameux *Horti*. *Mécènes* a les siens sur l'Esquilin ; Pompée, dans la vallée au sud du Forum ; Agrippa, dans le Champ-de-Mars; Jules-César sur les talus du Janicule; Lucullus et Pollion partout. Là, les chars de triomphe apportent, comme des dépouilles opimes, les végétaux conquis dans les plus lointaines régions. A quoi bon vous parler de l'éternel murmure des fontaines et des jets d'eau ; des cavernes artificielles ; des buis, des cyprès, des pervenches qu'un ingénieux acier mutile de mille manières pour représenter des animaux, des flottes, des chasses, etc., qui décorent ses jardins? Aux rivières sinueuses qui la sillonnent, on donne les pompeuses dénominations de *Nils*, d'*Euripes*, de *Méandres*; et on appelle *mer* le bassin bordé de verdure dans lequel, après mille détours, ces cours d'eau viennent se perdre. Les jardins d'hiver que nous croyons avoir inventés, ne sont même pas inconnus. *Pline* nous apprend qu'à l'aide d'une irrigation à l'eau chaude, on fait fleurir, dans des chambres closes, des lis et toutes les fleurs du printemps, pendant la saison des frimas. On y voit même souvent, des vignes et des arbres fruitiers. Seulement, on n'applique pas les vitres à l'usage de ces serres, quoiqu'on les connaisse, ainsi que le prouvent les découvertes de Pompéïa.

Dans ces villas et ces jardins, parmi ces curieux viviers, les quadrupèdes, les oiseaux, les insectes, les reptiles ont leur place. A côté des dattes de Syrie et de la Thébaïde, *Pétrone* nous montre chez Trimalcion, des essaims d'abeilles venues d'Athènes, des béliers de Tarente, et des chiens de Lacédémone. *Vivarium*, est le nom que l'on donne aux ménageries. Enclos de mur qui sont assez élevés pour que les loups ne puissent les franchir, et recouverts d'un enduit lisse pour empêcher les animaux nuisible d'y grimper, ces vastes parcs, divisés en bouquets de bois et en prairies rafraîchies par des eaux vives, nourrissent, à l'état de liberté, des troupes de sangliers, de cerfs, de daims, de lièvres, de chèvres, et même des loires dont les Romains sont fort gourmands, et des escargots monstrueux que l'on va chercher jusqu'en Afrique, et qu'on engraisse pour la table.

Est-il au monde oisellerie ou volière plus magnique que celle dont *Varron* nous fait la description? « J'ai, dit-il, au bas de *Casinum* (1), un fleuve qui traverse ma villa. Une allée découverte en alonge le cours. C'est en remontant cette allée vers la plaine, dans un lieu formé à droite et à gauche, par de hautes murailles, que l'on rencontre ma volière... Deux portiques, en double colonnade, entièrement à jour, sont fermés par des filets de chanvre. Ils sont à ciel ouvert, et pareil filet leur sert de voûte. A chaque extrémité s'élève un pavillon, où les oiseaux trouvent un abri. Ces immenses et magnifiques cages sont remplies de toutes sortes d'oiseaux, auxquels on jette à manger au travers des filets. Un petit ruisseau leur porte ses ondes, etc., » (2)

Tout cela donne bien, j'imagine, l'idée de l'opulence et de l'amour des jouissances des Romains. Aussi tout est à l'avenant. Partout on rencontre des troupes immenses de baladins, d'histrions, de magiciens, de jongleurs, courant en hâte aux lieux de fêtes, pour ajouter aux divertissements et aux plaisirs, le charme de leurs jeux. Des compagnies folles de jeunes Romains se rendant aux banquets de dissolution, des hiérophantes et des flamines, revenant de consulter les oracles, mais montrant sur leurs visages qu'ils sont porteurs de nouvelles faciles à accommoder aux goûts et aux circonstances, selon la position de ceux qui les ont mis en campagne, se montrent sur toutes les voies. On devine, à la mélancolie peinte sur le visage de jeunes femmes, conduites dans d'élégantes voitures et vêtues d'une chlamyde, rappelant la toilette des divinités de l'Olympe, qu'elles arrivent de Corinthe ou d'Athènes, et qu'elles sont appelées à Rome par la brutalité des vainqueurs. Des hommes coiffés de casques, ayant un simple tablier rouge sur les cuisses, et une jambe chaussée d'une bottine de bronze, révèlent, à leur attitude blasée, morne, indifférente, qu'ils n'attachent aucun prix à la vie. En effet, ce sont des gladiateurs, prêts à combattre pour récréer les amateurs de sang et de convulsions mortuaires. Et combien de citoyens aiment ce spectacle dans Rome! Enfin de ci, de là, partout, de toutes les voies, ce sont caravanes de marchands, hommes d'armes, matrones en *carpentum*, officiers, généraux, édiles, pourvoyeurs, esclaves blancs, esclaves noirs, coursiers, chameaux, chars, etc. Tel est le tohu-bohu qui foisonne, batifole, roule, s'agite

---

(1) Maintenant *San-Germano*, près du Mont-Cassin.

(2) Analysé d'un rapport de M. Coste et d'un Mémoire du ministre des travaux publics.

dans tous les sens, se rapprochant de Rome ou s'en éloignant, véritable houle humaine, marée vivante, vagues de chair et de sang, flots moutonneux portant sous leur enveloppe liesses et tempêtes.

Je ne vais pas vous redire les guerres et les victoires de Jules-César, mon très-cher ami. Vainqueur à *Munda*, en Espagne, des derniers partisans de Pompée, César, sans en avoir le titre, est roi de Rome. Aussi les vrais républicains, effrayés, conspirent contre lui. Néanmoins, malgré la prédiction du devin *Spurina*, Jules-César sort de sa demeure le jour des ides de Mars, et se rend à la curie du portique entourant le Théâtre de Pompée, à peu près où se trouve aujourd'hui l'église Santa Andrea delle Valle, près de laquelle j'ai rencontré d'énormes fragments de murailles du Théâtre. Là, vous savez comment il est égorgé par Brutus et Cassius, au pied même de la statue de Pompée, son plus grand ennemi. Il tombe percé de vingt-trois coups de poignard.

Grande colère dans Rome dont le peuple aime César!

C'est au Champ-de-Mars que l'on doit brûler le corps du défunt. Mais, le jour des funérailles venu, le cadavre de César est apporté sur le Forum par les membres du sénat, sur un lit d'ivoire et de pourpre. La toge tachée de sang, qu'elle portait à l'heure suprême, voile la victime. On la dépose sous un dais d'or, placé au côté oriental de la Basilique Julia. Là, avant le départ pour le Champ-de-Mars, un orateur se présente. Il a nom *Marc-Antoine* :

— Moi, l'ami, le lieutenant de Jules-César, dit-il aux sénateurs, je suis prêt à venger sa mort : mais je vous demande votre appui.....

Alors, avant de continuer, joignant l'action aux paroles, il découvre le corps de César, et montre sa toge et sa tunique transpercées et rouges de sang. Soudain un citoyen élève, au-dessus du lit funéraire, une effigie en cire, marquée de vingt-trois blessures béantes. A cette vue le peuple murmure : il entre bientôt en fureur. Les tables, les bancs du Forum sont brisés : on entasse tout ce que l'on trouve sous la main. On improvise un bûcher dans lequel les femmes jettent leurs bijoux; les jeunes soldats leurs couronnes militaires, les vétérans, leurs armes ; enfin, la colère croissant toujours, alors que les ossements de César sont réduits en cendres, on arrache au bûcher ses tisons enflammés et la multitude, ivre de fureur, court incendier les maisons des conjurés.

C'est ainsi que l'on célèbre les obsèques du dictateur et celles de..... la République, car c'en est fait de la liberté de Rome...

Derrière le tombeau du grand homme se lève la pâle figure, semblable à une ombre du Tartare, d'un adolescent timide. Mais le fantôme va prendre corps.

Le jeune homme se nommera *Octave* d'abord, puis la servilité du sénat l'appellera *Auguste!* Ce sera le Ier Empereur de Rome domptée !

Ai-je tout dit ? Non, car je voulais vous parler des empereurs et j'arrive à peine à l'empire. Voilà comment cela se fait :

J'ai crayonné cette lettre, assis sur le fût d'une colonne de la Basilique Julia, au pied du *Temple* dédié *Divo Cæsari!* par le sénat, au lieu même où fut brûlé le corps de Jules. Ce fut un beau sanctuaire, savez-vous ? Les huit colonnes de son portique dominent un podium, auquel conduit un escalier de treize marches. Sur son palier, on érige une nouvelle *Tribune aux Harangues* qui sera bientôt décorée, des rostres pris aux galères *d'Actium.* Ces nouveaux rostres serviront désormais aux orateurs, sans préjudice des anciens. Or, une fois sur le théâtre des événements dont je viens de vous entretenir, je me suis senti le besoin de décrire les visions qui se déroulaient sous mes yeux, comme s'accomplissaient les faits eux-mêmes, il y a deux mille ans. Donc, à bientôt les empereurs !...

Rome, 18 novembre, 185...

En vérité, mon cher Louis, ce devait être un admirable coup-d'œil que celui des légions romaines rangées en bataille sur le vaste turf du Champ-de-Mars. Sous le ciel bleu de Rome, parmi la verdure bronzée des bois sacrés, et au poétique murmure du Tibre baignant la prairie et le pied des collines occidentales, rien de magique, aux rayons du soleil, comme les casques d'acier, les cuirasses d'or, les écus de fer, et les mufles de bêtes féroces, servant de bonnets, de tous ces vaillants soldats qui, rangés dans un même alignement et animés d'un même mouvement, lèvent en l'air, brandissent, vibrent ou laissent retomber les épées, les dards, les javelots, les flèches, les lances ou les pilums dont ils sont armés. Dans un simulacre de guerre, c'était merveille de les voir harceler l'ennemi, voltiger autour, l'attaquer, chercher à le séparer, se confondre avec lui, se mesurer corps à corps, et se mêler dans ses rangs pour les ébranler et les détruire. Ecoutez leurs mélodies guerrières : Y a-t-il rien de plus martial, de plus vif, de plus aigu, de plus harmonieux? Cependant la musique militaire romaine ne se compose que de trois sortes de trompettes :

Les *Tubicines* ou trompettes longues et droites, sonnant la charge et la retraite, et annonçant les exercices du camp ; les *Cornicines* ou trompettes courbes, comme la corne du chasseur ou nos trompettes marines, donnant aux porte-étendarts l'ordre de se rapprocher, de s'éloigner, de planter ou de lever les enseignes ; et enfin les *Buccines* ou cors à large pavillon, indiquant aux troupes le commandement émané du général.

Pendant la bataille et pour sonner la diane, au lever du jour, Tubicines, Cornicines et Buccines mélangent leur harmonie et sonnent de joyeuses et énergiques fanfares.

Le *Clairon*, aux sons perçants, est l'instrument spécial de la cavalerie.

Entre l'organisation de nos armées et celle des légions romaines, nulle ressemblance apparente ; et, en réalité, après l'examen de l'institution et du but de chaque corps, on trouve que, dans l'ensemble, c'est une même idée qui préside à leur composition.

La *Légion romaine* compte six mille hommes, mais on y trouve de l'infanterie légère, de l'infanterie de ligne, des vélites, et de la cavalerie. On lui donne un numéro d'ordre 1, 2, 3, 4, 5, etc., et un nom particulier rappelant une circonstance élogieuse, un haut fait, etc., la *Brutale*, la *Vaillante*, la *Terrible*, la *Victorieuse*, la *Fulminante*, etc. Elle a pour drapeau un *Aigle* en argent poli, surmontant une hampe, ou lance en bois, que garde et accompagne la première cohorte.

Chaque légion se subdivise en *dix Cohortes*, et la cohorte a son numéro d'ordre, 1, 2, 3, 4, 5, etc., et son petit drapeau carré, de couleur écarlate, *Vexillum*, portant le nom de la Légion, et le numéro de la cohorte.

La cohorte se partage en *trois Manipules*, ou pelotons.

Et le Manipule se divise en *deux Centuries*.

Chaque Centurie porte dans ses rangs le *Signum*, bois de lance surmonté de couronnes ou de médaillons, selon ses preuves de bravoure, et d'une pique ou d'une main droite tenant une branche de laurier.

Au-dessous de l'Aigle et du Signum, et au-dessus du Vexillum, on voit un petit plateau en bronze sur lequel sont écrits en relief les quatre lettres S. P. Q. R. ce qui veut dire *Senatus Populusque Romanus*. Au début de l'époque romaine, une poignée d'herbe disposée en couronne, *manipule*, et fixée à la pointe d'une perche, avait servi d'enseigne aux soldats romains. Puis ce manipule fut remplacé par un *aigle*, un *loup*, un *minotaure*, un *cheval* et un *sanglier*. Mais le premier seul a prévalu, et on le surnomme le *Dieu des Légions*. Chaque porte-enseigne a la cuirasse, et un casque formé d'un mufle de bête fauve.

Enfin, un corps de *Cavalerie*, divisé en *Turmes* ou Centuries, et muni d'un *étendart* flottant, est adjoint à la Légion. Cette cavalerie endosse la cuirasse, et se coiffe du casque. Elle est armée de la *parma*, bouclier qui s'adapte au bras, et d'une longue *lance* ferrée des deux bouts, à laquelle est fixée une petite flamme rouge, comme la banderole de nos lanciers. Les chevaux ont des housses de laine brute, et ceux des officiers sont caparaçonnés de pourpre.

Cohortes, Manipules et Centuries comptent différentes sortes de combattants :

1° Les *Hastaires*, soldats armés d'un javelot, de quelques *gèses*, ou épieux, et portant sur le cœur un petit plastron de cuivre. C'est tout simplement de l'infanterie légère, nos voltigeurs.

2° Les *Principes*, qui ont l'écu et des demi-javelines. Ils sont destinés à commencer l'attaque, et répondent à nos tirailleurs.

3° Les *Triaires*, vieux soldats ayant pour armes l'écu, le casque, la cuirasse, la bottine, l'épée, et un chapelet de balles de plomb, dont ils font un grand usage pour assommer et capturer l'ennemi. C'est l'infanterie de ligne, qui ébranle les masses, et passe sur la mêlée.

Mais ces Triaires comptent aussi des *Roraires*, qui précèdent leur marche en lançant des nuées de traits, et des recrues ou *Accensi* que l'on habitue à la rude profession des combats.

Après les guerres Puniques, les *Vélites* furent créés pour remplacer les Roraires et les Accensi. Coiffés de têtes de loups, ce qui leur donne une physionomie effrayante, et pris en croupe par les cavaliers, ils sont portés, comme la foudre, au plus épais des bataillons où ils engagent l'action.

Légats Consulaires, Tribuns Militaires, Décurions, Centurions et Primipi-

laires, telle est la hiérarchie des officiers de l'armée romaine. Les deux premiers grades ont le casque doré, et l'épée attachée à gauche. Ils sont vêtus de l'*angusticlave*, et le *sagum*, riche manteau de guerre, remplace la toge. Les autres portent le *penula* avec franges plus ou moins riche, et au lieu de toge, ils s'enveloppent du *paludamentum*, comme le soldat ; mais le cimier de leur casque est argenté.

L'ordonnance de bataille des Légions est en trois lignes :

En première ligne les Hastaires à intervalles égaux à leur front ;

Les Principes, en seconde ligne, derrière les intervalles des Hastaires ;

Les Triaires, en troisième ligne.

Le signal du combat une fois donné, les troupes légères repassent par les intervalles des deux secondes lignes, et viennent se placer dans les intervalles ménagés, entre les manipules des Triaires. Quelquefois, l'attaque de la ligne ennemie est engagée par les Hastaires seuls, qui, s'ils sont repoussés, viennent s'enchasser dans les intervalles des manipules des Principes ; et si la lutte devient plus pressante, les Triaires s'avancent à leur tour pour remplacer les vides.

Savez-vous bien ce que porte un Légionnaire, en campagne, pour son usage propre ? Lisez, et comparez : Un soldat romain porte d'abord des vivres pour dix-sept jours ; mais, en outre, il a une marmite de cuivre, un panier, une scie, une bêche, une hache, une faux, une corde, une chaîne, de un à douze pieux, le tout fixé à un bâton sur une planchette. Il a de plus ses javelots, son bouclier sur l'épaule, son casque et sa cuirasse. Charge-t-on davantage un mulet ? Evidemment, pour combattre, il dépose tout ce bagage. Mais combien tout cet attirail lui sert pour le campement !

La nécessité de mettre le soldat à l'abri d'une attaque inopinée a fait imaginer l'usage de préparer, soit pour chaque jour, soit pour chaque nuit, soit pour un siége ou pour l'observation, un camp, dont la force et la commodité dépendent des circonstances et du temps plus ou moins long que l'armée doit l'habiter. De là deux sortes de camps, les *Camps de Marche* ou *de Passage*, que l'on construit pour les besoins du moment, et les *Camps à demeure*, qui se divisent en *Castra Strativa*, Camps d'Été, et *Castra Hiberna*, Camps d'Hiver. Ces derniers, véritables forteresses, renferment tous les établissements d'une ville.

La forme quadrangulaire est adoptée. On choisit d'ordinaire un point culminant pour le placer ; et dans les lieux découverts, celui d'où l'on peut le mieux observer la plaine. Il est entouré d'un fossé, *vallum*, de neuf pieds de profondeur sur douze de largeur. La terre en est rejetée du côté du camp, de manière à produire un parapet ou glacis, *agger*, haut de trois à quatre pieds, et fortifié d'une palissade. Chaque côté est percé d'une porte. De ces quatre portes, celle qui regarde l'ennemi est appelée *Porta Prœtoria* ou *Extraordinaria*. *Decumana* ou *Censoria*, est le nom donné à la porte opposée. *Principalis Dextra* est ensuite celle de droite, et *P. Sinistra*, celle de gauche. Elles correspondent l'une et l'autre aux deux extrémités d'une rue longitudinale nommée *Principia Via*, qui divise le camp en deux, et dont la largeur, de dix pieds, sert de *Forum* ou Marché. Le Quartier-Général ou *Prœtorium*, les tentes des officiers et de la garde du général, sont placés dans la partie supérieure du camp. Un drapeau blanc qui flotte au vent, signale le Prœtorium. Le Prœtorium est entouré d'une grande place circulaire : sur sa partie droite se trouve l'*Angural*, où on prend les auspices ; sur sa partie gauche, un *Forum* ou Marché, où se dresse la tente du lieutenant, *Legatus*. En avant du Prœtorium, est celle du *Questeur*, qui a le trésor de l'armée ; et en arrière, une longue ligne de tentes, surmontées de drapeaux rouges, occupées par les officiers supérieures. En regard de la tente du général s'ouvre une autre rue, la *Via Quintana*, qui s'étend de la Porte Prétorienne à la Porte Décumane, et, coupant la Via Principia à angles droits, divise avec celle-ci le camp en quatre quartiers, partagés eux-mêmes par des rues longeant les longues lignes de tentes, *Strigæ*, qui les composent. Chacune de ces tentes, *tabernacula*, contient dix soldats, *contubernales*, sous les ordres d'un chef, *decanus*, et elles sont recouvertes, suivant le temps et les circonstances, de peaux, de planches, de joncs ou de paille. Un grand chemin de ceinture sépare les massifs des tentes du retranchement du camp : il est large de deux cents pieds, et sert à faire ranger les soldats avant de se mettre en marche, ou de combattre et d'attaquer. Quant aux goujats, *calones*, et aux vivandiers, *lixæ*, ils sont placés au-dehors des quatre portes, *procestria*.

A quoi bon tout ce bavardage ? A peindre le génie, la puissance romaine, qui, sous Auguste surtout, va briller de toute sa splendeur.

De ce prince je ne veux pas vous dire ce que vous savez mieux que moi, c'est-à-dire, que nommé *Thurinus* d'abord, on l'appelle ensuite *Octave*, du nom de son père Octavius, sénateur romain ; que par *Atia*, sa mère, laquelle, endormie dans le Temple d'Apollon, ayant senti un serpent l'étreindre de ses replis, neuf mois après, le mit au monde en sa demeure du Palatin, il est neveu de Jules-César ; que César le fit son héritier dans un testament apporté au Sénat par les Vestales ; car c'est l'usage, à Rome, que les testaments soient déposés dans les temples des Dieux, et notamment de Vesta ; qu'après la guerre de Modène contre

Brutus et Cassius, vaincus, il forme, dans l'île du Reno, à Bologne, avec Marc-Antoine et Lépide, un *Second Triumvirat*, qui leur partage l'empire du monde, mais pour le résultat duquel Octave consent à la proscription de Cicéron, qu'il appelle *son père*, et qui, retiré dans sa villa de Tusculum, à la vue des listes de mort, se sauve à Gaëte, ou il est tué. Non,

> Je ne vous peindrai pas le tumulte et les cris,
> Le sang de tous côtés ruisselant dans ....

Rome, quand on affiche ces terribles listes qui font couler le sang par ruisseaux dans le Tibre, horrible boucherie à laquelle Octave prend goût, au point que, assis au milieu du Forum, il assiste lui-même aux exécutions, et reçoit les rapports des meurtres qui se commettent dans la ville, si bien que Mécène, son ami, a honte pour lui, et lui fait passer des tablettes sur lesquelles il a écrit :
— Assez... Lève-toi, bourreau !

Octave se lève, en effet, et le massacre cesse...

Vient la *Bataille de Philippes*, en Macédoine, dont le résultat est la mort de Brutus et de Cassius, et le dernier soupir de la République.

Vient la *Bataille d'Actium*, pendant laquelle, comme à Philippes, en Macédoine, comme à la bataille de Modène, Octave, malade, oh ! très-malade, s'abstient de paraître et... reste couché, disons le mot, reste *caché*, sous sa tente. Dam ! une bataille est malsaine ! Actium le délivre de Marc-Antoine, un associé déplaisant, qui court en Egypte boire à la coupe fleurie que lui offre la belle et voluptueuse Cléopâtre.

Donc, maître absolu désormais, Jules-César-Octave, tout en faisant le timide, le modeste, se laisse parfaitement donner le titre d'Empereur par le sénat. Voici le portrait de ce premier maître de Rome :

Il a les yeux vifs et brillants. Il veut qu'on les croie doués d'une puissance divine. Aussi, quand il regarde fixément quelqu'un, est-il flatté qu'on baisse la tête, comme devant le soleil. Il a les dents petites, clair-semées, ternes. Ses cheveux sont bouclés, un peu blonds, mais il n'en a cure, et les fait abattre à la hâte par plusieurs barbiers à la fois. Peu ou prou de barbe. Ses sourcils sont rapprochés, ses oreilles de moyenne grandeur, son nez aquilin et pointu. Son teint est basané, et sa taille petite. Il boite légèrement, car il a la cuisse et la jambe gauches un peu faibles. Dans l'ensemble il ne déplait pas. Il est plein d'entregent et d'esprit. L'astuce ne lui fait pas défaut. Il aime les hommes de talent. Des pléïades de grands écrivains se montrent dans le firmament de Rome; sous son influence, *Virgile*, *Horace*, *Ovide*, *Properce*, *Tibulle*, *Catulle*, *Salluste*, *Cornelius Nepos*, tous ou presque tous appuyés sur la noble amitié de Mécènes. Il est généreux et grand : il donne des richesses à ses amis, et au peuple de Rome des congiaires, des jeux d'un luxe inouï jusque-là. Il fait des dons extraordinaires aux Temples des Dieux et jette les immenses trésor des conquêtes dans la circulation.

Auguste ferme le Temple Janus, comme symbole de paix. Puis, promenant sur sa capitale un long et attentif regard :

— Je trouve Rome faite de briques, dit-il, mais je la laisserai de marbre !
Et il se met à l'œuvre.

Jadis, dans une marche nocturne, alors qu'il combattait les Cantabres, près de l'Ebre, en Espagne, la foudre éclate subitement, sillonne sa litière, tue l'esclave qui le précède un flambeau à la main. Comme témoignage de reconnaissance, Auguste élève le *Temple de Jupiter Tonnant*, sur le côté droit du Temple de la Concorde, au-dessous du Tabularium, en face du Forum.

Jules-César avait créé un Forum sur le flanc oriental du Mont-Capitolin, mais séparé du rocher par un espace assez large encore. Auguste convertit cet espace en un autre place publique qui devient le *Forum d'Auguste*. Sous le vaste portique du pourtour, il place les statues de tous les grands hommes de guerre que Rome a produits. Mais, au centre, il élève le *Temple de Mars Vengeur*, selon le vœu qu'il a fait à la bataille de Philippes. De chaque côté de ce temple, il fera bientôt ériger des *Arcs-de-Triomphe* en l'honneur de *Drusus* et de *Germanicus*.

Sur la pente méridionale du Palatin, *Hortensius*, célèbre orateur, avait naguère une maison qui devint la propriété de Jules-César, et puis d'Auguste. Ce prince la remplace par un palais, dont la façade principale, large de deux cent soixante-dix pieds, domine le Cirque Maximus, la Voie Triomphale, et la partie du Tibre sise au pied de l'Aventin, qui a nom *Belles-Rives*. Elle est décorée d'une galerie de colonnes sur laquelle ouvrent de vastes salles de cent vingt pieds de diamètre, ornées de fraîches fontaines jaillissantes, près desquelles, pendant l'été, l'Empereur vient se reposer sur un petit lit. En avant de cette façade, une sorte de balcon, demi-circulaire, appelé *Pulvinar*, permet d'assister aux représentations du Cirque, dont le moindre détail ne peut échapper de cette *Loge Impériale*; c'est de ce pulvinar qu'un jour Néron jettera sa serviette dans le cirque, sans interrompre son repas, pour donner le signal de commencer les jeux. Du côté du Forum, au nord, la seconde façade est précédée d'un immense vestibule ou *Area*, jadis le Forum de Rome carrée. Au centre du palais se trouve *l'Atrium*, formant un développement de portiques superposés, ionien au rez-de-chaussée, corinthien au-dessus, sur une surface de cent cinquante pieds carrés, avec des chambres de toutes formes dans le pourtour, même un retrait semi-souterrain et enclos en d'autres cellules, où le timide empereur peut braver le tonnerre, car, vous le savez, Sa Majesté craint la foudre, comme elle a peu de sympathie pour le combat. L'ensemble de cet édifice, composée de toutes les pièces constituant les habitations romaines, sur une échelle grandiose, présente une masse carrée profonde de trois cent vingt pieds. Du Forum Romanum, on arrive au palais par le Clivus de la Victoire, rue antique dont l'extrémité orientale permet d'atteindre l'Area. Auguste travaille dans une sorte de belvédère qui domine le tout, et lui offre un horizon admirable. Si les voûtes des appartements sont ornées d'arabesques et de caissons, et peintes au cinabre et au cobalt, rien de plus simple que leur ameublement. Telle est la *Maison Palatine d'Auguste*, tel est *le Palais des Césars*.

Dans la circonférence du Mont-Palatin, du côté du Cœlius, se dressent, parmi des bosquets et des jardins, la *maison de Cicéron*; puis, en se rapprochant du Forum, le long de la Voie Triomphale, celles de *Clodius*, de *Scaurus*, et sur la pente occidentale, en regard de la Roche Tarpéienne, le palais d'*Agrippa*, gendre d'Auguste. Enfin, dans le voisinage du palais des Césars, les habitations de *Catulle*, de *Crassus*, de *Messala*, du traître *Catilina*, etc., apparaissent aussi aux yeux de l'observateur. Auguste respecte ces demeures, moins les dernières toutefois, qui font place à sa maison Palatine. Mais, à l'exception des vénérables sanctuaires de Cérès, de Jupiter-Stator, de la cabane de Faustulus, de la Curia Hostilia, des Temples de la Bonne Foi, de Junon Sospita, de Cybèle, de Bacchus, de la Fièvre, etc., etc., il fait tomber sans pitié toutes vieilles constructions de Rome primitive, et les remplace par des files de temples magnifiques, *Temple de la Fortune de chaque jour et Temple et Atrium d'Apollon-Palatin*, à un endroit frappé de la foudre et signalé par les Aruspices, etc. Le caveau de Rome carrée, où l'on conserve la charrue en airain, dont Romulus se servit pour tracer l'enceinte de Rome, se trouve placé sous l'aire de ce Temple. Il y ajoute une bibliothèque latine et grecque, avec un vaste et superbe promenoir, voisins l'un de l'autre, et désignés sous ce nom de *Bibliothèque Palatine et de Portique Palatin*. Enfin, en avant, sur la limite du Forum, il élève le Temple de *Mars-Gradivus*.

Il n'est pas dans le monde entier, même dans la belle Athènes, d'aspect plus enchanteur que ces masses superposées, variées de ton, se coudoyant, se regardant l'une l'autre, de portiques, de colonnades, de frontons magnifiques, de palais féeriques, où la matière le dispute à l'art, parmi lesquels se jouent les rayons du soleil, le bruit vague des eaux, la verdure des arbres, les costumes de la foule dorée. Aussi pour le curieux qui se promène sur le grand Forum, et qui du centre de ses merveilles, porte ses regards sur les édifices aériens du Capitole, dont les toits, celui de Jupiter notamment, viennent d'être dorés par *Catulus* et rutilent de feux; sur les forums de César et d'Auguste, d'un côté, et les monuments nouveaux du Palatin mélangés avec les anciens, de l'autre, c'est d'une fantasmagorie à laquelle l'imagination se refuse, quand on n'en jouit point par les yeux.

Une nouvelle statue équestre, toute dorée, a été placée, naguères, par le sénat, au centre même du Forum Romanum. C'est la *Statue d'Auguste*. C'est de ce point surtout que le coup-d'œil de Rome est admirable.

J'ajoute de suite que sur ce même Forum, déjà tout encombré de monuments et si chargé de statues que c'est un vrai monde de marbre, — on en compte dans Rome *soixante-dix mille* ! — Auguste a fait ériger depuis peu, d'abord, près du Putéal de Libon, et non loin du temple de César, *la Colonne de Jules-César*, au pied de laquelle ont lieu des sacrifices ; puis, devant le temple de Saturne, une colonne cylindrique en marbre, boule dorée avec pointe conique, servant de point de départ aux mesures des routes de l'Empire, et que l'on nomme le *Mille d'Or*.

A l'extrémité septentrionale du Champ-de-Mars, au pied d'une petite éminence, voisine de la Voie Flaminienne, que l'on nomme la *colline*, l'empereur fait élever aussi, sur une base monolithe de granit, revêtue de marbre blanc, un obélisque égyptien, haut de soixante-quatorze pieds, en granit rose, chargé de figures hiérogliphyques, rapporté de Memphis. En même temps, sur le sol, au nord, un long marbre blanc incrusté de lignes de cuivre, servant à mesurer l'ombre de l'obélisque, marque ainsi les heures du jour. C'est ce qu'on appelle le *Gnomon*.

Enfin, un peu au nord du Gnomon, et en se rapprochant du Tibre, Auguste fait élever une énorme tour ronde, assise sur un soubassement carré, haut et large de trois cent quarante pieds. Trois étages, dont les diamètres vont en diminuant, composent ce môle. La statue de bronze de l'Empereur couronne le tout. Rien de majestueux comme ce monument, et rien de plus pittoresque, car dans les vides laissés par la retraite des étages, on a placé de la terre où croissent de magnifiques cyprès, décoration funèbre fort bien entendue, puisque cette tour n'est autre chose que le *Mausolée* ou *Tombeau d'Auguste* et de sa famille. A l'intérieur, les étages de ce sépulcre grandiose sont divisés par quinze chambres chacun, ce qui donne un total de quarante-cinq. Elles sont toutes circulaires. Un magnifique escalier à vis occupe le centre du monument et conduit sous la statue colossale de l'Empereur. C'est là, dans un petit temple rond que reposera le chef de l'Empire. Ses parents et amis occuperont les pièces inférieures. Deux obélisques en granit d'Egypte décorent l'entrée de ce vaste tombeau.

Le *Bustum* du Champ-de-Mars, bûcher des funérailles, soubassement de pierre, entouré d'une grille et de peupliers, à l'usage des tombeaux assez nombreux de la Voie Flaminienne, est à quelques pas du Mausolée.

Et voyez un peu l'excentricité de ce peuple romain, qui vit volontiers parmi les morts, un *Bois Sacré* offre ses dômes de verdure et l'ombrage de ses vieux arbres, aux nombreux promeneurs de la ville, fort gais, nonobstant le voisinage des sépulcres échelonnés en bataille.

Ne quittons pas le Champ-de-Mars, ami : il mérite notre examen. Vide naguères, sillonné d'un côté par le Tibre et la Voie Triomphale formant sa limite à l'occident, et, à l'orient, par la Voie Flaminienne et sa colline, il a pour toile de fond, le Capitole, au midi. Au pied du Capitole se trouvent la villa Publica, le Temple de Bellone et celui d'Apollon. Mais depuis peu, le Champ-de-Mars devient riche. Flaminius y a construit son magnifique amphithéâtre; Pompée, son merveilleux théâtre et son délicieux portique; Auguste, son mausolée; et différents citoyens y possèdent leurs tombeaux. Mais l'Empereur va parler, et vous allez voir les prodiges naître sur ce vaste terrain destiné jusque là uniquement aux exercices militaires. C'est à sa famille même qu'Auguste s'adresse et commande de bâtir.

Auguste a eu pour première femme *Claudia*, fille de Fulvie et de P. Claudius, avant que Fulvie épousât Marc-Antoine. Sa deuxième femme fut *Scribonia*, qui lui donna pour enfant Julie. En dernier lieu il épousa *Livie* Drusilla, qui avait déjà un fils, Tibère, l'horrible Tibère.

Auguste a donc pour famille *Octavie* sa sœur, et *Julie* sa fille.

Octavie, elle, à un fils, *Marcellus*, le Marcellus si pur, si doux, chanté par

Virgile. Julie devient la femme de Marcellus. C'était le mouton uni à la louve. Marcellus meurt.

Julie devient alors l'épouse *d'Agrippa*, le vertueux général destiné au trône. Agrippa meurt.

Julie passe ensuite au bras de l'infâme Tibère. Celui-là vit !

Mais d'Agrippa et de Julie naissent *Caïus*, *Lucius* et *Agrippa*, puis *Julie* et *Agrippine*.

Or, Octavie, veuve de Claudius d'abord, puis de Marc-Antoine, qui ne l'a prise pour femme qu'afin de cimenter le triumvirat, et qu'elle n'a pu captiver ni par sa vertu, ni par sa beauté, se met à l'œuvre aussi, à la voix de son frère. Elle construit le monument qui porte son nom, *Portique d'Octavie*, *Bibliothèque Octavienne* et *Curia Octavia*, le tout entre le flanc méridional du Cirque Flaminius et le Tibre.

L'ensemble de ces constructions forme un parallélogramme long de quatre cents pieds, large de deux cent soixante-dix, comptant quatre galeries à quatre rangs de colonnes, avec un porche magnifique au centre de la façade ; ayant, à l'intérieur deux sanctuaires isolés, parallèles et parfaitement semblables, *Temple de Jupiter* et *Temple de Junon*, avec un hémicycle à l'arrière composant une *Area* appelée *Ecole des Portiques*, et se terminant par un édifice placé en dehors qui n'est aussi que la Bibliothèque Octavienne et la Curia Octavia, où l'on peut réunir et où l'on réunit quelquefois, en effet, le Sénat. Le tout, même le toit, est en très-beau marbre blanc, sauf les colonnes qui sont ou de granit rose, ou de marbre de Phrygie, veiné de vert, variété qui charme l'œil.

Marcellus, le fils d'Octavie, lui aussi, prend la truelle du maçon, et bâtit un théâtre, le *Théâtre de Marcellus*, entre la Porte Carmentale, les Temples de Bellone et d'Apollon, et le Portique d'Octavie. Une colonnade immense et belle entoure les gradins, et la scène, fermée par un mur décoré de statues et de colonnes, est adossée au Tibre. Il contient trente mille spectateurs. Le dehors, décoré d'un double étage d'arcades, avec colonnes engagées, est dorique au rez-de-chaussée, ionique au premier étage et corinthien au second.

Le théâtre de Marcellus est situé en face de l'Ile du Tibre. Sur son côté septentrional, entre le fleuve et la Voie Triomphale, se trouve aussi le *Portique de Minucius*, où le peuple vient recevoir ses gratifications de blé.

Mais à la suite de ce portique, *Cornelius Balbus*, général fort dévoué à Jules-

César, sur l'invitation d'Auguste, élève un autre théâtre, *le Théâtre de Balbus*, qui peut contenir aussi trente mille spectateurs. De plus, voulant offrir un endroit commode pour se promener, il construit un portique de cinq cents pieds de long sur cent cinquante de large, renfermant à son milieu des salles de conversation. Il donne à ce promenoir le nom *de Crypta*.

Enfin, au regard de la Crypta, de l'autre côté de la Voie Triomphale, entre cette voie et un petit temple de Castor et Pollux qui occupe un angle perdu sur le flanc du théâtre et du côté de la Curie de Pompée, *Octavius*, un personnage consulaire, bâtit le *Portique Corinthien*, dont toutes les colonnes sont surmontées de chapiteaux corinthiens si magnifiques, qu'ils donnent leur nom au monument nouveau.

Passons du côté occidental du Champ-de-Mars, mais tout en portant les yeux sur le point où je vous convie, jetez un simple regard sur une masse énorme qui se dresse au confluent du Tibre et de la Voie Triomphale, pour ainsi dire, au nord-est de cette voie glorieuse. Là, deux immenses étages de portiques en arcades, avec colonnes et pilastres, formant une enceinte des plus vastes, sont élevés sous le nom d'*Amphithéâtre de Statilius Scaurus*, nom du gouverneur de la ville, qui vient de le construire. C'est là que Tibère donnera des jeux sanglants en l'honneur de la mémoire de son père.

Lorsque la voie Flaminienne a dépassé le Mausolée et la colline du Champ-de-Mars, elle quitte son nom pour prendre celui de *Via Lata*, jusqu'à la Porte Ratumena. Mais alors cette voie large est bordée par les *Septa-Julia*, immenses et longs portiques, dus à Julie, ou au moins portant son nom, car pour être vrai, c'est Auguste qui fait les frais de tous ces prodiges de l'art. Cette longue file de *portiques* se rattache à la Villa Publica, par le *Portique d'Europe*, autre élégant édifice y attenant.

De l'autre côté de la Via Lata, au pied du Mont-Quirinal, et parallèlement aux Septa Julia, on a élevé aussi les *Septa Agrippiana*, construits par Agrippa et précédant le *Diribitorium*, grand édifice, le plus vaste qu'on ait couvert d'un seul toit, lieu de paie des soldats. Dans son voisinage se trouvent aussi les *Septa Frigaria*, sorte de manège; le *Portique de Pola*, sœur d'Agrippa, décoré du plan de l'univers, espèce de carte géographique relevée par César et Auguste; le *Nymphée de Jupiter*, le *Réservoir de l'Aqua-Virgo*, et une foule de petits temples, comme Rome en possède tant.

Tous ces portiques, établis pour la commodité des promeneurs et afin de les abriter du soleil, sont en travertin doublé de marbre, formant d'immenses arcades soutenues par des forêts de colonnes et peuplées de légions de statues magnifiques.

Mais le chef-d'œuvre des chefs-d'œuvre du Champ-de-Mars, c'est le *Panthéon*.

Marcus Agrippa est issu d'une famille obscure ; mais ses talents militaires et ses vertus civiles l'ont élevé aux plus hautes dignités de l'empire. Il est premier ministre et gendre de l'empereur. Pour payer sa dette de reconnaissance, Agrippa veut élever un temple à Auguste. Auguste refuse, et alors le premier ministre le consacre à tous les dieux.

Représentez-vous, mon cher, en arrière d'une area dallée en travertin, sur un podium carré portant un autre podium circulaire, auquel on monte par un escalier de sept marches, orné de chaque côté de superbes lions en basalte, représentez-vous, dis-je, une gigantesque construction sphérique précédée d'un splendide péristyle de cent dix-huit pieds de large sur quatre-vingts de profondeur, et composée de seize colonnes de granit gris monatilhes, dont les chapiteaux corinthiens, en marbre blanc, offrent l'apparence d'un buisson ployant de feuilles d'acanthe. Son large fronton est décoré d'un tympan en bronze représentant Jupiter qui foudroie les géants, et un quadrige, portant Jupiter Tonnant et entouré de Mars et de Vénus, le surmonte. Deux grandes niches, placées de chaque côté de la porte, contiennent les statues colossales d'Auguste et d'Agrippa. Cette porte, haute de trente-six pieds, et large de dix-huit, est toute en bronze. Le seuil est d'un seul bloc de vingt pieds du plus beau marbre africain. Mais ce qui fait le prodige de cette merveille, c'est une majestueuse, une admirable coupole, d'une hardiesse inimaginable, dont la forme empruntée à la voûte céleste, et percée d'une immense ouverture béante qui laisse voir le ciel, repose, sans aucun support, sur un mur en rotonde épais de vingt-cinq pieds, dans lequel on a disposé sept édicules ou chapelles ! De précieuses colonnes de jaune antique, hautes de trente-huit pieds, cannelées, supportant des chapiteaux en airain de Syracuse, corinthiens, mis en relief par une frise de porphyre, et appuyant l'énorme entablement circulaire en marbre blanc de l'édifice, séparent chaque édicule. L'entablement est surmonté d'une attique en marbre, capitonnée de quatorze niches avec chambranles et frontons, et séparées par des cariatides d'airain.

Notez que ce monument précieux est entouré d'une zône d'édifices qui, beaucoup moins élevés, ne lui font rien perdre de sa grâce et de sa magnificence. En avant ce sont des *Thermes* grandioses, établis selon toutes les règles du comfort romain, et composés d'une infinité de salles. Sur le côté qui regarde les Septa Julia, dont est voisin le Panthéon, ce sont le *Temple* et *les Jardins d'Isis*, le *Temple de Sérapis*, dieux d'Egypte introduits à Rome ; *le Sanctuaire de Minerve Chalcidique*, le *Minervium*, le *Temple de Juturne*, et le vaste et beau *Portique de Neptune* et des *Argonautes*. Enfin, sur le côté opposé, c'est aussi le *Portique du Bon Evénement*, le *Bois de Mars*, *l'Autel de la Paix*, et de très-vastes jardins, les *Jardins d'Agrippa*, avec bosquets planureux, grandes pièces d'eau et statues sans nombre.

Maintenant que votre imagination veuille bien se représenter l'ensemble du Champ-de-Mars, avec les monuments que je viens de dire, à la tombée du jour. Alors le brillant soleil de l'Italie descend avec lenteur derrière le Mont-Vatican ; le Monte-Mario nage dans des vapeurs de fournaise ; le Janicule et sa forteresse, ses robustes murailles et les hauts arbres de ses jardins, se profilent sur le fond d'or du couchant. Le Tibre murmure à peine, mais on voit son ruban d'azur, souvent jaune de safran, se tordre gracieusement le long des *Prés Muciens*, des chênes verts du Pont Triomphal, et des Champs Quintiens. Au midi, le Capitole et son Arx, les frontons et les portiques, les différents plans superposés des Temples de Jupiter, de Junon Moneta, de la Curia Calabra, et du Bois-de-l'Asile sur l'Intermont ; enfin, les masses de granit de la Roche Tarpéienne qui les supportent, se teignent de nuances de pourpre et d'argent, dont les marquent les derniers baisers du soleil, tandis que le côté opposé se trouve déjà dans l'ombre. Au loin, à l'horizon, le Soracte, le Mont-Sacré, les collines de Tibur et de Tusculum, la chaîne des Monts-Albains, se couvrent de longs diadèmes aux tons d'opale, de saphir, de topaze et de rubis, que l'œil ne rencontre que dans la campagne de Rome. Bref, à cette heure charmante du soir, à l'entour de ces masses d'admirables constructions du Champ-de-Mars, que domine le dôme de bronze du Panthéon, sur la Voie Flaminienne, sur la Voie Triomphale surtout, la plus fraîche à cause du voisinage du Tibre ; parmi ces mille portiques, aux flancs des bois-sacrés, au milieu de tout un monde immobile de blanches statues, vont et viennent des flots de promeneurs. Rome déborde partout, car les Romains sont fort amateurs de la promenade : elle est pour eux un spectacle. Aussi, Sénateurs en laticlave, Chevaliers en angusticlaves, Consuls et Préteurs en prétextes, gens de guerre et gens de robe, petits-maîtres dans leur toge élégamment drapée, le bras libre et montrant ses bijoux sous la manche brodée d'or de la tunique, et jeunes matrones enveloppées de leur stole de soie, affectant de gesticuler afin de faire voir leur main fine, aux doigts effilés, et aux ongles rosés ; voire même courtisanes en toge d'hommes avec une petite mitre, peinte de diverses couleurs sur la tête selon la loi : toutes les castes de la société se trouvent là, cheminant, causant, batifolant, comme sur la Voie Appienne, comme sur la Voie Latine, comme sur le Forum.

Je ne vous parlerai pas des *Portiques de Livie*, placés au pied du Mont-Esquilin, à côté des bûchers gaulois, et du quartier de Subure, derrière la maison de Pompée, somptueuse et belle, et à droite de la Voie Sacrée, se dirigeant vers le Capitole; et cependant ce vaste portique quadrangulaire en mériterait la peine, car il offre une curiosité à nulle autre pareille. C'est un *cep de vigne*, unique, mais gigantesque, qui marie la verdure de ses guirlandes, et le luxe de ses pampres aux épistyles et aux colonnes de marbre, tout en se donnant le bon ton de produire douze amphores de vin chaque année. Mais vous avez une idée suffisante des magnificences architecturales de la Rome antique, sans que je vous fasse passer en revue tous ses édifices, *Portiques de Caïus*, *Basilique de Lucius*, fils d'Agrippa, l'un et l'autre. J'en passe donc et des meilleurs : d'ailleurs cette lettre n'y suffirait pas.

Cependant je vous signale la *Basilique Æmilia* ou de *Paulus*, voisine de la Basilique Argentaria, entre les Forums de Jules-César et d'Auguste et l'ancienne tribune aux harangues, au pied du Capitole. C'est l'un des plus beaux édifices de Rome, car toutes ses colonnes sont en superbes pierre blanche, veinée de vert et de violet, que l'on nomme marbre de Phrygie. Pour construire cette basilique, le consul *Æmilius Paulus* ferma les yeux sur les dilapidations de Jules-César, dans notre malheureux pays des Gaules, et en reçut le don de quinze cents talents.

Je ne vous dirai rien *du Cirque de Flora*, construit sur le côté oriental du Quirinal, par une courtisane qui lui donne son nom. Les jeux que l'on y représente se célèbrent la nuit, et finissent par devenir la fête des *Meretrices*, qui y paraissent dans le plus simple appareil....

Ni du *Cirque de Salluste*, placé sur la pente orientale du Mont-Pincio, appelé aussi la *Colline des Jardins*, tant l'aristocratie de Rome y établit de bosquets, de parterres, de villas et de réduits charmants. Le célèbre historien se donne l'opulente fantaisie de bâtir, à côté de son cirque, une villa, dont l'imagination peut à peine se représenter le luxe et la magnificence. Il avait choisi le Pincio, comme le site le plus salubre et le plus pittoresque. On y dresse d'abord de délicieux *Horti*, un portique admirable appelé *Milliarium*, parce qu'il a mille pas de long; des *Thermes*, des *Temples*, le *Cirque* en question, et la maison du maître, une *Villa*, dont la somptuosité fait que, par la suite, elle devient la maison de campagne de Néron, de Vespasien, etc. C'est là que meurt le bon Nerva. Cette riche demeure est à deux pas de l'Agger de Servius Tullius, et du Campus

Sceleratus, où on enterre, vivantes, les Vestales qui ont souillé leur pureté virginale.

Je ne vous dirai rien non plus de la *Colonne de Minucius*, du *Temple Fortumnus*, du *Portique Aventin*, de l'*Atrium* et de l'admirable *Temple de la Liberté*, non plus que du vaste *Portique Emilien*, situé hors de la porte Navale, le long du Tibre, dont on décore le quartier de l'Aventin ou plutôt la *XIIIe Région*, car Auguste a divisé Rome en XIV régions.

Mais, quand je vous aurai rappelé qu'Auguste meurt à *Nole*, près de Naples, en présence d'amis qui l'entourent et en se contemplant dans un miroir, car, pour cette circonstance solennelle, il s'est fait calamistrer, *maquiller*, parer, et qu'il s'écrie : « N'ai-je pas bien joué mon rôle ? Applaudissez donc, car la pièce est finie ! » je vous présenterai, comme second empereur de Rome, un monstre de lasciveté, de férocité, Tibère ! le fils adoptif d'Auguste, le fruit de l'ambitieuse Livie et de son premier mari, *Tiberius Néron*.

Tibère ne fait pas chanter aux peuples, comme Auguste, par la bouche des poètes :

O Melibœe, Deus nobis hæc otia fecit !

Il inaugure le règne des Césars, lui, par le feu, l'eau, le poison, le poignard et la corde. Voyez qu'elle longue file d'ombres blanches, enveloppées de suaires rougis de sang, part du trône impérial pour aller à la mort.

C'est d'abord *Posthumius Agrippa*, le seul fils d'Agrippa qui vit encore ;

C'est ensuite le sage *C. N. Drusus*, surnommé *Germanicus*, à cause de ses victoires sur les Germains, et honoré par le peuple romain d'un monument triomphal placé à la porte Capène, *intra muros*, *l'Arc de Drusus* ;

Puis vient le pâle fantôme de sa veuve, la vertueuse *Agrippine*, que le tyran réduit au désespoir et porte à se laisser mourir de faim dans l'île de Pandateria, en Méditerranée.

Enfin, suit une interminable procession de victimes de tout rang, de tout âge, de tout sexe. Il n'est pas jusqu'à sa mère Livie, que le sénat a déclarée *Augusta*, comme il fait d'Auguste un Dieu, en lui élevant un sanctuaire, au bout du Clivus de la Victoire, à côté du temple où l'on dresse le *Temple d'Auguste,* et où l'on fait l'apothéose du nouveau dieu; il n'est pas, dis-je, jusqu'à Livie, la vénérable Augusta, qui ne lui devienne insupportable, et qu'il ne mette à l'écart...

Il fait périr *Séjan*, son ministre favori, autre monstre qui mérite bien son supplice.

Aussi quelle horreur inspire Tibère ! Il le comprend, et voici notre vainqueur des Cantabres, des Germains, des Pannoniens, qui songe à quitter Rome. Tibère, dans sa jeunesse, s'est montré vaillant capitaine. *L'Arc-de-Triomphe de Tibère*, placé sur le Forum, non loin du Temple de Saturne, rappelle à Rome ses premiers hauts faits; mais les derniers l'épouvantent. Ne soyez donc pas surprise, que le sinistre Empereur déserte le *Palais Impérial* qu'il s'est fait construire sur le Palatin, au côté septentrional de la Maison-Palatine d'Auguste. L'homme vigoureux qui perce du doigt une pomme encore verte, et qui, d'une chiquenaude, blesse à la tête un enfant, voire un adolescent; le prince au teint blanc et aux cheveux tombant longs sur le cou, comme ceux d'une jeune fille; le tyran au visage beau, mais à l'œil fauve et tellement perçant qu'il lit dans l'obscurité ; le misanthrope de sombre et mélancolique humeur va pourrir dans les immondes turpitudes de ses villas de Caprée. Mais comme il est un Dieu vengeur des crimes, quand Tibère tombe malade, Caïus, son fils adoptif, qui doit lui succéder, Caïus lui ôte son anneau, et, l'étranglant d'une main, de l'autre jette sur lui un matelas pour étouffer l'infâme.

Ne croyez pas que ce soit pour débarrasser la terre et purger le monde; non, c'est pour régner à sa place qu'agit ainsi Caius Caligula. A la vue de la mort violente de Tibère, un affranchi qui pousse un cri d'horreur est aussitôt puni par le supplice de la croix. Ainsi, c'est par un parricide et un meurtre que signale son avènement au trône impérial le troisième maître de Rome. Dès lors ne soyez pas surpris de ce qui va suivre...

Caïus, né à Antium, a pour père Germanicus, et pour mère Agrippine. Son surnom de *Caligula* est un sobriquet militaire qui lui vient d'une chaussure de soldat, portée par lui dans les camps aux jours de son enfance. Ses parents morts, il demeure avec Livie. A vingt-un ans, Tibère le mande près de lui. Voyez-le, taille haute, teint pâle, corps très-gros, jambes fort maigres, ainsi que le cou, yeux fort enfoncés, tempes creuses, tête chauve, velu, très-velu partout. Il est atteint de bonne heure du mal caduc. Mais de très-bonne heure aussi, on voit se développer en lui les plus redoutables inclinations. Son plus grand plaisir est d'assister aux tortures et au dernier supplice des condamnés. La nuit venue, Caïus se cache sous de faux cheveux, et va chercher aventure dans les fanges des quartiers les plus immondes.

— J'élève un serpent pour le peuple romain, et un Phaéton pour l'univers! avait dit Tibère.

Tibère avait dit vrai! Il s'y connaissait, l'ignoble créature!

D'abord, ayant fait prolonger, jusqu'au Forum, une aile du palais d'Agrippa, dont il a hérité, à l'angle nord-est du mont Palatin, Caligula se permet de transformer le temple de Castor et Pollux, placé au-dessous, en un Atrium de ce palais, et il vient s'y asseoir entre les Dioscures et se faire adorer avec eux. On y trouve sa statue en or, fort ressemblante, que l'on habille chaque jour comme il s'habille lui-même. On lui sacrifie, le cuistre! des phénicoptères (1), des coqs de bruyères et des poules de Numidie, etc. Mais ensuite, il fait dresser un pont aérien qui passe par-dessus le temple de Saturne, etc, et va s'appuyer sur l'Area du temple de Jupiter Capitolin. Là, de jour, il vient s'entretenir avec Jupiter, dit-il, et il affecte, l'impie! de parler à l'oreille du dieu et d'approcher la sienne de sa bouche. La nuit, il invite la lune à partager sa couche. Il veut faire un consul de son cheval *Incitatus*; il lui décerne même le souverain Pontificat; il élève sa statue dorée sur le Forum, et le loge dans une écurie plus somptueuse qu'une basilique. La bonne bête se laisse faire; la folie de son maître lui plaît.

Car Caligula est fou. Mais quelle folie! quel monstre, grand Dieu! Il destitue les consuls, fait battre de verges les questeurs, exige des sénateurs qu'ils courent à pied, en toge, et par un soleil brûlant, à côté de son char, pendant bon nombre de milles: il se fait servir à table par les premiers patriciens, la serviette sur le bras; nourrit les bêtes féroces du Cirque Maxime avec des esclaves vivants, ou des gens qu'il raccole dans ce but; enferme des citoyens dans des cages basses et les garde ainsi accroupis dans une ménagerie; force les pères d'assister au

---

(1) *Phénicoptère*, du grec phœnix, *pourpre*, et ptéron, *aile*, est un oiseau ainsi nommé à cause de la couleur de ses ailes: c'est, je crois, notre *Flammant*.

supplice de leurs enfants; pendant les jeux, ordonne de retirer subitement et sous les plus chauds rayons du soleil, le *Velarium* qui couvre les amphithéâtres; au lieu de combats ordinaires, fait lutter des invalides avec des bêtes infirmes; s'amuse beaucoup de leurs grimaces de douleur et des convulsions de leur trépas; immole des milliers de citoyens; brûle ceux-ci, mutile ceux-là; les fait scier vifs par le milieu du corps; enfin dit aux bourreaux, en clignant de l'œil, d'un air d'intelligence avec eux.

— Frappez à petits coups redoublés, de manière qu'ils se sentent mourir! Quelquefois il ajoute :

— Quel malheur que les Romains n'aient pas une seule tête ! J'aurais tant de plaisir à l'abattre d'un seul coup...

Tibère avait amassé sept cent millions de notre monnaie, le naïf Caligula les emploie, non pas à des *Congiaires* (1), ni à des *Donatifs* (2), mais à construire un pont sur la mer, oui, sur la mer, car le golfe, qui sépare Pouzzoles de Baïa, est une mer; il les convertit en poudre d'or et en vermillon dont il fait parsemer les arènes des cirques, et en barques d'argent décorées de pierreries et de fleurs. Car il aime les fleurs, le doux souverain ! Mais il aime aussi que, pendant ses repas, on donne la question à de vénérables vieillards, et que l'on égorge, sous ses yeux, quelques douzaines de jeunes gens et de jeunes filles. Cela lui donne de l'appétit. Il est surtout un certain soldat qui décapite à ravir. Il le fait venir chaque matin : le sabreur s'exerce devant lui sur des esclaves ou des citoyens, peu importe...

Notez que si le ciel est serein, Caligula défie la foudre. Mais si le tonnerre gronde, il se blottit sous sa couche, ou dans une cave, le lâche !

Caligula a fait creuser un souterrain qui communique de son palais avec le Cirque Maxime. Le 9 des kalendes de février de l'an 41 après Jésus-Christ, vers la septième heure (3), il passe sous cette voûte, se rendant à une boucherie

---

(1) *Congiaire*, *congiarium*, est une distribution extraordinaire que les Empereurs de Rome faisaient au peuple, en argent ou en denrées, blé, etc.

(2) *Donatifs*, *donativa*, sont des largesses d'argent, promises, dues ou non, faites aux soldats romains.

(3) Les Romains, comme les Babyloniens et les Juifs, comptent l'heure à partir de six heures du matin. Ainsi midi était pour eux la septième heure, une heure la huitième, deux heures la neuvième, etc.

du cirque, lorsque le tribun d'une cohorte prétorienne, la garde des empereurs, lui plonge son poignard dans le cœur et le tue. On brûle à demi son cadavre dans les *Jardins d'Amius*, sur l'Aventin, et on le jette dans un trou creusé en hâte, comme un vil animal.

O Rome! que sont devenus tes Numa, tes Publicola, tes Quintus Cincinnatus, tes Camille, tes Fabius, les Fabricius, etc.?

Cependant, les conjurés, car *Cherea*, le tribun de la cohorte prétorienne, est le chef d'une conjuration, les conjurés, tout en chaffriolant, tout en furetant dans le palais impérial, avisent, derrière une tapisserie, une sorte de nigaud efflanqué, mi-chauve, boiteux, la taille déviée, qui tremble de tous ses membres. Ils le saluent et le proclament empereur! Aussi Rome est en liesse. Elle préfère un imbécile à un fou.

Cet imbécile, *cette ombre d'homme, cette ébauche de la nature*, comme l'appelle sa propre mère, *Antonia*, fille de Marc-Antoine et d'Octavie, et femme de Drusus, frère de Tibère et père du noble Germanicus, c'est CLAUDE.

Oui, c'est Claude, frère du vertueux et grand Germanicus. Le trait le plus marqué de son caractère est la méfiance et la peur, dit *Suétone*. Mais Suétone ajoute aussi, que si ses commencements sont quelque peu heureux, bientôt il se laisse gouverner par sa femme, l'impure *Messaline*. Il a même la faiblesse de tolérer ses monstrueuses débauches; mais lorsqu'elle le fait signer au contrat de son mariage avec *Silanus*, il la fait mettre à mort. Peu après il épouse *Agrippine*. C'était tomber de Charybde en Sylla. Celle-ci lui fait adopter Néron... Claude donne des congiaires au peuple, et des donatifs aux soldats, lui : mais en revanche, il est toujours prêt à manger et à boire; il ne sort jamais d'un repas que gonflé de nourriture et de boisson. Un jour qu'il juge dans le Forum d'Auguste, il est frappé de l'odeur d'un festin que l'on prépare non loin de là, pour les prêtres Saliens, dans le Temple de Mars. Il quitte son tribunal, monte chez ces prêtres et se met à table avec eux. Une autre fois, à Tibur, il veut voir un supplice à la manière des anciens. Les coupables sont attachés au poteau, mais le bourreau est absent... Claude a la patience d'attendre jusqu'au soir qu'on l'ait fait revenir de Rome... Aux spectacles du Cirque et des Amphithéâtres, il fait égorger ceux des gladiateurs qui tombent par hasard. Il aime à regarder le visage mourant des rétiaires. Et cependant cet homme cruel est né à Lyon, dans les Gaules, et c'est lui qui abolit, dans cette vaste contrée, l'abominable religion des Druides.

Malheureusement il se laisse gouverner par *Narcisse* et *Pallas*, ses affranchis; et ceux-ci le poussent à des crimes sans nombre. Le seul travail important qui s'exécute sous son règne, le voici :

Au sud de Rome, non loin *d'Arce*, la ville qu'habite *Quintus*, frère de Cicéron, au-delà du *Ponte-Salviano*, et de ses hauteurs, on voit un lac qui n'a pas moins de quatre lieues de longueur. C'est le *Lac Fucino*, que nous avons visité. De nos jours, *Celano* est son nom; ce lac occupe le cratère d'un ancien volcan.

On ne peut se figurer rien de plus pittoresque que ses rivages entourés de hautes collines et de montagnes. Autrefois les Marses habitaient cette contrée. Mais alors le lac Fucino est soumis à des crues périodiques qui menacent incessamment de leurs inondations les riverains toujours en alerte. Aussi Claude veut porter remède à ces caprices désastreux d'une nature rebelle. Il réunit trente mille esclaves et leur fait creuser un conduit souterrain, voûté, qui traversant le Mont-Salviano, aboutit à *Campistrello* où il dégorgera le trop plein du lac dans le lit du *Liris*, le *Garigliano* d'à-présent. Ce travail dure onze ans. Lorsqu'il est achevé, Claude, pour l'inauguration de cet émissaire, donne un grand combat naval de galères à trois et à quatre rangs de rames, chargées de vingt mille gladiateurs. Le prince imbécile préside cette fête nautique sous un harnais de bataille, et Agrippine y paraît vêtue d'une chlamyde d'or. Quant aux gens de cour, de robe et d'épée, le nombre en est incalculable: les collines offrent un si bel amphithéâtre pour tous les spectateurs, et les Romains aiment tant la vue du sang ! Les vingt-quatre galères, divisées en flotte Sicilienne et en flotte Rhodienne, passent tour à tour devant la cour impériale, les gladiateurs s'écriant bravement :

— *Imperator, morituri te salutant !* Ce qui signifie : Empereur, ceux qui vont mourir te saluent !...

— Salut à vous ! répond Claude.

A ces mots de l'empereur, les gladiateurs ne veulent plus se battre, disant que cette réponse est leur grâce. Aussitôt Claude délibère s'il ne les fera pas périr tous par le fer ou par le feu. Mais non : il s'élance de son siège, court çà et là, autour du lac, d'un pas chancelant, d'une façon ridicule, menaçant ceux-ci, priant ceux-là, de telle sorte qu'il finit par les décider. Le signal est alors donné par la trompette d'un triton d'argent qu'un turc fait surgir du milieu du lac. Hélas ! tous les gladiateurs, jusqu'au dernier, vingt mille hommes ! rougissent de leur sang les eaux du lac Fucino, et leurs cadavres servent de pâture aux poissons de ses abîmes. Mais quand on donne l'ordre d'ouvrir le passage aux eaux, l'émissaire s'engorge presqu'immédiatement.

Il fallut creuser de nouveau le canal souterrain. Le second écoulement n'eut pas un résultat plus heureux. Claude faillit même périr sur le pont de bateaux qui le portait et que disloqua la violence du courant. L'affranchi Narcisse, qui dirigeait les travaux, fut mis en cause. Agrippine, qui le détestait, profita de l'occasion pour le faire envoyer en exil, où il se tua. Dès-lors cette œuvre d'assainissement fut abandonnée.

Je vous ai dit, ami, que nous avons rendu visite au Lac Furcino. Rien de plus curieux que le tunnel de Claude. Sa formidable maçonnerie rappelle les blocs de péperin qui forment la Cloara Maxima de Tullus Hostilius, à Rome, et le bel émissaire du lac d'Arbe. Mais on est entouré sur les rives du lac de trop nombreux serpents, dont les populations riveraines excellent à charmer la sauvagerie. J'ajoute qu'une compagnie d'ingénieurs cherche en ce moment à reprendre et à faire réussir l'entreprise de Narcisse.

Revenons à notre héros. Claude est gourmand : il aime surtout les champignons. Mal lui en prend. Voici qu'on lui en sert une coquille succulente, au sortir du bain. C'est *Locusie* qui l'a préparée, et quelle habile cuisinière que Locuste ! Elle fait son état de la chimie, à la façon de notre Brinvilliers. En *toxicothecnie*, Orfila n'était qu'un pygmée à côté de Locuste. Tant il y a que Claude croque les champignons à belles dents... Cependant Claude pâlit à peine... Accourt le médecin *Xénophon*. Xénophon glisse dans la gorge du malade une plume, mieux préparée que la coquille, et Claude se raidit... Il est mort.

Deux prétendants se trouvent en présence, Britannicus, fils de Claude, et Néron, fils d'Agrippine. D'abord l'encens fume sur les autels en l'honneur du défunt : car de Claude l'imbécile, le sénat vient de faire un dieu ! Ensuite, Agrippine, en bonne mère, fait donner le sceptre à son fils.

Alors, silence ! Les portes de la Maison Palatine s'ouvrent ; le préfet du Prétoire s'avance : *Burrhus*, le sage précepteur Burrhus, le suit ; *Sénèque*, le grave Sénèque l'accompagne ; puis des légions de consuls, sénateurs, hérauts, chambellans, officiers en sagum, femmes en stoles, courtisans en laticlaves, chevaliers en angusticlaves, voire même Agrippine, précèdent tous le nouvel empereur, en s'écriant.

— Vive, vive Néron ! Vive l'empereur Néron.

Pour son début, à peine Néron a-t-il reçu les hommages de la foule assemblée sur le Forum, qu'on met sous ses yeux une sentence de mort.

— Dieux ! s'écrie-t-il, en levant au ciel un œil bleu qui s'injecte de sang ; dieux ! que je voudrais ne pas savoir signer !...

Il signe cependant.

— Vous êtes un grand César ! dit le sénat, en courbant l'échine.

— Attendez ! attendez ! attendez !... répond malignement Néron.

Attendez, en effet, vous n'attendrez pas long-temps ! Regardez, tout d'abord. Un festin se prépare. Quelle splendeur dans le triclinium d'Auguste ! que de vases d'or, que de patères, de hanaps, d'urnes d'or ! Et les mets ! Pauvres galas de France et de Navarre, maigres banquets de la vorace Albion, que vous êtes mesquins à côté des dîners de Néron !

Les convives se présentent, *Britannicus* est du nombre. Tout-à-coup ce tendre fils de Claude, trop vertueux déjà, tombe... du lit, incrusté d'ivoire, sur lequel il est couché. On s'empresse, on l'entoure. Cette fois Locuste s'est surpassée ; Britannicus est mort. Tous les convives pleurent et se désolent. Néron, lui, nonchalamment étendu, continue son repas et fait honneur aux vins d'Espagne. Ils sont si bons les jambons des Cantabres, si savoureux les vins de Lucentum, surtout mis au frais dans les buires de Sagonte ! D'ailleurs, franchement, Britanicus, l'héritier de Claude, Britannicus était gênant !

Donc c'est Néron qui règne. Voici son portrait : Sa taille est médiocre, il a le corps couvert de taches et infect ; les cheveux sont blonds, les yeux bleus, la vue faible, le cou épais, le visage dur. Son ventre est proéminent, ses jambes sont grêles ; mais il est robuste.

Empereur, le voici, pendant la nuit, qui court les tripots et les tavernes, déguisé en esclave, pillant les marchands, jetant les citoyens dans les égouts, brisant les portes, abattant les statues, et allant chercher le plaisir d'immondes saturnales, jusque dans les quartiers les plus obscènes. Ainsi le théâtre de ses orgies est de préférence la porte de Rome, qui touche à un pont nouveau, le *Pons Milvius* (1) que construisit, au temps de Sylla, le censeur

---

(1) *Le Pont Milvius*, dans l'origine, se nomma, *Pont Emilius*. D'Emilius on fit *Milvius*, puis, *Milrius*, et aujourd'hui, Ponte Molle. A cette heure, Rome, qui s'étendait jusqu'au Pont Mivius, en est éloignée de trois milles, tant les Barbares ont détruit et saccagé cette grande cité.

ESCALIER DU CAPITOLE.

Emilius Scaurus, et où la jeunesse romaine se donne rendez-vous pour ces sortes de joies nocturnes.

Né à Actium, le 18 des kalendes de janvier, l'an 37 de Jésus-Christ, le charmant poupon, avant de toucher la terre, avait reçu tout d'abord les baisers du soleil qui se levait en ce moment. Hélas ! pourquoi le soleil ne le réduisit-il pas en cendres ! Rome n'aurait pas eu tant à pleurer, ni la jeune Église du Christ, tant à gémir ! Je ne vais pas vous dire les crimes de ce profond scélérat : à quoi bon vous faire rougir ? Un homme qui tue sa mère Agrippine ; qui tue son précepteur Sénèque ; qui tue Burrhus son gouverneur et préfet du Prétoire ; qui tue sa première femme, la belle et vertueuse *Octavie* ; qui tue sa seconde femme, l'impure et odieuse *Poppée* ; qui tue tous ses amis, est capable de tout, et ce tout, pour Néron, est vaste comme l'Océan. Pendant vingt ans, il fait la honte de l'humanité. Voyez-le incendier Rome, afin d'accuser les chrétiens de ce forfait, et pendant que la ville brûle, du haut d'une tour dont Mécènes avait décoré ses jardins, sur l'Esquilin, voyez-le contempler le spectacle grandiose d'une cité livrée aux flammes. Heureusement les quartiers plébéiens seuls sont la proie du sinistre. Voyez-le rougir du sang de toute une armée de nouveaux chrétiens le *Cirque de Néron*, que Caligula avait construit sur les champs d'au-delà du Tibre, qui, après avoir été le domaine de Q. Cincinnatus, de vertueuse mémoire, étaient passés aux mains de la sage Agrippine, femme de Germanicus, laquelle y avait élevé une villa et dressé des jardins où elle aimait à se promener avec ses enfants. Voyez-le s'entourer d'hommes sortis des bas-fonds les plus immondes ; contraindre des sénateurs et des chevaliers à se battre dans les cirques, à danser, et à galopper sur des chameaux. Voyez-le se tenir en équilibre sur la tête des éléphants ; faire dorer le théâtre de Pompée, pour y débuter en vil histrion, en pantomime ; pêcher avec des filets d'or et de pourpre ; ne voyager qu'avec quatre mille mules ferrées d'argent, des courriers vêtus de pourpre et ornés de collier d'or ; dépenser en parfums de roses de Pœstum plus de quatre millions de sesterces ; se faire chanteur afin d'être applaudi par la foule ; par jalousie, renverser, traîner avec un croc dans les rues et jeter dans les cloaques les statues, les bustes et les couronnes de vainqueurs dans les combats lyriques et dramatiques ; après avoir obtenu, en Grèce, un nombre immense de couronnes pour le chant et la pantomime, entrer dans Naples d'abord, puis dans Antium, dans Albanum, et enfin dans Rome, par une brèche faite aux murailles, selon le privilège des vainqueurs aux jeux sacrés, sur un char qui a servi au triomphe d'Auguste, avec une robe de pourpre, une chlamyde parsemée d'étoiles d'or, la couronne olympique sur sa tête, et à la main une branche de laurier pythien.

Mais c'est assez, quoique j'aie à peine entamé la matière.

Disons que la Maison Palatine d'Auguste ne suffit pas à Néron. Il fait raser toutes les constructions qui se trouvent au midi, derrière le Forum, au pied du Cœlius et de l'Esquilin, les Horrea, le Macellum, le Forum Cupedinis, la maison de Pompée, une partie du quartier de Subure et celui des Carines. Alors il fait communiquer le Palatin avec les Esquilies, et transforme ce quartier en un parc immense, ayant des pièces d'eau, des édifices somptueux, des prairies, des champs de blés, des vignobles, des pâturages et des bois peuplés d'une multitude de troupeaux et de bêtes fauves. Mais ce qui fait la merveille de ce parc, c'est le palais qu'il construit sur la pente méridionale de l'Esquilin. On lui donne le nom de *Maison-d'Or*, tant Néron y amoncelle de richesses. L'intérieur est, en effet, doré partout; on y voit que pierreries, nacre de perles et peintures des plus fines. Les plafonds des triclinia, du tablinum, de l'exèdre, etc., sont faits de tablettes d'ivoire mobile, d'où s'échappent, par leurs ouvertures, des fleurs et des parfums. La plus belle des salles est ronde, et tourne jour et nuit sur elle-même pour imiter le mouvement circulaire du monde. Dans le vestibule qui ouvre sur le Forum, l'empereur place sa statue colossale. Elle est haute de cent vingt pieds. Jugez de l'atrium ! Des portiques à trois rangs de colonnes, et de mille pas de longueur, entourent cette Maison-d'Or, qui efface ce que Rome a de plus riche. Aussi Néron dit-il avec orgueil, le jour qu'il fait la dédicace de ce palais :

— Je vais donc être enfin logé comme un homme !

Hélas! encore, c'est dans ce parc immense, aux allées sinueuses, aux magiques perspectives, que Néron se vautre dans le sang chrétien, qu'il le flaire, qu'il le boit. C'est là qu'il couvre de peaux de bêtes fauves les adeptes du Sauveur et que, dans des chasses impies, le monstre les fait dévorer par ses dogues et ses molosses. C'est là qu'il les enduit vivants de matières inflammables, les distribue dans l'immensité du parc, et, quand le jour cesse, les fait brûler, en guise de phares et de candélabres... Lui-même, alors, vêtu en cocher, exécute sur ses chars des passes de carrousel, à la lueur de cette illumination incomparable...

La fortune est inconstante, certes ! *Julius Vindex*, qui commande dans les Gaules, soulève sa province contre Néron. *Galba* et les Espagnes se révoltent contre lui. Les rebelles marchent sur Rome. Rome et le sénat s'insurgent à leur tour. Néron se fait donner du poison par Locuste; mais il le perd. Il veut se faire tuer par *Spiculus*, le gladiateur; Spiculus lui tourne le dos. Il court vers le Tibre; mais il craint de se noyer. Alors *Phaon*, son affranchi, lui offre sa villa, située entre la Via Salaria et la Via Nomentana, à quatre milles de Rome, du côté de Tibur, derrière le Quirinal. Néron monte à cheval, en tunique, pieds nus, suivis de quelques affranchis. Un vieux mouchoir couvre son visage. Dans sa fuite, il passe près du *Camp des Prétoriens*, fortifié et établi, depuis peu, à droite de la porte Nomentane, au pied de l'Agger. Un peu plus loin, l'odeur d'un cadavre fait reculer son cheval. Cependant il arrive chez Phaon, à travers des ronces et des épines, à pied, par un sentier silencieux et obscur. Il veut qu'on perce le mur de la villa, afin d'entrer sans être vu. En attendant, il boit dans la main de l'eau d'une mare. Enfin il rampe par le trou creusé dans la muraille et se couche sur un grabat garni d'une ignoble couverture. Il fait alors creuser une fosse sur la mesure de son corps, pleurant à chaque parole et disant sans cesse :

— Quelle mort pour un si grand artiste !

Cependant des pas de chevaux se font entendre... Epouvanté, Néron saisit deux poignards... puis il dit à l'infâme *Sporus*, son favori :

— Pleure, pleure donc !

Alors les cavaliers qui le cherchent faisant grand bruit, il s'enfonce le fer dans la gorge, aidé par son secrétaire, *Epaphrodite*. Il respire encore quand un centurion le trouve enfin.

— Il est trop tard ! dit Néron.

Puis trompé par le centurion, qui veut bander sa plaie et feint de venir à son secours :

— C'est là de la fidélité ! ajoute-t-il.

Il expire en prononçant ces mots, les yeux ouverts et fixes, objet d'épouvante et d'effroi pour ceux qui l'ont suivi et le regardent.

Eh bien ! cher ami, on a fait à Néron, avec la permission de Galba, des funérailles qui coûtent 200,000 sesterces : on y emploie des draperies blanches brochées d'or; on dépose ses restes dans le *Tombeau de Domitius*, au pied du *Pincio*, appelé alors la *Colline des Jardins*, sur la pente qui regarde le Champ-de-Mars, et il y a des Romains qui vont orner son sépulcre des fleurs, au printemps.

La race des Césars est éteinte, cependant; mais la pourpre impériale ne manquera pas d'amateurs.

Passons sur Galba qui, nonobstant ses congiaires et ses donatifs, et quoiqu'il adopte le jeune *Pison* pour son coadjuteur, afin de fortifier sa vieillesse, est bientôt le jouet des Prétoriens. Ils le rencontrent sur le Forum, près du lac Curtius, et lui coupent la tête.

Passons sur Othon que les Prétoriens proclament.

— Qu'est-ce qu'Othon ? disent les légions de Germanie en proclamant Vitellius.

Deux empereurs d'un coup, c'est trop. Évidemment une bataille doit en supprimer un. Elle se livre à *Bédriac*, entre Crémone et Mantoue. Vitellius ne se bat pas. Il est trop gros; et puis une flèche vous a bien vite transpercé le torse. Or, Vitellius fait si bon usage de son estomac ! Il triomphe, néanmoins : aussi Othon se tue.

— Le corps d'un ennemi sent toujours bon ! dit Vitellius, en se promenant sur le champ du carnage, parmi les cadavres déjà putréfiés.

C'est un glouton, ce Vitellius. Il passe les jours à table, il y passe les nuits. Sa consommation personnelle est de deux cents millions de notre monnaie, bon an, mal an. Hélas ! il est couché sous les ombrages d'Aricie, digérant dans un doux nonchaloir, quand on lui annonce que Rome est au pouvoir de Vespasien. Des soldats le saisissent dans la loge de son portier : on le conduit à Rome ; on le promène dans les rues, les mains attachées derrière le dos ; on le conspue, puis, le soir venu, on le décapite sur l'escalier des Gémonies...

Soyez donc empereur de Rome !... Pauvre Rome déchue !

Romains, ouvrez vos bourses, c'est l'argent, l'argent qu'aime Vespasien. Il en veut de toutes les mains, il en veut par tous les moyens, et c'est pour en avoir qu'il invente les... Vespasiennes...

Vespasien triomphe du Gaulois *Civilis*; il triomphe des Parthes ; il triomphe des Juifs. C'est que le sang de la *Famille Flavia* court dans ses veines ; et un *Flavius* ne connaît que la victoire ou la mort.

Il meurt dans son lit. C'est un fait à constater : il est si rare ! Et quand, T. Flavius Vespasianus sent l'agonie qui approche, à la pensée des honneurs que les Romains vont lui rendre, il s'écrie en riant :

— Je sens que je deviens Dieu !

Puis faisant signe à ses officiers de le soulever à l'heure suprême :

— Il faut qu'un empereur expire debout ! dit-il encore.

Vespasien a détruit le parc de Néron : il a comblé le lac semblable à une mer; et sur son emplacement, entre le Cœlius et les Esquilies, il pose les fondations du Colysée, le plus merveilleux monument de l'antiquité et le plus saint théâtre du martyre chrétien. Puis, du vestibule de la Maison-d'Or, il fait le *Temple de la Paix*, dans lequel il dépose les dépouilles sacrées prises aux Juifs. La statue colossale de Néron est placée en avant du Colysée, sur une base gigantesque et parallèlement à *la Meta Sudans*, fontaine conique ressemblant à une borne pyramidale, dont l'eau jaillissant d'en haut retombe sur elle-même et coule de gradins en gradins dans le bassin inférieur, de marbre africain comme toute la fontaine.

Les Flavius ont eu Néron en horreur, aussi, à son tour, Titus, fils et successeur de Vespasien, effondré la Maison-d'Or des Esquilies, et, sur ses décombres, fait ériger des *Thermes* somptueux, où il peut résider, car thermes ou palais, c'est tout un.

Cruel et débauché dans sa jeunesse, Titus s'amusait à percer des mouches avec un poinçon d'or. Devenu empereur, il s'entoure d'hommes de mérite et, un jour, que l'occasion de faire du bien lui a manqué, on l'entend s'écrier :

— Mes amis, j'ai perdu ma journée !

Il s'empare de Jérusalem, et tous les trésors de cette ville infortunée viennent grossir les richesses du Temple de la Paix, à l'angle oriental du Forum. Alors Rome lui érige, sur la Summa Sacra Via, entre ce Temple de la Paix et le Palatin, un arc-de-triomphe admirable que les siècles vénèrent sous le nom *d'Arc-de-Titus*.

Rentré à Rome, Titus veut achever l'immense Amphithéâtre commencé par son père. Il fait venir l'architecte *Gaudentius*, et lui accorde trois ans pour le terminer. Gaudentius emploie douze mille prisonniers juifs à ce travail gigantesque, et, en effet, en trois ans, sort de terre et monte vers les nues ce prodige d'architecture, la véritable merveille du monde, qui a nom *Colosse*, *Colysée* ou *Amphithéâtre Flavien*. Pour l'inaugurer, l'an 80 de Jésus-Christ, l'empereur commande une fête qui dure cent jours. Il est tué, dans les combats, quatre mille bêtes féroces, et plus de huit à dix mille gladiateurs, esclaves... et martyrs!.....

Ainsi tombe à jamais le peuple Juif, et se trouve frappée la religion de Moïse. Mais pendant que celle-ci succombe, s'élève la nouvelle religion du Christ. Cachée encore, elle fait rapidement de nombreux prosélytes. Aussi, un païen fanatique, *Pretextatus*, préfet de Rome, essaie d'arrêter le triomphe du Christianisme, en érigeant un édifice en l'honneur des dieux. Dans l'un des petits couloirs qui entourent les nombreux temples placés sur le Forum, à la base du Tabularium, il élève le petit *Temple des dieux Consents*. On appelle de ce nom les principales divinités de l'Olympe, ceux qui forment le grand Conseil et *consentent* aux délibérations pour ou contre les mortels. Ces dieux, au nombre de douze, six de chaque sexe, sont : Jupiter, Neptune, Mars, Mercure, Apollon et Vulcain, Junon, Vesta, Minerve, Cérès, Diane et Vénus. Mais le petit temple en marbre de Prétextatus, et l'influence des dieux Consents, n'atteignent pas le but que l'on se propose, et l'Évangile de Jésus-Christ triomphe plus que jamais.

Colysée de Vespasien, Amphithéâtres de Statilius Taurus et de Néron, Cirque Maxime, Arènes de Capoue, de Pouzzoles, etc., ouvrez-vous, car voici paraître Domitien, le terrible ennemi du Christ, celui qui dépeuple la terre de chrétiens, mais qui peuple les cieux de confesseurs, de vierges, de martyrs et de saintes femmes.

Passons sur Nerva. Il est juste, mais il est vieux. Aussi l'âge l'emporte après qu'il a pris Trajan sous sa pourpre impériale. Disons pourtant que Rome lui doit le *Forum de Nerva*, en face de celui d'Auguste, sur le côté oriental du Mont-Capitolin et du *Forum Romanum*. Commencé par Domitien, qui avait déjà construit le *Temple de Minerve*, Nerva l'achève en isolant le temple sur une area qu'il entoure d'un immense portique. On le nomme aussi *Forum Palladium*, à cause du temple de Pallas ou Minerve qui le décore, et *Forum Transitorium*, parce que, en venant des Forums de Trajan, de Jules-César et d'Auguste, pour atteindre le Forum Romanum, on traverse le Forum de Nerva, qui n'est séparé des premiers Forums, que par la rue des *Tria Fata*.

Survient Trajan. Il entre à pied dans Rome, serre la main, baise même le visage de ceux qui le félicitent. Il cherche à rendre à l'empire sa splendeur passée. Les impôts sont diminués, des ponts sont construits, des routes sillonnent l'Empire, il élève des monuments; mais, dans son intérieur, il permet mille désordres, se prostitue à l'odieux amour du vin, et persécute les chrétiens qu'il livre aux bêtes dans les amphithéâtres, aux chevalets, aux grils ardents, aux chaudières de poix, aux flammes, etc.

Lui aussi veut un forum, le *Forum de Trajan*. A son retour de la guerre contre les Daces, il appelle le célèbre *Appollodore*, de Damas; lui livre un assez vaste terrain, à l'orient du Capitolin et au nord des Forums d'Auguste, de César et de Nerva, et fait construire là une *Bibliothèque*, une *Basilique*, un *Temple*, et un *Portique* se raccordant avec le tout; puis, à l'extrémité septentrionale de ce forum, on élève en son honneur la glorieuse *Colonne Trajane*, en marbre blanc de Carrare, et, en regard, la statue équestre de l'Empereur. Statues, bronze, porphyre, marbres précieux, tout est prodigué dans ce travail, auquel deux Arcs-de-Triomphe presque juxta-posés, le premier devant le temple, le second devant le Forum, servent d'entrée.

Adrien succède à Trajan. Il dote les Gaules des arènes de Nîmes; de palais à Bordeaux. Mais s'il a de la grandeur, il n'est pas exempt de petitesses. Rome voit s'élever aussi son tombeau, rival de celui d'Auguste. Le *Môle Adrien* se dresse sur la rive gauche du Tibre, en face du *Pont Élius*, son ouvrage aussi, qui conduit à l'amphithéâtre de Néron.

En outre, comme chaque empereur a la manie de construire un temple de son invention, Adrien, sur le côté oriental de la Summa Sacra Via, entre le Palatin et l'Esquilin, établit une superficie plane au niveau de ce point culminant et y élève un double sanctuaire, les *Temples de Vénus et Rome*, accolés l'un à l'autre; le premier regardant le Forum, dont il occupe le centre extrême au midi, le second, ayant sa façade du côté du Colysée. Dix colonnes sur chaque portique de face, et vingt colonnes de chaque côté, toutes en marbre de Paros; escalier de cinq degrés de marbre jaune antique montant à chaque cella; voûte ornée de caissons à l'intérieur, mais au-dehors couverte de tuiles en bronze et puis statues, bas-reliefs, ornements en brèche d'Egypte, en albâtre oriental, en fleur de Perse, etc., tels sont les deux temples confondus en un seul sous le nom de Temple de Vénus et Rome.

Voici venir notre Gaulois, Antonin. Nîmes lui a donné le jour. Aussi orne-t-il sa ville natale d'une belle Maison Carrée, d'un Temple-de-Diane et d'aqueducs. Le surnom de *Pieux* lui est bientôt appliqué, et à juste titre. Il ne s'occupe que du bien de ses sujets; rebâtit les villes détruites; arrête la rapacité des gouverneurs de provinces, et fait cesser les persécutions contre les chrétiens. Malheureusement *Galeria Faustine*, sa femme, s'abandonne à toute sorte de déportements. Cela n'empêche pas le Sénat, avili, de lui élever, ainsi qu'à Antonin, un temple magnifique, à côté de celui de Romulus et Rémus, sur ce côté oriental du Forum. Le *Temple d'Antonin et Faustine* reçoit les hommages de tout un peuple. En outre, sur le côté occidental de la Via Lata, à la suite des Septa Julia, on dresse à la gloire du prince vainqueur des Germains, *le Forum et la colonne d'Antonin,* hommage infiniment mieux mérité.

Marc Aurèle, son gendre, lui succède. C'est un philosophe, et tant mieux, car il a besoin de philosophie : l'impure *Annia Faustine,* fille de Galeria Faustine, jette tant d'opprobre dans la maison impériale !

— Que les Etats seraient florissants si les philosophes gouvernaient ! a-t-il dit avant de monter sur le trône.

Mais son règne donne un démenti à ses paroles. D'abord la peste jonche le sol de cadavres; ensuite un débordement du Tibre répand la terreur dans l'Italie centrale; en dernier lieu, la guerre s'allume sur tous les points. Le monde romain tremble. Mais les Barbares sont vaincus, grâce à la *Légion Fulminante*, toute composée de chrétiens, qui fait partie de l'armée romaine.

Aussi élève-t-on à Marc-Aurèle un *Arc-de-Triomphe* sur la voie Flaminienne, en avant de la porte Ratumena; et, sur le Forum Romanum, une admirable *statue équestre* toute dorée, la seule qui survivra aux désastres des barbares et attestera l'admirable perfection des arts à cette époque.

Dans le même temps, les Ediles de Rome font construire, sur les bords du Tibre, près du Temple de la Fortune Virile et du Pont-Palatin, un délicieux petit temple rond, tel qu'ils savaient en imaginer. *C'est un Temple de Vesta.* Il est entouré d'un portique soutenu par vingt colonnes corinthiennes cannelées, en marbre de Carrare, de trois pieds de diamètres sur trente de hauteur. Les murs *de la Cella* sont formés de gros blocs de marbre blanc, admirablement jointoyés. On lui a donné la forme sphérique, figure de la terre. On atteint le portique par un escalier circulaire de sept degrés. A l'intérieur, caissons et rosaces à la voûte. Ce bijou, lui aussi, révèlera aux générations à venir les antiques merveilles de Rome, et fera regretter tant de trésors détruits.

Un bourreau remplace un philosophe. Commode monte sur le trône. Il est fils, non pas de Marc-Aurèle, mais de sa femme l'impératrice Faustine et d'un Gladiateur. On trouve en lui du Néron et du Caligula. Enfant, son baigneur lui ayant préparé un bain trop chaud, il le fait jeter dans la fournaise. Homme, ses crimes sont tels, qu'on le prend bientôt en haine ! Haut de six pieds et demi, Commode est si fort que d'un coup de poing il casse la jambe d'un cheval, et d'un coup de bâton, il assomme un bœuf. Rencontrant un jour un homme d'une corpulence extraordinaire, il tire son glaive et le pourfend de haut en bas, d'un seul coup, afin de jouir de l'aspect de ses entrailles inondant le sol. Du reste, capricieux dans ses cruautés, il fait couper un pied, ou arracher un œil, à ceux dont la physionomie lui déplait. Il a surtout en haine les bossus. Un jour, après avoir invité des sénateurs à sa table, il leur fit servir sur un plat immense deux bossus engloutis sous un déluge de moutarde. C'est là de la comédie; mais voici du drame. Un autre jour, il convoque dans la cour de son palais tous les bossus de Rome, et, paraissant soudain au milieu d'eux, armé d'une massue, il les assomme tous, et se fait surnommer l'*Hercule Romain*. Mais c'est surtout dans les exercices du cirque que ce monstre excelle. Il passe la moitié de sa vie dans les amphithéâtres. Un Parthe lui apprit à tirer de l'arc, et un Maure à lancer le javelot. Aussi personne n'abat la tête d'une bête féroce avec plus de précision. A une représentation du Colysée, de sa place fort éloignée, il voit une panthère s'emparer d'un homme et se disposer à le dévorer. Saisir son arc, la bander, et décocher une flèche si parfaitement mesurée qu'elle tue la panthère sans toucher l'homme, est pour lui l'affaire d'un instant. Dans l'une des grandes fêtes de Rome, le peuple est prévenu que l'Empereur immolera cent lions avec cent javelots. Nombreuse est la foule qui encombre les gradins du cirque. Commode descend dans l'arène : on fait sortir cent lions et on lui présente cent javelots. Chacun des cent javelots tue l'un des cents lions. Dans une lutte avec les gladiateurs, il fait mordre la poussière à mille d'entre eux. A ces exploits se joignent des exercices de chars que conduit Commode en qualité de cocher, ou des concerts dans lesquels il figure comme artiste. Puis vient le chapitre des extravagances. Commode crée vingt-cinq consuls à la fois; nomme pour quelques heures, tout au plus pour quelques jours, plusieurs préfets du Prétoire; vend le droit de commettre des meurtres; dans un spectacle ordonne le massacre de tous les assistants; imagine des conspirations pour trouver motif à des supplices suivis de confiscations; et pousse la folie jusqu'à changer le nom de Rome. Il l'appelle *Colonia Commodia*. Il va sans dire que des conspirations, de vrais complots, se forment.

On verse à plein bord du poison à ce monstre ; mais son tempérament athlétique résiste, et il faut qu'un géant vienne l'étouffer dans ses bras pour éteindre la vie...

Passons aussi sur le vieux Pertinax, fils d'un charbonnier.

On lui arrache bientôt la pourpre impériale, souillée de fanges et de sang, et les soldats du Prétoire la portent sur les remparts de Rome.

—L'Empire à l'enchère! crient les Prétoriens du camp.

Deux acheteurs se présentent. L'un, Sulpicianus, offre cinq mille drachmes par chaque prétorien ; Didius Julianus en offre six mille deux cent cinquante.

— Adjugé ! crie la soldatesque.

Bientôt SEPTIME-SÉVÈRE jette Didius dans la boue. C'est un habile militaire, mais un prince dur et cruel. Rome lui élève un Arc-de-Triomphe, en partage avec ses fils Caracalla et Geta, pour leurs victoires sur les Parthes. On place *l'Arc de Septime Sévère* au pied du Mont-Capitolin, sur la Voie-Sacrée, à l'endroit où le Clivus Capitolin lui succède.

Mais, sous ces princes, Rome s'enrichit encore d'un monument nouveau. Près du Forum Boarium, dans le Vélabre, les Ediles font élever un *Arc Carré* qui reçoit le nom de *Janus Quadrifrons*, et qui, composé d'énormes blocs de marbre blanc, prouvera aux générations futures qu'à cette époque le style architectural était en décadence. Cet arc, luxueux dans son genre, annonce par ses bas-reliefs qu'il était destiné à abriter les marchands de bœufs.

Approche, CARACALLA, et dépose la casaque gauloise qui te vaut le surnom de Caracalla, car tu t'appelles *Bassien*, et laisse nous voir, enfant, que tu fonds en larmes quand on livre aux bêtes un pauvre condamné... Pourquoi donc, homme et empereur, changes-tu de caractère ? Voyez, ami, voici Caracalla, que je vous montrais avec bonheur, qui tue son frère Geta, et, comme pour en effacer le souvenir, gratte son nom sur l'Arc de Septime-Sévère. Alors, avec son règne, commencent les supplices et les tortures de tout un peuple. Il fait tomber les têtes les plus illustres, comme les plus humbles. Tout-à-coup il se prend d'une belle passion pour Alexandre-le-Grand et l'imite jusque dans ses idées de conquête. Pauvre conquérant ! il n'a pas d'autres triomphes que les huées dérisoires de la foule.

Il meurt égorgé sur un grand chemin, près d'Edesse en Asie.

Heureusement il a enrichi Rome des *Thermes de Caracalla*, la plus admirable merveille qu'elle possède après le Colysée, l'œuvre grandiose que vingt et trente siècles visiteront avec stupeur. Si Caracalla ne fut qu'un très-médiocre capitaine, il est un grand artiste, à le juger par les chefs-d'œuvre en statuaire dont il décore ses thermes, placés sur la pente orientale du Mont-Aventin, sur le côté droit de la voie qui conduit à la porte Capène ; je veux parler de l'*Hercule*, de la *Flore*, et du *Taureau* qui plus tard reçoivent le nom de *Farnèse*.

Alors c'est MACRIN qui règne sur le monde. Macrin a l'oreille percée, car il est Maure d'origine. Mais il a plu aux légions, et les légions l'ont fait empereur ; il leur déplaît, et elle le font retomber dans la poussière.

Près d'Emèse, sous les palmiers de Syrie, il est un temple rutilant d'or, que les nations ont élevé à la gloire du soleil. Parmi les prêtres qui desservent ce temple se trouve un adulte que les ris et les grâces ont orné de leurs faveurs. Quand il se montre, aux jours de fête, couvert de sa blanche tunique, la taille serrée d'une éphode de pourpre, sa dalmatique décorée de perles et de rubis, tous les regards se tournent vers lui. Son regard est si doux, sa bouche si merveille, son air si candide! Les soldats accourent pour le voir, les matrones pour l'entendre, les jeunes filles pour ramasser les fleurs tombées de sa couronne. On le dit fils de Caracalla. Il se nomme *Elagabale* ou *Soleil*; mais les légions l'appellent *Héliogabale*.

Un jour, *Julia Mœsa*, sa grand'mère, sœur de *Julia Domna*, la femme de Septime-Sévère, dit en riant à des Centurions :

— Saluez donc votre petit Auguste...

— Qu'il soit Auguste, en effet, et qu'ils devienne notre Empereur! disent les Légions.

Le prêtre du soleil, si doux, si pur, si naïf, part pour Rome, emportant avec lui son dieu. C'est une pierre noire et informe ; mais qu'importe au peuple de Rome ? Ce qui l'amuse, c'est de voir son jeune souverain, de dix-sept ans, vêtu d'une robe d'or et de soie, couvert de bracelets et de colliers, les sourcils et la figure peints en noir et en blanc. D'ailleurs, tantôt Héliogabale se montre travesti en Cérès, tantôt en Bacchus, souvent en Vénus. Les lis et les roses jonchent son palais : on sème sous ses pas la poudre d'or et d'argent. Et puis il a de curieuses excentricités, le petit empereur. A certains jours, il invite des borgnes, des sourds, des bossus et des manchots à sa table, puis, tout-à-coup, il met en face d'eux des lions, des tigres et des léopards. Grande terreur! Je ne vous dis rien de ses autres plaisanteries, et je tais ses boucheries. Lui qui aime tant les fleurs et les parfums, à l'heure de la révolte, — car, les légions n'aiment pas long-temps! — se réfugie dans les... du camp des Prétoriens... Il y est pris et massacré, et, afin de laver son cadavre, on le jette dans le Tibre.

Voici que se présente Alexandre Sévère! Saluons, cet empereur est digne de son titre. *Mammée*, sa mère, est chrétienne : aussi Alexandre fait-il jeter à la voirie la pierre noire d'Emèse, et d'autres divinités. Il fait plus, par ses soins, le Christ monte au Capitole.

Sur l'emplacement des Jardins d'Agrippa, entre les Thermes et le théâtre de

Pompée, Alexandre-Sévère fait construire un vaste cirque, le *Cirque Agonal*, destiné aux courses de chars et de chevaux, aux jeux gymnastiques, etc.

Mais, hélas! l'empire est en décadence : les Barbares du nord le menacent de toutes parts ; et Alexandre tombe dans son camp, près de Mayence, dans les Gaules, en 235, victime de son zèle pour la discipline militaire éteinte.

Un Géant s'empare du sceptre d'Alexandre : ce géant s'appelle MAXIMIN. Il est d'une telle taille, que les bracelets de sa femme lui servent d'anneaux. D'un coup de coude, il brise la mâchoire d'un cheval. Il mange à ses repas quarante livres de viande, et boit trente pintes de vin. Il est Goth par son père, et Alain par sa mère. Un jour que Sévère donne une fête à ses soldats, Maximin, qui est pâtre alors, terrasse treize guerriers de suite dans une lutte ; suit sans broncher le cheval de l'empereur mis au galop, et cela pendant douze milles ; culbute sept autres légionnaires, et charme le camp. On le fait empereur.

— Je ne veux commander qu'à des esclaves! dit-il.

Et il se fait amener, pour les y crucifier sous ses yeux, et les livrer aux bêtes, dans son camp de Pannonie, les sénateurs, les chevaliers, les patriciens. On ne lui laisse pas la jouissance de ce passe-temps. Il meurt de mâle mort.

Laissons de côté les *Gordiens*, *l'Arabe Julien*, *Décius*, *Gallus*, *Gallien*, *Claude II*, etc., et disons qu'AURÉLIEN paraît sur l'horizon politique, suivi bientôt de DIOCLÉTIEN et de MAXIMIEN HERCULE, qui règnent ensemble.

Le premier enferme le *Monte Pincio* dans l'enceinte de Rome ; les deux autres, celui-ci le bras, et celui-là la tête, répandent à flots le sang chrétien, martyrisent notamment sainte Agnès dans le Cirque Agonal (1), puis ils élèvent à Rome, sur le Quirinal, près de l'Agger de Servius, les thermes appelés *Thermes de Dioclétien*, monument de premier ordre, mais qui n'ajoute plus rien aux magnificences de Rome arrivées à leur apogée. Alors les deux empereurs vont porter à

---

(1) M. Court, un de nos peintres de premier ordre, a eu la belle idée de peindre le martyre de sainte Agnès, non pas dans le cirque, ce qui eût amoindri la scène, mais sur ce vaste théâtre du Forum Romanum ressuscité sous son pinceau, ce qui donne un intérêt local infiniment plus grand. C'est une merveilleuse page d'histoire. Rien de saisissant comme cette peinture.

Nicomédie le siége de l'empire, et Rome serait bientôt oubliée, si Maxence, fils de Maximin, ne venait lui rendre la vie pendant quelques mois encore.

Je dis quelques mois, car, à peine Maxence a-t-il eu le temps d'ériger un cirque magnifique pour les courses de chevaux et de chars, le *Cirque de Romulus*, car il élève ce monument en l'honneur de Romulus, son fils, sur le côté gauche de la Via Appia, non loin de la porte Capène, *extra-muros*, que Constantin le Grand, appuyé de Licinius, est appelé par les Romains, fatigués de la tyrannie de Maxence. Constantin accourt et rencontre l'armée de Maxence, sur les bords du Tibre, et campés près du Pont Milvius. Mais, dans la nuit qui précède la bataille, sur la Voie Triomphale, une croix lumineuse, autour de laquelle court cette légende : *In hoc signo vinces* ! se montre à lui. Constantin, chrétien déjà, ne doute plus du succès. A la place des aigles romaines qui marchent à la tête des légions, il substitue un étendard étincelant d'or et de pierreries, en forme de croix, surmonté du monogramme du Christ, dans une couronne. Il appelle cet étendard son *Labarum*, et il court à l'ennemi. En effet, la bataille est gagnée, et Maxence est trouvé, le lendemain, étouffé dans la vase du Tibre. Constantin reste ainsi seul maître de l'empire.

Dès lors, Constantin-le-Grand transporte sa capitale à Byzance, et Rome, déchue de sa gloire, devient bientôt la proie des Goths, des Huns, des Vandales, et surtout des Normands, conduits par Robert Guiscard ! Car, d'après les décrets de Dieu, quand les peuples ont usé leur vitalité dans le crime et le désordre, ces peuples tombent pour ne plus se relever, et les nations succèdent aux nations, les hommes barbares aux hommes trop civilisés. Rome reçoit ainsi la punition de son despotisme et de ses excès en tout genre.

D'ailleurs, le paganisme se débat contre la mort. L'or du Capitole est noir de vétusté; les araignées encombrent les autels des faux dieux; les idoles n'ont plus que les hiboux pour adorateurs, tandis que le peuple, les grands, les empereurs mêmes, courent aux catacombes. C'est le jeune peuple chrétien qui renaît des cendres du vieux peuple païen. Au lieu d'un Jupiter Capitolin, toujours armé de la foudre pour punir, Rome va montrer au monde Jésus-Christ, toujours armé de sa croix pour pardonner. Et si les tyrans ne font plus entendre, du Palatin, leur formidable cri de guerre, le représentant du Dieu de paix fera ouïr à tous, des hauteurs du Vatican, des bénédictions *urbi et orbi*.

Aussi Rome sera toujours la capitale de l'univers, elle sera la ville éternelle. Le sang des martyrs n'aura pas inutilement coulé, et sa semence aura produit une riche moisson. Si le christianisme a marché dans l'ombre et le silence, son heure est venue, l'heure d'une ère nouvelle a sonné...

. . . .

Pendant qu'on élève au vainqueur de Maxence, au point de jonction de la Voie Triomphale et de la Voie Sacrée, l'*Arc de Constantin*; après qu'il a promené dans Rome, sur ces deux voies, le dernier cortége de triomphe dont elle sera témoin; après qu'il a construit lui-même des thermes splendides sur le plateau du Quirinal, et que Rome se trouve enrichie d'un nouvel édifice, que ne respectera pas la hache des envahisseurs de l'Italie, *les Thermes de Constantin*; on entendait dans le monde un craquement sourd et prolongé, des cris rauques et formidables, qui retentissaient au nord et à l'ouest, sur toutes les limites de l'empire romain! C'étaient les barbares qui approchaient avec Attila, Alaric, Guiscard, etc....

Mais je ne vous peindrai pas leur passage tumultueux et ravageur sur la belle Italie. Moins encore vous décrirai-je leurs hordes sauvages s'abattant sur Rome, comme des nuées d'oiseaux de proie sur un cadavre qui s'offre à leur voracité. Il serait trop douloureux pour vous et pour moi de voir rouler le fléau de Dieu sur cette cité merveilleuse et la hacher, ainsi que la paille de l'aire. Le crible de la colère céleste fait voler au vent ses marbres et ses porphyres pulvérisés. Il n'y reste pas pierre sur pierre; et vous auriez trop de peine à voir s'écrouler ses admirables édifices, tomber ses temples et ses palais, brûler ses basiliques et ses thermes, effondrer ses portiques, et ruiner ses Forums...

Je ne vous dirai pas non plus l'histoire des papes jusqu'à nos jours; il faudrait que je vous écrivisse des volumes.

Je m'arrête. A vous, penseur, j'ai eu le désir de présenter, non pas l'occasion de scruter les mystères de la grandeur et de la décadence de Rome, vous l'avez fait depuis long-temps, mais un témoignage de bon souvenir. J'ai placé sous vos yeux le relief scénographique de la ville des Césars : puisse-t-il vous rappeler cette cité prodigieuse, telle que vous l'avez étudiée; puisse-t-il surtout vous prouver qu'il est une âme dont vous avez acquis toute l'estime, et un cœur dont l'affection vous appartient à tout jamais! J'aime à dire que cette âme et ce cœur sont ceux de votre ami.

E. Doulet.

VI.

A MADAME N. DE LA FERRIERE, A PARIS.

L'Hôtel de la Minerve. — La fièvre de la *mal'aria*. — Intérieur d'une mansarde. — Comment Rome actuelle occupe l'ancien Champ-de-Mars. — Un touriste impatient. — Exhaussement du sol. — L'uniforme français. — Où l'on va tête baissée, et à vue de nez. — Comment le touriste en question débouche sur le Forum Romanum. — Impressions. — Scénographie. — Poésie Epique. — Reminiscences. — Aspect général. — Détails. — Les Romains d'à présent. — Les signori. — Costumes. — Les femmes de Rome. — Caractères. — Où se montre le sol antique. — Escalade. — Arc de Septime-Sévère. — La Tribune aux Harangues.— Temple de la Concorde. — Temple de Jupiter-Tonnant. — Temple de la Fortune. — Schola Xantha. — Dieux Consents. — Tabularium. — Clivus du Capitole. — Les Cent Marches. — Gémonies. — Prison Mamertine — Colonne de Phocas. — Basilique Julia. — Græcostasis. — Aspect du Palatin. — La Voie Neuve, aujourd'hui *Saint-Théodore*. — Temple de Vesta. — Temple d'Antonin et de Faustine ou *San Lorenzo in Miranda*. — Temple de Romulus et Rémus ou *Saints Cosme et Damien*. — Voûtes du Temple de la Paix. — La Voie-Sacrée. — Arc de Titus. — *Santa Francesca Romana*. — Saint Pierre et Simon le Magicien. — Pavé antique de la Via Sacra. — Temple de Vénus et Rome. — Meta Sudans. — Arc de Constantin. — Sublime vision du Colysée. — Description. — Effets magiques. — Barbares et Barberini. — Evocations de souvenirs. — Aspect des collines. — L'ancienne Subure. — Un restaurant des Esquilies. — Commères. — Leur portrait. — Où a tort une tasse de chocolat. — Une calèche bien venue, — Forum de Nerva. — Temple de Pallas. — Forum de Trajan. — Colonne Trajane. — Le Corso. — Rome à la dixième heure du jour. — Le peuple et les capucins. — Ouvriers et ouvrières. — Type Græco-Sabin. — Gravité romaine. — Un diner chez Bertini. — Promenade du Pincio. — Site, couleur locale et musiques. — Le Monte Testaccio à propos du Pincio. — Souvenir du Poussin. — Porta del Popolo. — Vue du dédale de maisons remplaçant l'ancien Champ-de-Mars. — Place d'Espagne. — *La Trinité du Mont*- — Académie de France. — Palais de Venise. — Surprises. — Le Mont-Tarpéien. — Ce qu'est devenu l'Intermont. — Métamorphose de la cime occidentale. — *Ara Cœli*, au lieu de Temple de Jupiter Capitolin. — L'heure de l'effet. — Le Forum et surtout le Colysée au clair de lune.

Rome 10 Décembre 185...

Je suis à Rome, Madame! Ce premier mot de ma lettre fut aussi le premier que je prononçais, le lendemain de mon arrivée, à mon réveil, sur mon lit de l'Hôtel-de-la-Minerve. Je suis à Rome! A ce mot, crié par toutes les facultés de mon être, je voulus me lever... Hélas! comme le voyageur sur le lit de Procuste, je me sentis privé de tous mes membres... Impossible de remuer les jambes, impossible de remuer les bras!.. J'étais cloué sur ma couche, j'étais perclus par une fièvre violente! la fièvre des Marais-Pontins, la fièvre de la campagne de Rome, la fièvre que vous voudrez... Aussi, la sueur ruisselait sur ma poitrine : mon visage était empourpré, et je n'avais plus de libre que la pensée. Il me fallut rester là, dans ma chambre d'hôtel, sur un grabat, voir briller le soleil par mes fenêtres, entendre les rumeurs de la ville et me répéter cent fois : Je suis à Rome ! Le supplice de Prométhée, le supplice de Tantale ne furent que jouissances à côté de mes tortures; je dus me soumettre cependant.

Je fais écarter les rideaux, et l'on entr'ouvre mes fenêtres : je veux respirer, respirer l'air de Rome. Oh! bonheur! Une maison faisant face, à peine séparée par une ruelle, me permet de voir dans l'intérieur de deux chambres, chambre à coucher, l'une, salle à manger, l'autre. Une jeune fille est agenouillée près de son lit, et prie dans la première; une femme, mûre déjà, met le couvert dans la seconde. Rien de plus simple, et cependant rien de mieux harmonié, que la mise de ces deux Romaines, dont celle-ci me rappelle Epicharis, Terentia, Cornélie; et celle-là, Juturne, Clélie, Virginie. Comme l'imagination se monte, et voit les choses en beau ! De mon observatoire, je puis suivre leurs moindres mouvements, entendre leurs paroles, connaître le secret de leur ménage. C'est fort indiscret, je l'avoue; mais je suis malade, j'ai besoin de distraction, et un spectacle intime m'étant offert, je m'abandonne à la curiosité. N'attendez pas de moi une comédie, un drame ou tout autre chose, Madame. J'aurais tout au plus un fabliau à vous donner. Mais j'ai plaisir à vous raconter, que je passe ainsi, grâce aux lames ouvertes de mes persiennes, une délicieuse journée qui me rafraîchit le sang et me guérit. Excellentes femmes! Vous ne vous doutez guère que vous avez servi de médecin à un pauvre touriste, et que votre douce influence lui a rendu la santé. La belle enfant a nom *Caterina*. Souvent sa mère l'appelle. Mais ce que je ne saurais vous dire, c'est le ton exquis, la suave harmonie avec laquelle elle prononce ce nom de Caterina! l'inflexion prolongée de sa voix sur *l'i* est pour moi toute une mélodie. *Caterina! Mia cara Caterina!* Elles ont déjeûné comme des oiseaux qui becquettent leur mil; puis on a fait de la couture, le nez au frais, tantôt une main émiettant un gateau sous la face béate d'un gros angora blanc, tantôt les yeux se portant avec complaisance sur un magnifique bouquet épanoui dans un joli vase, sur une petite table. Dans l'après-midi, une visite leur est venue. C'est une amie de la jeune fille : elle s'appelle *Flora*, le nom sacerdotal de Rome antique. La symphonie changea de note alors. *L'o* devint pour moi la musique la plus délectable. *Flora!* On fit ensuite le dîner, une sorte de *pollenta*, je crois, dont Flora et Caterina se disputèrent la composition. Enfin, deux jeunes gens, des voisins sans doute, munis de leur guitare, se sont présentés vers le soir. On a chanté, très-joliment chanté. En dernier lieu, dans les ténèbres trop vite tombées, j'ai entendu que l'on priait; j'ai ouï des mots d'adieu, des *Bona sera! Felicissima notte!* dits du ton le plus suave ; puis la fenêtre s'est fermée, et la lumière s'est éteinte...

Telle fut ma première journée à Rome, Madame...

Mais, le lendemain, l'heureux lendemain de ce jour, je me sens frais et dispos. D'ailleurs je ne me tâte pas le pouls, veuillez le croire: mais dès que l'aube paraît aux cieux, et alors que Rome est encore dans le repos et le silence, je me lève en tapinois, je m'habille en quelques secondes, et je sors cauteleusement, l'œil au guet, tout comme un traître de mélodrame.

Un mot en guise de préface.

Lorsque Rome, au départ du Normand Robert Guiscard, duc de Pouille, le dernier, mais le plus ravageur des barbares, ne fut plus qu'un monceau de cendres, ceux des habitants qui avaient réussi à se soustraire à sa fureur, en rentrant dans la ville, trouvèrent leurs demeures ensevelies sous d'immenses décombres. Alors cherchant un autre terrain pour bâtir leurs maisons, ils adoptèrent, de préférence, le Champ-de-Mars, qui, ne renfermant que des monuments publics, la plupart en ruines, et formant une promenade, leur offrait de larges espaces vides. Ils y édifièrent la nouvelle Rome, sans plan déterminé, sans méthode, sans alignement de rues. Nulle édilité n'était là pour faire adopter un tracé régulier. Il advint que la cité, qui renaissait de ses cendres, devint peu gracieuse d'aspect. Aussi, du Tibre au Capitole, est-on frappé du pêle-mêle qui se montre à l'œil. Rues tortueuses; nombreuses maisons offrant des angles en saillie; murailles en reculement; multitudes de petits espaces produisant des carrefours sans nom ; ruelles dentelées, sinueuses, en zig-zags, se tordant comme des serpents, telle est Rome moderne, déplacée, descendue des collines entourant le Forum Romanum dans le Champ-de-Mars, le long du fleuve, et considérablement réduite dans son étendue.

Or, notre hôtel de la Minerve se trouve précisément au centre de ce tohu-bohu de maisons, à côté d'un temple de Minerve qui faisait partie du théâtre et de la curie de Pompée, remplacés maintenant par la *Chiesa Santa-Maria sopra Minerva*. Il est adossé au fameux *Portique de l'Hécatostylon*, à deux pas du merveilleux Panthéon, et enfin près de l'ancien Bois-Sacré du dieu Mars.

Tout d'abord, sur la *Place-de-la-Minerve*, j'avise l'uniforme français : c'est un de nos braves soldats qui monte la garde. Je le salue d'un mot et d'un sourire ; car, sur la terre étrangère, l'uniforme français, c'est la patrie! Le Panthéon reçoit de moi tout au plus un regard. Je traverse la *Piazza Colonna*, près de la colonne d'Antonin-le-Pieux, que je reconnais aux spirales de marbre qui témoignent de ses victoires sur les Germains et du miracle obtenu par l'invocation de la légion Fulminante.

Ces deux admirables monuments, le Panthéon et la Colonne d'Antonin, échappés au sac de Rome, me prouvent, par la façon dont ils sont enfoncés en terre, l'énorme élévation qu'a subie le sol primitif de Rome. Deux causes ont ainsi considérablement surélevé l'ancien niveau : d'abord l'énorme quantité de décombres produite par la chute de tant de monuments, lors de l'invasion des Barbares, puis ensuite, et surtout, les pluies abondantes qui, tombant annuellement sur Rome, détachent des collines une énorme quantité de terre. Ainsi les collines se sont amoindries et les vallées se sont plus ou moins comblées. Enfin, les vents, par la puissance d'une action lente, mais continue, de plusieurs siècles, ont apporté sur le terrain de grandes masses de poussière, qui ont augmenté cet exhaussement par alluvion, au point que les ruines du palais des Césars, par exemple, sont couvertes d'une terre végétale qui fait croître des arbrisseaux, etc.

En quittant la place Colonna, je débouche sur le *Corso*.

Excepté ma sentinelle française, pas un être dans les rues. La longue et large rue du Corso est solitaire également. J'ai étudié mon plan de Rome, et je sais que le Corso n'est autre que l'ancienne Via Flaminia. Mais où je prends le Corso, devait commencer la Via Lata. Des palais splendides, splendides est le mot, bordent cette rue. A son extrémité méridionale, je vois une éminence chargée de maisons, d'édifices, etc., ce doit être le Capitole. Je m'achemine de ce côté, en hâte, en grande hâte, car ma première visite, mes premières impressions, je les réserve pour.... le Forum Romanum.

Sur ma droite, la ligne de palais du Corso remplace les Septa Julia et la partie angulaire du Cirque Flaminius. Sur ma gauche, l'autre ligne de demeures aristocratiques couvre l'emplacement des Septa Agrippiana, qui précédaient le Diribitorium. J'atteins le tombeau de Bibulus, le plus ancien de Rome. J'entre dans la via di Marforio, qui commence à gravir la colline. Primitivement, on nommait cette rue Via Mamertina, car elle conduit à la prison Mamertine. On l'appela ensuite Via Martis Forum, d'où l'on a fait Marforio, par corruption, à raison du temple de Mars qui était dans son voisinage. Hélas ! à peine quelques traces des majestueux Forums de J. César, d'Auguste et de Nerva ; ce dernier dit aussi *Transitorium* parce qu'on le traversait pour communiquer des autres Forums avec le Forum Romanum, par la rue des Tria Fata, aujourd'hui *Via Bonnella.*

Bientôt je lève la tête que dominent les ruines et les rochers qui servent de base au Capitole. Mon cœur se prend à battre, car le jour et le vide se font devant moi, j'arrive au... Forum Romanum...

Debout, immobile, saisi, muet, je contemple...

A droite, prison Mamertine et Tullianum dans les entrailles du rocher. Sur le sommet du Mont-Capitolin, Capitole, Arx, Roche Tarpeïenne ; à la base, Tabularium et semis de ruines colossales, temple de la Concorde, temple de Jupiter-Tonnant, temple de la Fortune, temple de Saturne, Arc de Septime-Sévère, Tribune aux Harangues, Voie Sacrée, etc. A gauche, sur le côté oriental du Forum, basilique Emilia, basilique Argentaria, temple et regia d'Ops-Conciva, habitée par Jules-César, temple de Romulus et de Remus ; temple d'Antonin et Faustine. Au sud, temple de Vénus et Rome, Arc de Titus, etc. En face, Mont-Palatin et ses impériales décombres. En avant, Basilique Julia, Græcostase, temple de Vesta. Sur le côté septentrional de la même colline, Via Nova aujourd'hui *Via San-Theodoro*, Vicus Tuscus, à cette heure, *Via di Finili*, et Vicus Jugarius, maintenant ; *Via della Rocca Tarpeia*. A leur extrémité, dans la pénombre du matin, Vélabre, Cirque-Maxime, Forum Boarium, etc. Enfin, au loin, comme toile de fond, Cœlius, Aventin et Janicule, légèrement argentés par les premières blancheurs de l'aube qui soulèvent des brumes sur le cours du Tibre.

Vous dire, Madame, l'impression qui me saisit à cette heure solennelle serait impossible. Quelques étoiles brillent encore au firmament. Le ciel est d'un azur splendide qu'enflamment déjà quelques rayons empourprés de l'aurore. Le silence plane sur cet immense désert. Un homme, un seul, une sorte de paysan, boit à même l'onde fraîche d'une source qui jaillit de terre au pied de l'Arc de Septime-Sévère. Mais mon imagination s'allume à la vue de ce sol de gloire et de triomphes, de ce théâtre de passions dévorantes. Je peuple cette solitude : j'y rencontre les ombres de ses héros. Voici la Roche-Tarpéienne : il me semble en voir tomber Manlius. Voici l'escalier des Gémonies : je crois voir égorger Tiberius Gracchus. Voici la tribune aux harangues : la tête et les mains de Cicéron m'y apparaissent grimaçantes, sanglantes. J'entends les gémissements de Jugurtha, et le râle de Séjan transpirer par les soupiraux du Tullianum. Puis, ce sont les triomphateurs, Cincinnatus, Camille, César, Pompée, Auguste, et *tutti quanti*, qui s'avancent sur la Voie Sacrée. Ici fut décapité Galba, car le lac Curtius devait être là. Ici, Vitellius fut étranglé, car là se trouve le lieu des expositions des suppliciés. Que vous dirai-je, Madame ? Une heure se passe avant que j'aie vécu de la vie du présent, tant je suis plongé dans la vie du passé. Il faut qu'on me coudoie violemment pour que je remarque que Rome s'est enfin réveillée, et que ses habitants vont et viennent au travers du Forum. Alors, moi aussi, je me mets en mouvement.

Toutefois, à la vue des passants, mes yeux quittent les colonnes, les ruines, les temples, et je regarde les... descendants des Romains. Ils semblent se rappeler qu'ils ont pour pères les vieux citoyens de Rome, et pleurer sur leur grandeur évanouie. Le silence et la gravité les enveloppent comme d'un manteau. Le Romain marche lentement : on dirait qu'il conspire. En tout cas, il n'est pas pressé d'arriver où il va. Je parle des plébéiens, notez bien ; car quant aux messieurs, aux vrais *signori*, ils font l'effet d'être écrasés sous le poids de leur nom, de leur fortune ou de leur gloire envolée. Donc, chez le plébéien par le moindre luxe dans sa mise ! Un feutre noir, râpé, quelque peu teint des nuances de l'arc-en-ciel ; de vieilles guêtres en cuir autour des jambes ; une veste de couleur problématique ; des pantalons aux teintes changeantes, tel est le costume du Romain moderne. Quant aux femmes, oh ! les femmes ont des attitudes d'impératrices... déchues. Sérieusement, la fermeté sculpturale de leur profil ajoute à leur majesté, dont elles n'ont cure, je le reconnais. On peut bien les regarder, elles ne lèvent pas les yeux. Drapées dans une superbe indifférence, ce sont bien les matrones antiques, en méchante jupe et en corset rapiécé. Leur gloire, c'est la chevelure, une admirable chevelure noire, avec un mouchoir blanc sur le front.

Tout ce monde traverse le Forum, enjambe les ruines, saute par-dessus des débris de colonnes, et ne regarde rien. Parlez-leur d'Auguste ou d'Agrippa, de cipolino, ou de porphyre, ils vous répondent :

— *Che volete ?* Que voulez-vous ?

Mais revenons à notre Forum. Pour mettre parfaitement à découvert tous les groupes des temples qui encombrent la base du mont Capitolin et entourent le Tabularium, il a fallu creuser et enlever plus de trente pieds de terre et de décombres ; mais aussi on a mis à jour les restes des plus beaux monuments. Si l'on enlevait de même tous les décombres qui surchargent la vallée qui s'étend entre le Palatin, le Quirinal et l'Esquilin, que de richesses architecturales ne rendrait-on pas à la lumière ! En attendant que ce vœu soit exaucé, je reste sur le terre plein qui domine le vide fait autour des ruines, et je les examine comme du haut d'un balcon. Puis je vais, je viens; je m'arrête ici, je m'arrête là. Faut-il gravir de suite le Clivus de l'Asile, comme Scipion l'Africain conduisant à sa suite tout un peuple au Capitole, ou, comme les Gaulois escaladant la citadelle ? C'est un feu croisé de désirs, de curiosités, qui me brûle le cerveau. Je reste cependant ; mais, ainsi qu'un contrebandier des montagnes, je m'accroche aux aspérités de la fosse béante, et je descends jusque sur le sol antique, mis à nu. Là, je circule au pied des monuments ; je cours d'une colonne à l'autre, j'interroge chaque objet, je médite sur la base de la tribune aux harangues; je foule aux pieds les polygones de lave de la Voie-Sacrée... Me voici en face de l'arc de Septime-Sévère.

Hélas ! qu'êtes vous devenus, marbres précieux, brèche d'Egypte, fleur de Perse, Porto-Santo, délicieux cipolin, albâtre fleuri, albâtre oriental, rouge, jaune, vert et noir antiques, porphyre, jaspe de Sicile, basalte et granit, qui décoriez tous ces édifices réduits à l'état de squelettes, qu'êtes-vous devenus ? Simulacres de bronze et de pierre, dieux et déesses, rois et empereurs, faunes et bacchantes, nymphes et napées, pontifes et guerriers, gloires et renommées, qui jadis peuplâtes tous ces portiques, ces frontons et ces entablements, qu'a-t-on fait de vous ?

En face de ce grandiose tableau de décombres, c'est à croire qu'Attila, Alaric, Genseric, Guiscard, avec leurs légions sauvages, viennent de passer, comme une trombe, sur cette immense scène de désordre et faire des monuments un chaos de ruines. Mais quelles ruines ! Pas une pierre, pas un tronçon de marbre, pas une colonne qui ne soit historique, qui ne parle éloquemment du passé, qui ne palpite d'intérêt. De ces merveilles, de ces chefs-d'œuvre de l'antiquité, amoncelés pendant des siècles, que reste-t-il ?

Voici d'abord l'Arc-de-Triomphe de Septime-Sévère, de Caracalla et Geta, tout entier, avec ses trois ouvertures, du marbre pentélique le plus pur, de forme très-remarquable, mais déjà du style de la décadence. Le quadrige, les victoires et les cavaliers, en bronze, qui le couronnaient, ont disparu. Mais on peut lire encore sur le marbre l'inscription sur laquelle on reconnaît que Caracalla, devenu empereur, a fait gratter le nom de son frère Géta, assassiné par lui.

Voici la Tribune aux Harangues, qui ne laisse plus voir que le soubassement circulaire sur lequel était placé l'escalier conduisant à la plateforme d'où parlait et où se mouvait l'orateur.

Derrière l'Arc et la Tribune, voici le Temple de la Concorde, c'est-à-dire son pavé de marbre blanc et deux gradins en beau marbre de Porto Santo, gradins et pavé que foula Cicéron, que foula Catilina, que foula le sénat, lorsque la voix éloquente du Consul fit entendre les fameuses *Catilinaires*.

A côté, en avançant vers le Tabularium, voici du Temple de Jupiter Tonnant, érigé par Auguste, qui craignait tellement la foudre qu'il se couvrait le corps d'une peau de veau marin, comme talisman préservateur, trois colonnes cannelées de marbre blanc de Carrare, encore debout, avec un fragment du fronton portant le mot imparfait ESTITVER pour RESTITVERVNT, ce qui indique que le monument fut restauré.

Du Temple de la Fortune, côte à côte avec le précédent, voici huit autres colonnes, mais en granit, et d'ordre ionique, debout également et faisant face au Temple de Jupiter Tonnant, et une seule, en équerre, regardant le Forum. Une portion de l'architrave repose encore sur les chapiteaux, et porte cette légende : Senatus populusque Romanus incendio consumptum restituit... Quelques feuillages et des arabesques décorent l'intérieur de la frise.

Au pied du soubassement de ce temple, voici la Scola Xantha, nom donné à trois tavernes d'écrivains publics, dont le fondateur se nommait Xanthus : ce sont trois ruines informes.

Voici encore le pavé en travertin, et les bases de colonnes cannelées, en marbre carystien, d'un édicule consacré à Faustine Jeune, le premier, et, les secondes, d'un portique, entourant le petit Temple des Dieux Consents.

Enfin, dominant l'ensemble, et placé au-dessous de l'Intermontium, vallon du Bois-de-l'Asile, qui séparait le mamelon oriental de la colline Capitoline, du mamelon occidental, voici le Tabularium, dont la base étrusque, gigantesque et large, montre encore une arcade entière du portique inférieur, dont il était couronné, portique pavé en gros polygones irréguliers, comme les rues, et servant de communication aux deux Clivus, dont l'un passait à droite du monument, et l'autre à gauche, pour conduire à l'Intermont et aux deux éminences de la colline.

Du Temple de Saturne, près du Clivus Capitolin, pas la moindre trace. Pas la moindre trace de beaucoup d'autres édifices.

Mais, en remontant le Forum, du nord au midi, je trouve, d'abord, une colonne cannelée, encore coiffée de son chapiteau, mais isolée, penchée sur le haut piédestal qui la porte. C'est la colonne de *Phocas*, misérable empereur d'Orient, en l'honneur de qui l'éleva un vil courtisan, du nom de *Smaragdus*, un exarque de Ravenne.

Sur la bordure occidentale de l'antique Forum, à ma droite, c'est, ici, la Basilique Julia, dont le plan et l'étendue se trouvent dessinés par les dalles de son aire, mises au jour, par des fouilles de vingt-cinq à trente pieds. On reconnaît dessous les dalles, à l'exhaussement qu'elles produisent, le passage de la Cloaca Maxima et du canal du Forum, se dirigeant vers le Vélabre et le Tibre.

Le Temple de César devait être voisin, mais pas l'ombre de vestiges.

Là, c'est la belle ruine de la Grœcostasis, dont j'admire trois merveilleuses colonnes d'ordre corinthien, de quarante-cinq pieds de haut, du plus beau marbre pentélique. Leurs chapiteaux, comme ceux du Panthéon, sont d'une telle perfection, qu'ils passent pour des modèles du genre.

Ce sont ensuite des ruines accumulées sur le sol, où se trouvaient la Curia Hostilia, le Figuier Ruminal, la Fontaine de Juturne, etc., au pied du Palatin, dont la base est cachée par l'exhaussement du sol.

Mais, dans l'antique Via-Nova, j'avise le Temple Sphérique de Vesta, et les ruines de l'Atrium Regium, qu'habita Numa, et près duquel, sous de vastes portiques, demeuraient les chastes Vestales. Le Temple de Vesta est, à cette heure, consacré au culte catholique, sous le vocable de *San-Theodoro*.

Je laisse pour une autre exploration le Mont-Palatin, et, lui tournant le dos, je reconnais sur le côté oriental du Forum, à partir du Capitole, le Forum d'Auguste, remplacé par la belle *Eglise de Santa Martina;* la Basilique Emilia[1], à laquelle a succédé l'autre église de *Sant'Adriano*, séparée de la précédente par la *rue Bonella*, jadis des Tria Fata.

Vient ensuite la splendide colonnade de l'Atrium du Temple d'Antonin et Faustine, composé de dix colonnes, hautes de quarante-huit pieds, et d'un diamètre de quinze, en marbre cipolin, le plus rare et le plus beau de tous, encore debout, mais enfoncées en terre de seize pieds. Un déblai partiel les expose à la vue, supportant des blocs énormes de marbre de Paros, formant un entablement, et une frise décorée de bas-reliefs, griffons et candélabres de toute beauté, et offrant l'inscription antique en bronze :

DIVO ANTONINO DIVÆ FAVSTINÆ.

Ce temple est dédié aujourd'hui à *San Lorenzo in Miranda*. La Voie Sacrée est immédiatement au-dessous, mais à dix pieds plus bas que le socle des riches colonnes déjà enfoncées de seize pieds, de sorte que l'on ne peut voir l'escalier qui conduisait au temple, ni la Voie Sacrée.

Après la merveille du portique en cipolin d'Antonin et Faustine, se présente le Temple sphérique, et l'un des plus anciens de Rome, de Romulus et de Remus, aujourd'hui *Santi Cosmo et Damiano*. L'Antique *Cella* forme à présent le vestibule de l'église; mais, pour arriver à l'ancien rez-de-chaussée du Temple, il faut descendre à travers deux souterrains. Dans le plus profond, voici bien deux siècles, on retrouva sur le sol, comme aire, le plan, gravé sur pierre, de la vieille Rome républicaine. Ce précieux document est à cette heure au musée du Capitole.

A la sortie de la rotonde de Romulus et Rémus, en continuant à longer le côté oriental du Forum, on est vivement impressionné par la vue subite, et surtout imposante, de trois arcades gigantesques, colossales, majestueuses, et d'une telle hardiesse, que l'imagination se trouve saisie d'étonnement et demeure stupéfaite. Cette admirable ruine, qui bravera vingt siècles encore, est-elle un débris du Temple-de-la-Paix, construit par Vespasien, ou bien le vestibule de la Maison-d'Or de Néron, qui se trouve à quelque distance de là, sur l'Esquilin? *Adhuc sub judice lis est!*

Arrivée à ce point, la Voie Sacrée faisait un angle droit, et, montant vers le côté occidental du Forum, en face de la Porta Romana du Palatin, elle y prenait, au point culminant, le nom de Summa Sacra Via, faisait un autre angle droit vers le sud, et, descendant vers le Cœlius, se rattachait entre cette colline et le Palatin, à la Voie Triomphale qui en débouchait. Mais la Voie Sacrée, aujourd'hui, est sous terre. Toutefois elle reparaît sur le sommet de l'ondulation que forme à son centre la vallée du Forum. Là, elle se montre à nu, droite, pavée de ses polygones de lave, dorée par le soleil, usée par le pied de deux mille générations. Au point où elle est enfourchée par l'Arc de Titus, c'est positivement la Summa Sacra Via.

Pour atteindre cet Arc, je passe devant l'*Eglise de Santa Francesca Romana*, assise côte à côte des belles ruines du Temple de Vénus et Rome, et, avec elles, l'Arc de Titus, fermant le Forum au sud.

Un jour, à Rome, au temps de saint Pierre, sous le règne d'Auguste, un magicien, du nom de Simon, voulant séduire le peuple, annonça dans la ville qu'il s'envolerait vers les cieux à la vue de tous les curieux. Le magicien tint parole : il s'éleva dans les airs. Mais le prince des Apôtres était là. Ne voulant pas souffrir que l'impiété triomphât ainsi devant la multitude, il pria Dieu..., et soudain Simon tomba des régions éthérées et se brisa les membres sur le sol. Alors saint Pierre, qui s'était agenouillé, se releva, et l'empreinte de ses genoux resta sur la pierre.

L'emplacement de ce drame n'est autre que celui occupé par l'église de Santa Francesca : la pierre sur laquelle s'agenouilla l'Apôtre est un des polygones de la Voie Sacrée, et si l'édifice n'est rien comme objet d'art, il atteste l'un des premiers miracles de la nouvelle religion du Christ.

L'Arc de Titus est encore une merveille de l'art, Madame, car les Romains ne produisaient que des chefs-d'œuvre. Il est de marbre pentélique : plus petit que les autres arcs de Rome, il n'a qu'une seule arcade, tant la Voie Sacrée est étroite ; mais, par ses admirables bas-reliefs, représentant, à l'occasion de la conquête de Jérusalem, Titus, monté sur un quadrige, conduit à Rome, et couronné par la Victoire ; puis la pompe triomphale, la Table d'or du Temple de Jérusalem avec ses vases sacrés, les trompettes d'argent, le candélabre d'or à sept branches, les prisonniers, le cortége romain, etc., il est le plus beau monument de ce genre, qui soit parvenu jusqu'à nous. Son effet est d'autant plus beau à l'œil, que le soleil a bronzé, doré, mordoré le marbre du pentélique sous ses chauds baisers.

Je descends ensuite la Voie Sacrée, mettant le pied sur les mêmes pavés antiques que tous les Romains ont foulés depuis Romulus jusqu'à nous ; car, pour aller au Cœlius, la Voie Sacrée n'est plus cachée. Elle descend entre les ruines du Temple de Vénus et Rome, et les ruines très-distinctes d'une longue rangée de tavernes de marchands, qui, étalées au pied du Palatin, la serraient de fort près. Certes ! la marche triomphale ne devait pas être fort à l'aise dans cette partie du parcours.

Des deux Temples, tournés dos à dos, de Vénus et Rome, il reste le large massif qu'Adrien avait fait élever de niveau pour porter sa magnifique construction ; et sur ce terre-plein, la *Cella* de Vénus, avec sa voûte en plein ceintre et à caissons, et des pans de murs énormes. Mais des marbres précieux que je vous ai nommés plus haut, en vous parlant de cet édifice, rien, plus rien.

Voici la Meta Sudans. Moins les marbres superbes qui la décoraient, on croirait que ses eaux vont jaillir, et retomber en cascades dans ses vasques altérées. Sénèque demeurait là, au pied du Cœlius, car il nous dit dans ses lettres : « *Entre les bruits qui retentissent autour de moi, sans me distraire, je compte ceux que font les chariots qui passent, le forgeron logé chez moi, le serrurier mon voisin, ou bien cet histrion qui, auprès de la Borne-Fontaine, essaie l'effet de la trompette et de la flûte, et beugle plutôt qu'il ne chante* (1). » La Meta Sudans est sur la droite de la Voie Sacrée, se dirigeant vers le Forum et le Capitole.

Comme pendant de la Meta Sudans, de l'autre côté du portique du temple de Vénus et Rome, voici le soubassement de la Statue colossale de Néron, extraite du vestibule de la Maison-d'Or, et placée là par Vespasien et Adrien.

La Voie Sacrée atteint la vallée qui règne entre le Cœlius et le Palatin, se ramifiant avec la vallée du Forum, et faisant angle droit avec elle. Là, elle rencontre la Voie Triomphale et se réunit à elle sur le point d'intersection. Là, servant de porte à cette dernière voie, s'élève l'Arc de Constantin le Grand, merveilleux travail dans la partie supérieure, grossière ébauche dans la partie basse. Evidemment cet arc triomphal avait eu pour but de glorifier Trajan ; mais, le sénat avili de Rome déchue, pour flatter Constantin, et par économie, fit appliquer de misérables bas-reliefs, ayant trait à ses victoires, dans la partie inférieure, et laissa subsister ce qui frappait moins le regard dans la partie haute. Les huit colonnes de cet arc admirable sont en jaune antique, et les délicieuses statues des prisonniers sont en marbre de Phrygie. Ces statues seules prouvent la sublimité de l'art au siècle de Trajan. Mais croirez-vous, Madame, qu'un matin, il y a de cela quatre cent vingt-sept ans, c'était en 1533, on trouva ces merveil-

---

(1) In his, quæ me sine avocatione circumstrepunt, essedas transcurrentes pono, et fabrum inquilinum et serrarium vicinum, aut hunc, qui ad *Metam Sudantem* tubulas exporitur et tibias, nec cantat, sed exclamat. *Sénèq. Lettres à Lucilius*, LVI.

leuses statues privées de leurs têtes ? Une main barbare les avait décapitées On sut bientôt que Laurenzino de Médicis, un parent du pape Clément VII, alors régnant, un drôle de la famille de Médicis, dont j'ai eu occasion de vous parler dans mes lettres de Florence, était l'auteur de cette mutilation. Mais que faire, l'infâme spoliateur s'était enfui...

Maintenant, Madame, si j'entonne les formules administratives de l'enthousiasme, de l'étonnement, de la surprise, de la stupéfaction, en arrivant en face de l'édifice qui termine la vallée et qui sert de toile de fond à mon horizon, je n'aurai jamais assez de dix pages de ah ! et de oh ! pour vous redire le saisissement, l'impression profonde, le fiévreux vertige qui mettent en émoi toutes mes facultés.

J'ai devant moi le *Colosseum*, le *Colosse*, le *Colysée*, le gigantesque, le formidable, l'incomparable *Amphithéâtre Flavien*, le prodige des monuments antiques ! Oui, je me trouve en face de la plus grande ruine du monde ! C'est là que Néron avait creusé le lac semblable à une mer décorant le parc qui unissait le Palais des Césars, sur le Palatin, à sa Maison-d'Or, des Esquilies ; et c'est là que Vespasien a fait sortir de terre le léviathan de pierre qui éclipse toutes les œuvres de Babylone et de Ninive, d'Ecbatane et de Persépolis, de Memphis et de Thèbes, des temps anciens et des temps modernes. Non, sur le globe entier, le génie de l'homme n'a rien créé de plus colossal et de plus majestueux, de plus imposant et de plus grandiose.

A l'extérieur, le Colysée montre un vaste mur de pourtour, haut de cent quatorze pieds, divisé en quatre étages, chacun correspondant à une des galeries intérieures. Le premier d'ordre dorique ; le second d'ordre ionique et le troisième d'ordre corinthien, sont ouverts en forme de portiques et se composent chacun de quatre-vingts arcades soutenues par des colonnes engagées. Le quatrième, en forme d'attique, percé de fenêtres et orné de quatre-vingts pilastres corinthiens correspondant à chaque colonne des étages inférieurs, est couronné d'une corniche dont les consoles devaient supporter de longs mâts destinés à tendre, à l'aide de cordages et de poulies, un immense velarium abritant les spectateurs des rayons du soleil. D'énormes crampons de bronze reliaient entre eux les blocs pélasgiques de travertin qui composent l'édifice. Mais tout ce bronze a été enlevé par la main des Barbares : on ne voit plus que les trous qu'ils occupaient.

Je pénètre à l'intérieur. C'est un gouffre immense au fond duquel je me trouve perdu, ciron dans un océan.

D'abord, sous le portique ovale du rez-de chaussée, d'où l'on pouvait voir le spectacle, vingt mille spectateurs devaient tenir fort à l'aise. Jugez de son immensité.

Un trottoir règne tout à l'entour de l'arène. Le long du trottoir s'élève une grille, et derrière la grille est creusé un canal large et profond de dix pieds, car l'eau arrivait de telle sorte qu'on pouvait submerger l'arène, qui est plus basse, et la couvrir d'eau pour y donner des représentations nautiques, appelées *naumachies*. Après le canal se dresse un mur de quinze pieds de haut, revêtu de marbre et enduit d'un rouge vif. Immédiatement au-dessus se développe le *Podium*, galerie circulaire ornée de colonnettes et de balustrades. C'est au Podium que commencent les quatre précinctions ou étages de galeries composées de gradins.

Au nord, du côté du Forum, se trouve le *Segestum* ou loge de l'empereur, sorte de chaise curule surmontée d'un dais. Du côté opposé étaient placés l'ordonnateur des jeux, les magistrats, les vestales et les ambassadeurs. Les galeries contiennent quatre-vingt-dix mille places.

Le Colysée, de forme ovale, a mille huit cent douze pieds de circonférence. Son arène mesure trois cent quinze pieds de longueur sur cent quatre-vingt-quinze de largeur.

Il y avait, en outre, de gigantesques constructions souterraines, pour loger les esclaves, les gladiateurs, les animaux. On y avait pratiqué un passage secret qui communiquait avec le palais des Césars sur le Palatin, et dont les empereurs seuls avaient la clef. Là, un jour, Commode faillit devenir victime d'une conspiration. Mais ces parties basses du Colysée sont enfouies sous les terres d'alluvion qui les dominent d'au moins vingt-cinq pieds. Si on enlevait toute cette terre, on retrouverait non-seulement les *Carceres*, etc., mais aussi le sol précieux rougi du sang de tant de martyrs qui ont été livrés à la fureur des bêtes dans cette enceinte. Septime-Sévère-Caracalla, Héliogabale, Maximin, Dioclétien et Galerius y firent couler des torrents de sang et y dressèrent les grils, les chevalets, les chaudières d'huile bouillante, et tous les appareils des plus affreuses tortures... Aussi le pape Clément X fit-il ouvrir l'ancien sol, afin que des pieds profanes cessassent de profaner cette terre sacrée, que déjà Néron, alors qu'il avait fait un parc de cette vallée, avait arrosé des débris pantelants d'innombrables martyrs. En outre, la religion s'est emparée du Colysée, et on y a dressé toutes les quatorze stations d'un *Via Crucis*. On y voit même une estrade sur laquelle on vient prêcher le vendredi de chaque semaine.

Les Barbares, saisis d'admiration à la vue d'un édifice si majestueux, au-dessus duquel on ne voit qu'un coin du beau ciel bleu de l'Italie, le respectèrent. Au viie siècle, il était encore intact. Mais il était donné au normand Robert Guiscard d'y porter le premier le marteau. Forteresse dans les guerres civiles du Moyen-Age, les *Frangipani* et les *Annibaldi* s'en disputèrent long-temps la possession. Puis vint le xive siècle. Alors on exploita le Colysée comme une carrière : les plus beaux palais de Rome furent construits à ses dépens. Les Barberini, notamment, usèrent de leur parenté avec le pape Urbain VIII, pour morceler le monument, à tel point que l'on trouve un jour cette inscription placée au pied d'une statue :

QUOD NON FECERUNT BARBARI, FECERUNT BARBERINI.

Heureusement les papes Pie VII, Léon XII, Grégoire XVI et Pie IX, ont pris la noble tâche de réparer les désastres de cet édifice unique au monde. Néanmoins, à l'intérieur, quel délabrement, sur certains points !

Je ne vous redirai pas, Madame, les diverses impressions que je subis. Sur le Forum, jadis si plein de clameurs, de fougueuses passions, d'ardentes querelles, de rixes sanglantes, de voix d'orateurs et de tribuns, de bruits de foule irritée, j'étais à peine distrait, tout-à-l'heure, par quelques rares passants, par des touristes moins nombreux encore. Je m'arrêtais avec émotion à l'endroit où Romulus fut allaité par Acca Laurentia, où Tatius et ses Sabins voulurent venger l'affront fait à leurs filles, où Servius Tullius fut précipité de la Curia Hostilia, pour être ensuite mutilé par le char de la parricide Tullie; où Virginie fut égorgée par son père, etc.; et puis je contemplais avec une amère tristesse les pauvres maisons capitonnant çà et là les rampes du Capitole et les sommets de la Roche Tarpéïenne; le mont Palatin chauve comme un vieillard décrépit, défloré, couvert de la poussière blanche des ruines et des siècles; et ce Forum lui-même, où croit une herbe impure, et que l'on nomme, comme par dérision, le Champ-des-Vaches, *Campo Vaccino*.

Mais là, à partir de l'Arc-de-Titus, le long de la Voie-Sacrée, si foulée jadis par le pied des légions victorieuses ramenant au Capitole leurs aigles triomphantes, et, enfin, dans l'immense abime du Colysée, pas un être vivant ne montrait sa tête pour animer quelque peu cette solitude. Dans cet amphithéâtre Flavien, où les vingt mille spectateurs des portiques et les quatre-vingt-dix mille curieux des galeries, enivrés de sang, pantelants en face de la mort disputant ses victimes à la vie, transportés de colère ou d'enthousiasme, devaient produire un ressac plus formidable que celui de l'Océan, j'étais seul.., seul avec des souvenirs, et quels souvenirs!... Oh! j'étais profondément impressionné... Rome, Rome, que tu es changée!

Cependant, au plus fort de ma méditation retrospective, un bruit d'armes me fit tressaillir... C'était une patrouille française qui venait relever la sentinelle, tellement perdue dans les ruines, que je ne l'avais pas aperçue...

Sur cette solitude dont je parle, Madame, étendez l'incomparable beauté d'un ciel comme Rome seul le possède... Avec cet azur éblouissant, jugez de la magnificence des lignes architecturales! Groupez çà et là, sur le Cœlius et l'Esquilin qui m'entourent, des fantômes de grands pins arrondis, se dressant autour des ruines ; au loin prêtez l'oreille au roulement d'un char qui descend une voie rapide, et peut-être vous représenterez-vous la poésie qui remplit mon âme d'une sombre et sévère mélancolie...

Cependant, le temps a marché. Je regarde ma montre : la neuvième heure du jour a sonné ; si vous aimez mieux, il est trois heures. Certes ! on m'a attendu, peut-être m'attend-on encore à l'hôtel de la Minerve... Avec cela, mon long pèlerinage a fait parler mon estomac, et si je n'ai pas fait droit à ses réclamations, la faute en est au Forum, qui ne m'a pas permis de l'entendre. Que faire? Au fait, pourquoi ne pas entrer dans ce restaurant de l'ancien quartier de Subure et des Carines, au pied des Esquilies, où les maisons commencent à se grouper? J'entre bravement, et je demande du *cioccolata*. On mesert. Je me trouve entre trois individus d'aspect douteux qui savourent des sorbets, et un groupe de femmes qui bavardent à rendre des points à une pie. Franchement, si j'avais eu le temps d'examiner le personnel de l'établissement, je ne serais pas entré. L'éponge n'a jamais dû passer sur le visage de deux de ces femmes. Les haillons qu'elles portent viennent assurément de leurs trisaïeules : ce ne sont que loques sordides, mal agencées sur de longs cous noirs ; et le peigne est bien certainement brouillé à mort avec leurs chevelures fétides et incultes. Et pourtant quel galbe, quel ovale, quels éclairs dans les yeux. Quant à la gaîté, point : car un enfant rit, et voilà que ces femmes se retournent stupéfaites.

En face de la maison, dans la rue même, des soldats, un prêtre en habit noir, des nourrices, une sorte de pâtre et un capucin, achètent à un marchand de friture des pâles ou des poissons qu'on leur présente sur des feuilles de vigne. Le mets est délectable sans doute, car les amateurs le dégustent avec béatitude, et en discutent le mérite d'une façon fort amicale. Pour moi, l'appétit s'envole, et je sors, laissant là ma pièce blanche et mon cioccolata.

Une jolie calèche vide, qui passe, m'engage à monter. C'est le signal que Rome se réveille, car de midi à quatre heures, Rome fait la sieste. A midi, les rues et les places font le vide : les voitures rentrent sous la remise ; on dort... Mais quatre heures n'ont pas plutôt sonné à toutes les horloges de tous les clochers, qu'à la dernière vibration du timbre, les voitures reparaissent, la foule reprend sa voie, et la vie circule de nouveau. Elle circule même d'une façon fébrile et violente, car, dans les quartiers populeux qui ont remplacé le Champ-de-Mars, et notamment sur le Corso, qui semble en ceci avoir hérité de la mode antique dont la Voie Flaminienne, son prédécesseur, était le théâtre, on se promène, on va, on vient, on s'aborde, on se salue, on cause, on discute, on s'interroge, on se communique les nouvelles, on boit sur la devanture du *Café Nuovo* ou *degli Scacchi*, on fume, on chuchotte, mais on ne... rit pas : la gravité romaine s'y oppose.

Là, et sur la place Colonna, où nos officiers français ont leur cercle, les dames romaines se montrent dans leurs plus beaux atours, accompagnées de leurs *cavalieri serviente*, coquettes, tout comme nos parisiennes. Si elles ne l'emportent pas sur elles par la redondance des jupes, l'ébouriffante excentricité de la mise et le brio de l'art féminin, certes ! elles ne leur cèdent pas au point de vue du profil et de la majesté. C'est que le type græco-sabin est le type de Rome : on y retrouve ces deux origines, ou distinctes, ou confondues, mais nobles, grandes, belles. De ci, de là, passent des groupes de prêtres et de moines. Parfois même on voit s'avancer et parcourir les vagues romaines, d'un pied ferme et dans une allure patricienne, sous une pelure de toile grise, la tête encapuchonnée dans un domino, la taille ceinte d'une grosse corde à nœuds, la jambe nue et protégée par une simple sandale, un frère quêteur qui cherche fortune pour les pauvres. Ne confondez pas ce déguisement avec la robe vulgaire d'un *Minime* ou d'un *Franciscain* : pas le moins du monde. C'est un homme du monde, un riche banquier, un seigneur romain, un cardinal peut-être, qui a revêtu la livrée de l'indigent. Les personnages les plus considérables remplissent, chacun à son tour, ce noble rôle de la charité, s'humiliant et faisant récolte de baïocques, de pauls, voir même de scudi, si vous avez la fantaisie d'en donner, au nom et au bénéfice des déshérités de la vie. Par moments, le Corso est rapidement sillonné par une berline houssée de rouge, les chevaux harnachés de pourpre et la tête fièrement empanachée d'une aigrette rouge aussi. C'est un cardinal qui se rend chez le Saint-Père ou qui fait quelque visite. Circulent de même des équipages chargés de femmes et convertis en corbeilles fleuries. Ce sont les amateurs de la promenade du Pincio, le rendez-vous du soir, le Longchamp ou le Bois-de-Boulogne de Rome. Chose étrange! le *piou-piou* français cause avec le carabinier italien; le paysan en veste de velours râpé, marche côte à côte avec la *villane*, paysanne coiffée d'un linge blanc ou de drap rouge plié en carré, et retombant sur la nuque; un *monsignor* coudoie un *facchino* qui stationne au coin de la rue; des bandes de *stiratrici*, de *bastare*, de *lavandaje* et de *sartrici*, nos repasseuses, corsetières, blanchisseuses et couturières traversent le Corso pour rentrer dans les rues adjacentes; le brave ouvrier marche de pair avec le capucin, son ami. Passe une *Transteverine* dans son éclatant costume de fête, où le rouge se marie au jaune, où l'or rutile sur la soie, effarée comme quelqu'un qui a mis toutes voiles dehors, parce qu'il a fallu une affaire bien importante pour traverser le Tibre et venir du Transtevère ou du Vélabre dans ces beaux quartiers. Eh bien! que vienne à paraître une voiture qui fend la presse, tout chacun de s'écarter nonchalamment, sans murmure, sans tumulte, sans confusion, sans le moindre choc, sans rire surtout! La voiture a des priviléges. En France, on crie, on hue; à Rome, on se gare. En France, l'envie fait sentir son dard aigu; à Rome, il faudrait faire un effort pour envier: on dédaigne. Ce n'est pas orgueil, c'est apathie. Nonobstant cette foule, on pourrait presque dire cette cohue, pas de bruit. Le silence est un des caractères de Rome. Tout au plus entend-on dans certaines rues voisines, les marchands qui annoncent leurs boissons rafaîchissantes. Ils sont infiniment plus rares qu'à Naples, et moins luxueux dans leur éventaire: mais je préfère leur orangeade à l'aquaiolo des Napolitains. La seule chose qui fasse bruit à Rome, où l'on croit marcher parmi des tombeaux, ce sont les cloches. Diavolo! les cloches de Rome parlent pour toute la population! Quel verbe et quel ton!

Donc, je monte dans ma calèche. Elle longe le côté oriental du Forum Romanum, mais derrière les édifices qui forment sa bordure. Je passe précisément en face des Thermes de Titus aux trois quarts éboulés, et couvrant une partie de la Maison d'Or de Néron; puis sur ce point de l'antique Vicus Cyprius où les Romains laissèrent long-temps subsister le Soliveau de la sœur. J'arrive ensuite à l'emplacement du Forum de Nerva. Hélas! tout a disparu; tout, moins, contre un mur composé de blocs massifs de péperin, de magnifiques colonnes en marbre, à moitié enfouies en terre, qui supportent un entablement surmonté d'une attique, également en marbre, au milieu duquel se trouve encore, dans une niche, la statue de Pallas. Voilà tout ce qui reste de la colonnade intérieure du Temple de Minerve, qui avait donné au Forum de Nerva le surnom de Forum Palladium. Mais, par cette riche relique, on peut juger que ce devait être un admirable monument. De misérables maisons ont envahi tout le reste de l'espace, jusqu'à un mur gigantesque, d'une élévation effrayante, dont personne n'a pu me dire l'origine. Formé de blocs cyclopéens de péperins, joints uniquement par des crampons de bois en queue d'aronde, il se tient là debout, sans l'appui d'aucun contrefort, depuis combien de siècles? *Chi lo sa* ! Qui le sait! comme on m'a répondu, et comme on dit souvent à Rome.

Du Forum de Nerva aux Forums de Jules-César et d'Auguste, il n'y a qu'un pas, puisqu'on l'appelait aussi Forum Transitorium, parce qu'il servait de passage entre ces Forums et le Forum Romanum. Je traverse la rue des Tria Fata ; aujourd'hui Via Bonella, qui les séparait, et à son extrémité orientale, je me trouve face à face avec les débris imposants de l'un des plus beaux monuments de l'ancienne Rome. C'est le portique latéral de la cella du Temple de Nerva, élevé par Trajan, et composé encore de quelques colonnes corinthiennes, cannelées, hautes de quarante-cinq pieds, d'une circonférence de seize, et du plus pur marbre blanc.

Je laisse le Viminal sur ma droite, et, en quelques tours de roue, me voici au Forum de Trajan, taillé en partie dans la base du Quirinal, afin d'obtenir une assez vaste superficie, car Trajan, comme vous le savez, Madame, voulut grouper en cet endroit seul un Forum, une Colonne, un Arc-de-Triomphe, un Temple et une Basilique. De tout ceci restent uniquement le Forum, peu vaste, avec toutes ses colonnes, décapitées, mais debout encore sur l'aire de marbre blanc, mise à nu par un déblai complet. Il est donc facile à l'imagination de le reconstruire. Des maisons vulgaires l'entourent et ont pris la place, au sud et à l'ouest, des autres monuments dont on reconnaît aisément la disposition, par l'agencement du Forum. Au nord, l'emplacement du Temple est occupé maintenant par deux églises, la *Chiesa del Santissimo nome di Maria* et *della Madonna del Loreto*, dont les frontons et les hardies coupoles produisent le plus heureux effet. Mais la merveille du lieu, c'est la colonne Trajane qui s'élève à une grande hauteur, à l'extrémité septentrionale du Forum.

D'ordre dorique, la *Colonne Trajane*, sur le sommet de laquelle une statue en bronze de saint Pierre, haute de onze pieds, a pris la place de celle de l'Empereur, enlevée par les Barbares, est composée de trente-quatre blocs de marbre blanc de Carrare, joints ensemble par des crampons de bronze. C'est tout un poème que chantent les deux mille cinq cents figures, hautes de deux pieds, composant le bas-relief en spirale qui fait vingt-trois fois le tour de la colonne, dans un diamètre de onze pieds deux pouces et sur une hauteur totale de cent trente-deux pieds, moins le chapiteau qui est d'un seul morceau de dix pieds de haut, comme le piedestal. On a disposé les figures de manière que les plus élevées offrent plus de relief et ont une proportion plus prononcée. Marches d'armées, campements, batailles, passages de fleuves, épisodes de tout genre, dans la Dacie, tel est le sujet du poème sculpté avec un art qui est l'égal de celui du Parthenon. Le piedestal représente des trophées, des aigles et des guirlandes de chêne; le tout d'un admirable travail. On monte dans cette colonne par un escalier taillé dans le marbre et qui ne compte pas moins de cent quatre-vingt-deux marches qu'éclairent quarante-trois petites baies. Il ne faut pas redouter de faire l'ascension de cette colonne, car du balcon qui entoure la statue, c'est une vue sur Rome, mais une vue indescriptible!

Pauvre Trajan! tant de mal, tant d'argent, pour se faire un tombeau! Car cette colonne fut le tombeau de Trajan. Ses restes étaient placés dans une urne d'or, sous le piedestal, pendant que sa statue couronnait le sommet de la colonne... Urne, cendres et statue, tout a été la proie du barbare!

Afin de vous donner une idée de la beauté de ce Forum et de sa colonne, Madame, je vous dirai qu'un grand pape avait dit un jour que le créateur de tant de merveilles ne pouvait pas être, durant toute l'éternité, confondu avec la tourbe des païens. Ainsi, grâce à cette puissante intervention, Trajan, d'après la légende, par une exception unique, aurait obtenu d'être tiré de l'enfer.

N'est-ce pas, en effet une féerie, un rêve, que cette prodigieuse décoration que je mets sous vos yeux, Madame? Elle semble dépasser les limites du possible ; et cependant elle a subsisté, elle subsiste encore en partie. Les Gaulois, les Goths, les Huns, les Vandales, les Normands l'ont vue, et tour à tour l'ont renversée.... Elle a appelé dans Rome toutes les nations; et le monde entier vient encore admirer ses trop rares et si magnifiques débris....

Je quitte enfin le Forum de Trajan, car il faut en finir, et, traversant le Corso, à la hauteur de l'Arc-de-Triomphe de Marc-Aurèle qu'un pape fit détruire, j'arrive en poste à l'Hôtel-de-la-Minerve. Grâces soient rendues à mon cher Emile et à son excellente mère! Inquiets, agités, ne sachant s'ils devaient faire poser des affiches réclamant un touriste égaré dans les ruines du palais des Césars ou de la Maison d'Or, ils m'attendaient pour courir sus au dîner. Ma calèche les reçoit, et nous voici saluant encore le Panthéon, la colonne Antonine, et nous nous installons à la table française de Bertini, au numéro trois cent quarante du Corso.

Les tables de l'ancienne Rome, pour être considérées, devaient offrir aux gourmets des huitres du lac Lucrin, des paons venus de Samos, des faisans apportés des bords du Phase, de jeunes thons de Chalcédoine, des murènes prises dans le détroit de Sicile, des esturgeons de Rhodes, des hérissons de Misène, des jambons de Gaule, des escargots d'Afrique, des dattes d'Egypte, des avelines d'Ibérie, et des noix de l'Ile de Thasos. Les Lucullus, les Apicius et les Mécènes ne donnaient à leurs convives que des loirs confits avec du miel et des pavots, des gélinottes d'Ionie, des foies d'oie blanche ou des langues de phénicoptères et des surmulets de Baïa. Nous, Madame, sans un aussi grand respect de nous-même, nous sacrifions volontiers tous ces mets distingués. Du reste, notre dîner n'est pas à dédaigner ; je vous en donne le menu, Madame, afin que vous sachiez bien que si les Italiens sont sobres, si la vie des grands est même assez frugale, on peut cependant faire bonne chère à Rome. Hélas ! le sol de Rome, malgré la forte et noble nature de la race romaine, ne produit plus de héros ; mais la terre de la campagne de Rome, malgré l'apparence, et un peu le préjugé, est encore, de nos jours, la *magna parens frugum*, c'est-à-dire qu'elle est très-fertile, et des plus productives. Donc potage : lasagnes. Entrées : bœuf de Pérouse, *manzo purigino* ; veau des étables, *mongana* ; croquettes de cervelles de ris de veau et d'agneau, *animelle*; et chevreau de Tivoli, le descendant de ce chevreau dont Juvénal a dit : « Un chevreau très-gras viendra de mon champ de Tibur ; il sera le plus tendre du troupeau, n'ayant pas encore brouté l'herbe, et plus rempli de lait que de sang. (1) » Second service : salmis d'alouettes et de cailles ; bécasses et becfigues ; pigeons fins, blancs et roses, de même race que ces pigeonneaux dont jadis les Romains, au rapport de Varron, brisaient les pattes, les laissant dans leur nid et présentant à leur mère une nourriture abondante, afin qu'elle les engraissât plus vite en les faisant manger sans relâche. Quelle barbare sensualité ! Rots : perdrix grises, *stearne* ; grives délicieuses, *tordi* ; et enfin, un mets de Noël qui approche, oie..: du Capitole peut-être, laquelle oie, nonobstant la grandeur des souvenirs sacrés ou patriotiques qu'elle évoque, me semble d'une saveur fort médiocre. Je ne parle pas du

---

(1) Juv. Sat. XI. De Tiburtino veniet pinguissimus agro

Hædulus, et toto grege mollior, inscius herbæ,
Qui plus lactis habet quam sanguinis.

prosciutto, jambon cru de la montagne ; ni du *spigola*, loup de mer que l'on estime surtout lorsqu'il est pris dans le Tibre, entre les ponts, parce qu'alors la fatigue de remonter le fleuve les a rendus plus délicats ; ni du brillant *papagello, pesce nobile*, fin, blanc, exquis. Maintenant comme légumes : fenouil, brocolis, asperges de Tivoli, etc., et comme dessert, raisins muscats de Tivoli encore, figues vertes, lait caillé, *ricotta e giuncata*; fromage de brebis, *pecorino*, venant de Viterbe, et le même, avec du safran, *fromaggio fiore*, parce qu'il se fige avec la poudre d'une fleur des montagnes. Quant aux vins : vin de *Gensano*, de *Civita Lavinia*, qui a le bouquet des vins d'Espagne, de *Velletri*, d'*Albano*, de *Frascati*, dont la fiasque, grande bouteille, est du prix de six baïoques, six sous. Mais notre vin de prédilection, notre vin aimé, est le vin blanc d'*Orviéto*, coût douze baïoques. Prix du dîner, cinq pauls, deux francs cinquante centimes. Est-ce trop ?

Mais nous ne dînons pas toujours à la française. La variété ne nuit pas, et les contrastes nous permettent d'étudier les usages et les physionomies. Donc nous allons quelquefois chez *Lepre, via di Condotti*, près de la place d'Espagne, rendez-vous des artistes. La table y est modeste, mais l'aspect, drolatique, et les joyeusetés, interlopes. Ou bien encore nous restons à notre hôtel de la Minerve, où la salle à manger est toute Pompeïenne, car on dirait un *Triclinium* de Pompeïa ressuscitée. Une fois même, nous nous sommes fourvoyés *All' Osterie del Falcone*, près du Panthéon également. Là se conservent pures les traditions de la cuisine romaine ; mais on y trouve un certain escalier d'une raideur et d'une étroitesse telles, que j'ai failli arriver en bas beaucoup plus vite que ne le permet la gravité sabine ; aussi désormais nous nous abstiendrons du Faucon.

Vous plaît-il de voir quelque chose qui rappelle Paris, Madame ? Suivez-nous au Pincio, l'ancienne colline des jardins. On a disposé en promenade cette petite montagne, qui fait suite au Quirinal. Là, de tous les points de Rome arrivent les équipages, calèches, landaus, berlines, etc. C'est un tohu-bohu d'autant plus grand que l'espace manque. Les allées du Pincio tournent et décrivent les ellipses de la colline, de telle sorte que les voitures s'entassent, la poussière fait nuage, on étouffe et on circule peu. Mais c'est là promenade de bon ton. D'ailleurs sur la crête du mont, au centre d'une pelouse, non loin de vasques antiques, monolites admirables, provenant des thermes de Caracalla, je crois, nos musiques françaises, et les musiques suisses, alternent et font entendre ouvertures, polkas et quadrilles. C'est alors un indescriptible meli-melo. Les gens à pied vont et viennent ; des flots de robes s'épanchent des voitures immobiles, ici, fières matrones au profil de Cornélie, mère des Gracques, là, grisettes entassées dans un char à bancs, car le peuple aime la voiture par-dessus tout. C'est son rêve de la semaine pour le dimanche. Les dragons pontificaux, le sabre au poing, tranchent sur le tout, et vous font faire un pas toutes les dix minutes. Cela ne rappelle-t-il pas quelque peu nos fêtes populaires des Champs-Elysées ? J'ajoute que, là comme au Corso, nous voyons arriver les voitures de quelques cardinaux ; car au Pincio seulement, ou bien *extra-muros*, les cardinaux ont le droit de marcher et de quitter leur équipage. Donc aujourd'hui c'est un cardinal dominicain, en robe blanche, calotte rouge, que suivent, selon l'ordre, deux ou trois laquais galonnés, qui se promène quelque peu à l'écart ; demain ce sera un cardinal, en soutane rouge, ou en habit noir, mais avec chapeau à glands rouges, qui prendra le frais sous les arbres. Tel est l'apect du Pincio à l'heure de la promenade.

Il s'est formé dans Rome, par une longue habitude de déposer des immondices dans un même endroit, il s'est formé, dis-je, dès les temps les plus reculés, des éminences factices que l'on a fini par placer au rang de collines et par baptiser de différents noms. Ainsi, en omettant le Monte Citorio, près du Panthéon, les Monts Giordano, Savelli, Denci, et pour n'en citer qu'un seul, au sud de l'Aventin, sur la rive gauche du Tibre, à la sortie de Rome, le *Monte Testaccio*, du mot latin *testa*, tesson, est composé uniquement de morceaux de pots cassés, que les Ediles avaient ordonné de ne déposer que là, et il a cent soixante pieds d'élévation sur une base de quatre mille cinq cents pieds de circonférence. Cette énorme accumulation de poteries ne doit pas surprendre quand on se rappelle que les Romains faisaient un grand usage d'objets en terre cuite, amphores, jarres, vases funéraires, statuettes de divinités, etc. Je dirai même, en passant, que le *Monte Testaccio* est devenu le Bercy de Rome, car les modernes Romains, sachant que les poteries ont la propriété d'entretenir la fraîcheur des liquides, ont perforé la base de cette colline dans tous les sens, pour y établir des caves où Rome puise ses vins.

Or, on raconte que notre habile artiste et compatriote, le Poussin, qui demeurait à Rome, venait souvent s'asseoir sur le plateau du Testaccio, le soir, soit pour regarder le tableau magique que lui offrait l'horizon au coucher du soleil, soit pour admirer les monuments de la ville éternelle éclairés par les rayons de la lune.

Nous aussi, à l'exemple du Poussin à l'endroit du Testaccio, nous aimons le Monte Pincio, pour les merveilleux aspects de Rome qu'il étale sous nos yeux.

Sur le côté occidental de la ville et en face de nous, comme un long rideau de verdure, se développent les crêtes du monte Mario, du mont Vatican et du Janicule, dont les rampes sont chargées de villas blanches ou rosées, tapies sous des massifs d'arbres séculaires. Dans la brume empourprée du couchant, la Fontaine Pauline, la colossale silhouette du Dôme de Saint-Pierre et du palais du Vatican, la demeure des papes, les mille coupoles des Églises, les reliefs des monuments, et des campanile sans nombre se profilent aux regards étonnés. A sa droite, on voit le cours du Tibre et on devine le Ponte Molle qui s'abrite derrière les ondulations du sol jadis étrusque.

Ensuite, du même côté, mais sur un plan plus rapproché s'ouvre la *Porta del Popolo*, dessinée par *Michel-Ange* à l'extérieur, à l'intérieur décorée par *Bernini*, magnifique entrée septentrionale de Rome. En avant de la porte du peuple, se montre la *Piazza del Popolo*, elliptique, grandiose; décorée à son milieu d'un *Obélisque d'Égypte*, en granit rose, chargé d'hiéroglyphes, érigé à Héliopolis par Ramsès et dédié au soleil, quinze siècles avant Jésus-Christ, haut de soixante-quatorze pieds, et de cent-douze, en y comprenant le piedestal qui le porte et la croix qui le surmonte. On le retira, brisé, du Cirque Maxime dont il ornait la *Spina*, où Auguste l'avait placé après la conquête de l'Égypte. Son piédestal est composé d'un soubassement élevé de plusieurs degrés et présentant aux quatre angles des lions versant de l'eau dans des vasques. Les deux côtés de la place sont disposés en vastes hémicycles avec fontaines monumentales, colonnes et groupes de statues. Au-dessus de l'hémicycle qui s'appuie au Pincio, s'élèvent plusieurs étages de rampes et de terrasses décorés de statues et de colonnes rostrales. *Valadier*, sous le pape Pie VII, fut l'architecte qui composa cette riche décoration. Trois rues immenses, les seules de Rome qui soient droites et larges, partent de cette Place du Peuple en divergeant en éventail. Celle du milieu n'est autre que le Corso, qui s'élance vers le Capitole. La seconde, au levant, est la *Via del Babuino*, qui aboutit à la Place-d'Espagne et au Quirinal, et la troisième, au couchant, est la *Via di Ripetta*, qui conduit au port du Tibre, qu'elle longe, *Porto di Ripetta*, et au cœur de Rome moderne. Alors, entre le Corso et la Via del Babuino s'élève la belle église *Santa Maria di Monte Santo*: et celle de *Santa Maria dei Miracoli*, entre le même Corso et la Via di Ripetta. L'une et l'autre ont leurs façades sur la Place du Peuple et sont couronnées de magnifiques coupoles. L'ensemble de cette décoration est d'un effet splendide.

Je dois vous rappeler, Madame, que jadis, il y a de cela 1600 ans, sur la pente du Pincio où se trouve la rampe qui descend sur la Place-du-Peuple, un massif de peupliers étalait son feuillage, et des nuées de corbeaux y établissant leur caravensérail, dans leurs émigrations, effrayaient les passants par leurs funèbres croassements. A l'ombre des peupliers, dormait un tombeau, le tombeau des Domitiens, et dans la pierre sépulcrale gisait, parmi d'autres ossements, le cadavre de Néron, de l'infâme et odieux Néron. Un beau jour, en 1099, le pape Pascal II fit enlever ce sépulcre, que l'on porta fort au-delà du Porte Molle, sur la voie Flaminienne, dit-on ; puis, les peupliers étant arrachés, on édifia, sur ce lieu même, la petite église *Santa Maria dei Popolo*.

Devant soi, parsemant l'ancien Champ-de-Mars, sur le côté occidental du Corso, et à cheval sur la longue Via di Ripetta, on distingue à merveille le capricieux dédale de rues qu'on pourrait croire le produit d'un semis de maisons prises à poignées par le bras herculéen d'un Titan, dans l'ivresse, et jetées au hasard de leur chute, tant ces rues se courbent, se choquent, se rompent, se heurtent, s'enchevêtrent mutuellement ; tant une rangée de maisons en zig-zag barre l'autre ; tant celles-ci coupent court à celles-là : maisons aux fenêtres irrégulières, aux façades ternes, à l'air chétif, et d'une monotonie qui serait désespérante, si, çà et là, on ne voyait s'élancer vers le ciel la pointe aigue d'un obélisque, le profil d'une haute statue, le fût d'une colonne, une flèche d'église, ou les ravenelles d'un palais gigantesque.

Enfin, à la gauche, l'horizon vous montre au loin le prestigieux sommet du Capitole, l'Aventin, et la mer de maisons qui houle sur les pentes du Quirinal, du Viminal, de l'Esquilin et du Cœlius. Mais ce qui fixe le plus l'attention, au pied du Pincio, au-dessous de l'allée qui conduit à l'église de la Trinité du Mont, à l'Académie de France, et à la promenade, c'est la place d'Espagne, *Piazza di Spagna*, qui s'ouvre en face de la Via dei Condotti, un des affluents du Corso. Cette place est ainsi nommée d'un palais qui appartenait à la cour d'Espagne. L'Eglise de la *Trinité-du-Mont*, placée sur le côté occidental du Pincio, à côté de l'Académie de France, domine la place d'Espagne et s'y rattache par un escalier en terrasse qui y descend. Un obélisque égyptien, haut de quarante-cinq pieds, de granit rouge, avec hiéroglyphes, autrefois ornement de la Spina du Cirque de Salluste, est debout au sommet de l'escalier, devant le portail majestueux de l'Eglise ; et au pied du même escalier, au centre de la Piazza, apparaît la *Fontana di Barcaccia*, ainsi nommée de la nacelle de marbre qui la compose et d'où l'eau déborde. C'est l'œuvre du *Bernin*. Vue du Corso par la Via dei Condotti, la perspective de la Piazza di Spagna, de l'escalier, de l'obélisque et de l'église, est des plus charmantes.

Tel est l'horizon qui se déploie sous les yeux du promeneur, du plateau du Monte Pincio, et c'est pour cela que nous affectionnons ce beau site.

Je viens de vous nommer l'*Académie de France*, ancienne villa Médicis, d'où les merveilleux tableaux, amassés par Cosme de Médicis, sont allés décorer les

Offices de Florence. La France y entretient des élèves qui s'y livrent à l'étude de l'art antique. Sa bibliothèque, ses boiseries, et des tapis d'Arras, dessinés par *Jules Romain*, méritent qu'on la visite. Mais ce qu'elle offre de plus curieux, c'est, sous terre, le tunnel antique sous lequel passent les eaux de la Vierge, amenées par l'aqueduc immense qui va les chercher à une source du pays des Latins, révélée par une jeune fille.

Me suis-je donc écarté du récit de ma première journée à Rome ! J'y reviens, Madame.

Donc, une fois rassasiés de l'ivresse poétique donnée par le panorama de Rome, du haut du Pincio, selon le projet que j'avais conçu et médité dans mon excursion du matin, je conduis Emile et sa mère par le Corso d'abord, puis à son extrémité, en tournant par la droite près du Collége Romain et du palais de Venise, j'atteins avec eux la Via d'Ara Cœli.

Jadis le Capitole n'était abordable que par le côté du Forum. Au nord, du côté du Champ-de-Mars, la colline ne présentait qu'une roche escarpée, de plus de cent pieds d'élévation, sur un mille de largeur, de la porte Ratumena, au levant, à la porte Carmentale, au couchant, de sorte que sur ce point, la Roche Tarpéïenne ne présentait aucun accès possible. Mais, au moyen-âge, de par la volonté du Pape Paul III et le talent de Michel-Ange Buonarotti, on a rogné le rocher à son sommet, exhaussé le sol à sa base et réussi à ouvrir, du côté de la ville moderne, trois montées remarquables. La première, la *Salita della Tre Pile*, permet même aux voitures de gravir le flanc droit de la colline et d'atteindre l'Intermont. La seconde, large et bel escalier, conduit au centre du même Intermont. Là, le Bois-Sacré de l'Asile, le temple de Véjovis, l'arc de Scipion l'Africain et ses fontaines, et les colonnes de Æmilius et de Jupiter ont disparu de l'Intermont, devenu la *Place du Capitole*. Au sud, cette place est bordée par le *Palais du Sénateur* qui trône avec orgueil sur les larges bases étrusques du Tabularium. A l'orient, s'élève le *Musée du Capitole*, assis sur ces ruines du Temple de Vénus Erycine, de Mens et de la Foi. A l'occident, le *Palais Caffarelli* se campe fièrement sur ces débris de l'Ax ou citadelle de Romulus, de la maisonnette de ce premier roi de Rome, des temples de Jupiter Férétrien, de Jupiter Prædator, de Jupiter Soter, de Mars Bisultor, de la fortune Primigenia, de la Curia Calabra, de Junon Moneta, et de la porte toujours ouverte de Pandena. Enfin, la troisième montée se présente, à gauche, sous la forme d'un autre escalier, plus étroit, mais du plus beau marbre antique blanc, de Paros, les anciens degrés du temple de Quirinus, sur le Quirinal, composé de cent-vingt-quatre marches et conduisant à l'église *Ara Cœli*, élevée sur les substructions colossales du temple de Jupiter Capitolin, et au monastère d'humbles franciscains qui ont remplacé les superbes Flamines.

Nonobstant cette métamorphose, on peut reconnaître facilement la forme topographique primitive du Mont Tarpéïen, de ses deux cimes, et de l'Intermont, et retrouver parmi ces constructions nouvelles, et jusque dans les caves, bon nombre des ruines de Rome antique. Toutefois, la place du Capitole, avec son palais du Sénateur, sorte d'hôtel de ville, qui étale en face de vous ses pilastres corinthiens, avec ses murs couronnés de statues et le haut beffroi carré qui le domine; appuyée, sur les deux ailes, du palais Caffarelli et du Musée, sur lesquelles se dressent également de hautes statues; surmontée, à gauche, par l'église d'Ara Cœli; et offrant, à droite et à gauche du grand escalier, une large et riche balustrade ornée de précieux objets d'art et d'antiquité, a vraiment une physionomie des plus imposantes. Ce qui ajoute aussi à sa majesté, c'est la statue équestre, en bronze doré, antique et... vivante, de Marc-Aurèle, qui en occupe le centre.

Lorsque nous nous trouvons soudain, après avoir tourné le palais de Venise, en présence de cette mise en scène magique, dont j'ai calculé l'effet, l'ayant entrevue moi-même, le soleil descendait à l'horizon, et ses derniers rayons teignaient de tons chauds et vigoureux toutes les parties saillantes et le faîte des édifices superposés. Et, comme le vent de mer soufflait, des nuages empourprés et violacés, indices d'un vent plus vif encore pour le lendemain, semblaient faire cortège au dieu du jour à son coucher, et l'entourer de nimbes de rubis, d'opales et d'améthistes. Ces reflets radieux, aux nuances variées, faisaient nager le Capitole dans une auréole lumineuse du plus admirable aspect. C'était un moment solennel, l'*heure de l'effet,* comme disent les poètes et les peintres, l'heure du recueillement et de la rêverie. Ces grandes lignes de monuments aériens, couronnés de statues, qui semblaient se mouvoir, sur l'azur du ciel, dominés par un beffroi aux formes hardies, et surmontés des hautes masses enflammées d'Ara Cœli, nous mirent en une véritable extase sous l'influence de leur imposante majesté.

Cependant nous montons le grand escalier. D'abord, à droite et à gauche, des objets d'art que j'ai signalés voici les statues colossales, en marbre pentélique, de Castor et Pallux, admirable travail antique. Puis, à la suite, voici deux trophées, jadis érigés sur la Voie Triomphale à la gloire de Marius, vainqueur des Cimbres, et dont le caractère gracieux rappelle l'époque de Trajan ou de Septime-Sévère. Enfin, voici des statues provenant des thermes de Constantin, sur le Quirinal, et représentant cet Empereur et son frère Constance, et, aux extrémités de la balustrade, la première colonne milliaire de la Via Appia, marquée du chiffre 1, et trouvée dans un champ, près de la porte Capène, aujourd'hui San-Sebastiano. Mais la merveille de la Piazza del Campidoglio, la merveille par excellence, la merveille unique de ce genre que l'antiquité nous ait livrée intacte, c'est la statue équestre dorée, en bronze corinthien, de Marc-Aurèle. Elle vit, elle respire, elle se meut. Rien, mais rien au monde de plus beau. Quelle ardeur dans ce cheval ! Quelle noblesse d'allure ! Quel sentiment, quelle animation dans l'empereur philosophe ! Il semble que sa paupière va se baisser pour voiler à son regard les turpitudes de sa femme Faustine. Silence ! Il va parler !....

Ce fut là, là même, à l'endroit où ce cheval veut caracoler, qu'Arnaud, de Brescia, le rebelle Arnaud de Bresse, expira, enveloppé dans les flammes du supplice, après avoir livré lui-même Rome et les Romains aux flammes d'une longue révolution, en 1155.

Un jour, l'Empereur Auguste, couché dans le tablinum qui occupait le midi de sa luxueuse Maison Palatine, dans un rêve, voit un cercle lumineux entourer le soleil, et de cette gerbe de feu s'avance une femme, majestueuse et belle, qui, tenant un enfant dans ses bras, prononce ces paroles :

— Hæc est ara coeli !

C'était au moment même où, dans l'étable de Bethléem, venait au monde le Dieu Sauveur. Aussitôt Auguste se rend au Capitole, descend dans les souterrains où l'on conservait les livres Sibyllins, et les consulte pour savoir s'il doit venir au monde un homme plus haut placé que lui. Que lui répondirent les livres de la Sibylle ? Je l'ignore. Mais Auguste est frappé de sa vision à tel point, qu'il élève, dans le temple de Jupiter Capitolin, un autel nouveau, sous le nom de Ara primogeniti dei !

Le songe d'Auguste était vrai. Le temple de Jupiter Capitolin est tombé, et, seul, l'Ara Primogeniti Dei est restée, car voici l'*Eglise de Santa Maria in Ara Cœli* qui a remplacé le Capitole. La croix du salut brille où étincelaient les foudres d'une idole : un homme plus grand que l'Empereur Auguste était venu au monde, l'Homme-Dieu !

L'émotion nous saisit quand nous gravissons le même chemin que prit Auguste, qu'avaient pris Scipion, Cicéron, etc., et les triomphateurs se rendant au Capitole.

Voici l'Ara Cœli, l'*autel du ciel !* De portail, peu ou prou. Mais la nef est majestueuse et belle. Onze colonnes en granit, de chaque côté, vingt-deux, en tout, la divisent en trois nefs. Ces colonnes, empruntées à des monuments antiques, sont d'un diamètre différent. La plus remarquable est la troisième à gauche, en entrant. Voyez, on a gravé ces mots sur le fût : *A cubiculo Augustorum...* ce qui veut dire qu'elle provient du palais des Césars, sur le Palatin. Des pierres précieuses sont semées sur le Maître-Autel, que précèdent deux *ambons*, tribunes destinées à la lecture de l'Epitre et de l'Evangile, dans les églises primitives, mais que surmonte une radieuse image de la Vierge Marie, attribuée à Saint-Luc, que vous savez avoir été peintre, Madame. La nef transversale montre un petit autel isolé, que décore une enceinte de huit colonnes de jaune antique, et placé au lieu même qu'occupait autrefois l'*Ara Primogeniti Dei* d'Auguste. Des fresques de l'habile *Pinturicchio* font l'ornement de la dernière chapelle, à gauche, en sortant.

Que de souvenirs, là, dans cette église ! Nous y avons prié, non pas Jupiter Capitolin, mais le premier-né de Dieu, et j'ai pensé à vous, Madame...

Je ne veux pas quitter Ara Cœli sans vous dire que nous avons vu dans la sacristie le *Santissimo Bambino*, petite statuette que la légende raconte avoir été taillée avec un arbre du Jardin des Oliviers, à Jérusalem, et coloriée par saint Luc, dans un sommeil extatique. On l'expose, le jour de Noël, dans une crèche que la foule visite pendant toute l'octave, et près de laquelle des enfants, garçons et filles, montés sur une estrade, parlent aux fidèles et débitent de très-graves discours sur l'Enfant-Jésus, le Santissimo Bambino. Certes ! voici Noël qui vient, et nous ne manquerons pas d'entendre l'un de ces orateurs. Ensuite, le jour de l'Epiphanie, à la dixième heure du jour, on porte le *très-saint Bambin* en grande procession, et il donne sa bénédiction, du haut du grand escalier, à la multitude éparse dans la rue et sur les marches. Dans la dernière révolution de Rome, en 1849, les Triumvirs avaient mis une voiture du Saint-Père à la disposition de l'Enfant-Jésus, car il faut que vous sachiez aussi que le Santissimo Bambino rend des visites aux malades qui le demandent. L'autre jour, nous l'avions déjà rencontré, au quartier del Popolo, mais dans un fort modeste équipage. Dans la sacristie, on nous le fait voir rutilant de perles et de pierres précieuses. Il a les joues d'un coloris parfait et que n'usent pas les baisers qu'on lui donne.

Je méditais une autre surprise pour mes compagnons de voyage. Le soir tombait quand nous entrions dans l'église d'Ara Cœli, et il était nuit quand nous en sortions. Mais la lune se levait derrière les Esquilies, et c'était ravissant de voir surgir peu à peu, dans l'éther, cet incomparable bouclier d'or qui bientôt répandit une pâle lumière d'argent sur le Capitole... et les belles ruines du Forum, qu'Emile et sa mère ne connaissaient pas encore. Je les fis donc descendre, sans les prévenir, par le Clivus Capitolin, me gardant bien de les engager à se retourner, si ce n'est quand nous fûmes au premier quart du Campo Vaccino. Vous dire leur surprise alors, et vous peindre mes impressions personnelles, serait impossible! C'était d'une poésie telle que la plume tombe des mains... Nous passâmes en revue tout le Forum Romanum : il n'y eut pas une ruine qui trouva grâce. Nous descendîmes ainsi de temple en temple, d'arc en arc, de colonne en colonne, de ruines en ruines, jusqu'au Colysée.

Non, jamais rien au monde ne pourrait exprimer l'effet prodigieux, fantastique, écrasant, magique de ce Colosse, vu ainsi au clair de lune... Nous étions tous muets d'admiration, tous inclinés sous le faix de la beauté sublime du spectacle... Nous avons passé là deux heures à errer parmi les portiques, les galeries et les gradins, à évoquer des souvenirs; à raconter les drames des luttes sanguinaires des hommes contre les bêtes fauves, et le trépas des martyrs... Il nous semblait que les échos de l'édifice redisaient les déchirements et les formidables tressaillements de la mort. Nous croyions entendre de longs et sinistres soupirs s'échapper du *Spoliarium* et du *Carceres*...Nous y avons causé aussi avec nos soldats français de garde... Braves héros, comme ils étaient heureux de parler de la patrie absente!

Cette soirée, unique dans son genre, nous a laissé des impressions qui ne s'effaceront jamais! Elles se représentent à moi dans ce moment, et je les subis avec bonheur...

Mais j'en ai de plus douces à vous dire, Madame, à savoir que nous rentrons bientôt en France, et que ma grande jouissance alors sera d'aller vous serrer la main et de mettre à vos pieds l'hommage des sentiments les plus inaltérables.

VALMER.

VII.

A MADAME DE SAINT-LAUMER, A CHARTRES.

L'Etoile du Monde Catholique. — Quatre cent soixante-dix églises, à Rome. — Une question à l'adresse des Philosophes. — *San Guiuseppe.* — *Sant'Agnese.* — *San Marcello,* — *Santa Martina.* — *Domine, quo vadis ?* — *San Pietro in Vincoli.* — Le Moïse de Michel-Ange. — Portes actuelles de Rome. — Quartier du Transtevere. — Transteverins et Transteverines. — Fausse idée sur leur caractère. — Quel point de Rome occupe la métropole du monde. — Pie V et un ambassadeur. — Lieu du supplice de Saint-Pierre et de Saint-Paul. — Fondation de la Basilique. — Où demeuraient les Papes. — Cité Léonine ou *Borgo Nuovo.* — Le palais du Vatican — DOME DE SAINT PIERRE. — Merveille incomparable. — *Santa Maria in Transpontina.* — Piazza Rustiacci. — Place Saint-Pierre. — Fontaines, obélisque, colonnade. — Magie. — Première impression en pénétrant dans la basilique. — Statue du Prince des Apôtres. — Confession. — Tombeau des Saints Apôtres. — Le Baldaquin. — Seconde impression. — Chaire de Saint-Pierre. — Chapelle Clémentine. — Le balcon du Portique. — Pompe majestueuse. — Bénédiction *Urbi et Orbi.* — La coupole vue du Sanctuaire. — Ascension de la coupole. — Excursion sur les combles. — Vue de Rome et de sa campagne. — L'atelier permanent près de la coupole. — La voiture d'un Cardinal. — Promenades. — *Via San Sebastiano.* — Tombeaux des Scipions. — Thermes de Caracalla. — Impressions. — Trésors de l'Art. — Visite à la Nymphe Egérie. — Son chagrin d'avoir perdu son Numa. — *San Stefano Rotundo.* — Ses peintures. — Columbaria. — *Basilique de Saint-Sébastien.* — Catacombes. — Catacombes de Saint-Calixte, de Saint-Laurent, de Sainte-Agnès, de Saint-Pancrace. — Descente dans les catacombes. — Ce que sont les catacombes. — Ampoules, vases, instruments de martyre. — Fresques et peintures. — Cirque de Maxence. — Temple de Romulus. — *Via Appia.* — Autres visites au Dôme de Saint-Pierre. — Les Tombeaux. — Audience du saint Père. — Entrée dans le Vatican. — La Garde Suisse. — La Garde noble. — Etiquette. — Impressions. — Causeries. — Revenus du Pape. — Emploi de trois millions. — Voiture du saint Père. — Le Quirinal. — Le palais d'été de Monte Cavallo. — *Basilique de Sainte Marie-Majeure.* — Légende. — Description. — Ce qu'on entend par Chapelle Papale. — Usages de Rome à la Noël. — La *buona festa.* — La *Befana.* — *Basilique de Saint-Jean-de-Latran.* — Une légion de Pèlerins. — Foi primitive. — La *Scala Santa* ou l'Escalier du palais de Pilate, à Jérusalem. — *Santa Croce in Jerusalemme.* — Amphithéâtre Castrense. — Anciens palais des Papes à Latran.

Rome, 17 Décembre 185...

Madame,

Voici des nouvelles de votre fille bien-aimée.

M. Valmer se rendait à la poste, l'autre jour, pour retirer nos lettres de France, lorsqu'il en voit une, timbrée de *Gensano*, près d'Albano. Il l'ouvre précipitamment. C'était de Madame de Saint-T., qui, le sachant à Rome, lui faisait reproche de n'être pas venu la voir encore, et l'engageait à ne pas différer sa visite. Puis, hier, on frappe à la porte de notre appartement. J'ouvre... C'est Madame la vicomtesse elle-même qui vient, de la façon la plus charmante, nous sommer de nous rendre au plus vite à la *Villetta Casarini*, qu'elle occupe sur les rampes du Mont Albain, juste au-dessus de l'admirable *Lac Némi*. Tant de gracieuseté demandait de l'empressement de notre part. Aussi, comme je suis souffrante, Emile et M. Valmer sont partis ce matin, par la plus belle journée d'automne qu'il soit possible de désirer. Vous êtes en hiver déjà, à Chartres, et dans notre France : mais ici la verdure, les fleurs et les brises, rien ne nous manque encore.... Je laisse donc voyager ces messieurs, qui se prélassent dans une calèche à trois chevaux, empanachés, et secouant leurs grelots pour réveiller les morts de la Via Appia dans leurs tombeaux; et en attendant qu'ils m'apportent des nouvelles de leurs plaisirs avec votre chère Isabelle, je me dédommage, dans ma solitude, par la douce jouissance de vous écrire. Veuillez donc prêter l'oreille à mes causeries.

En vérité, en franchissant les portes de Rome, on éprouve une émotion que l'on ne rencontre point ailleurs. Ses murailles renferment des feuilles éparses de l'histoire de toutes les nations; et, comme son nom a rempli l'adolescence studieuse, qu'elle a passionné la jeunesse, que l'imagination a vu vingt fois les ombres de tant de héros errer sur le Forum, il y a quelque chose de solennel dans tous les pas que l'on fait, à travers les rues désertes de l'antique cité, afin d'aller toucher du doigt les pierres que l'on connaît, pour les avoir vues déjà dans ses rêves. Bon nombre de gens en restent à ce tourbillon de souvenirs classiques. Mais d'autres vont plus loin. Rome brille, dans le monde catholique, comme une étoile vers laquelle se sont dirigés, de tout temps, d'innombrables pèlerins. Il y venait jadis de véritables armées de Francs, de Saxons, de Frisons qui se rendaient processionnellement au tombeau de saint Pierre, en chantant un cantique dont voici l'unique strophe qui ait survécu :

— O noble Rome, maîtresse du monde, la plus excellente des villes, tu es rouge du sang des martyrs, blanche de la pudeur des vierges! Aussi nous te saluons, nous te bénissons, à travers tous les siècles, à jamais...

Un des plus illustres et des plus malheureux pèlerins qui vinrent y mourir, et dont on visite le tombeau, Le Tasse disait :

« Ce ne sont pas les colonnes, les arcs de triomphe, les thermes que je cherche en toi, Rome, mais le sang répandu par le Christ, et les ossements dispersés sous cette terre maintenant consacrée...»

Là, en effet, se trouvent la grandeur, le miracle, la beauté. Rome chrétienne si long-temps et si souvent infortunée, saccagée par tant de barbares, attaquée par tant d'impies, mais vivante et victorieuse toujours, est le symbole d'éternité terrestre le plus frappant qui soit dans l'univers.

Une chose fait rire les philosophes, c'est la quantité d'églises que Rome possède. On en compte en effet quatre cent soixante-dix, dont deux cents fort remarquables. En réalité, c'est énorme pour une population de cent quatre-vingt mille âmes. Il faut dire que sur ce nombre d'églises, il n'y a que cinquante-quatre paroisses. Mais on pourrait demander à messieurs les philosophes s'ils ne seraient pas fiers d'avoir un monument à consacrer à chacun des personnages qui, dans leurs rangs, se placerait, par son mérite, à la hauteur des Socrate, des Platon, des Rousseau? Certes! comme ils mettraient leur armée en parade! Pourquoi donc le catholicisme ne serait-il pas heureux et fier d'ériger un souvenir à la vertu, à la magnanimité, au martyre de ceux, même parmi les êtres les plus faibles et les plus délicats, qui ont vécu pour la gloire de la sagesse, pour le bien de leurs semblables, ou pour la déification de leur foi? Eh bien! il n'y a pas une église à Rome, qui n'ait pour but de célébrer et de perpétuer l'honneur d'un prodige, d'une action d'éclat, d'un trépas admirable, d'une vertu surhumaine.

C'est, ici, l'Ara Cœli catholique, remplaçant la païenne Ara Primogeniti Dei, de l'idolâtre Auguste, sur l'éminence du Capitole ;

C'est, là, la prison Mamertine surmontée de la petite église *San Giuseppe*, et le Tullianum même converti en chappelle, parce que saint Pierre, après avoir été détenu dans la prison des Septa Julia, fut attaché à une colonne, qui existe encore, dans ce Tullianum, où, comme Moïse, il fit jaillir une source du rocher, laquelle source, contre toute vraisemblance et contrairement aux lois physiques, jaillit encore, — je l'ai vue, de mes propres yeux vue, ce qui s'appelle vue, — afin de baptiser les geoliers convertis ;

C'est, sur la place Navone, l'*Eglise de Sainte-Agnès*, la jeune et illustre martyre, érigée sur les ruines du Cirque Agonal, que l'on voit dans la crypte.

C'est, sur le côté septentrional du Capitole, à sa base, l'*Eglise San Marcello*, élevée à l'endroit même d'un *vivarium*, sorte de ménagerie où l'on conservait les animaux destinés au Cirque Flaminius, dont les soins furent livrés par violence au Pape saint Marcel, par l'empereur Maxence. Ainsi, là même, un Pape devint gardien de bêtes féroces, et mourut à la peine.

C'est à deux pas de là, l'*Eglise de Santa Martina*, sur le côté de la prison Mamertine, à l'entrée du Forum d'Auguste, construite sur l'emplacement où fut décapitée, sous Septime-Sévère, Martine, femme d'un rang consulaire, de la plus haute vertu.

Ainsi en est-il, de l'église *Domine, quò vadis?* de *Santa Francesca Romana*, où périt Simon le Magicien, sur le Forum; de *Sainte-Cécile*, au-delà du Tibre, où se trouvait la maison de cette pieuse artiste, et de cent autres que je pourrais vous nommer.

Quelques-unes doivent leur construction à de naïves légendes, témoin l'église *San Pietro in Vincoli*, placée sur l'Esquilin, et juste au beau milieu de la Via-Scelerata, où l'infâme Tullie fit passer son char sur le cadavre de Servius Tullius, son père. Eudoxie, femme de Théodose-le-Jeune, reçoit du patriarche de Jérusalem, les chaînes avec lesquelles saint Pierre fut attaché par Hérode. Elle envoie une partie de cette précieuse relique à l'impératrice Eudoxie, sa fille, femme de l'empereur de Rome, Valentinien. Eudoxie montre cette portion de chaîne au pontife Léon-le-Grand. Ce vénérable pape veut la mesurer avec la chaîne qui attachait saint Pierre à la colonne de la prison Mamertine, dont je parlais tout-à-l'heure : ces deux chaînes se réunissent soudain et demeurent soudées l'une à l'autre. A la vue de ce prodige, l'impératrice Eudoxie décide aussitôt d'élever l'église de Saint-Pierre-aux-Liens, en forme d'ancienne basilique, avec trois nefs composées de vingt-deux colonnes de marbre blanc cannelées.

J'ai visité cette église, je veux immédiatement vous parler de la merveille qu'elle renferme. Le pape Jules II voulait être enterré dans Saint-Pierre-aux-Liens, et commanda son tombeau à *Michel-Ange*. Il n'y eut de fait que le *Moïse* qui devait orner le cénotaphe. Quelle admirable statue, Madame! Sans contredit, c'est le chef-d'œuvre de la sculpture moderne. Le législateur des juifs, de grandeur colossale, est représenté assis, et semble gourmander sévèrement son peuple pour son idolâtrie. Sa figure est pleine de force et de dignité : une vigoureuse intelligence est révélée par tous les traits. Mais l'autorité, le dépit, la menace, et la foi en Dieu forment l'expression la plus saisissante. Toutefois, pour bien juger la majesté de l'ensemble, il faut reculer à dix pas, et alors cette splendide physionomie s'anime et brille de la plus suave beauté.

Quel noble talent que celui de Michel-Ange, peintre et sculpteur tout à la fois! et qu'il est bon dans ses rapports avec Jules, qui donnait sa bénédiction à l'artiste et l'envoyait peindre sa Chapelle Sixtine!

Mais laissons les légendes et les églises. Je veux vous entretenir, Madame, du plus admirable édifice que la terre ait élevé à la gloire du Dieu du ciel, la BASILIQUE DE SAINT-PIERRE.

Quand Aurélien prit la pourpre impériale, il étendit considérablement l'enceinte de Rome : mais on ne connaît pas le nombre de portes qu'il ouvrit sur l'Agro Romano, et on n'en retrouve pas l'emplacement.

Après Aurélien vint Honorius, second fils de Théodose, qui, pour prémunir Rome contre l'invasion d'Alaric, qui menaçait l'Italie, l'entoura d'un nouveau périmètre comprenant la colline des Jardins ou Pincio, ainsi que tout le Champ-de-Mars.

Alors, sur la rive gauche du fleuve, il ouvrit douze portes principales, qui, correspondant à douze voies circulaires, en prirent le nom : *Porta Aurelia*, à l'entrée du pont Elius ou pont Saint-Ange; *P. Flaminia*, actuellement del Popolo; *P. Salaria*, qui remplaça la P. Colline; *P. Nomentana*; *P. Tiburtina*; *P. Prenestina*; *P. Labicana*, allant à Labicum, aujourd'hui Palestrina; *P. Asinaria*, bâtie par Asinarius, par laquelle le féroce Totila entra dans Rome, avec ses Vandales, en 545 : *P. Latina*; *P. Appia*; *P. Ardeatina*; *P. Ostiense* : puis, sur la rive droite, *P. Portuense*; *P. Gianicolense* sur le Janicule, actuellement P. San Pancrazio; et, dans le Transtevère, la *P. Settimana*.

Ajoutons que Bélisaire, général de l'empereur Justinien, perça au pied du Pincio, dont il aimait le séjour, la *Porta Pinciana*, où, un jour, sa mauvaise fortune le fit mendier et dire humblement :

— *Date obolum Belisario!*

Les murailles d'Honorius subsistent, couronnées des adjonctions de Bélisaire, et sont les murailles de la Rome de nos jours. Mais vint un pape, Léon IV, qui donna le nom de *Porta del Popolo* à la P. Flaminia; de *P. Salaria* à la P. Salaria; de *P. Pia* à une ouverture nouvelle faite près de la P. Nomentana; de *S. Lorenzo* à la P. Tiburtine; de *P. Maggiore* à la P. Labicana, près de la P. Prenestine, qu'il mura; de *S. Giovanni* à la P. Latina; de *S. Sebastiano* à la P. Appia, de *S. Paolo* à la P. Ostiensis : et, sur la rive droite, de *P. Portese* à la P. Portuense; de *S. Pancrazio* à la P. Gianicolense; de *P. Cavalleggieri*, par laquelle les hordes du connétable de Bourbon envahirent Rome, en 1527, à la P. Sebastiana, et qui créa la nouvelle *P. Angelica*.

Ajoutons aussi que le Pont Fabricius devint le *Ponte Quattro Capi*; le Pont Cestius, *Ponte San Bartholomœo*; le Pont Elius, *Pont Saint-Ange*; le Pont du Janicule, *Ponte Sisto* ; le Pont du Palatin, *Ponte Rotto*; et le Pont Milvius,

Ponte Molle. Les ponts du Vatican et Triomphal étaient déjà détruits par les inondations du Tibre.

Mais, hors de cette enceinte d'Honorius et de toutes ces portes, à la tête du Pont Saint-Ange, sur la rive droite du Tibre, au pied du Janicule, depuis les premiers temps de Rome jusqu'à nos jours, dort une faible portion de Rome qui a nom *Transtevere*, ce qui veut dire quartier au delà du Tibre. Ce faubourg de Rome a une physionomie particulière, due au peuple qui l'habite. Toutefois on se fait une fausse idée du Transteverin. Le Transteverin est au Romain, disent certaines gens, ce que le Corse est au Français. Il est orgueilleux, susceptible et vindicatif. On l'entend à toute heure maugréer, menacer. S'il promet un pouce de la lame de son couteau dans le cœur, il donnera généreusement la lame entière. Sa rudesse de mœurs est proverbiale. Tous ces visages brunis semblent s'ennuyer. Nul commerce, nulle industrie : partout oisiveté, silence. Pas un mot n'est échangé : mais le feu brille dans l'œil. Gardez-vous de molester le plus dépenaillé des Transteverins ! Haillons transmis de père en fils ; malpropreté suprême, qu'importe ? Le Transteverin se vante de conserver seul l'antique dignité du citoyen de Rome. Tout cela est faux. Le Transteverin est sombre, oui. Il n'est pas propre, c'est possible, son travail dans les fabriques du Transtevère exige qu'il soit négligé. Mais son caractère est bon, confiant, disposé à rendre service, et ne boude pas à la peine. Quant aux Transteverines, elles ont ce port, cette majesté glaciale qui étonne le touriste. De quelques-unes on dirait des camées vivants. On passe près d'elles ! pas le moindre regard à la dérobée, pas la plus légère curiosité : mais indifférence inimaginable, bouche fermée, visage impassible.

Mais sur la rive droite du Tibre également, au pied du Vatican, depuis les premiers temps de Rome, la plaine qui s'étend jusqu'au Tibre, avait été couverte de chaumières d'abord, puis de villas mélangées aux bosquets, à la verdure des prairies et aux grottes nombreuses taillées dans le tuf par le bras de la nature. C'était dans ces champs que les buffles de Cincinnatus traçaient leurs sillons ; dans ces champs que la vertueuse Aggripine eut sa maison de plaisance et des jardins. Mais champs Quintiens, villas et jardins, un jour, furent remplacés par le Cirque de Néron, décoré, sur la Spina, d'un obélisque de granit rose siémite, haut de soixante-douze pieds, sans caractères hiéroglyphiques, transporté d'Héliopolis à Rome par Caligula. Dire ce que l'arène de cet amphithéâtre but de sang, ce que les grottes du Mont-des-Oracles ensevelirent de cadavres de martyrs, ce que les jardins du Cirque virent de supplices inventés par le monstre impérial, hommes et adolescents déguisés en bêtes fauves pour être dévorés par des molosses ; femmes et jeunes filles enduites de résine et de cire pour être brûlées vives, comme de gigantesques torchères, serait impossible. Le sol fut imprégné de tant de lambeaux de chair humaine, sainte et pure, de tant de sang chrétien, que Pie V, pressé par l'ambassadeur de Pologne de lui donner des reliques, prit une poignée de cette terre et la lui mettant dans une enveloppe de lin :

— Portez cette poussière en Pologne, lui dit-il, car elle est digne de votre respect !

Le 29 juin de l'an 66, sur ce Janicule et non loin du Vatican, saint Pierre, tiré de la prison Mamertine, recevait la couronne du martyre. Saint Paul, emmené aux *Eaux Salviennes*, à trois milles de Rome, au sud-ouest de la ville, y était attaché à une colonne de marbre et décapité. Mais leurs corps, dérobés par les chrétiens, furent ensevelis sur le sol même du Cirque de Néron. Bientôt, quand le calme succéda au bruyant passage des barbares, et que le silence se fit sur la ville éternelle, les papes saint Lin et saint Anaclet firent élever au milieu des ruines du cirque un simple oratoire sur le Tombeau des Apôtres. Puis, lorsque la puissance de la croix se fut révélée par la victoire de Constantin sur Maxence, ce pieux empereur, en l'an 324, jeta les fondements d'une première basilique sur les débris du Cirque de Néron. Rome fut alors témoin d'un spectacle qui dut l'émouvoir. Au lieu des pompes païennes et triomphales jusqu'alors déployées, elle vit le pape saint Sylvestre, accompagné d'un clergé nombreux et d'une multitude de fidèles, venir poser et bénir la première pierre du monument nouveau. Constantin lui-même, dans toute la pompe de sa majesté impériale, suivait la sainte procession, et comme avait fait Vespasien quand il répara le Capitole mutilé par un incendie, le héros ne rougit pas de quitter la pourpre impériale et son diadème, de prendre une houe, d'ouvrir le sol, et de porter sur ses épaules douze paniers de terre en l'honneur des douze apôtres, pour commencer le travail de la basilique. En un an, l'église était achevée, décorée des plus riches dépouilles du tombeau d'Adrien, son voisin, et toute resplendissante d'or, d'argent, de mosaïques, de pierreries, de peintures et des plus beaux marbres. La basilique, composée de cinq nefs divisées par quatre-vingt-seize colonnes de marbres, occupait l'enceinte du cirque, et était disposée de telle sorte que le Tombeau des saints Apôtres se trouva placé sous l'autel même. On appela le souterrain qui le possédait *Confession*, et on couvrit cette confession de plaques de métal. Quant aux corps des deux martyrs, on les enferma dans une châsse d'argent, placée dans une autre châsse de bronze doré, et on la couronna d'une croix d'or du poids de cent cinquante livres.

Vint un jour où l'affluence des pèlerins se succédant sans relâche autour de ce tombeau, à ce point que les écrivains les comparent à des *essaims d'abeilles*, et à des *nuées de fourmis*, fit surgir un autre faubourg, e Transtevère, à l'entour de la Basilique. Aussi un pape, Léon VI, en quittant le *Quartier de Lateran* ou de *Latran*, où jusqu'alors les souverains pontifes avaient leur résidence, et en venant se fixer auprès de la Basilique des Saints-Apôtres, donna à la bourgade le nom de *Cité Léonine*, que l'on fortifia, plus tard, en l'enveloppant d'un cordon de remparts se rattachant au Môle Adrien qui devint alors, de forteresse féodale du moyen-age que l'avaient faite les démêlés de l'époque, le *Château Saint-Ange*.

Comment ce nom lui fut-il donné ? Le voici :

En l'an 595, le pape saint Grégoire avait convié à une procession tout le peuple de Rome afin d'invoquer le secours du ciel contre les calamités qui affligeaient alors l'Italie. En traversant le pont Elius, le pontife entendit une voix annonçant que la colère de Dieu était apaisée. En même temps, il vit sur le sommet du môle un ange qui remettait son épée dans le fourreau. En effet, les calamités cessèrent. Alors, pour rappeler ce prodige, saint Grégoire fit fondre en bronze la statue de l'archange saint Michel, et la plaça au lieu même où s'était montré le messager de Dieu. De ce moment le pont Elius et le môle Adrien devinrent le *Pont* et le *Château Saint-Ange*.

Quand fut élevé le *Palais du Vatican*, devenu la demeure des Papes, et qui est moins un palais qu'une agglomération d'édifices irréguliers, à l'érection desquels contribuèrent les artistes les plus fameux, *Bramante*, *Raphaël*, *Pyrrhus Ligorio*, *Dominique Fontana*, *Charles Maderne*, *Bernin*, etc., nul ne pourrait le dire. On prétend qu'il en existait déjà quelques parties au temps de Charlemagne, qui y séjourna. Mais l'histoire nous apprend qu'au XIV° siècle, Sixte IV fit la *Bibliothèque et la Chapelle Sixtine*; qu'Alexandre VI mit le Vatican en communication avec le Château Saint-Ange; qu'en 1490, Innocent VIII construisit, dans le voisinage, la *Villa du Belvèdére*; que Jules II chargea *Bramante* de réunir cette villa au Palais; que les *Loges de Raphaël* furent complétées par Léon X; que Paul III éleva la *Salle Royale* et la *Chapelle Pauline*; que Sixte Quint édifia la *Galerie Transversale*, où est la bibliothèque; que Clément XIV éleva le *Musée Pio-Clementino*; que Pie VII, édifia le *Musée Chiaramonti*; et que Grégoire XVI fit les *Musées Etrusque et Egyptien*. Figurez-vous donc, Madame, une réunion de palais sans façade, entourés de jardins, dont l'ensemble est immense. Bâti ainsi à plusieurs reprises, composé d'ailes, de galeries transversales, ce pêle-mêle architectural n'a ni grâce, ni régularité. Mais que de merveilles renferme ce Vatican !

Pour vous donner l'idée de l'entourage de la Basilique de Saint-Pierre, Madame, je me suis écarté quelque peu une fois de mon sujet. Le *Boury Neuf*, la cité Léonine, si vous aimez mieux, étant construit à côté de l'antique Transtevere, monta sur le trône pontifical un pape qui voulut substituer à la Basilique de Constantin ou d'Anaclet, menaçant de s'écrouler, un sanctuaire nouveau qui l'emporterait même sur le Temple de Salomon. Nicolas V, tel était le nom de ce pontife, grand, généreux, ami des arts et des lettres, la main toujours ouverte pour l'infortune et la misère, fit commencer les travaux de la reconstruction en 1450. Mais il mourut presque aussitôt. Jules II les continua. *Bramante* fut chargé de l'œuvre. En méditant ses plans, et à la vue du dôme du Panthéon, debout depuis vingt siècles, nonobstant la prodigieuse hardiesse de cette voûte aérienne, le fougueux artiste se promit d'élever au vrai Dieu une coupole aussi belle que la coupole dont Agrippa avait glorifié les dieux du paganisme. Hélas ! Bramante descendait dans la tombe, alors que les murailles commencées se lézardaient de toutes parts. *Raphaël d'Urbin* fut alors appelé par Léon X, qui succédait à Jules II. Raphaël et Léon X, les deux gloires de l'Italie pour un tel travail, c'était merveille ! Mais la mort les saisit l'un et l'autre. Alors les guerres de la Lombardie; François I à Pavie; les Colonna dévastant le Vatican, la cité Léonine et Rome entière; le connétable de Bourbon et les Espagnols; ce débordement du Tibre; mille calamnités sans nombre, firent suspendre les travaux entrepris. Enfin Paul III, de la famille Farnèse, en 1534, reprit l'œuvre menacée. Apparut *Michel-Ange*. Le grand artiste quitta Florence, après avoir considéré le dôme de sa cathédrale, œuvre de Brunelleschi et s'être écrié :

— Adieu ! je vais essayer de faire à Rome ta sœur, mais non pas ta pareille

Michel-Ange avança la Basilique de Saint-Pierre, en effet, car il eut la gloire d'achever la tour du dôme: mais il ne posa pas la coupole. L'inexhorable mort l'enleva au moment du triomphe. Alors Clément XIII et Sixte V firent de *Jacopo della Corta* un heureux interprète de la pensée de Michel-Ange. Mais ni Clément XIII, ni Sixte-Quint ne jouirent de leur Basilique, et la joie de la voir terminée fut réservé au pape Paul V, qui grava le nom de sa famille, Borghèse, sur la frise de la façade.

Ma première curiosité, une fois à Rome, fut d'aller visiter Saint-Pierre. J'aime à vous redire mes impressions à l'endroit de cette *merveille du monde*.

Je quitte mon Hôtel de la Minerve, auprès du Panthéon, dans l'ancien Champ-de-Mars, un matin, et me voici, à pied, avec mon fils, courant vers le couchant de Rome, et traversant un dédale de petites rues qui, dans leur confusion, semblent jouer aux barres. Nous atteignons bientôt le Tibre, aux eaux jaunâtres, dont nul quai ne protége les bords ; nous franchissons le Pont Elius, antique construction parfaitement saine ; nous admirons la haute et imposante masse du Château Saint-Ange, que domine la statue colossale en bronze de saint Michel, et que garde une garnison française; et nous pénétrons sur l'ancien territoire des Etrusques, en tournant à gauche par la large rue *Borgo Santo Spirito*. L'*Hopital Santo Spirito in Sassia* ou des *Saxons*, contenant trois mille lits, une clinique, un amphithéâtre, une bibliothèque, etc. sert de bordure à cette rue. Je ne vous parle pas de la belle *Eglise Santo Spirito*, de l'architecte *San-Gallo*, ornée de belles peintures du Florentin *Giacomo Zucchi*. La rue *Borgo Nuovo* vient ensuite, remplaçant le long et magnifique portique, avec colonnes et dalles en marbres, qui conduisait au Cirque de Néron. Nous remarquons une haute pyramide qui signale l'endroit autrefois occupé par le Tombeau de Scipion Emilien, destructeur de Carthage, et nous saluons la *Chiesa Santa Maria in Transpontina*, que fait reconnaître sa lourde façade en travertin, et qui renferme les deux colonnes auxquelles furent attachés saint Pierre et saint Paul. Vient la *Place Scossacavalli*, avec *Palais Iorlonia*, une des belles œuvres de *Bramante* à droite, et, à gauche, l'*Hospice des Convertendi*, également d'après Bramante. Enfin, après la *Piazza Rusticucci*, sans préparation aucune, subitement, à la sortie du profond sillon de la rue, place Saint-Pierre, obélisque de Néron, métropole du monde, sa colonnade et son dôme !...

A droite et à gauche, portiques cintrés en hémicycles, composés de deux cent quatre-vingt-quatre colonnes, hautes de soixante-un pieds, partagées de chaque côté en quatre rangs et supportant deux admirables terrasses ornées de cent trente-six statues colossales de onze pieds et demi de hauteur. Deux fontaines gigantesques, ouvrage de *Maderne*, dont l'eau retombe en blanches cascades dans une première vasque en granit oriental monolithe, de cinquante pieds de circonférence, et dans une seconde en travertin, de quatre-vingt-neuf pieds, placées de chaque côté de l'obélisque. Entre elles deux, obélisque en granit rouge siénite, de cent vingt-six pieds de haut, du sol à la croix qui le surmonte, reposant sur quatre lions en bronze. C'est le même obélisque qui décorait la Spina du Cirque de Néron. Tel est le premier plan, dû au *Bernin*, qui sert d'avenue à Saint-Pierre.

Sixte V, qui trouva cet obélisque, taillé à Syène, sous un roi d'Egypte contemporain de Numa, sous les décombres du Cirque de Néron, chargea *Fontana* de le replacer sur sa base. L'opération commença le 30 avril 1586. On employa, pour ce faire, neuf cents ouvriers et soixante-quinze chevaux. On défendit aux curieux, sous peine de mort, de se trouver dans l'enceinte, le jour de l'érection, et une potence fut dressée sur la place. Dominique Fontana reçut la bénédiction du pontife et se mit à l'œuvre. Après des efforts inouis, l'obélisque commençait à se lever, au milieu du silence exigé par un édit, également sous peine de mort, lorsque les cordes étant sur le point de se rompre, par suite de leur tension, un homme cria : De l'eau, de l'eau aux cordages !... Alors, l'obélisque fut mis debout sur son piédestal, où on le scella. Aussitôt l'artillerie du Château Saint-Ange annonça cette heureuse issue à la ville entière, et à ses environs, Sixte-Quint non-seulement ne punit pas l'homme qui avait élevé la voix, mais il le récompensa richement et lui accorda le privilége, dont jouit encore sa famille, de vendre les palmes dans les églises de Rome, le jour des Rameaux. Quant à Fontana, ses ouvriers le portèrent en triomphe, et le Pape, après l'avoir comblé de richesses, fit graver au pied de l'obélisque l'inscription que voici : « Fontana, d'un village près de Côme, a amené ce monument et l'a élevé sur son piédestal. »

Croirez-vous, Madame, que les proportions gigantesques de cette Place Saint-Pierre, de sept cent trente-huit pieds sur cinq cent quatre-vingt-huit, toute dallée de marbre blanc et rouge disposé en mosaïque formant huit compartiments angulaires, séparés par de larges bandes blanches, et l'aspect des colonnades dont les rangs forment trois allées, dont celle du milieu est assez large pour que deux voitures y passent de front, effacent l'impression que devrait faire subir l'apparition de la Basilique surmontée de sa prodigieuse coupole? Il en est ainsi cependant.

Entre les fontaines et l'obélisque on voit, sur les deux côtés, un petit rond en marbre blanc qui indique la circonférence que décrit chaque hémicycle : aussi, en se plaçant sur ce rond, les rayons qui s'en échappent pour aller à la périphérie sont tracés avec une exactitude si rigoureuse que l'œil ne rencontre qu'un rang de colonnes au lieu de quatre.

Cette place, unique au monde, comme tout ce qui l'entoure, communique avec la basilique au moyen d'une autre place de deux cent quatre-vingt seize pieds sur trois cent soixante-un, en forme de trapèze, c'est-à-dire plus large vers l'édifice, mais plus étroite vers la colonnade qui y prend naissance. Elle est ornée, dans son pourtour, de galeries à pilastres, également couronnées de statues.

On monte de la place au portique par quatre rangs de larges escaliers de marbre, au bas desquels sont les statues de saint Pierre et de saint Paul. Cinq portes principales se présentent alors à vous, percées dans l'immense façade en travertin qui n'a pas moins de trois cent soixante-dix pieds de largeur sur cent quarante neuf de hauteur. Vues du pied de l'obélisque, les huit colonnes corinthiennes du portail, qui ont cependant quatre-vingt huit pieds d'élévation sur près de neuf pieds de diamètre, paraissent fort petites.

Rien d'imposant comme le dôme s'élevant majestueusement dans les airs au-dessus de ce colossal monument, entouré de quatre autres moindres coupoles du plus riche effet. Cette grande coupole compte, en effet, cent trente pieds de diamètre, à peine deux pieds de moins que celle du Panthéon. Sa hauteur jusqu'au regard de la lanterne est de cent cinquante-cinq pieds ; or celle du Panthéon n'est que de cent trente-deux. La lanterne s'élève ensuite de cinquante-trois pieds. Puis vient le piédestal de la boule qui monte à vingt-neuf. La boule d'or, à son tour, s'exhausse de près de huit pieds ; enfin, la croix compte quinze pieds, ce qui donne une hauteur totale de deux cent vingt-six pieds d'élévation.

L'édifice, dans son entier, a coûté deux cent cinquante millions de francs.

J'ai dit qu'on entrait par cinq portes, non pas encore dans la basilique, mais sous un portique long de quatre cent trente-neuf pieds et large de quarante-sept, dont les deux extrémités sont ornées de statues équestres de Constantin-le-Grand par *Bernin* et de Charlemagne par *Cornacchini*. La porte centrale de la basilique, en bronze, est couronnée d'une mosaïque exécutée en 1298 par *Giotto* et son élève *Cavallini*, représentant la barque de saint Pierre, et provenant de l'ancienne basilique.

Quand on a franchi la porte de bronze, l'harmonie qui règne entre les diverses parties de l'intérieur est si parfaite que là, où tout est immense, rien, au premier coup-d'œil, ne paraît grand. Et, bien que la vue embrasse tout à la fois la nef, le sanctuaire et la voûte, on n'éprouve d'abord aucune surprise. Le merveilleux bénitier dont vous approchez, vous révèle bien un peu la grandeur des objets, mais vous ne la saisissez pas encore. D'ailleurs mille choses appellent votre attention. Les cent petites lampes qui brillent dans le lointain, comme des étoiles, autour et au-dessus du vide qui renferme la *Confession* de saint Pierre ; les admirables bas et haut-reliefs des pilastres ; les mosaïques délicieuses qui font tableau au-dessus des autels ; que sais-je ? tout vous occupe. Vous arrivez ainsi au pied d'un socle de marbre, à votre droite, sur lequel est posée une statue assise, en bronze antique, de grandeur humaine. C'est saint Pierre, qui porte le pied droit en avant. Les cinq doigts en sont sensiblement usés par les baisers des fidèles. Je lui rends aussi mon pieux hommage. A cent pas du Saint, sa figure paraît noire et son manteau vert foncé. Des antiquaires prétendent que cette statue fut Jupiter, avant d'être saint Pierre : à la foudre, on aurait substitué les clefs du ciel.

Après avoir dépassé cette statue, on touche à la confession. C'est là que l'étendue de la basilique se révèle. Les personnes qui entrent dans l'église ont l'air d'autant de pygmées qui se traînent lentement sur les mosaïques et dont la petitesse contraste avec la hauteur prodigieuse des voûtes chargées de dorures, ornées de rosaces et de larges feuillages certainement sculptés. Mais la curiosité vous rappelle bien vite, et en plongeant le regard dans les côtés latéraux de l'édifice, on est en extase devant une multitude de colonnes, de mosaïques, de tableaux, de fresques, de marbres précieux, de granits, d'agathes, de porphyres, de bronzes, de stucs dorés. C'est là que sont les mausolées des papes dont plusieurs sont d'un travail incomparable.

Enfin on s'arrête devant le baldaquin du grand-autel, tout en bronze doré provenant des bronzes du Panthéon, élevé de cent vingt-deux pieds, que soutiennent quatre colonnes en spirales, et que surmonte une croix. A son élection, chaque pape est porté sur cet autel, et à lui seul appartient le droit d'y célébrer la messe. Sur la frise on lit l'inscription : *Tu es Petrus, et super hanc petram ædificabo Ecclesiam meam, et tibi dabo claves regni cælorum.*

Si, de ce point, on se tourne vers la coupole, on est en face d'un œuvre auquel aucun autre ouvrage de l'art ne peut être comparé. La voûte sphérique de la coupole vous montre, en mosaïque, toutes les hiérarchies célestes, rangées en ordre, et le paradis, semé d'étoiles d'or, vous apparait. C'est à en être ébloui. Ce dôme, à une telle hauteur, produit un effet bien autrement magique que celui du Panthéon.

En pénétrant dans la Basilique, on lit sur les dalles, après avoir marché quelque soixante-dix pas :

Londinense S. Pauli Fanum, 710 *pieds*.

Un peu plus loin :

Florentina Metropolitana, 669 *pieds*.

Plus loin encore :

Primarium Templum Mediolanense, 606 *pieds*.

Puis, à quelques pas :

Basilica S. Petronii Bonnoniæ, 595 *pieds.*

Et enfin :

Constantinopolitanæ Divæ Sophiæ Ecclesia, 492 *pieds.*

Ainsi démontre sa prééminence architecturale, la Basilique de Saint-Pierre-de-Rome.

A cent soixante-quatre pieds en arrière du maître-autel, au fond du transept, et en montant deux marches de porphyre, on est en présence de la *Tribune* et de la *Chaire de saint Pierre*. Là, vous êtes ébloui par la richesse du travail et de la matière, dont vous ne pouvez vous rendre compte. Au centre de nuages étincelants de lumière, vous apparaît le symbole du Saint-Esprit, entouré d'anges, d'archanges, de chérubins, de séraphins, qui planent au-dessus de la chaire du Prince des Apôtres, dont une partie, en bois modeste, et très-précieuse relique de Saint-Pierre, est, en effet, enchassée dans cette admirable décoration. Saint Ambroise et saint Augustin, les deux docteurs de l'Eglise Latine, et saint Athanase et saint Chrysostôme, les deux docteurs de l'Eglise grecque, soutiennent cette chaire précieuse. C'est tout un poème en bronze, en or, en vermeil, dont *Bernin* est l'auteur, l'auteur inévitable, car, sous neuf papes, cet artiste obtint toujours les premiers travaux.

A droite et à gauche de cette étincelante apothéose se dressent deux superbes tombeaux, l'un de Paul III Farnèse, entouré des statues de la Prudence et de la Justice, d'une beauté si rare, mais si peu pudique, que *Bernin* dut gazer l'œuvre de *G. della Porta*, en lui passant une tunique de bronze ; l'autre d'Urbain VIII Barberini, ayant aussi pour acolyte la Charité et la Justice, œuvre de Bernin.

Vous parlerai-je de la *Chapelle Clémentine*, dans le transept du sud ; de la *Chapelle des Fonts-Baptismaux*, de la *Chapelle della Pieta*, où nous admirons la Vierge tenant son fils mort sur ses genoux, groupe de marbre sans rival, appelé la *Pieta*, et ouvrage de *Michel-Ange*, alors que l'artiste n'avait encore que vingt-quatre ans ; de la *Chapelle du Saint-Sacrement*, de la *Chapelle de la Vierge* ; et, dans le transept du nord, des autres prodiges de l'art que l'on y rencontre à chaque pas ? Non, Madame, car il me faudrait vous écrire des volumes.

Après vous avoir dit qu'à Saint-Pierre, l'orgue et la chaire ne sont pas à demeure, ni adhérents à l'édifice, comme dans les autres églises, mais entièrement mobiles et détachés, à peu près comme les escaliers de nos grandes bibliothèques, de manière qu'on peut les rouler dans le lieu où se célèbre l'office divin, je vous prierai de voir, par l'imagination, la vaste, l'inimaginable splendeur de ce sanctuaire, rempli par la foule, et le Saint-Pontife, vêtu de moire blanche, coiffé de sa tiare, porté triomphalement sous cette voûte sublime, parmi des nuages d'encens, aux accords de l'orgue et au bruit des fanfares; entouré d'un triple rang de cardinaux en robes rouges, et des gardes-nobles, casqués et cuirassés, marchant au milieu des bannières et des croix d'or, et conduisant, à travers les flots du peuple agenouillé, le représentant de Jésus-Christ, sur le haut balcon de la basilique, ouvrant sur la place Saint-Pierre, pour donner, sous le beau soleil de l'Italie, sa bénédiction sainte URBI ET ORBI ; pendant que sous la coupole, au-dessus de la Confession de Saint-Pierre, flamboie une immense croix en métal doré, toute illuminée en verres de couleur, et jetant des rayons de feu au milieu de la pénombre du sanctuaire, et, qu'au dehors, le canon tonne au Château Saint-Ange, et que sur toute la ville éternelle s'étend et plane le son des trompettes et des tambours, et le solennel bourdonnement des cloches de deux cents églises ! Quoi de plus majestueux, de plus solennel, et de plus grandiose !

Avant de descendre à la Confession de Saint-Pierre, dont votre fille, Madame, viendra tout exprès nous faire les honneurs, mon fils a voulu monter à la boule qui domine la coupole. Il m'a raconté que l'on y arrive d'abord par deux rangs de galeries, placés l'un au-dessus de l'autre. Huit cents marches, larges et commodes, conduisent ensuite à la partie inférieure de cette boule. Mais le dernier escalier, qui est en plein air et par lequel on pénètre dans son intérieur, n'est qu'une échelle en fer, qui n'offre d'appui d'aucun côté, et dont il faut gravir les degrés avec prudence, sans plonger ses regards dans les horribles profondeurs, au-dessus desquelles on est comme suspendu. La boule, paraît-il, peut contenir vingt-quatre personnes, moyennant qu'elles soient rangées debout, et serrées les unes contre les autres.

En descendant de la boule, mon fils a parcouru les vastes combles de l'édifice, qui permettent de faire le tour du dôme supérieur, et des autres dômes moins élevés, entre lesquels s'élève le premier. Il y a rencontré une foule d'ouvriers, qui passent là leur vie, entre le ciel et la terre, constamment occupés aux travaux qu'exige la conservation d'un aussi précieux édifice. On y trouve même un réservoir d'eau, constamment en épanchement, au pied de la coupole, dans un aqueduc de plomb, pour la commodité des réparations. Il paraît que c'est une famille de Rome, les *San-Petrini*, qui, de père en fils, sont chargés de ce travail.

La vue de Rome et de l'*Ager romanus*, du haut de la coupole, est d'une beauté saisissante, me dit Emile. Cela ne m'étonne pas; mais je n'irai pas chercher cette impression; je craindrais trop que d'autres émotions ne fissent pas naître le plaisir que je me promettrais. Il paraît aussi que, par une ouverture faite exprès, on peut voir l'intérieur de la Basilique, et que l'effet en est sublime. Je le crois, mais je n'irai pas m'en assurer...

En quittant la France, nous emportions des lettres de recommandation pour Naples et pour Rome. L'une de celles-ci était à l'adresse de M. Nicati, juge conseiller à la cour du Sacré-Collége, qui a épousé une Française fort aimable, — comme elles le sont toutes, du reste; il me semble que je puis bien généraliser le mot. — M. Nicati nous a reçus comme des amis attendus depuis long-temps. A part que cet excellent Romain comprend notre langue un peu de travers, il se montre pour nous plein de prévenance et d'égards. Il se serait même fait notre cicerone, si M. Valmer, notre ami et le vôtre, Madame, ne savait mieux sa Rome, antique et moderne, que lui-même. Mais comme M. Nicati est fort lié avec le cardinal de V***, autre excellent Français, et que le cardinal de V*** est en voyage, et a mis à sa disposition, pendant son absence, sa voiture et ses chevaux, par le fait de la gracieuseté de M. Nicati, c'est nous qui jouissons de l'équipage du cardinal. Je vous prie de croire que l'on a retiré aux chevaux leurs panaches éclatants, et sa pourpre à la voiture. Toujours est-il que, depuis deux mois nous sommes à Rome, nous avons chevaux, voiture et laquais. Notre bourse y perd, notez bien: la générosité, en pareille occasion, devient une loi. Mais enfin nous nous prélassons chaque jour dans la berline de Son Eminence cardinalice. Aujourd'hui, elle nous conduit faire queue sur le Pincio, pour attraper quelques bribes des airs de la patrie, joués par nos musiques militaires françaises; demain, elle nous portera à la Villa Borghèse, qui est à deux pas de là, sur la rampe septentrionale de la colline. Un autre jour, par le Ponte Molle, nous entrons en pleine Etrurie, sur la Voie Flaminienne, jusqu'au prétendu Tombeau de Néron, d'où nous avons fait fuir un renard magnifique, aux grandes exclamations de notre cocher: *Volpe! Volpe! Volpe!* J'ai cru un moment qu'il allait faire prendre le mors aux dents des chevaux, pour atteindre son *volpe!* Un matin, nous avons eu la fantaisie de porter notre excursion à Véies, à Faléries, puis de revenir par Cære, et, toutes sortes de villes ruinées, dont les décombres offrent le plus grand intérêt à M. Valmer et à Emile. Toutefois, jamais je n'ai eu plus de jouis sance que le soir où nous avons visité la Fontaine de la nymphe Egérie, sur la pente occidentale du Cœlius.

Je l'ai déjà dit, mais j'aime à le répéter, l'incomparable beauté du paysage romain vient de la magnificence de ses lignes. Or, un soir, nous nous dirigions vers la Via Appia, et je voyais, au front de M. Valmer, qu'il avait un plan de surprise caché dans le pli de son orbite oculaire. Son visage parcourait sans cesse l'horizon, peu développé en cet endroit, car nous cheminions entre le Cœlius et l'Aventin, enfermés dans la *Via San Sebastiano*, qui conduit à la Porte Capène, ou Appia. En effet, il nous arrête au n° 13. Au-dessus de la porte, une porte vermoulue, qui ouvre sur un misérable fouillis de jardin, je lis ces mots, qui m'impressionnent soudain :

SEPVLCRA SCIPIONVM.

En effet, Madame, nous trouvons à quelques pas, dans un monticule éventré en 1780, une entrée obscure, qui nous fait descendre, à l'aide de torches, dans une caverne plus obscure encore, creusée dans le tuf, une véritable catacombe en miniature, qui porte le cachet de la plus haute antiquité romaine. Bientôt, un premier tombeau, taillé dans le rocher, se montre à nous. C'est celui de Pub. Corn. Scipion ! Un peu plus loin, nous nous plaçons en face de celui de Luc. Scipion Barbatus, le vainqueur des Samnites, et enfin toute la série des Scipion, moins ceux qui eurent les honneurs d'une sépulture publique, Scipion l'Africain, Scipion Emilien, etc. Il n'y a plus à s'y méprendre, les noms sont gravés là, sur le tuf, ou le péperin, avec le burin antique. Je vous laisse à penser, Madame, quelle est notre émotion dans ce réduit souterrain, en présence des souvenirs qui nous assaillent. Un étage de colonnes ioniques, et de niches, contenant les statues des membres de cette famille des Scipions et du poète Ennius, leur ami, couronnait ces caveaux, paraît-il ; mais la main des barbares ou du temps l'a fait tomber : à peine en trouve-t-on quelques traces...

. . . . . *Sic transit gloria mundi!*

fit M. Valmer, en sortant de la catacombe. Ce qui veut dire, sans doute : Voilà donc tout ce qui reste d'une des races les plus illustres du monde !

J'allais remonter en voiture, lorsqu'une main saisit mon bras. C'est monsieur Valmer encore, qui, le doigt tendu vers le talus oriental de l'Aventin, de l'autre côté de la rue, mais dans la brume enflammée du couchant, me signale une de ces grandioses apparitions comme la ville éternelle seule peut en offrir. Ce sont des lignes architecturales immenses, colossales, mais brisées, qui se profilent en noir sur l'azur du ciel, et s'y détachent en gigantesques guipures. Ces ruines merveilleuses, les plus grandes peut-être après le Colisée, sont les *Thermes de Caracalla*.

Nous nous dirigeons de ce côté, en toute hâte. Moi aussi, je deviens antiquaire !

Quelle cité que la capitale de l'empire romain. N'était-ce donc pas assez que ces cirques où pouvaient tenir deux cent cinquante mille spectateurs, ce colosse où cent vingt mille citoyens pouvaient trouver place, et ces théâtres où des quartiers de Rome s'abritaient pour jouir des spectacles qu'on leur offrait, pour décorer la souveraine maîtresse du monde ? Nous nous retrouvons ici, dans ces Thermes de Caracalla, petits comme des fourmis, quand nous mettons le pied sous les voûtes de cet édifice dont la description passerait pour un rêve de l'imagination, si nous n'avions ses ruines sous les yeux. Figurez-vous, Madame, un *Portique* soutenu par des colonnes dans un circuit de quatre mille sept cent cinquante pieds. Au centre de cette vaste enceinte, représentez-vous un édifice long de sept cent cinquante pieds et large de cinq cents. Elevez-en la voûte à une hauteur prodigieuse : je ne puis l'apprécier, mais la voûte de votre cathédrale de Chartres lui est inférieure. A l'extrémité de cette salle incomparable, placez un *Théâtre*. Au centre, sur le côté occidental, disposez une autre salle appelée *Cella Soliaris*, dont la voûte plate fait bien méditer les architectes, je vous assure ! A l'autre extrémité, établissez un *Gymnase*; puis, ici, là, dans les angles, une *Pinacothèque*, une *Bibliothèque*, des *Cellæ* dont les murs sont plaqués en albâtre ; et puis des salles de conversation ou *Exédres*, et, dans tout le pourtour, un *Portique intérieur* avec colonnade splendide, sous lequel sont rangés mille six cents sièges blancs magnifiquement sculptés ; et, enfin, une immense *Baignoire* et des *Salles de bains* dans lesquelles trois mille personnes peuvent se donner la jouissance du bain tant appréciée des Romains, et vingt-cinq mille amateurs causer, déclamer, se promener. Sur les murs de l'ensemble voyez incrustés le porphyre, les marbres de Carystie, de Carrare et de Phrygie, la brèche violette et la brèche africaine, la lumachelle et le rouge d'Egypte. Aux voûtes appliquez des mosaïques, à fond noir et blanc, de l'effet le plus grandiose, offrant des dessins fantastiques. Enfin, entre le Portique d'enceinte et les Thermes, plantez des arbres exotiques les plus rares, les gazons les plus verts, les fleurs les plus variées et les plus brillantes, et vous aurez une faible et médiocre idée des Thermes de Caracalla, du farouche et monstrueux Caracalla.

Eh! mon Dieu ! j'allais oublier de vous dire que ces Thermes étaient ornés des plus rares, des plus merveilleux chefs-d'œuvre. Naples les possède, nous les con naissons, l'univers les admire. C'est là donc que Caracalla, grand artiste ! avait placé le groupe du *Taureau*, la *Flore*, la *Vénus Callipyge*, l'*Hercule*, appelés *Farnèse*, et les grandes *baignoires* que Rome possède sur la Place Farnèse, le magnifique granit monolithe et le *Torse* que le Belvédère du Vatican compte parmi ses prodiges...

Ce soir là, en quittant les Thermes de Caracalla, j'aurais voulu ne plus rien voir. Mais mon fils et monsieur Valmer sont intraitables dans leur passion pour Rome. Nous reprenons donc la rue Saint-Sébastien, mais pour la laisser presqu'aussitôt et tourner à gauche, dans un vallon du Cœlius, que l'on me désigne sous le nom de *Ferratella*. Un petit ruisseau court sur des cailloux et murmure d'une façon charmante : c'est la *Marrana*. Nous atteignons bientôt des massifs d'arbres séculaires dont le dôme est illuminé par les rayons du soleil qui descend derrière l'Avantin. C'est là un site fort pittoresque, et j'imagine que c'est comme contraste que monsieur Valmer m'a conduit dans cette solitude.

— Savez-vous bien où vous êtes, ici ? me dit Emile, d'un ton de triomphe et avec un air narquois...

Puis il ajoute, en me voyant muette :

— Saluez la *Nymphe Egérie*, son *Bois-Sacré*, et la *Fontaine*, près de laquelle le bon Numa vint bien des fois méditer ses lois et sa religion.

En vérité, je trouve que Numa avait de la poésie dans l'âme. L'endroit est charmant, et je bois à la Fontaine d'Egérie quelques gouttes de son onde pure, pour y puiser de nobles et saintes inspirations.

— Autre contraste ! fait M. Valmer. Cocher, à *San Stéfano Rotundo !*

Nous arrivons en un clin d'œil, à une construction isolée, mais évidemment antique, en forme de rotonde, rougeâtre et sans ornement au-dehors. La porte s'ouvre devant nous. A l'intérieur, portique circulaire soutenu par un double rang de colonnes dont pas une ne ressemble à l'autre. Ce devait être jadis un marché, une boucherie peut-être. Le pape Nicolas V, paraît-il, a fait murer la première enceinte des colonnes, et alors, sur ce mur devenu lisse, les peintres *Tempesta* et *Pomerancio* se sont escrimés de leurs pinceaux à qui mieux mieux. Certes ! ces artistes devaient avoir la fièvre, une fièvre chaude. Ils ont reproduit tous les genres de martyre, avec une vérité qui donne un frisson de terreur. C'est horrible à voir, et les cheveux se dressent sur la tête. La plus affreuse de ces peintures est celle qui montre, comme une vision cruelle, saint Erasme dont on dévide les entrailles, avec un tour, lui vivant.... Oh ! voyez-vous, Madame, c'est d'un réalisme atroce !...

Revient encore la Voie San-Sebastiano. Nous franchissons l'Arc-de-Triomphe de Drusus Germanicus, réduit à l'état de squelette, car on l'a dépouillé de ses beaux marbres, et Caracalla fit passer dessus le canal qui portait les eaux à ses thermes; puis nous défilons devant plusieurs *Columbaria*, constructions romaines dont les murs intérieurs étaient capitonnés de haut en bas de petites niches, assez semblables aux nids de nos colombiers, d'où leur est venu ce nom de Columbarium. Les Romains y plaçaient des vases, *ollæ*, renfermant les cendres et les débris d'ossements des cadavres que l'on brûlait. Ce soin appartenait toujours aux parents les plus proches du défunt, même aux mères. Tout en gravissant la Voie Appienne, nous voyons sur la gauche un massif de tuf que l'on pourrait croire rongé par la dent des siècles, mais c'est un tombeau. A deux pas plus loin, nous avisons une chaumière élevée sur un Columbarium divisé en trois cellules; et connu sous le nom de *Columbarium d'Auguste*, parce que c'est là qu'on plaçait les restes de ses serviteurs. On y a trouvé les cendres d'au moins trois mille personnes.

Enfin nous atteignons la *Basilique de Saint-Sébastien*. De l'édifice je ne vous dirai rien, Madame, si ce n'est que des six colonnes qui composent son portique, quatre sont d'un granit vert fort rare et très-beau, et que son maître-autel possède quatre autres colonnes d'un vert antique admirable. Mais j'ai à vous raconter ici l'une de mes premières grandes émotions.

Il s'agit des *Catacombes*, car, à Saint-Sébastien, nous sommes sur les *Catacombes de Saint-Calixte*.

Au-dessous de la ville de Rome et de sa campagne s'étendent et se ramifient en tous sens d'immenses excavations qui sont les catacombes. On ne sait rien de positif sur l'origine de ces souterrains; toutefois on croit qu'ils furent creusés primitivement pour l'extraction d'une sorte de tuf, nommé *pouzzolane*, employé de tout temps à la construction des édifices de Rome. Ainsi la ville éternelle est minée, sur les deux rives du Tibre, par des cryptes immenses qui en font une seconde cité, une Rome silencieuse, souterraine, et un désert inférieur sur le désert supérieur.

Quand le christianisme se répandit dans la société romaine, de manière à porter ombrage aux empereurs, et à s'attirer les premières persécutions, ces carrières, véritables labyrinthes, offrirent un refuge aux persécutés et un lieu de réunion aux disciples de la nouvelle religion. Puis, peu à peu, afin de soustraire aux profanations des infidèles les restes des martyrs, des confesseurs, des vierges, des saints, on les apporta dans ces profondeurs mystérieuses, en secret, mais en telle quantité que l'on évalue à six millions le nombre des Chrétiens couchés dans les catacombes de cette Rome souterraine. Par les soins des fidèles, ces lieux sacrés s'ornèrent de marbre, de peintures et d'inscriptions pieuses. Puis les visiteurs arrivèrent en foule pour visiter les glorieuses reliques. Alors, afin de faciliter les pèlerinages des catacombes, les papes du I, du II⁰ et du III⁰ siècles, ouvrirent deux larges escaliers qui descendaient directement dans la catacombe des Martyrs. On les appela l'*Escalier des Papes*. Mais vint un temps, le moyen-âge, où les catacombes se dégradèrent et devinrent inabordables. Le V⁰ siècle et ceux qui suivirent amenèrent, en outre, les Barbares. Ceux-ci cherchèrent partout le pillage et n'épargnèrent même pas la demeure des morts. Ce fut surtout dans les parties historiques les plus riches, que les ruines s'amoncelèrent. Enfin, le temps recouvrit ces débris de poussière et de végétation; le soc de la charrue en nivela le sol et effaça les derniers vestiges de l'entrée spéciale. On en perdit même la trace, et les catacombes furent oubliées. Il fallut être amené à la découverte de ces temples mystérieux, de ces ossuaires de l'antiquité chrétienne, par une longue étude des textes et un examen attentif des lieux. Ainsi, un morceau de marbre sur lequel se trouvait gravé un lambeau d'inscription, mit un Romain, M. de Rossi, sur la voie de la catacombe de Saint-Calixte et de Saint-Eusèbe. Il obtint de Pie IX l'acquisition du champ de vigne dans lequel il avait ramassé le morceau de marbre, et il se mit à l'œuvre immédiatement, avec la conviction fervente d'une âme pleine de foi, et, en effet, bientôt on découvrit des *lucernaires*, des escaliers, de longs corridors funéraires et une immense suite de salles sépulcrales.

Rome possède soixante catacombes connues et retrouvées jusqu'à présent, d'abord celles de *Saint-Calixte et de Saint-Eusèbe*, puis, les *Catacombes de Saint-Laurent*, sur la Via Tiburtina, à l'orient de Rome; les *Catacombes de Sainte-Agnès*, sur la Via Nomentana, non loin de la Porta Pia, au nord-est, et les *Catacombes de Saint-Pancrace*, sur la Via Aurelia, qui conduit à Civita Vecchia, à l'occident. J'ajoute les noms des catacombes de Saint-Prétextat, de Sainte-Priscille, de Saint-Saturnin, de Saint-Cyriaque, de Saint-Pontien et de Sainte-Hélène, etc., etc., qui n'en sont que les ramifications. Nous avons visitées les plus intéressantes, après celles de Saint-Calixte, moins les catacombes de Saint-Pancrace. Mais ce que je vais dire des unes s'applique absolument aux autres.

Nous faisons appeler le *Custode*. Il arrive avec des torches, nous en offre à tous, et nous précède. Nous descendons en terre, et nous voici bientôt dans un dédale indescriptible. — Imaginez-vous des voies souterraines très-étroites, — moins d'un mètre — tantôt droites, tantôt tortueuses, qui, les unes montent, les autres descendent, et sur lesquelles arrivent à angle droit, des corridors sans nombre, de même largeur toujours, mais de hauteur variable, s'enchevêtrant à l'infini et s'ouvrant tantôt à droite, tantôt à gauche. De chaque côté, sur leurs parois, sont disposés des niches de forme oblongue, creusées dans le tuf et destinées à recevoir les corps que l'on y couchait sans cercueil, et que l'on enfermait à l'aide de dalles, de tuiles ou de plaques de marbre scellées avec de la chaux. Ces enfoncements forment généralement plusieurs étages. On rencontre pourtant des sépulcres isolés, les uns plus grands, les autres plus riches. Par fois aussi on pénètre dans des salles vastes et voûtées, où les niches des parois sont superposées, comme dans les galeries et corridors. On voit, là surtout, les tombeaux des martyrs, mais en sarcophages isolés au centre de la chambre, surmontés d'un enfoncement couvert de peintures et recouverts d'une table de marbre. C'est alors un autel, et la salle est une église, où l'on célébrait les saints mystères. Dans le pourtour sont taillés des gradins pour les chrétiens et, en face des tombeaux, des sièges pour les évêques et pour les prêtres.

Lorsqu'on pénètre dans les catacombes de Saint-Calixte, par les ouvertures secrètes des premiers jours, et qu'on explore leurs galeries tortueuses, il y a deux points sur lesquels, de tous côtés, on vient se heurter à des ruines. Là, une surveillance sévère empêche qu'une seule pierre ne soit éloignée, même momentanément, du lieu qu'elle occupe. Tous les débris sont restés sur le point où ils ont été trouvés. Se présente bientôt un escalier dont les parties récentes se rattachent aux constructions anciennes, c'est l'*Escalier des Papes*. En le suivant, on descend par plusieurs salles consécutives : les corridors qui les unissent s'éclairent de distance en distance par des ouvertures ou *lucernaires* montant jusqu'au sol, et laissant la lumière pénétrer dans leurs profondeurs. Vient ensuite une salle plus grande, où les pèlerins attendaient que leur tour arrivât de visiter les tombeaux en groupes peu nombreux. Quand on regarde ses murailles, on voit, qu'autrefois, comme aujourd'hui, beaucoup de personnes se plaisaient à y inscrire leurs pensées. Souvent à la suite des noms, dont la forme, la disposition et l'orthographe des lettres latines et grecques sont fort curieuses, sont indiqués les motifs du pieux voyage. Beaucoup venaient prier les martyrs pour le repos d'une personne bien-aimée. Ainsi : *Sophonia, vivas in Deo! Sophonie, vivez en Dieu!...* Le pèlerin emploie d'abord le subjonctif, dans la première salle. Mais, dans la dernière, attendri et rassuré par la ferveur de sa prière, il ne doute plus, car il a écrit : *Sophonia dulcis, semper vives Deo! Douce Sophonie, oui, vous vivrez toujours en Dieu !*

Notre catacombe de Saint-Calixte s'étend sur la voie Appienne, et doit son nom au saint Pontife qui, sous le règne d'Héliogabale et d'Alexandre-Sévère, fut précipité dans un cloaque, situé au Transtevere, au-dessous de la maison d'un soldat converti, chez lequel il demeurait et où il avait consacré huit évêques, seize prêtres et quatre diacres. On lui avait attaché une pierre au cou, mais une dame romaine, Lucine, retira le cadavre du martyr et le fit porter où lui-même avait fait cacher les restes de cent soixante-quatorze mille martyrs, et de quarante-six Pontifes, y compris saint Pierre et saint Paul, dans ce dortoir de la mort, car ce mot *cimetière*, du mot grec *coimétérion*, veut dire *lieu consacré au sommeil*, en attendant le réveil de la résurrection.

Du vestibule, que j'ai signalé, on passe dans la première salle, où, dans la partie la plus apparente, s'offre le tombeau de Saint-Sixte II. Tout autour et à différentes hauteurs, sont placées au-devant des sépulcres, des plaques de marbre, dont les débris, rapprochés avec soin, permettent de lire les noms des papes du IIIe siècle, depuis saint Ponthien et saint Antheros, jusqu'à saint Melchiade.

Plus loin sont les lieux, anciennement connus, où reposait sainte Cécile. Son tombeau, ouvert plus tard, fut exposé pendant huit jours, à la vénération de Rome, montrant la Sainte encore revêtue de son antique robe de soie et d'or. La jeune martyre était couchée dans une attitude si simple et si gracieuse qu'un artiste, *Stephano Maderno*, en fit une statue en marbre, que nous avons admirée dans l'église de Sainte-Cécile, construite à la prière de la vierge mourante, sur l'emplacement même de sa demeure et de son supplice, dans le Transtevere, à Rome.

Lorsqu'on découvre des tombeaux scellés et qu'on les ouvre, on trouve généralement des *ampoules*, vases de verre orbiculaires, renfermant du sang, sang des martyrs, et des squelettes dont les ossements tombent en poussière au contact du doigt. On trouve aussi fort souvent les instruments qui ont servi au supplice, et si on ne les laisse pas au lieu même où on les recueille, on les porte au Vatican, où nous en avons vu de toutes formes et de tout volume. Parfois ce sont des vases sacrés, des insignes, que sais-je ? Ces objets, bien que très-fragiles, ont été respectés par le temps. Ils sont en verre double et de deux fusibilités différentes, paraît-il. Entre les couches, on aperçoit des dessins en or qui, sous leur enveloppe limpide, se trouvent à l'abri et se présentent à l'œil avec une grande netteté. Le verre extérieur, seul, a subi parfois, en quelques endroits, une teinte blanchâtre, irrisée, chatoyante due au temps et aux influences extérieures, que nous avons remarquée souvent sur les fioles lacrymatoires des païens. Ces dessins, qui datent de si loin semblent sortir de la main de l'ouvrier.

Ici et là on rencontre des peintures qui toutes ont trait au dogme de la résurrection. Quelques-unes de ces peintures sont admirablement conservées. Elles sont généralement de trois grandeurs. Les premières, plus petites que les autres, se ressemblent pour la disposition d'une partie arquée, disposée en cintre, que l'on appelle *arcosolium*. Elle est placée au-dessus et en arrière du tombeau du martyr qui fait saillie, et présente une table horizontale, sur laquelle on célébrait la messe. Les peintures les plus anciennes offrent presque toujours des détails d'ornements qui ont des ressouvenirs du paganisme. Elles rappellent le style des fresques de Pompéï. On y reconnaît le Bon Pasteur, la Cène, Tobie et le poisson, Lazare sortant de terre. L'une des plus curieuses de Saint-Calixte représente le fossoyeur Diogène, tenant d'une main sa lampe allumée et portant une pioche fort pointue sur l'épaule droite, vêtu d'une tunique, à manches étroites, ornée de croix et recouverte d'une sorte d'aumusse à longs poils. Une délicieuse candeur fait le caractère de cette figure. Au-dessus on lit cette légende : *Diogenes. fossor. in. pace. depositus. Octav. Kalendas. Octobris.* Ainsi l'Eglise primitive honore la pauvre profession d'un humble fossoyeur. Quel trait remarquable et touchant !

Dans l'une des chapelles de Saint-Calixte, on rencontre un monument arqué dont l'autel est entouré de trois sujets bibliques. A droite, est le *Miracle des eaux du désert*; Moïse, sous les traits de saint Pierre, car, presque toujours on voit le chef chrétien substitué au chef de la loi judaïque, Moïse frappe le rocher d'où sortent les eaux régénératrices. En face, au-dessus de l'autel-tombeau, le *Bon-Pasteur porte la brebis égarée*. A gauche, le *Miracle de la Multiplication des pains*. Ainsi, sur cet autel des premiers jours, on constate trois sujets : le *Baptême*, la *Pénitence* et l'*Eucharistie*. Ces fresques, d'un excellent style, appartiennent évidemment à la fin du premier ou au commencement du second siècle. Partout, la sainte Vierge est représentée dans l'attitude des personnes qui intercèdent, les mains levées.

A Saint-Prétextat, on voit trois figures de jeunes filles, aux draperies fermées, serrées, aux plis longs, mais rares, et d'une naïveté virginale qu'exprime le mépris du corps, l'exaltation de la spiritualité, le sentiment chrétien, dans toute sa plénitude.

Puis c'est l'*Abreptio Vibies et descensio*, exprimant sa mort prématurée, par un quadrige conduit par Mercure et dans lequel Pluton enlève la jeune fille morte, où le paganisme se mêle encore au christianisme, car *descensio* signifie que

Vibies va descendre aux enfers. Mais le symbolisme chrétien reparaît pur, dans le banquet mystique du ciel, et dans le repas funèbre donné à sept prêtres, dont deux portent la coiffure sacerdotale surmontée de *l'Apex*, bonnet pointu des prêtres sabins, dernière réminiscence mythologique.

La catacombe de Sainte Agnès a son entrée dans un vallon délicieux, au pied des coteaux chantés par Pline et Martial, au milieu d'un paysage aussi gracieux que l'héroïne qui l'a rempli de son souvenir. Agnès a été dignement célébrée par M. Court, notre artiste habile, vous le savez, Madame. Mais ce que vous ne savez pas, c'est que sa crypte est riche en peintures. La majesté biblique de Moïse faisant jaillir l'eau du rocher; l'image du Bon Pasteur autour duquel on a groupé des colombes, des fruits et des fleurs, de naïfs enroulements, de gracieuses arabesques, la Vierge et l'Enfant, tout y est charmant.

Dans la salle de Saint-Cyriaque, on admire les lampes en bronze, marquées des lettres A et O, ou de l'X et du P, initiales liées ensemble, et une figure de sainte, assise, vêtue d'une tunique jaune à larges manches, la tête couronnée d'un nimbe de couleur verte, beauté antique, pleine d'un enthousiasme contenu et d'une exaltation maîtrisée qui est propre au christianisme.

Je m'arrête, car alors je ne finirais pas. Ma plus pure émotion sera celle des catacombes. Jamais je n'oublierai le custode allumant son lampadaire pour éclairer notre convoi; nos torches de résine décrivant sur les voûtes des demi-cercles et des ombres fantastiques, la caverne froide dans laquelle on s'engage et où l'on peut périr, si l'on s'égarait comme cela est arrivé; car le dédale compte treize mille cent trente-trois kilomètres ! le silence de ces corridors funèbres et de ces sanctuaires où gît la mort, et où l'on ne recueille que la voix monotone du guide, qui vous signale les objets et le bruit de ses pas. Aussi j'entendais Emile dire en sortant :

<blockquote>Horror ubique animos, simul ipsa silentia terrent !</blockquote>

Mais la foi est là, qui vous parle et vous soutient, et vous l'entendez, elle aussi, qui vous réchauffe le cœur et anime votre admiration, en vous murmurant tout bas :

> J'ai sondé d'un regard leur poussière bénie,
> Et j'ai compris
> Que leur âme a laissé comme un souffle de vie
> Dans ces débris ;
> Que dans ce sable humain qui, dans nos mains mortelles
> Pèse si peu,
> Germent pour le grand jour les formes immortelles
> De presque un Dieu
> Lieux sacrés où l'amour, pour les seuls biens de l'âme
> Sut tant souffrir !
> En vous interrogeant, j'ai senti que sa flamme
> Ne peut mourir !
> Qu'à chaque enfant de Dieu qui mourut pour défendre
> La vérité,
> L'Être éternel et vrai, pour prix du temps, doit rendre
> L'éternité (1).

A notre sortie des catacombes de Saint-Calixte, il y avait encore un rayon de jour. Malgré mon désir de m'en tenir là, j'ai dû accompagner ces Messieurs jusqu'au *Cirque de Maxence*, qui en est fort voisin, je l'avoue ; et puis, pour voir de grandes ruines, le crépuscule est favorable. L'empereur Maxence, paraît-il, avait sa villa entre la via Appia et la via Latina qui est un peu plus à l'est. Elle renfermait plusieurs monuments dont les principaux existent encore dans leur entier :

C'est d'abord l'*Enceinte sacrée du Temple de Romulus*, son fils. Elle est parfaitement sauve et d'autant plus précieuse, que c'est la seule qui nous soit restée presque entière. Elle se compose d'un portique à pilastres qui enveloppe une vaste cour oblongue, au centre de laquelle s'élevait un temple circulaire,

---

(1) *Chant des Catacombes*, par Monseigneur Gerbet.

détruit, mais dont une *Cella* souterraine, large de cent pieds, qui y correspondait, nous aide à reconstruire la forme.

Quant au *Cirque*, attenant à l'enceinte, c'est l'un des monuments les plus intéressants de Rome, car sa conservation, presque intacte, nous donne une juste idée de ce qu'étaient les cirques des anciens. Subsiste encore, en effet, tout le mur du périmètre auquel se rattachaient les gradins. L'arène est là, encore chargée d'une notable portion de sa spina, large de trente pieds, et où l'on retrouve l'emplacement des statues, des édicules, des colonnes et de l'obélisque en granit rouge, hiéroglyphié, haut de cinquante et un pieds, ouvrage du temps de Domitien, qui orne maintenant la fontaine du *Bernin*, sur la Place Navone. A chacune des extrémités du cirque, au nord et au sud, on ne voit pas sans surprise, parfaitement conservées et debout, les deux tours, sur la plate-forme desquelles se plaçaient les joueurs de flûte et les musiciens, afin d'exciter les chevaux et les cochers. Ce cirque pouvait facilement contenir vingt mille spectateurs. Son entrée principale ouvrait sur la via Asinaria.

Nous sommes là, au pied du Tombeau de Cecilia Metella. La lune se lève au-dessus de sa masse formidable, et l'autre long dortoir de la mort qui suit ce sépulcre, la via Appia, sous les pâles rayons de l'astre qui en blanchit la poussière humaine, vous plonge dans une rêverie solennelle. Mais il est l'heure de rentrer; cette fois je tiens bon, et nous rejoignons notre demeure.

Rome, 19 décembre 185...

Votre aimable fille est à Rome, Madame. Elle a suivi mes deux touristes, à vingt-quatre heures d'intervalle, et c'est elle qui nous a fait descendre dans la *Confession de Saint-Pierre*, d'où nous arrivons à l'instant même. De cette crypte nulle description à faire. Devant l'autel du dôme est une profondeur circulaire, entourée d'une balustrade et au-dessus de laquelle brûlent cent vingt-deux lampes. C'est tout à côté que l'on descend au Tombeau des Apôtres. Bronzes admirablement travaillés, albatres, agathes, marbres précieux couvrent les murs. On passe devant une statue blanche de Pie VI, œuvre de *Canova*, et on arrive à des portes d'airain. Là, nous entrons dans la chapelle antique d'Anaclet, et, sous le bronze qui couvre ce sol, reposent les corps du pauvre pêcheur de Galilée et de saint Paul... On s'agenouille et l'on prie....

La terre que nous foulons dans ces souterrains est l'arène même du Cirque de Néron, rouge du sang des martyrs...

Mais nous ne sortons pas seulement de Saint-Pierre, de sa Confession et de ses admirables sacristies nous sortons aussi du Vatican, nous quittons le saint Père, nous sommes encore sous l'impression de l'affabilité dont Pie IX nous a fait preuve en causant avec nous et en nous bénissant, dans l'entrevue que nous venons d'avoir avec S. S.

Le bon M. Nicati, dont je vous ai déjà parlé, nous avait ménagé cette audience. Aussi, hier, avions-nous reçu de la chancellerie pontificale la lettre que voici :

Vaticano, 18 décembre 185...

Dall'Anticamera
Pontificia.

L'Audienza si tiene nella Galleria degli Arazzi ascendendo per la scala della sagrestia della capella Sistina.

Si previene la Signora D... e il Signor Valmer, che sua Santita si degnera amettere all'Udienza insieme al suo figlio.

Le signore in abito nero, e velo in testa; i Signori in uniforme, e non avendone l'uso in frack nero, cravata bianca, e scarpa.

Il Maestro di Camera di S. S.
B.....

E pregato di esibere il presente biglietto.

Donc, aujourd'hui, à l'heure dite, et nos toilettes faites, selon l'ordonnance, notre voiture nous a conduits au Vatican.

A côté de la statue équestre de Constantin, qui décore le portique de Saint-Pierre, se trouve le grand escalier, ouvrage du *Bernin*, qui aboutit à la salle royale du Vatican, et de là, dans les mille galeries, corridors, chapelles, salles et chambres qui composent le Palais des Papes. Mais nous ne prenons pas cet escalier. Nous suivons la colonnade occidentale de la Place Saint-Pierre, et, à son extrémité, nous atteignons une entrée latérale du palais qui conduit, en montée, à la *Cour San Damaso*, où sont les loges de Raphaël, entrée dont la garde suisse fait le service. Les soldats de cette garde pontificale portent un costume, dessiné par Michel-Ange, qui mérite un court détail. Officiers et simples gardes, fifres et tambours, sont coiffés d'un casque en cuivre, avec cimier en crin blanc retombant en aigrette sur le casque. Collerette blanche, à double rang de tuyaux empesés; justaucorps retroussé sur la hanche et bouffant sur les épaules, fait de larges bandes de drap jaune, bleu et rouge; chausses de mêmes bandes de trois couleurs; bas à l'avenant; enfin, hallebarde à double croissant; telle est la tenue des gardes suisses.

Nous arrivons, guidés par des cameristes vêtus de noir, puis par des huissiers vêtus de rouge, à travers des galeries et des salles sans nombre, dans l'appartement de réception, vaste et beau, mais dont tous les sièges sont en bois. Là, nous attendons, l'âme émue, le cœur oppressé, car nous allons nous trouver face à face avec la plus sainte des majestés. Ce n'est pas de l'attente de notre part, c'est de l'anxiété, c'est une émotion qui remue l'âme et le corps. Enfin, des gardes nobles, le sabre nu à la main, le casque en tête et le torse encuirassé, passent et vont chercher majestueusement le représentant de Jésus-Christ. Au bout de cinq minutes, ils reparaissent, précédant le Saint-Père, en soutane blanche, qu'accompagnent quelques cardinaux en robe violette.

Nous nous agenouillons immédiatement, prêts à baiser la mule à l'endroit où se trouve une croix brodée en or; mais d'un geste S. S. nous arrête et porte sa main à nos lèvres. Alors, souriant avec grâce, il adresse la parole à M. Valmer, qui lui répond en latin, et pendant quelques instants leur dialogue s'anime. Mon fils même y joint quelques mots. Je vois que le Saint-Père y prend intérêt, car il sourit, rit même, et je devine qu'il s'agit de la France et des Français. Pour être dans le vrai, je dois dire qu'Emile n'est pas sans fermeté dans sa parole; mais M. Valmer, ébloui de se trouver en présence de la représentation vivante de Dieu sur la terre, ne sait plus trop ce qu'il dit. Il balbutie et perd son latin.... C'est le cas de le dire. Pie IX n'en sourit pas moins, et bénit mes deux compagnons, en leur livrant encore sa main. Puis S. S. m'adresse la parole en français et me félicite de mon fils, de ma patrie, de mon voyage dont on lui a dit que le but principal était de vénérer sa personne sacrée; enfin, il me dit d'avoir confiance dans l'avenir de mon Emile, et m'offre quelques chapelets...

Pie IX est un beau vieillard de soixante-huit ans peut-être, de taille moyenne, la stature épaisse, inclinant quelque peu sur la gauche quand il marche, le visage doux et plein d'aménité. Les gardes nobles, les cent-gardes de S. S., nous entourent pendant que le Pontife nous parle; puis le précèdent, quand il s'éloigne en nous disant de sa voix la plus vibrante, *Addio* ! Alors il se dirige vers une autre pièce où l'attendent de nombreux visiteurs. Nous suivons S. S. et, à distance, nous observons. D'abord elle bénit une vingtaine de petits nègres que de bonnes sœurs lui présentent, et leur distribue des images. Puis elle passe devant des groupes divers qui sont distribués en lignes, souriant toujours, donnant sa main, adressant quelques mots, bénissant les croix et les chapelets qu'on expose devant elle. Nous avisons même un sergent français, de l'armée d'occupation, auquel le saint Père parle avec effusion et offre un objet qu'il prend dans la poche de sa soutane. Enfin S. S. descend dans la cour San Damaso, où l'attendent sa voiture, et un piquet de Gardes-Nobles à cheval. Là, on lui remet son chapeau rouge, à larges bords ; elle bénit tous les assistants, monte, s'assied, sourit encore, et la voiture part pour le palais du Quirinal...

Nous nous sommes éloignés, des larmes plein les yeux, et de la foi plein le cœur...,

Quand nous nous sommes retrouvés sur la place Saint-Pierre, la voiture du Pape, qui avait du prendre un détour, la traversait au grand galop, suivie de son escorte. Mais bientôt elle disparut dans les rues voisines du Tibre, et ce ne fut pas sans émotion encore, que nous vîmes de loin la foule s'agenouiller sur le passage du vicaire de Jésus-Christ. Il fait tant de bien dans la ville ! Ses trésors passent presqu'en entier dans ses mains sous forme de dons charitables. Or, notez qu'un pape n'est pas riche ! Voici quelques détails sur la fortune d'un prince qui représensente Jésus-Christ sur la terre.

Le Saint-Père reçoit trois millions de francs, sur lesquels il doit prélever le traitement des cardinaux ; les frais d'entretien des garde-noble, garde suisse, et garde palatine ; subvenir aux exigences du budget des affaires étrangères, aux pensions de retraite des employés des basiliques, des palais, des musées, des Congrégations et frais de Propagande, etc. Sur cette somme de trois millions, le pape touche six mille *scudi*, soit vingt-mille francs pour ses dépenses personnelles, etc. Quant aux dépenses relatives au culte, établissements religieux et ordres ecclésiastiques, elles ne sont pas comprises dans celles de la liste civile pontificale, chaque église, chaque congrégation étant en possession d'un patrimoine administré par les intéressés.

Nous aussi, Madame, nous sommes allés au Quirinal, et nous y avons visité la résidence d'été du pape, le *Monte Cavallo*, ses beaux jardins, ses murailles de buis, ses orangers, ses jets d'eaux ; nous y avons même entendu son orgue hydraulique.... Là, au moment où nous étions le plus attentifs à la mélodie, confondue avec le bruit des cascatelles, soudain, de tous les points du sol que nous foulions, jaillirent des milliers de filets d'eau qui nous aspersèrent le mieux du monde. C'est un jeu fort innocent dont le saint Père aime beaucoup à surprendre ses visiteurs étrangers, paraît-il. Le fait est qu'on ne peut guère se douter que les allées recèlent ces innombrables petits tuyaux imperceptibles à l'œil.

Le palais de Monte Cavallo porte ce nom à cause des deux chevaux antiques de marbre pentélique que tiennent et domptent Castor et Pollux, groupes gigantesques que Constantin avait fait venir d'Alexandrie, pour orner les Thermes situés à cet endroit, et qu'on a érigés sur la *Place du Quirinal*, en face du palais, de chaque côté d'un obélisque en granit rouge oriental, provenant du tombeau d'Auguste. Ces deux colosses sont signés *Phidias* et *Praxitèle*, mais.....

Je voudrais maintenant vous dire, Madame, qu'après notre visite à Saint-Pierre, nous avons successivement étudié, toujours l'admiration à la bouche et l'enthousiasme dans l'âme :

La *Basilique de Sainte-Marie-Majeure*, à l'orient de Rome, et juste en face d'une de ses rares rues droites et longues, la *Via del Quattro Fontane*, qui partant de la Trinité-du-Mont, traverse le Pincio, le Quirinal et le Viminal, pour aboutir au centre des Esquilies, où se trouve l'Eglise, dont voici l'origine. En l'an 352, le pape Hibère reçut dans un songe l'avis de la Vierge Marie d'élever un temple à l'endroit où il serait tombé de la neige pendant la nuit. On était alors au mois d'aout. Néanmoins, Libère apprit à son réveil que le mont Esquilin était blanc de neige, et il y fonda immédiatement l'*Eglise Sancta Maria ad Nives*, nommée Sainte Marie-Majeure parce qu'elle est la plus grande des trente-neuf églises de Rome dédiées à Marie.

En avant de la Basilique, magnifique colonne corinthienne, svelte, élégante au possible, et provenant du Temple de la Paix de Vespasien, la seule qu'on ait sauvée.

Portail à double portique, avec trois ouvertures en bas et trois arcades en haut, les premières d'ordre ionique formant avant corps, les secondes d'ordre corinthien, avec balustrade décorée de cinq statues. A l'intérieur, nef majestueuse avec collatéraux formés par trente-six colonnes ioniques de marbre blanc, présentant les lignes les plus heureuses. Au-dessus des bas-côtés se dresse un second ordre de pilastres corinthiens, décorés de mosaïques du Ve siècle. Plafond en rosaces à caissons, d'une magnificence inouïe. L'or qui servit à son ornement est le premier qui vint d'Amérique après la découverte de cette nouvelle contrée. Je renonce à vous peindre les splendeurs de cette admirable Basilique.

Nous ne manquerons pas de nous trouver dans cette église, la veille de Noël, dans quatre jours, car il y a *Chapelle Papale*, c'est-à-dire que le Pape et les cardinaux se rendront à Sainte-Marie-Majeure, pour assister aux matines, et le Saint Père y célèbrera lui-même la messe de minuit. Il dit ensuite celle de l'aurore à Saint-Pierre, et celle du jour à Saint-Jean-de-Latran. Il paraît qu'à Sainte-Marie Majeure, on porte en procession un coffre tout en argent ciselé, renfermant une partie de la crèche de notre Seigneur, que l'on expose ensuite sur l'autel, à la vénération des nombreux fidèles.

Le jour de Noël, à Rome, et fort heureusement nous en serons témoins, on souhaite la *buona festa* aux parents, aux amis, voire même aux domestiques, ce qui, du reste, ne fait nullement tort aux cartes de visite et aux étrennes du premier jour de l'an. Mais c'est surtout la veille de l'Epiphanie que l'on fait des cadeaux aux dames et aux demoiselles, et que l'on offre des joujoux aux enfants. Ici, notre bonhomme Noël ou l'enfant Jésus déposant leurs dons dans les chaussures ou sous la bûche de Noël sont remplacés par la *Befana*, sorcière invisible qui vient faire ses largesses par le tuyau des cheminées. C'est sur la place Saint-Eustache, richement illuminée, que se tient la foire aux cadeaux de la Befana. Mais comme nous aurons quitté Rome alors, nous ne jouirons pas de cette parcelle de l'âge d'or, non plus que, le dix-sept janvier, de la vue des chevaux de Rome, amenés devant le portail de l'église Saint-Antonin, près de Sainte Marie-Majeure, pour recevoir la bénédiction de ce saint, dont on célèbre la fête. Le Saint Père et les cardinaux ne manquent pas d'envoyer à ce rendez-vous les chevaux de leurs écuries. Enfin, le vingt et un janvier, jour de la fête de sainte Agnès, on bénit de même les agneaux, dans l'Eglise de la sainte, près de la Porta Pia.

Nous avons aussi porté le tribut de nos prières, et l'hommage de notre admiration à la *Basilique de Saint Jean de Latran*, au fond de la vallée du Colisée, entre le Cœlius et l'Esquilin, au sud de Rome et près de la porte antique Asinaria... Le Pape est l'évêque de saint Jean de Latran, près de laquelle, avant leur résidence à Avignon, les souverains Pontifes avaient leur résidence. Aussi lit-on sur le fronton de la Basilique :

Omnium urbis et orbis ecclesiarium mater et caput.

La place qui précède Saint-Jean-de-Latran est décorée du plus grand obélisque que l'Egypte ait donné au monde. Il ne compte pas moins de cent dix pieds de haut sans le piédestal. Le Pharaon Teutmosis l'avait fait ériger à Thèbes. Mais Constantin, maître de l'Empire, l'expédia de Thèbes à Alexandrie, par le Nil, et Constance, son fils, le dirigea sur Rome, où il décorait la Spina du Cirque Maxime. Il est en granit rose et tout brodé d'hiéroglyphes. Ce fut Sixte-Quint qui le retrouva, sous un déblai d'au moins vingt pieds, mais brisé en vingt morceaux. *Fontana*, pour le dresser sur sa base, dut l'amoindrir de sept pieds, sans cela, il s'élevait à une hauteur de cent-dix sept pieds,

Six énormes pilastres, se prolongeant dans toute la hauteur de deux portiques superposés, forment la façade principale, de la Basilique de Latran au levant. Cinq portes correspondent à autant de nefs. Pilastres encadrant des arcades à plein cintre et renfermant des niches ornées de colonnes de vert antique avec les statues des douze apôtres : bas-reliefs en stuc et peintures des douze prophètes ; plafond dessiné par *Michel-Ange* et magnificence de décors qui étonne la pensée ; colonnes de granit rouge, de douze mètres de haut, soutenant le grand arc qui sépare la nef du chœur ; tabernacle, servant de baldaquin à l'autel du saint Pontife et renfermant, parmi d'autres reliques, la tunique teinte du sang de Jésus-Christ, le linge dont il essuya les pieds des apôtres, et les têtes de saint Pierre et de saint Paul, placées dans des boites d'argent enrichies de diamants, offertes par notre roi Chales V ; autel du Saint-Sacrement, dont les pierres précieuses éblouissent le regard ; chapelle Corsini dont la richesse est une féerie, tant on y voit de jaspes, de porphyre, d'agathes, d'albâtre oriental, d'aigles marines, de serpentin, de jaune et de vert antiques, de bronzes, etc ; mausolée de Clément XII enseveli dans une urne de porphyre provenant du Panthéon et peut-être ayant contenu les cendres d'Agrippa ; merveilles et richesses telles que cette église est ausssi appelée la *Basilique d'Or*, *Basilica Aurea* : tel est Saint-Jean-de-Latran.

Pendant que nous la parcourons et la reparcourons, arrivent soixante-dix à quatre-vingt pèlerins et pèlerines, armés de bourdons, etc, qui viennent des Abruzzes et ont fait quarante lieues à pied et en prières, pour avoir la faveur de prier au tombeau des saints Apôtres... Quelle foi ! Il faut voir ces braves gens, les femmes surtout, fatigués, n'en pouvant mais, se prosterner et prier sur les dalles du sanctuaire !...

Rome compte sept basiliques, c'est-à-dire sept églises en forme de parallélogramme avec une abside demi-circulaire. Elles affectent la forme de salles immenses, vraiment royales, *Basilicæ*, plutôt que celles d'un crucifix couché par terre, qui est la forme des croix latines, donnée généralement aux églises, ou d'une croix de Malte, qui est celle des croix grecques. L'une de leurs portes est toujours murée, d'un Jubilé à l'autre, parce que ces basiliques ont des priviléges particuliers pour la rémission des péchés, priviléges dont on ne jouit qu'au temps de ces jubilés. Du reste, peu importe la forme, les églises de Rome sont toutes dignes de remarque. Mais comme la description en devient fatigante, Madame, je n'abuserai pas de votre patience.

Je vous dirai seulement, qu'en face de Saint-Jean-de-Latran, se trouve l'*Eglise de la Scala Santa*. C'est une ancienne portion du palais qui vit naître Marc-Aurèle, et que des papes habitèrent ensuite. Aussi trouve-t-on sur le mur latéral extérieur, du côté de la place, une ancienne et fort belle mosaïque appelée le *Triclinium de Léon III*, parce qu'elle décorait la salle à manger de ce pontife. Or, l'Eglise en question est, au-dehors, sans ornement aucun. Toute sa richesse est au-dedans. Mais quel trésor! C'est la *Scala Santa*, c'est-à-dire l'escalier du palais de Pilate à Jérusalem, escalier que notre Seigneur dut gravir plusieurs fois. Il se présente tout d'abord aux yeux, lorsqu'on entre, car il fait face. Il est en marbre, que l'on peut voir et toucher, mais que l'on préserve à l'aide de planchettes de bois. On le monte toujours à genoux. Bon nombre de visiteurs le vénèrent en ce moment. Il va sans dire que nous suivons leur pieux exemple; mais, je l'avoue, ce n'est pas sans souffrir... cruellement. La pénible ascension terminée, l'on se trouve en présence d'une mystérieuse chapelle, ténébreuse, rougeâtre, qui renferme un portrait de Jésus-Christ de haute antiquité et dont le fronton porte :

Non est in toto sanctior orbe locus.

Nous visitons ensuite le *Palais des Papes* ou *Palais de Latran*, que Sixte-Quint fit élever à côté de la Basilique de Saint-Jean-de-Latran ; puis, nous passons devant l'ancienne porte Asinaria, porte Saint-Jean aujourd'hui, et nous nous présentons, tout près de là, à la *Basilique de Santa Croce in Jerusalemme*, qui a remplacé les jardins et la villa qu'Héliogable s'était fait élever sur cette partie de la ville, le long des murs, et où il avait construit l'*Amphithéâtre Castrense*, destiné aux exercices des Prétoriens, dont nous retrouvons le périmètre parfaitement sauf. Ce fut l'impératrice sainte Hélène qui fonda cette Basilique, lorsqu'elle eut retrouvé la vraie croix, à Jérusalem, et à laquelle elle en envoya une portion notable. Maintes fois restaurée, cette Eglise a perdu l'empreinte de sa vénérable antiquité. La seule chose remarquable est l'autel composé d'une urne en basalte, ornée de quatre têtes de lions et renfermant les corps des saints Césarée et Anastase, qui est placée sous un baldaquin, soutenu par des colonnes de brèche *corallina*, des plus rares.

Je m'arrête, Madame, car ce serait à vous engloutir dans le déluge de mes visions et de mes récits. Merci de la patience que vous devez mettre à parcourir les interminables lignes de cette épitre indigeste; mais merci surtout de nous avoir mis au monde votre charmante Isabelle tout exprès pour nous entourer de ses prévenances si précieuses sur un sol étranger. Madame la vicomtesse s'est décidément faite la cicerone de son ancien précepteur, M. Valmer. Après avoir reçu ses leçons, c'est elle qui lui en donne, et mon fils en profite, avec zèle, croyez-le. Elle m'a enlevé mes deux touristes ce matin, de fort bonne heure, pour les conduire où ? je l'ignore; mais je suis bien assurée qu'il ne perdent pas leur temps. Ils fouillaient hier les tombeaux de la Voie Appienne; je ne serais pas étonnée qu'aujourd'hui nos curieux exhumassent les triclinia de la Maison-d'Or, pour mieux voir les belles peintures dont nous n'avons pu admirer qu'une faible partie l'autre jour. M. le vicomte ne les quitte pas davantage, et M. Valmer et lui m'ont encombrée de tant de fragments de marbres, de porphyres, de vert et de jaune antiques, de ceci et de cela, qu'il nous faudra deux ou trois caisses pour les emporter. Car nous quittons Rome après les fêtes de la Noël. Notre passage sur l'*Aventin* est retenu pour la fin du mois. S'il nous était donné de vous ramener votre enfant ! Mais non ; la voici qui, elle aussi, va échanger Rome pour Nice. Félicitez-vous, du reste, de la savoir dans l'état de santé le plus prospère. Certes ! nonobstant sa position intéressante, elle se porte à ravir.

Adieu donc, ou plutôt, au revoir, Madame. Recevez nos affectueux témoignages de respect confondus avec ceux de brûlante tendresse que vous adresse et dont me charge le jeune couple que vous aimez. Je l'entends qui arrive... Il va, sur ce papier même, déposer cent baisers à votre intention... Je lui cède la place.

Faites en sorte d'exaucer bientôt le désir que j'éprouve de me rencontrer avec vous, Madame.

Votre très-affectionnée
Fanny D.

VIII.

A MONSIEUR GILLOUX, CHEF D'ESCADRON DE GENDARMERIE MARITIME, A TOULON.

Poésie architectonique. — Temples de la Fortune Virile et de Vesta, ou *Sainte-Marie-l'Egyptienne* et *la Madone del Sole.* — La maison de Pilate. — Le Panthéon. — Place du Panthéon. — Monte Citorio. — Mausolée d'Auguste. — Môle Adrien ou Château Saint-Ange. — Place Navone, ancien Cirque Agonal. — Ses Fontaines. — L'*Aqua Vergine.* — La Fontaine de Trevi. — La gerbe Sixtine. — Des aqueducs à propos des Fontaines de Rome. — Piazza Mattéi. — Le Ghetto ou quartier des Juifs. — Sa physionomie. — Temples et Portiques d'Octavie. — Le Marché aux poissons. — Où l'on trouva la Vénus de Médicis. — Oh! si j'étais pape! — Encore le petit Temple de Vesta. — *Santa Maria in Cosmedin.* — La bouche de vérité, ou le danger de mentir. — *San Georgio in Velabro.* — Ascension de la Roche Tarpeienne. —. Impressions. — Descente dans la prison Mamertine. — Le Tullianum et ses souvenirs. — Visite au Palatin. — Aspects. — Ruines immenses. — Le caveau de la charrue d'airain qui traça Rome Carrée. — Bains de Livie. — Ce qui reste du palais des Césars. — Le Pulvinar. — Le Cirque Maxime et la Voie Triomphale. — Villas du Palatin. — Silence au lieu où furent les demeures de Scaurus, de Crassus, de Cicéron, de Catilina. — Une vipère courtoise. — Maison d'Or. — Thermes de Titus. — Où l'on trouve le Laocoon. — Fantôme de Néron. — Peintures et prodiges de la Maison-d'Or. — Temple de Minerve Medica. — Où l'on découvrit l'Antinoüs, etc. — Porte Majeure. — Ses curiosités. — L'*Aqua Marcia.* — Débris de l'*Agger* de Servius Tullius. — Piazza Barberini. — Cimetière des Capucins. — Où les morts semblent vivants. — Thermes de Dioclétien. — Camp des Prétoriens. — Les fêtes de Pâques, à Rome. — La *Girandola* ou illumination de la coupole de Saint-Pierre. — Changement à vue des couleurs de l'illumination. — Le Janicule. — Fontaine Pauline. — *Sant'Onofrio.* — Chêne et Tombeau du Tasse. — Le Corso. — Ses courses de chevaux. — Piazza Colonna. — La colonne Antonine. — Le Portique de la Douane. — *Saint Louis des Français.* — *Sant'Agostino.* — Sa madone. — *Saint Clément.* — *Sainte Constance.* — *Gésu.* — *Sainte Marie des Anges.* — *Sainte-Marie-du-Peuple.* — *Sainte Agnès* extra-muros. — Le Vatican. — La chapelle Sixtine. — Jugement dernier de Michel-Ange. — Les loges de Raphaël. — Le nouveau bras. — Merveilles de l'art dans les musées Chiaramonti, Pie-Clémentin, etc. — Le Belvédère et ses trésors. — La Rotonde. — Michel-Ange et Raphaël. — Les Noces Aldobrandines. — Musée secret, etc. — Musée du Capitole. — Salle des Empereurs. — Salon du Faune. — Innombrables antiquités. — Où la curiosité se trouve enfin satisfaite. — Les palais de Rome. — Les villas des signori. — Institutions, etc.

Rome, 28 décembre, 185...

Oui, c'est encore de l'Italie, c'est de Rome que je vous écris, mon cher oncle, parce que nous ne pouvons nous résigner à quitter la ville de Romulus, la cité des Césars, la métropole des papes, et qu'il faut un long temps pour connaître

Rome. Car, ici, tout est grand, tout est remarquable; tout y montre un caractère d'antique majesté, de puissance déchue, de mélancolie. Cette empreinte indélébile voile tous les objets de son crêpe funèbre; temples, palais, théâtres, aqueducs, portes, obélisques, fontaines. C'est que les ruines éparses en tout lieu font un constraste tel avec les monuments nouveaux, que l'impression, produite par les premières, reste seule avec sa moisson de souvenirs. Et puis la nature a pris soin de les décorer avec tant de magnificence! Ronces, arbustes, pariétaires rampent de toutes parts et couvrent le marbre de leurs verts réseaux. Ici et là, le lichen gris, le lierre au vernis de bronze, les giroflées jaunes, y produisent des tons magiques, en se confondant avec les couleurs fauves dont le soleil, depuis tant de siècles, a bruni les arcades et les frises. Enfin, les croassements des corbeaux, habitants de ces ruines, en vous hallucinant de leur monotonie, au colysée spécialement, vous y plongent dans de si profondes rêveries, qu'elles vous suivent pendant de longues heures, et qu'on ne se lasse pas d'errer dans Rome.

Certes! Rome, jadis si grande, est aujourd'hui beaucoup moindre que Paris; néanmoins, plus nous restons dans ses murs, étudiant, recherchant, examinant, faisant tout passer sous nos yeux, et plus nous trouvons du nouveau à voir et à revoir. Une vie d'homme ne suffirait pas à scruter tout ce qu'elle renferme de curiosités.

Par exemple, il est, sur les bords du Tibre, un petit temp'e rond, un temple de Vesta, qui est d'une exquise élégance. Ouvert de tous les côtés, vingt colonnes cannelées, corinthiennes, en marbre blanc, nuancé de cette rouille de soleil dont je vous parlais tout-à-l'heure, en soutiennent le petit dôme, et derrière les colonnes, de gros blocs de marbre en forment la *cella*. Eh bien! rien de plus pittoresque que cet édicule mignon, bien vieux déjà, qui, d'un air triste, regarde depuis des siècles couler l'eau du Tibre, qu'aucune digue ne captive dans son lit, et dont les rives capricieuses gagnent beaucoup, au point de vue pittoresque, à être vues dans ce laisser-aller. Je viens là m'asseoir souvent et rêver, en face d'un autre petit temple, le temple de la Fortune-Virile, carré-long, d'ordre ionique, en travertin, du temps de Servius Tullius, rien que cela! Je regarde couler l'eau, je revois les âges, et, pour me distraire, je reporte les yeux sur mes deux temples favoris, sur la colossale embouchure de la Cloaca-Maxima, leur voisine, sur l'emplacement du camp de Porsenna, leur vis-à-vis, et aussi, à deux pas, sur un reste de frise et de corniche en briques capricieusement travaillées, qui appartiennent à l'antique *maison de Pilate*!... dit-on.

Mon petit temple de Vesta est aujourd'hui la *Madonna del Sole*. Voici à quel propos: Un matin, une dame voit flotter un coffret sur le Tibre. On va le lui chercher. A peine est-il ouvert qu'un vif rayon de lumière frappe ses regards. Que voit-elle alors au fond du coffret? Une image miraculeuse de la Vierge. Aussitôt la sainte image est placée dans l'édicule de Vesta qui devient la charmante *église de la Vierge au Soleil*. Partout, de même sorte, le paganisme a fait place au christianisme.

Mais il faut en finir : nous partons dans quelques jours, et à la fin du mois nous vous serrerons la main en passant, si cette lettre a le temps de nous précéder assez pour vous donner avis de notre arrivée à Marseille. Or, aujourd'hui, je fais mes adieux à Rome par un steeple-chase fantastique au travers de ses ruines et de ses monuments... Voulez-vous me suivre dans ma course rapide ? Je serai votre guide. Nous ferons un cercle, à vol d'oiseau, au-dessus des beautés vues tant de fois déjà, mais que je voudrais revoir vingt autres fois encore.

Nous sommes à demeure sur l'ancien Champ-de-Mars, tout près de l'ancien Panthéon : allons rendre un dernier hommage à cette merveille de l'architecture antique. On descend pour entrer dans le Panthéon. Que cela ne vous étonne pas, le nouveau sol dépasse l'ancien de beaucoup. Quel saisissement indéfinissable on éprouve en pénétrant sous cette gigantesque coupole, projetée sur le vide, et éclairée par une ouverture à jour qui laisse voir le bleu du ciel à son milieu ! Comment une voûte si hardie, que rien autre que les murs du pourtour ne soutient, peut-elle braver ainsi les siècles sans fléchir sous le poids des deux mille ans qu'elle porte ? Voyez comme ses colonnes de jaune antique, soutenant le magnifique entablement du pourtour, les édicules ou chapelles, tout est bien conservé. On en a fait une église aujourd'hui, et il est curieux de voir, quand il pleut, les fidèles assister à la messe, le parapluie sur la tête, pour se préserver de l'eau qui tombe par l'ouverture béante. On monte à cette ouverture de la coupole par quatre-vingt-dix marches. Charles-Quint voulut juger de l'effet intérieur examiné de ce point élevé. Le fils d'un noble Romain qui l'accompagna, une fois descendu, dit à son père qu'il avait eu la pensée de précipiter l'empereur d'Autriche et d'Espagne sur le pavé de l'intérieur, afin de venger sa patrie du sac de 1527.

— Mon fils, lui dit le gentilhomme, ce sont là de ces choses que l'on fait, mais que l'on ne dit point...

Raphaël Sansio, le peintre immortel, repose là, près de l'autel de la *Madonna del Sasso*, à côté de la nièce du cardinal Bibiena, sa fiancée, qui l'avait précédé de trois mois dans la tombe.

Remarquez que l'on a coiffé le Panthéon de deux clochers ridicules : aussi les a-t-on comparés à deux oreilles d'âne. Des bronzes, des quadriges, des groupes de statues qui couronnaient le portique, plus rien, rien. On en a fait le baldaquin du dôme de Saint-Pierre. Mais on lit encore sur le fronton, en lettres de bronze :

M. AGRIPPA : F. COS. TERTIVM. FECIT.

Commençons le cercle que nous allons décrire du nord à l'ouest et du sud à l'est, en examinant les curiosités qui vont se trouver sur notre passage. Je ne vous signale cet obélisque de la *Place du Panthéon*, petit et hiéroglyphié, que pour vous faire remarquer la pureté et la saveur de l'eau de la fontaine qu'il surmonte. C'est de l'*aqua vergine*, c'est-à-dire de l'eau de la vierge, ainsi nommée parce qu'une jeune fille en indiqua la source à des architectes en quête d'eau à faire venir à Rome, par ordre d'Agrippa.

Nous voici sur la *Place du Monte Citorio*, jadis *Mons Citatorum*, ainsi nommée, parce que, sous la république, les crieurs publics se plaçaient sur cette petite colline factice pour appeler ou CITER les Centuries : *Petit à Consule ut Centuriam Seniorum* CITARET, dit Tite-Live. Cet obélisque, qui décore cette belle place, est celui même qui servait de *gnomon* sur le Champ-de-Mars, sous Auguste. Il est de granit rouge, avec hiéroglyphes, et provient d'Égypte, où Psammeticus l'avait fait élever. Il a soixante-huit pieds de haut, et son socle treize. On le retrouva seulement en 1748.

Pénétrons dans la cour de cette maison de la *Via di Ripetta*, sur les bords du Tibre. Voyez-vous cette vaste enceinte de péperin ? C'est le fameux mausolée d'Auguste. Les voûtes, en s'écroulant, ont rempli l'intérieur. Tout au plus peut-on voir des traces de ses treize chambres sépulcrales. Le jeune Marcellus y fut inhumé le premier. Auguste y dormit de longues années. Mais les barbares ont jeté leurs cendres au vent. Le moyen-âge fit de ce môle une forteresse, au centre de laquelle, sur la plate-forme, le cadavre mutilé de *Colla Rienzi*, le tribun, fils d'un cabaretier, fut brûlé par les Juifs, après la révolution, faite dans Rome, vers 1350, par cet aventurier, qui fut arrêté au moment où il fuyait déguisé en charbonnier. Aujourd'hui, les clowns et les chevaux savants du *Cirque Correa* y amusent le public de leurs lazzis et de leurs tours de force. Étrange destinée des choses de la terre !

Du nord allons à l'ouest, au pied de la colline du Vatican ; traversons l'antique pont Elius, et, au-delà du Tibre, entrons dans le tombeau d'Adrien, aujourd'hui le *Château Saint-Ange*. Nous sommes là sur le sol qu'occupaient autrefois les jardins de la famille Domitia. L'empereur Adrien était affolé d'architecture, et il s'était fait à l'avance un mausolée gigantesque, en forme de tour ronde, revêtu des marbres les plus rares et de grandioses corniches, entouré d'un portique de vingt-quatre colonnes de marbre violet, et couvert d'une coupole que terminait une pomme de pin colossale, en bronze. Cette pomme de pin n'était autre que le cercueil renfermant les cendres du prince. Hélas ! les soldats de Bélisaire ont dévasté et dépouillé de ses ornements le môle Adrien : ils ont brisé les statues, dont ils firent des projectiles. Le *Cirque Adrien*, qui faisait suite au tombeau, n'est plus qu'un petit Champ-de-Mars à l'usage des troupes de la garnison du château, devenu prison politique, et forteresse se reliant au palais du Vatican. Enfin, la statue de saint Michel a pris la place de la pomme de pin. Quand nous avons visité le Château Saint-Ange, occupé par une garnison française, ce fût un sergent qui nous fit monter la belle allée en spirale qui fait le tour du môle, à l'intérieur, et visiter les différents étages de la forteresse. Nous voyons tour à tour les appartements où se réfugia Clément VII lors du siége de Rome par le connétable de Bourbon ; la grande salle de Paul III, la chambre où fut étranglé le cardinal Caraffa, sous Pie IV, ornée de fresques de *Perin del Vaga* ; le cachot dans lequel *Benvenuto Cellini* passa huit mois et d'où il s'échappa, après l'avoir décorée, dans l'obscurité, d'une suave figure de Christ, que nous admirons ; et enfin la prison d'où l'infortunée et trop belle *Béatrice de Cenci* dut passer de longues heures, avant d'aller à la mort. Les Cenci étaient une famille romaine très-riche. Le personnage le plus fameux fut *Francesco Cenci*, qui vivait au XVIe siècle. Il avait quatre fils et une fille, la Béatrice que j'ai nommée. Il les maltraitait cruellement ou les profanait honteusement. Révoltée de pareilles horreurs, Béatrice, de concert avec sa mère *Lucrezia*, fit assassiner l'infâme qui déjà avait causé la mort de deux de ses fils. Accusées de parricide, ainsi que les deux autres enfants, elles périrent avec eux, par une sentence de Clément VIII, sur la place même qui précède le Pont et le Château Saint-Ange. Ce triste évènement fit une profonde impression sur le peuple de Rome. Aussi le nom de Béatrice, son souvenir et son portrait, attribué, du reste, à *Guido Reni*, et dont l'original est au Palais Colonna, sont-ils conservés à Rome. Il n'est pas un endroit de cette ville, et même de l'Italie, où nous ne trouvions l'image mélancolique et belle de la chaste Béatrice de Cenci.

De la plate-forme, aux pieds de l'ange, la vue sur Rome est sans limites, et nous avons passé là deux heures en contemplation muette devant la ville éternelle. Je dis *muette* à tort, car notre éloquent sergent, très-habile antiquaire, ne cesse de gazouiller de magnifiques tirades sur l'histoire de Rome, et de les entrelarder de *peu-t-à-peu*, puis, de *peu-z-à-peu* qui ne laissent pas de faire tache sur ses récits.

Rentrons dans Rome, et, sur notre gauche, allons droit à la *place Navone*, qui conserve la forme et le nom *Nagona*, puis *Navone*, du Cirque *Agonal* que construisit en cet endroit Alexandre Sévère. Je ne veux pas vous y montrer l'église de Sainte-Agnès qui en fait l'ornement, mais je désire vous mettre en face de la majestueuse fontaine du *Bermin*, dont le bassin ovale de marbre blanc, d'un diamètre de quatre-vingts pieds, porte un rocher colossal, sur les quatre angles duquel sont assises quatre énormes statues en marbre blanc, personnifiant les quatre plus grands fleuves de la terre, le Gange, le Nil, le Danube et la Plata, accompagnés de leurs attributs. Les conduits font jaillir de véritables rivières qui, se précipitant dans les creux du rocher, en ressortent pour abreuver des animaux empruntés aux quatre parties du monde. Du centre du rocher s'élance vers le ciel un obélisque avec hiéroglyphes, en granit rose, haut de cinquante-un pieds sans le piédestal, ouvrage du temps de Domitien, provenant du Cirque de Maxence, dont il décorait la Spina. Le rocher lui-même, ouvert de quatre côtés, ayant près de cinquante pieds, l'obélisque semble vouloir se perdre dans les nues. La vue de cette magnifique fontaine est du plus heureux effet. Par allusion au mystère de la source du Nil, l'artiste a couvert la tête de la statue d'un voile épais. Aussi, dit-on malicieusement que c'est pour ne pas voir la façade de Sainte-Agnès, qui fait face, et qui est l'œuvre du *Borromini*, rival malheureux du Bernin.

Deux autres fontaines sont placées aux extrémités de la longue et belle place Navone. C'est l'*aqua vergine* qui les alimente toutes. Or, aux mois de juillet et d'août, les samedis et les dimanches, on laisse couler cette eau en telle abondance que la place devient un lac dans lequel les équipages, les gens du peuple, les gamins de Rome et la plèbe la plus infime, viennent patauger à l'envie. C'est, paraît-il, un spectacle fort amusant.

Puisque nous parlons fontaines, allons de suite, assez près de là, voir la *Fontaine de Trévi*. Elle s'annonce de loin par le bruit de ses deux eaux, *aqua vergine* toujours. Le nom de Trévi, *Trivium*, signifie *carrefour*; et, en effet, pour une fontaine d'une aussi vaste décoration, on aurait dû choisir une des places les plus vastes de Rome, et non pas le carrefour triangulaire qu'on lui a donné. Figurez-vous un large et beau palais, mais un vrai palais, un palais habité, placé sur d'énormes rochers dont les entrailles vomissent un fleuve par cent bouches différentes, dans une vasque immense, spacieuse comme un lac. Sur différents plans et à diverses hauteurs, on voit la statue colossale de l'Océan debout sur une conque tirée par des chevaux marins que dirigent des tritons. Deux niches latérales font paraître l'*Abondance* et la *Salubrité*. Au-dessus s'étalent deux bas-reliefs racontant l'histoire de la jeune fille révélant la source aux architectes ou aux soldats en quête d'eau. Quatre autres statues, en travertin, sont couchées ici et là, faisant allusion à la fécondité des champs, aux richesses de l'automne, par des groupes de fleurs et des pyramides de fruits qu'elles portent et qui les entourent. Ce beau travail, d'un genre tout différent de la *Gerbe Sixtine*, de la *Fontaine du Triton* dont la conque fait jaillir un jet d'eau avec une telle violence qu'il retombe presque en vapeur dans le bassin; tout différent aussi de la *Fontaine Pauline* dont la chute d'eau couronne si heureusement le Janicule, est de *Nicolas Salvi*, et l'on peut dire que la nappe de Trevi est la plus belle fontaine de l'Europe.

Aujourd'hui encore, après tant de vicissitudes, la ville de Rome use de quelques-uns des vieux aqueducs, restaurés, exhaussés ou complétés par le soin des souverains pontifes. L'antique *Eau Vierge* subsiste sous son nom; l'*Eau Felice*, due à Sixte V, chemine sur les arcades des aqueducs Claudia et Marcia; l'*Eau Paola*, dérivée par ordre du pape Paul V, vient du lac Bracciano et de quelques sources de la rive droite du Tibre; elle emprunte une partie de l'ancien acqueduc Alsietina, convenablement approprié. Ces trois dérivations donnent ensemble plus de cent quatre-vingt mille mètres cubes, pour une population qui ne dépasse point cent soixante-dix mille habitants, soit mille soixante litres environ par tête.

La longueur totale des trois aqueducs est de cent un kilomètres; l'altitude d'arrivée dans Rome est de vingt-deux mètres au-dessus du niveau de la mer, pour l'Eau Vierge; de cinquante-huit mètres, pour l'Eau Felice; de soixante-seize mètres, pour l'Eau Paola. Onze châteaux d'eau, où s'embranchent, comme au temps de l'ancienne Rome, les tuyaux des concessions privées; cinquante fontaines monumentales, parmi lesquelles sont, au premier rang, cette belle nappe de Trévi et les splendides gerbes Sixtine et Pauline; enfin trente sept fontaines publiques sont alimentées par les trois aqueducs et coulent incessamment jour et nuit. Il est, en outre, peu de maisons de quelque importance qui n'ait une abondante concession : partout, dans les cours, à l'entrée des vestibules, dans les jardins, un véritable ruisseau d'eau fraîche jaillit en jet, ou tombe de quelque bouche de bronze dans un sarcophage antique de marbre servant de bassin, ou s'ouvre passage par le simple orifice d'un tuyau qui n'est jamais fermé. Plusieurs autres conduites des anciens aqueducs, cachées sous terre, aux environs de Rome et dans la ville même, tirent encore, de sources oubliées, une eau courante et limpide, qui finit par se perdre dans la nappe souterraine. Les heureux riverains en font la découverte, y percent des puits, et jouissent en paix de ce trésor intarissable enfoui par les vieux Romains et conservé jusqu'à nos jours, malgré les bouleversements du sol.

Je vous signalerai les autres belles fontaines de Rome, quand nous passerons dans leur voisinage. Ainsi, sur le sol qu'occupait jadis les portiques de Minutius, pour la distribution des congiaires, argent ou blé, non loin du Tibre et du Ponte Sisto, l'ancien pont du Janicule, au beau milieu du *Ghetto*, c'est le nom du quartier des Juifs, je vous signalerai la *Fontana della Tartarughe* ou des *Tortues*, ainsi nommée, parce que parmi ses ornements se trouvent des tortues en bronze. Elle est de *Giacomo della Porta*, et orne la *place Mattei*, dans le onzième *rione*. On appelle *Rioni* les quartiers de Rome, et ce mot répond aux quatorze régions dont elle était formée sous Auguste.

Nous avons vu, à Francfort, sa Jundenkass, ignoble réunion de maisons sordides, habitées par la population la plus infâme. La Jundenkass de Francfort, mise en regard du Ghetto de Rome, devient un El-Dorado. Je ne veux pas vous décrire les loques, les tanières et les habitants du Ghetto, cher oncle : car si ma lettre tombait sous les yeux de ma tante, de Léonie ou d'Aglaé, leur pauvre petit cœur irait à la dérive. Sachez, cependant, qu'au milieu de cet inimaginable ramassis de femmes, de jeunes filles, d'hommes et surtout de petits animaux appelés enfants, face à face avec les antres sans nom, où la pourriture et la vermine sont amoncelées, il faut admirer encore, admirer toujours, car, voici de merveilleux pilastres, de délicieuses colonnes cannelées, des corniches, des frises, le tout en marbre de Paros, précieux débris du Portique et des Temples d'Octavie.

Le Portique et les Temples d'Octavie! Quel contraste du passé avec le présent! Et la *Pescheria*, le marché aux poissons, qui est voisin, lui aussi, de cette antique merveille!... Ce fut là pourtant, dans les belles ruines du Portique, de la Curie, de la Bibliothèque d'Octavie, et sous leurs décombres, que l'on trouva la célèbre *Vénus*, dite *de Médicis*.

Sur les bords du Tibre, ruines grandioses du Théâtre de Marcellus, dont les belles arcades sont occupées par des marchands de ferrailles!

Oh! mon oncle, si j'étais... pape, je chasserais tous les Romains de Rome : je leur donnerais pour demeure de larges et belles files de rues dans le pourtour de l'ancienne Rome; et puis, je raserais tout ce qui est moderne, et je ferais enlever tout le terrain d'alluvion qui couvre l'ancien sol. Je le mettrais à nu, ce sol de Rome antique. J'isolerais tous les débris de monuments, les monuments, qui subsistent encore, et, dans le travail de déblai, tout ce que la pioche intelligente de nos travailleurs rendrait à la lumière. Alors ma Rome antique rendue ce qu'elle fut jadis, en ruines, il est vrai, appellerait la visite de l'univers entier, et deviendrait le plus curieux, le plus grandiose, le plus merveilleux des musées. Mais, hélas! cent fois hélas! je ne suis point... pape, et je n'ai même pas la moindre chance de le devenir jamais!

Voici mon joli petit Temple de Vesta, et son frère, le petit Temple de la Fortune Virile, dont je vous disais tout-à-l'heure qu'ils ont souvent ma visite et mes rêveries du soir.

Ne nous éloignons pas des bords du Tibre, sans nous approcher de cette église qui fait face à mes amours de Temples. C'est une des plus anciennes églises de Rome, elle est du IIIe siècle, et a nom *Santa Maria in Cosmedin; Cosmedin* vient de *Cosmos*, ornement. C'était jadis un Temple de Cérès, et il avait été fondé par Posthumius, après la victoire du lac Rhégile. Aussi voilà bien encore dix colonnes de ce temple de Cérès, enchâssées dans le mur de la vénérable église. Elle offre tous les caractères des primitives églises, et deux ambons en marbre, fort curieux, occupent la grande nef. Le maître-autel est isolé sous un baldaquin supporté par quatre colonnes de granit. En outre, Santa Maria in Cosmedin, ayant titre de Basilique, le siége du Saint-Père est placé sous le baldaquin. Une mosaïque appelée *Opus Alexandrinum* en couvre le sol : on nomme ainsi ce genre de mosaïque, parce que c'est le pape Alexandre II qui l'inventa. C'est d'un assez bel effet.

Nous sommes ici dans le Vélabre, cher oncle, et, en quittant la rive gauche du Tibre, pour remonter vers les deux collines qui nous apparaissent là, à droite et à gauche, nous avons, d'un côté, l'emplacement de l'antique Porte Carmentale; et, de l'autre, la partie sphérique de l'ancien Cirque Maxime, où les Romains enlevèrent les Sabines, les coquins! En outre, le sol que nous foulons, est celui du vieux Forum Boarium.

Voyez cet arc à quatre faces, c'est celui de Janus Quadrifrons, au grand complet, les Barbares l'ayant laissé debout. C'est un beau travail, que l'on critique, mais dont on ne peut s'éloigner. Septime-Sévère l'avait élevé pour mettre les marchands de bœufs à l'abri du soleil; et ceux-ci, en témoignage de reconnaissance, élevèrent en l'honneur du prince ce petit Arc-de-Triomphe que voici engagé dans l'*Église San Georgio in Velabro*, élevée sur les ruines de l'ancienne

Basilique Sempronia. Mauvais goût que les allégories de ce petit arc, sur lequel les susdits marchands de bœufs se sont fait portraiter. Certes! ils étaient laids, les braves gens!

Que d'églises! n'est-ce pas? cher oncle. Quelquefois, souvent même, on les rencontre dos à dos, côte à côte, nez à nez. Il y a tel endroit où elles sont groupées comme un jeu de quilles. On les compte par centaines, à Rome. Que cela ne vous étonne pas! Il n'y a pas de terre plus féconde en martyres, en vertus, en actions d'éclat, que celle de Rome. Or, chaque église, quelle que soit sa forme, son étendue ou son nom, est remarquable par son architecture, ou fameuse par les souvenirs religieux ou historiques qui s'y rattachent, intéressante par son ancienneté, ou distinguée par quelque privilége, par la relique de quelque saint, par la dépouille de quelque grand artiste, par la vie de quelque homme de bien, ou par un rare degré d'opulence. Il n'y en a pas une qui ne soit à admirer sous un point de vue quelconque.

Mais vous ne me demandez pas quelles sont ces deux collines que je vous ai signalées, et que voici debout, devant nous? Ne tiendriez-vous donc pas à les connaître?

L'éminence rocheuse qui est à notre gauche, c'est... la Roche Tarpeïenne... La colline qui est à notre droite, c'est... le Mont-Palatin.

Suivez-moi, et prenons l'une de ces trois rues qui séparaient jadis les deux collines. Gravissons celle-ci qui a nom *Via della Rocca Tarpea*, elle occupe à peu près l'emplacement de l'ancien Vicus Jugarius. Nous voici sur les dépendances du Palais Caffarelli qui occupe l'emplacement de la citadelle de Romulus, près de l'antique Porte Pandana. La Porte Stercoraire était là, un peu plus bas. Les maisons nous cachent le précipice de la Roche Tarpeïenne : mais cette inscription : *Qui si vede la Rocca Tarpea*, nous indique que nous pouvons entrer, et moyennant un *paolo*, cinquante centimes, cela n'est pas cher, nous pourrons voir le lieu d'où Manlius et bien d'autres furent précipités. Il nous sera même loisible de juger par nous-mêmes de la chute et de ses effets... Quarante mètres de hauteur, qu'est-ce que cela? quand on tombe sur des rochers aigus... Malheureusement le sol s'est exhaussé; et si la roche est toujours escarpée, abrupte, en haut, en bas, le précipice est caché par l'exhaussement du sol. En nous précipitant, nous aurions tout au plus les jambes rompues, mieux vaut les conserver intactes. C'est égal, on est fâcheusement impressionné au sommet de cette roche, et en face de ses souvenirs... Qu'en dites-vous? Ah! si je vous mettais en complainte toutes les émotions et les exclamations du bon Valmer, quand nous avons visité cette Roche Tarpeïenne!... Mais non, ce serait toute une élégie, un lai de menestrel qu'il me faudrait faire... J'aime mieux vous prier de laisser là cette cime du Capitole, pour traverser l'Intermontium, devenu la Piazza del Campidoglio, et descendre la rampe de la seconde cime, pour pénétrer dans la prison Mamertine, qui en occupe les entrailles.

Ne craignez rien, c'est un sacristain de la petite *Eglise de Saint-Joseph* qui va nous conduire, une torche à la main. Premier escalier fort ténébreux, et premier cachot, à peu près carré, creusé dans le rocher et dont les abords sont fortifiés par des murs en énormes blocs de péperin. C'est horrible d'être ainsi enterré vivant dans le sein de la terre. Que de gens ont gémi, là, sous cette voûte impitoyable et sourde. Et dire que cela est l'œuvre d'Ancus Martius, il y a 2,500 ans! Ce n'est pas tout que la Prison Mamertime, descendons encore nous avons à voir le Tullianum.... Autrefois on pénétrait dans le Tullianum de Servius Tullius, par cette ouverture percée sur le sol, et c'en était fait de celui qui prenait ce chemin. Aujourd'hui, les hommes, moins impitoyables que Tullius, ont creusé un second escalier, que voici sur la droite, et au milieu duquel je vous prie de vous arrêter. Remarquez ce profil d'homme parfaitement empreint en creux sur le tuf. Ne trouvez-vous pas dans cette vénérable silhouette un visage que vous avez déjà vu maintes fois en gravure? Devinez... C'est saint Pierre... Conduit dans le Tullianum, saint Pierre reçut ici de son geolier un soufflet si violent, que sa tête alla frapper le rocher et y laissa miraculeusement l'empreinte que vous voyez. Achevons de descendre, maintenant... Cet autre cachot, carré comme le premier, mais profondément enfoncé sous le sol du Forum, est plus horrible encore, n'est-ce pas? C'est le Tullianum qui vit mourir de faim Jugurtha, le roi Persée, et *tutti quanti!* C'est ce Tullianum qui vit mettre à mort les complices de Catilina et bien d'autres que je ne nomme pas. Le bourreau venait, ne disait mot, mais passait une corde au cou, étranglait en plaçant le genou sur la poitrine, et puis c'était fait. On tirait les cadavres à l'aide d'un long croc, on les remontait par le trou de la voûte, et on les exposait sur l'escalier des gémonies qui passe derrière la prison, aux regards d'une foule avide. C'est ce Tullianum qui eut pour hote saint Pierre. Voici la colonne à laquelle on l'attacha : et, près de la colonne, voici la source qu'il fit jaillir, et qui jaillit encore du rocher, pour baptiser ses gardiens convertis... Aussi, sur cet autel dressé depuis que Rome est chrétienne, dit-on la messe chaque jour, et le Tullianum est à, cette heure, une chapelle.

Cher oncle, le grand jour du Forum Romanum et le beau ciel de l'Italie font plaisir à revoir, n'est-il pas vrai? quand on sort des profondeurs du Tullianum et de la prison Mamertine. Traversons donc le Forum, dont je vous dirai bientôt les beautés passées, et là, sur la droite, par l'antique Clivus de la Victoire, montons au sommet du Palatin.

Le Palatin n'est pas très-élevé, car le sol du Forum est exhaussé à peine de trente à quarante pieds. *Ingresso dei Orti Farnesiani*, telle est la triste inscription qui se pavane sur une planchette à l'endroit où s'élevait, jadis, la Porta Romana. Cette Porte Romaine est remplacée par un petit palais des Farnèse, qui est un magnifique bijou de la Renaissance. Trois des plus grands artistes de ce temps, San-Gallo, Michel-Ange et Vignole y ont travaillé. A cette heure il est désert et abandonné aux reptiles. Entrons. Pas un être pour nous recevoir! C'est égal, *audaces fortuna juvat*, allons-y gaiment. Que de ruines immenses, à droite, à gauche, de tous côtés, dans le flanc même et dans les profondeurs du Palatin. Mais rien de distinct, rien qui, par sa forme ou son plan, rappelle tel ou tel monument. A peine ose-t-on s'enfoncer dans ces souterrains sans nom, qui portèrent jadis les temples de Mars Gradivus, de la Foi, de la Fièvre, de la Fortune privée, de la Fortune gluante, — elle n'est jamais très-gluante, pourtant, la fortune! — de la Victoire, d'Auguste, qui tous formaient la façade du Palatin, du côté du Forum. A peine ose-t-on scruter les caveaux gigantesques des Palais d'Agrippa, des Scalæ Annulariæ, des Temples de Cérès, de Jupiter Strator, de la Cabane de Faustulus, de la Porte Mugonia, du Portique aux Nations, etc., qui tous formaient la façade du Palatin, au nord, au-dessus de la Voie Neuve. A peine ose-t-on errer parmi les soubassements caverneux des maisons de Calvinus, de Crassus, de Scaurus, de Clodius, de Cicéron, du Flamine Dial, etc., qui toutes composaient la façade du Palatin du côté méridional, au-dessus de la Voie Triomphale. Sur toutes ces ruines, évoquant tant de souvenirs, la poussière de stuc et de marbre, la terre charriée par les vents, ont étalé leur blanc manteau à une telle épaisseur qu'il y eut un Farnèse qui y dessina des jardins, et maintenant on marche parmi des plates-bandes de haricots et de choux, et des carrés de pommes de terre. Avançons néanmoins. Nous sommes au centre du Palatin, et ici devaient être la Bibliothèque Palatine, là le Portique Palatin... Quoi, de toutes ces merveilles, rien, rien, plus rien! Je me trompe, voici un semblant de ruine, à fleur de sol. C'est un escalier. Descendons. Des torches éteintes attendent le curieux : allumons ces torches. En avant. Nous arrivons au caveau sacré, dans lequel Romulus fit placer la charrue d'airain avec laquelle il traça l'enceinte de Rome. La charrue a disparu : mais le caveau existe. Seulement, placé sous le Temple d'Apollon Palatin, on changea sa destination. Ces riches et belles peintures, ornées d'or, le prouvent, et ce sont, sans doute là, les fameux Bains de Livie, la digne épouse d'Auguste...

Retournons à la lumière du ciel. Cher oncle, je vous annonce d'autres ruines, mais cette fois des ruines debout encore, des ruines grandioses, qui s'élèvent vers le firmament, et là, au sud du Palatin, au-dessus du Circus Maximus, se profilent sur l'éther bleu du ciel. Oui, je les reconnais à la position qu'elles occupent : c'est la Maison Palatine, c'est le Palais des Césars. A la bonne heure, il y a plaisir et jouissance à errer parmi de telles ruines. On y reconnaît ici le *Triclinium*, avec sa voûte à caissons, là un *atrium*, ici une salle des gardes du Prétoire. Là devait être la chambre à coucher d'Auguste, et à côté se reproduit le plan des salles qui avaient vue sur l'Aventin, le Janicule, la vallée Murcia et le Cirque Maxime. Voici même, c'est à n'en pas douter, le célèbre Pulvinare, qui servait de loge aux empereurs, pour assister aux jeux du Cirque, et d'où l'un d'eux jeta sa serviette, pour donner le signal de la fête. Puis, sur notre gauche, ces autres ruines sont celles des maisons de Catilina, de Cicéron, de Cassus, etc. Mais quel silence plane sur ce sol stérile, où jadis des causeries bruyantes s'échappaient des bosquets en fleurs. Et sur notre droite, voici de même les décombres du Palais de Tibère, près de la *Villa Smith*. Quelle admirable vue ! Elle s'étend jusqu'au pays des Rutules, et à la mer de Tyrrhène ; et, au sud, elle plonge sur le Mont Albain, et les ruines d'Albe-la-Longue et du Temple de Jupiter Latial. Aussi, un moment de silence, mon oncle, les souvenirs nous oppressent. (1)

---

(1) Voici une nouvelle fort récente, pleine d'intérêt, et dont la France sera fière :

Sa Majesté Napoléon III a fait acheter au roi de Naples, à cette heure, décembre 1861, en exil à Rome, pour son compte particulier, et moyennant 250,000 fr., le mont Palatin, à Rome. Il était devenu, depuis long-temps, le domaine de la famille Farnèse, qui y avaient créé les fameux jardins, *Orti Farnesiani*. Ces jardins, qui ont six hectares, quatre-vingt dix-sept ares, quatre-vingt treize centiares de superficie, occupaient tout l'emplacement de ROME CARRÉE. En achetant le Mont-Palatin, l'Empereur n'a point pour but unique d'y découvrir des statues et des objets d'art ; il veut en faire enlever la terre et découvrir les ruines du palais des Césars, comme on a découvert le Forum de Trajan, et une partie du Forum Romanum. Ce sera certainement le plus beau, le plus intéressant et le plus grandiose monument de la Rome antique. Le prix de cette acquisition est fort modique. Le Palatin est dans une position magnifique. Jadis les Farnèse avaient fait exécuter quelques fouilles, à peu près au hasard. Mais l'Empereur prétend que l'on travaille ce sol précieux avec méthode. Il a nommé une commission qui dirige les fouilles. Si l'on découvre quelque chef-d'œuvre, on l'enverra à Paris. Mais ce qui ne sera pas d'une importance capitale au point de vue de l'art, sera conservé sur place. Les ruines du palais des Césars deviendront ainsi un véritable musée, qui sera entretenu et conservé avec soin. Il y aura un gardien pris parmi les anciens sous-officiers du corps français d'occupation. D'ailleurs les *Orti Farnesiani* seront clos et bien clos.

Emp. à la Corr. Litt. de M. Lud. Halanne.

P. S. A peine les travaux sont-ils commencés que l'on vient de découvrir l'inscription qui décorait la Bibliothèque d'Auguste.

Mais, pour nous arracher à nos amères pensées, un frétillement se fait entendre dans l'herbe desséchée. C'est une vipère qui vient à nous, promène un long regard autour d'elle, nous fixe une dernière fois, et nous livre la place, en glissant dans les décombres, avec l'agilité qui lui est propre.

— Ne serait-ce pas l'âme d'Auguste qui erre parmi ces ruines, cachée sous cette enveloppe de reptile ?

Je vous soumets la question, cher oncle.

Maintenant, adieu aux ruines du Palatin. Ne nous arrêtons point parmi ces arbustes qui entourent ce sol fameux, car j'avise d'autres vipères qui nous menacent, et qui font une terrible peur à M. Valmer. Descendons dans la vallée où fût le Cirque Maxime. Nous sommes ici sur l'antique Voie Triomphale. Tournons avec elle, entre le Cœlius et le Palatin, rejoignons la Voie-Sacrée, à l'extrémité méridionale du Forum ; saluons le Colysée, en passant sous l'arc-de-triomphe de Constantin, et gravissons l'Esquilin...

Voyez-vous ces squelettes de pierre, qui se dressent sur les rampes des Esquilies, cher oncle ? Ce sont les Bains de Titus. Mais sous les Thermes de Titus, il y a la Maison-d'Or de Néron. Oui, la Maison-d'Or de Néron existe. Au lieu de la détruire, on se contenta d'effondrer sa toiture, et de la remplir de décombres, puis, sur ce sol ainsi rendu solide, le vainqueur des Juifs construisit un palais immense et des Thermes magnifiques. Le palais et les Thermes ont été renversés à leur tour, et, un beau jour, en retournant la terre pour utiliser les ruines, on retrouva la Maison-d'Or. Il s'agissait de la déblayer. On se mit à l'œuvre, et maintenant on peut en parcourir à peu près toutes les salles. C'était une merveille, c'est encore un prodige. Sans doute, les richesses qui la décoraient ont disparu, sauf l'admirable *Laocoon*, que l'on a retrouvé dans les décombres, dans la vaste niche qu'il occupait, où nous reconnaissons son empreinte ; mais on revoit des Triclinia grandioses, un Atrium splendide, des galeries, que sais je ? une quantité de pièces que l'on aime à parcourir, et que l'on rend chaque jour à la lumière et à la curiosité des hommes. On voit que les plafonds splendides ont été dépouillés de leur ivoire, de leur nacre, de leur or ; mais dans certains endroits, les plus ravissantes peintures, les arabesques les plus délicieuses vous apparaissent et vous ravissent. C'est tout-à-fait le style des peintures de Pompéï, avec une touche plus fine et un dessin plus mobile. C'est même, chose étrange ! le style et la manière des Loges de Raphaël, au Vatican. Aussi, dit-on que Raphaël, à la découverte de ces peintures de la Maison-d'Or, les copia, puis fit recombler les galeries qui en sont décorées. Mais ce doit être une odieuse calomnie. Quoiqu'il en soit, tout est à voir, car tout est beau, tout est grand.

Que le souvenir, la pensée, l'image terrible de Néron, ne vous effraie pas, cher oncle, nous ne le rencontrerons pas dans son palais ; le cruel empereur est mort, et très-mort. L'histoire le dit, et j'ai visité la villa de Phaonte, dont il reste des ruines, à la Porte Nomentane, assez près du Mont-Sacré, à l'orient de Rome. Là, j'ai retrouvé les traces du passage du tyran, et l'endroit fatal où le grand artiste s'est plongé lâchement le poignard dans la gorge.

Sur le revers oriental de l'Esquilin, nous aurions bien à voir une ruine des plus pittoresques que l'on dit, le *Temple de Minerva Medica*. C'est une vaste salle décagone, d'une circonférence de deux cents pieds, éclairée par dix fenêtres, et contenant neuf niches de statues, dont quelques débris de marbre et de sculptures attestent la beauté, et que les antiquaires croient être une dépendance du *Palais de Licinius*, qui était de ce côté ; ou les *Thermes de Caïus* et *Lucius*, neveux d'Auguste. En tout cas, on y a trouvé les belles statues d'Antinoüs, d'Hercule, d'un Faune, d'Adonis, de Vénus, de Pomone, d'Esculape, etc., qui attestent la magnificence de cet édifice, dont la voûte s'écroula en 1828.

L'*Eglise Santa Bibiana*, érigée sur le sol même où demeurèrent et où furent martyrisées les jeunes filles de ce nom, sous Julien l'Apostat, et qui renferme une urne en albâtre oriental, de dix-sept pieds de tour, contenant leurs précieuses reliques.

La *Porte-Majeure*, qui en est voisine, et qui est formée de deux arcs-de-triomphe, en blocs bruts de travertin et de péperin, joints ensemble sans ciment, et portant les traces de la magnificence romaine. Ces deux arcs formaient les deux portes Prenestina et Labicana, d'Honorius. Six aqueducs entraient dans Rome sur ce point, dont l'un, l'*Aqua Marcia*, le meilleur de Rome, est encore porté par ces arcs-de-triomphe.

Des columbaria forts curieux même, notamment celui d'un boulanger, entourent cette porte. L'Amphithéâtre Castrense, d'Héliogabale, nous convie bien à lui rendre encore une visite ; mais, à Rome, on en finirait jamais, si l'on voulait tout analyser de près.

Remontons donc le levant des talus des Esquilies et du Viminal, afin de retrouver les traces de l'Agger de Servius Tullius, dans les jardins du Palais

Barberini, masses colossales éparses, et fossé à peu près dessiné, mais aux trois quarts comblé, mais grand souvenir, toutefois !

Passons au milieu de la *Place Barberini*, pour y juger la gerbe d'eau de la *Fontaine du Triton*, et pénétrons un instant dans l'*Eglise et le Cimetière des Capucins*, afin d'y voir sa population morte, encore debout, dans une conservation parfaite, et attendant l'heure de la résurrection, avec l'attitude d'un aréopage, délibérant sur les intérêts de l'humanité. Ce spectacle est l'un des plus curieux de Rome. L'Eglise de Saint-Michel, à Bordeaux, nous a déjà mis en présence d'une réunion de morts, qui semblent encore vivants : mais la vérité des momies du cimetière des Capucins, de Rome, revêtues de leur costume religieux, est de beaucoup plus frappante. Cette nécropole est souterraine, et c'est avec des torches qu'on la visite. L'illusion n'en est que plus grande : aussi malheur aux personnes par trop impressionnables. Lorsque nous la visitons, une grande et sèche lady se trouve en proie à une crispation nerveuse, en sortant de la crypte, et franchement elle fait peine à la voir se débattre dans de cruelles convulsions. Qu'allait-elle faire.... en ce cimetière ?...

Le *Dominiquin*, *Giotto*, *Guido Reni*, *Andrea Sacchi*, *Pietro di Cortona*, et d'autres encore, ont travaillé à la décoration de l'église des Capucins, une église bien simple cependant. Mais, de leur temps, le capucin était sans doute aimé, comme il l'est encore du peuple de Rome. Le capucin est l'héritier direct de *Bias* ; il porte tout avec lui. Riche, à midi, des dons qu'il a reçus, il est pauvre, le soir, car il a tout donné. C'est lui qui baptise, marie et enterre les pauvres gens : il leur sert de médecin, d'avocat, de tuteur. Aussi le peuple l'aime, et jamais le capucin ne se promène seul dans la ville ; il est toujours accompagné de quelque ouvrier qu'il rencontre et lui fait cortége.

Voici, sur le Quirinal, les *Thermes de Dioclétien*, cher oncle, salles immenses, grandiose bibliothèque, dépendances colossales, et le fameux *Camp des Prétoriens*, où l'on faisait et où l'on défaisait les empereurs ; dont les soldats vendaient l'empire, et qui offrit ses latrines, pour dernier asile, au misérable Héliogobale, toujours si parfumé, et qui cependant y trouva la mort la plus immonde et la plus cruelle pour un prince bien... né !

Nous avons atteint le Pincio. Jetez un regard sur la vaste marée montante de tous ces monuments qui ondulent sur les sept collines : admirez le Dôme de Saint-Pierre, et son voisin, le Château Saint-Ange, vus à distance, dans la brume poétique qui s'élève de la cité. Figurez-vous qu'il fait nuit, et représentez-vous ce que doit être ce dôme gigantesque, lorsque sa coupole est en feu, illuminée par cent mille verres de couleur, et l'effet que doit produire un feu d'artifice, tiré de la plate-forme, non moins colossale, du môle Adrien. Ces admirables spectacles sont donnés au peuple de Rome, le jour de Pâques et à d'autres fêtes. Il paraît qu'il n'y a rien au monde de plus beau que la *Girandola*, c'est le nom que l'on donne à l'illumination. La métropole du monde brille alors comme une pléïade d'étoiles. Les lumières qui, à distance, éclatent de blancheur, changent par moments, et tout-à-coup elles deviennent d'un rouge étincelant. Le fanal pélasgique, placé au sommet du dôme, rayonne dans une brume couleur d'incendie. A produire ces effets de lumière, on emploie cinq cents ouvriers. Si le *changement* à vue est heureux, le peuple applaudit à outrance; si les couleurs ne changent pas simultanément, il siffle impitoyablement.

Pour moi, cher oncle, j'aime ce beau ciel de Rome, et les splendides horizons de sa campagne, autant et plus que la plus riche illumination du monde. J'imagine que vous partagez ma façon de sentir. Voyez : les montagnes sont d'un ton d'opale si fin et si doux qu'on les dirait transparentes. Tout le côté de la Sabine se baigne dans des reflets d'une exquise suavité. Le couchant, au contraire, est embrasé d'une rougeur effrayante. Le soleil, incliné sur l'horizon, éclate d'autant plus ardent que des masses opaques de nuages violets s'amoncèlent autour de lui. Les méandres marécageux du Tibre se dessinent en lignes étincelantes sur des nappes de forêts encore plus violettes que le ciel. La mer ressemble à des vagues de feu, et, comme pour rendre le tableau plus lumineux et plus riche, la belle *Fontaine Pauline*, là-bas, sur le Janicule, semble faire jaillir une pluie d'or fondu qui se détache sur un fond de sombre verdure.

L'*Eglise Sant Onofrio*, assise sous le vieux chêne qui ombragea les rêveries du *Tasse*, comme elle recouvre elle-même son *Tombeau*, au-dessous de cette fontaine, me paraît nager dans des nuages de pourpre et de cinabre....

Mais descendons dans la ville par la Piazza del Popolo. Entrons dans le Corso. C'est dans toute la longueur de cette vue magnifique que se donnent les fêtes du carnaval. Elles durent douze jours. La cloche du Capitole en donne le signal, et notez que cette cloche ne sonne que dans les grandes occasions. Alors commencent, dans le Corso, les promenades des masques, à pied, à cheval et en voiture, dans les costumes les plus pittoresques, sous les déguisements les plus excentriques; les échanges de bouquets et de dragées, soit en sucre, soit en farine; et enfin les courses de chevaux. Rien de brillant, d'animé, de magnifique à voir, comme cet immense Corso dont les mille fenêtres sont décorées avec luxe, et montrent, comme des corbeilles de fleurs, les plus beaux bustes et les plus gracieuses têtes de femmes. Mais que l'*Angelus* vienne à sonner, soudain tout amusement cesse. Le mardi gras, l'*Ave, Maria* est retardé d'une heure; mais à peine se fait-il entendre, que le Corso change soudain d'aspect, et le coup-d'œil devient magique, car le jeu des *Mocoletti* remplace les mascarades.

Voici ce que dit de ces courses le président de Brosses :

« Il se fait dans la rue du Cours de très-belles mascarades à cheval, ou dans de grands chars de triomphe, du haut desquels on fait tomber sur la populace une pluie de dragées et de confitures sèches. Puis, viennent les courses de chevaux. Le *Stadium* est assez long, depuis la Porte du Peuple, jusqu'au Palais de Venise, au pied du Capitole. Ces chevaux sont tout nus et en liberté. Le palefrenier qui les tient à la barrière les lâche au signal que donne le barigel pour les faire partir. Ils détalent entre deux haies de peuple qui les anime à grands cris. Ceux qui sont les plus expérimentés à ces courses ne se pressent pas d'abord. Ils s'en vont tout bellement un petit train, sans se fatiguer, jusqu'à une certaine distance du but ; puis ils se mettent à galopper *sterminatamente*, en lançant des coups de pieds et des coups de tête à droite et à gauche, pour écarter les autres chevaux, et se faire faire place. Le prix du vainqueur est quelque pièce de brocart dont on le couvre, et avec laquelle il va se montrer, piaffant superbement par les rues. »

Prenons à droite. Nous voici sur la *place Colonna*, et en face de la *Colonne-Antonine*, car sur cette partie du Champ-de Mars, le long de la voie Flaminienne, Antonin-le-Pieux avait élevé un Forum, décoré d'un *Temple de Marciana*, et orné de la Colonne Triomphale rappelant ses victoires sur les Marcomans. C'est une des belles reliques du vieux monde romain. Admirons ensemble ce chef-d'œuvre. Vingt-huit blocs de marbre blanc dans lesquels sont taillées cent-quatre-vingt-dix marches, permettant d'atteindre la plate-forme sur laquelle Sixte-Quint fit remplacer la statue d'Antonin par celle de saint Paul, composent cette colonne. Sa hauteur est de cent-soixante-dix-sept pieds, et son diamètre de dix-huit. Mais le travail en est inférieur à celui de la colonne Trajane. Le dessin des bas-reliefs est incorrect, et la circonférence du fût n'est pas en harmonie avec sa hauteur. Le soubassement est enfoncé en terre de douze pieds. Dans l'ensemble, elle est d'un assez belle effet.

Quant au *Temple de Marciana*, sœur de Trajan, ou peut-être du Forum, il ne reste qu'une rangée de onze colonnes corinthiennes en marbre, très endommagées par l'incendie allumé par les barbares. Elles servent actuellement de façade à la *Douane*, sur la *Place di Pietra*, située à quelques pas, fort près du Panthéon et de notre hôtel de la Minerve. On les admire cependant, nonobstant leur dégradation, tant sont admirables les ouvrages sortis de la main des artistes de l'ancienne Rome.

A présent que je vous ai promené rapidement à travers Rome, mon cher oncle, terminons notre excursion par une visite à l'*Eglise de Saint-Louis des Français.* C'est un droit pour nous; et, d'ailleurs, cette église est une des belles églises de Rome. *Giacomo della Porta* est son architecte; Catherine de Médicis, son auteur. Elle est en travertin, et les deux ordres dorique et ionique la composent. La nef du milieu est marquetée de jaspe de Sicile, et nombre de peintures de *Dominiquin*, de *Guido Reni*, de *Carravage*, de *Bassano*, de *Muziemo*, etc., en décorent les chapelles. *Plautilla Cricci*, une femme, a donné les dessins de la chapelle de notre saint Louis. Nous y trouverons, en outre, avec intérêt, un monument élevé contre le premier pilier, à la mémoire des soldats français morts au siége de Rome en 1852.

Permettez-moi de vous donner une idée de la générosité des Romains et des Romaines à l'endroit de leurs saints de prédilection. Nous avons visité *Sant'-Agostino*, église de *Baccio Pintelli*, bâtie par le cardinal G. d'Estouteville, ambassadeur de France, au nord de la place Navone. L'intérieur a trois nefs qui se rapprochent du gothique, et sa coupole est la première qui ait été élevée à Rome. Le principal objet d'art est un Isaïe, fresque de *Raphaël*, exécutée, paraît-il, après que cet artiste eut vu les prophètes de Michel-Ange. Mais Sant'-Agostino a aussi, à l'intérieur, une madone vénérée. Vous dire les mille objets entassés autour d'elle, dans des vitrines, par la piété des fidèles, serait de toute impossibilité. J'y vois des peignes de femmes en argent, des montres en or et en argent condamnées à un éternel repos, des cannes, colliers, bagues, cœurs, rivières de diamants, diadèmes, bracelets, perles, coraux, pierres précieuses, etc., etc., et des *ex-voto* écrits à la main ou gravés sur marbres, racontant nombre de prodiges. Je signale seulement, parmi ces derniers, un cœur d'or entouré de diamants, avec cette inscription d'un jeune Français, M. Louis de Morg....., âge de vingt-sept ans : « Malade depuis vingt-cinq ans, en venant à Rome, j'ai fait le vœu, si j'étais soulagé dans mes souffrances, de consacrer à Marie cet *ex-voto* dans le lieu le plus dévoué à son culte. Non-seulement, dès mon arrivée à Rome, je me suis trouvé mieux, mais j'ai été complètement guéri..... »

Que de choses à dire sur les églises de Rome! De *Saint-Clément*, sur l'Esquilin, l'une des plus anciennes de Rome, apprenez qu'elle conserve la forme des églises des temps primitifs, et que saint Jérôme en parle à la date de 392. *De Sainte-Constance*, hors de la porte Pie, sachez qu'elle compte vingt-quatre colonnes de granit soutenant la coupole; que Constantin la fit édifier pour y baptiser les deux Constances, sa sœur et sa fille; et qu'on y a trouvé un sarcophage en porphyre. Nous admirons dans cette petite église circulaire, dont M. Nicati nous fait les honneurs, des génies cueillant des raisins et autres attributs profanes qui l'ont fait regarder pendant très-long-temps comme un temple dédié à Bacchus. Cette église est au fond d'un jardin. De *Sainte-Agnès*, laissez-moi vous dire que l'on y descend par un escalier de quarante-cinq marches, parce que le terrain s'est exhaussé de beaucoup sur l'ancien niveau ; que son intérieur offre le modèle qui se rapporte le plus aux basiliques civiles des Romains, et que la statue de la sainte est formée du torse d'une statue antique, en albâtre oriental. Tout à côté se trouve une entrée des catacombes et une maison religieuse, dans laquelle le Saint-Père a failli être blessé avec le général français de Goyon, il y a quelques jours, à une fête que l'on y donnait.

De *Sainte-Marie du-Peuple*, sur la Piazza del Popolo, qu'elle occupe l'emplacement du tombeau de Néron, et qu'elle possède quantité d'objets d'art.

De *Sainte-Marie-des-Anges*, près des Thermes de Dioclétien, qu'elle est la plus étendue de la ville et que Michel-Ange la convertit en croix grecque.

Enfin, de l'*Église del Gesu*, près du palais de Venise et du Corso, qu'elle est l'une des plus vastes et des plus opulentes de Rome, et qu'elle se fait remarquer par ses pilastres corienthiens, ses stucs dorés, ses sculptures en marbre et ses peintures, etc., etc.

J'ai mis à fin ce que je veux vous dire sur Rome, mon oncle bien-aimé, car je n'ai pas la prétention de décrire et de raconter tout ce que Rome renferme et mérite que l'on dise. Cependant nous devons donner un coup-d'œil au Vatican, pour voir ses musées incomparables, les *Loges de Raphaël*, sa *Chapelle Sixtine, de Michel-Ange* (1), et les prodiges de l'art entassés au belvédère, dans les galeries Chia-

---

(1) *Michel-Ange Buonarotti*, peintre, sculpteur et architecte, de premier ordre, né en 1474, au château de Caprèse, en Toscane, d'une ancienne famille, annonça, dès l'enfance, des dispositions extraordinaires pour les arts. On le plaça chez Dominique et David Ghirlandajo, les artistes les plus célèbres de l'époque : il les quitta à l'âge de quinze ans, étant déjà supérieur à ses maîtres. Laurent de Médicis, *dit le Magnifique*, lui assigna, peu de temps après, un logement dans son palais, et le traita comme son fils. La mort le sépara de ce digne protecteur, mais déjà sa réputation était faite. Parmi ses morceaux de sculpture, on admirait à Mantoue le Cupidon endormi; à Rome, le Bacchus que plus tard Raphaël attribua, à cause de son extrême perfection, à Phidias ; là Notre-Dame de Pitié, groupe fameux qu'on voit à Saint-Pierre; parmi ses tableaux, la Sainte Famille, et le grand carton de la guerre de Pise. Jules II fixa Michel-Ange à Rome. Il y sculpta le mausolée de ce Pontife, monument magnifique, quoique inachevé, et peignit à fresque la grande voûte de

ramonti, etc. etc. Il est essentiel aussi de rendre une visite au Musée du Capitole. Mais, pour parler dignement de ces chefs-d'œuvre dont le génie de l'homme a doté le monde, et Rome surtout, il me faudrait des connaissances et un langage que je n'ai pas l'avantage de posséder. Oserais-je jamais, par exemple, avouer en face d'un artiste, qu'en présence du fameux *Jugement Dernier*, je me suis trouvé froid, mais froid? Oui, j'ai rougi de honte de ne pas être en extase comme certains touristes que je voyais se pâmer d'aise. Oserais-je jamais vous confier que j'ai admiré, par convenance, une foule de choses que l'artiste acclame? Hélas! n'aurais-je donc pas le sentiment du beau? J'en ai peur. Pourtant, je me réconcilie avec moi-même, en me rappelant que... j'ai peu à peu goûté, senti, apprécié les sublimités de ces splendides pages de peinture. J'en suis même venu à un tel amour des galeries du Vatican et du Musée du Capitole, que je voudrais ne plus les quitter. Je demeure en extase des heures entières devant la *Transfiguration* de *Raphaël*, la plus haute expression de son génie. Son *Couronnement de la Vierge*, la *Mise au tombeau du Christ*, par *M.-A. Caravage*, la *Vierge de la Fratta* de *Pérouse*, du *Pinturicchio*, me trouvent plus calme. Mais je m'exalte de nouveau en face de la *Sainte-Hélène* de *Paul Véronèse*, qui faisait les délices du Guide; le *Repos en Égypte* du *Baroccio*; la *Communion de saint Jérôme* du *Dominicain;* et la *Vierge de Foligno*, du divin *Raphaël*. Rien n'est beau comme cette page de peinture. La Vierge apparaît au milieu des mages, et son visage respire encore une bonté suprême. L'Enfant Jésus, porté sur ses genoux, relève un coin de son manteau d'azur. L'un et l'autre sont peints sur un fonds d'or, sphérique, autour duquel chantent et voltigent des anges et des séraphins. Au-dessous, sur les derniers plans, paysages exquis. Mais au premier plan, Jean-Baptiste, debout, enveloppé de sa peau de mouton; le regard et le bras du prophète inspiré montrent la

---

la chapelle Sixtine, composition non moins admirable que la première. Il jouit également de la faveur des Papes Léon X, Paul III et Jules III. Il ne commença que vers quarante ans à s'adonner à l'architecture, et ne tarda pas à surpasser tous ses rivaux, en construisant le plus bel ouvrage de l'architecture moderne, la coupole de Saint-Pierre. Il y travaillait encore lorsqu'il mourut en 1563. Le génie de Michel-Ange n'a jamais été contesté; tous le placent au premier rang comme peintre, sculpteur et architecte; on ne se fatigue pas d'admirer la belle fresque du Jugement Dernier dans la chapelle Sixtine, sa statue de Moïse pour le mausolée de Jules II, et enfin la magnifique coupole de Saint Pierre. Ce qu'on remarque dans les beautés de tous les genres de ces ouvrages, c'est le grandiose, l'austérité, la fermeté, la noblesse. Le grand tableau du Jugement Dernier a été copié par le peintre *Sigalon*; cette copie est à Paris, à l'école des beaux-Arts. Michel-Ange a laissé aussi des poésies légères (stances, sonnets, etc.) publiées en 1623.

sainte vision. Agenouillés, saint Jérome prie, et d'autres personnages représentent les fidèles qui adorent. Un ange présente les noms du donataire du tableau, Sigismond de Conti. Quant à la *Vision de saint Romuald*, d'*A. Sacchi*, à la *Vierge sur le trône* du *Pérugin*, et au *Saint-Sébastien* du *Titien*, c'est merveille !

Entrons donc au Vatican, et pénétrons dans la galerie de statues, dite le Nouveau Bras, qui nous montre des antiques dont je suis affolé. Sachez quelle était la passion du peuple romain pour ces statues. L'Empereur Tibère fait enlever un jour des thermes d'Agrippa, un athlète de *Lysippe*, et le place dans ses appartements. Le lendemain, à l'heure où le prince se rend au théâtre, le peuple hurle et redemande sa statue. Tibère doit céder. Quel peuple ! Il meurt de faim, il est opprimé, mais il lui faut des spectacles et des statues. Voici le *Faune à l'Enfant*. Il est appuyé contre un ormeau, l'enfant porte son bras au cou du faune pour le caresser. Rien de plus simple, rien de plus beau. Cette statue décorait les jardins de l'austère sybarite Salluste.

Vient ensuite la *Diane Chasseresse*, en marbre de Paros : une biche poursuivie met la colère au front de la déesse qui protége l'animal de sa main. Puis c'est le *Faune au repos*, nu, mais voilé de sa nébride ; c'est le *Nil*, couché, mais autour duquel s'agitent dix-huit *amorini* délicieux ; c'est la noble figure de la *Pudicité*, enveloppée des plis délicats de sa toge ; c'est la *Minerve Medica*, en marbre de Paros, et provenant de ces belles ruines des Esquilies, que je vous ai signalées, cher oncle. Enfin, c'est un *Esculape*, sans barbe, drapé dans son manteau, le bâton à la main ; c'est un groupe de chevaux marins emportant Thetys ; c'est un *Mercure*, le caducée à la main ; ce sont les *Dioscures* ; c'est une *Junon* ; c'est *Sabine*, la femme d'Adrien, et la femme de Didius Julianus, l'acheteur de l'empire, la belle *Manlia Scantilla*, etc. Bref, c'est la terrible *tête de Méduse*, dont ma mère, entre cent autres curiosités, rapporte une délicieuse copie, en camée.

Succède le Musée Chiaramonti. Cent statues antiques le composent. Quelles statues ! la *femme Acéphale*, venue de Tivoli, dont le mouvement et la gracieuse draperie font la beauté ; la *Vénus* dite *du Vatican*, sortant du bain et à demi-enveloppée dans son *peplum* aux plis onduleux ; le *Faune* prêt à s'élancer pour danser en frappant ses cymbales ; un petit génie, pétulant, audacieux, assis sur le dos d'un énorme *centaure* qu'il lutine ; des cippes, des urnes, des bas-reliefs, etc., tels sont les richesses de cette galerie.

Le Musée Pie-Clémentin, dû aux papes Clément XIII et XIV et Pie VI, montre, dans la cour octogone et à ciel ouvert, dite du Belvédère, le plus admirable *torse* d'homme qu'il soit possible de voir. Mais, silence ! voici les plus célèbres prodiges de l'antiquité : *L'Apollon du Belvédère*, l'*Antinoüs du Belvédère* ; le

Méléagre et le *Laocoon,* trouvés les premiers à Ostie, le dernier dans la maison d'or de Néron. Je me tais, que pourrais-je dire de telles merveilles ?.... C'est le sublime de l'art.

Dans la SALLE DES BUSTES, on voit revivre tous les héros grecs, et les héros romains. Ils vous regardent, et vous baissez les yeux. Ils parlent, et vous avez l'oreille toujours tendue pour les entendre. La *Vénus accroupie* en fait le plus bel ornement : pudeur et beauté n'ont jamais été mieux comprises et plus admirablement rendues.

Apollon Musagète, c'est-à-dire compagnon des muses, debout, couronné de laurier, promenant ses doigts sur la lyre et levant les yeux au ciel; et les *Muses*, mais notamment *Melpomène* et *Therpsicore*, dans d'exquises attitudes, font la richesse de la CHAMBRE DES MUSES.

Mais dans la ROTONDE, Nerva, l'empereur *Nerva*, assis sur un piédestal de marbre grec veiné; un *Bige*, ciselé, sculpté et brodé par le plus habile ciseau; les bustes de *Jupiter* et de l'*Océan*; des *Discoboles*, des *siéges à panthères* et à *sirènes*, un grand candélabre, etc., vous charment les regards dans les dernières galeries.

Qu'oserai-je vous dire des LOGES DE RAPHAEL ? Vous les nommer tout au plus. *Dieu ordonnant à Isaac d'aller en Égypte* ; *Moïse sauvé des eaux* ; des *Monstres Marins* ; les *Arabesques* de certains pilastres ; et puis, dans les CHAMBRES DE RAPHAEL, la *Dispute sur le Saint-Sacrement* ; l'*École d'Athènes* ; *Héliodore chassé du Temple* ; la *Délivrance de saint Pierre* ; la *Défaite d'Attila* ; l'*Incendie du Bourg* ou de la cité Léonine ; et enfin, l'admirable page de la *Bataille de Constantin contre Maxence*, vous donnent la fièvre de l'extase et vous livrent au vertige de l'hallucination (1). Autant les poutres enflammées et les toits

---

(1) *Raphaël*, le plus grand des peintres modernes, naquit en 1483 à Urbin. Son nom de famille était *Sanzio*. Il eut pour maître, d'abord, son père, peintre médiocre, puis il reçut les leçons de Pérugin, à Pérouse, qu'il ne tarda pas à surpasser. Dès l'âge de dix-sept ans, il peignait pour l'église de Cista di Castello, le *Saint Nicolas de Tolentino*, qui commença à établir sa réputation; puis; il fut chargé, en 1503, de reproduire, dans la cathédrale de Sienne, les principaux faits de la vie de Pie II, et dès-lors il concourut avec les premiers artistes de l'époque (Léonard de Vinci, Massaccio, Bartolomeo di San-Marco), et partagea bientôt leur gloire. En 1508, le Bramante, son oncle, architecte de Jules II, l'appela à Rome, et le fit charger par

croulants de l'incendie du bourg, autant les femmes échevelées et cette jeune fille qui accourt avec son vase plein d'eau, vous impressionnent cruellement; autant vous vous sentez énergique et fort devant la mâle ardeur, la confusion, le fracas de la bataille, et en regard de la sérénité de visage de son héros.

Des *Noces Aldobrandines*, si fameuses, et qui doivent leur nom à la famille Aldobrandini, je vous apprendrai que c'est un crépi, enlevé à une muraille, peint à fresque, et découvert en 1606, dans les ruines d'une maison romaine antique, sur l'Esquilin. C'est le style de Pompeï, mais le plus pur.

Je ne vous parlerai, ni de la *Chambre à croix grecque* du Vatican, renfermant une grande urne sépulcrale de porphyre, qui servit à sainte Constance, fille de Constantin, représentant un enfant cueillant des raisins, et le sarcophage en porphyre de l'impératrice sainte Hélène, trouvé hors de la porte Majeure, où se trouvait son tombeau; ni de son *Musée égyptien et étrusque*, qui, en outre d'innombrables curiosités, renferme la belle statue en bronze d'un enfant, avec sa *bulla* au cou, trouvée à Tarquinies, et des meubles, bijoux, vases,

---

le Pape de décorer de peintures à fresques les *salles du Vatican*. Cet immense travail l'occupa plusieurs années. Dans le même temps, Michel-Ange achevait la grande voûte de la chapelle Sixtine, et il s'établit entre ces deux maîtres une rivalité qui dura toute leur vie. Raphaël, sans être inférieur à son rival pour le grandeur des idées et de la composition, le surpassait pour le naturel et la grâce de ses figures. A la mort de son oncle, Raphaël fut mis par Léon X à la tête de presque tous les grands travaux qu'il faisait faire à Rome. Aussi habile dans l'architecture que dans la peinture, Raphaël fit construire la cour dite des Loges, au Vatican, et donna pour la basilique de Saint-Pierre des plans magnifiques qui malheureusement n'ont pas été exécutés. François Ier fit tout pour attirer Raphaël en France; et n'ayant pas réussi, il voulut, du moins, avoir plusieurs ouvrages de sa main. Raphaël exécuta pour ce prince *Saint Michel terrassant l'ange des ténèbres*, une *Sainte Famille* (1518), qui est le chef-d'œuvre du genre (On peut les voir au Louvre; ils y sont encore) Son dernier tableau fut la *Transfiguration du Seigneur*, le plus bel ouvrage qu'ait produit la peinture. (Il se trouve au Vatican.) Raphaël fonda ce que l'on appelle l'Ecole Romaine, et forma une multitude de peintres du premier ordre, entre autres Jules Romain. Raphaël fut secondé par ses illustres élèves dans ses travaux, et ils exécutaient en partie ses conceptions sous ses yeux. Raphaël mourut en 1520, à peine âgé de trente sept ans. Il avait hâté sa fin par des travaux excessifs, mais aussi par l'abus des plaisirs. Il réunissait tous les genres de perfection : composition, dessin, couleur, grâce, élégance, vigueur, nature, idéal. On lui a donné justement le surnom de *l'Homère de la peinture*. On distingue, dans sa manière, trois périodes : une première, qui va jusqu'en 1504, où il ne fait qu'imiter le Pérugino, une deuxième, jusqu'en 1514, où il devient original; une troisième, jusqu'à sa mort, où il se surpasse lui-même. On admire encore, outre les tableaux que nous avons nommés plus haut : *L'école d'Athènes*, les *Sybilles* et les *Prophètes* dans l'église *della Pace*, à Rome; différentes vierges que les amateurs nomment : *La vierge de Foligno*, la *Vierge au poisson*, la *Vierge à la Chaise*, la *Vierge à la Perle*, la *Vierge aux quatre Pères de l'Eglise*; *Héliodore chassé du Temple*, *l'Ange délivrant saint Pierre*, une *Sainte Cécile*, *Galatée*, etc. La vie de Raphaël a été écrite par Quatremère de Quincy, 1824.

etc., de Cœre, Vulci, et d'autres villes étrusques. Je ne dirai rien non plus de la bibliothèque qui réunit trente mille imprimés, vingt-trois mille cinq cent soixante dix-sept manuscrits, des miniatures, etc.

Du *Cabinet*, où nous voyons des idoles et des statuettes antiques, force bijoux, voire même une chevelure de femme, parfaitement conservée et trouvée, après deux mille ans, dans un tombeau voisin de la porte Appia ;

Du *Musée Sacré*, où nous trouvons grand nombre d'horribles instruments, encore rouges de sang, qui servirent à infliger aux martyrs de cruelles tortures, puis des dyptiques en ivoire, en bois et en métal, des patères, des calices, des urnes lacrymatoires, des vases renfermant du sang, des buires, des lampes et une foule d'objets remontant aux premiers temps du Christianisme et provenant de fouilles faites dans les catacombes ;

Du *Cabinet des Médailles*, du *Cabinet des Papyrus*, des *Appartements Borgia* et autres, je m'abstiendrai de vous transmettre aucun détail, car ma lettre n'aurait pas de fin.

Mais je vous prierai de quitter le Vatican, de repasser le Tibre, et de vous rendre avec moi, au Musée du Capitole, mon bien cher oncle.

D'abord, salut à la *Louve Antique*, en bronze, de travail étrusque, allaitant Romulus et Rémus, placé sous le Figuier Ruminal, jadis, car elle fut trouvée dans son voisinage, et frappée de la foudre, le jour même de la mort de Jules-César. N'est-ce pas là une pièce historique capitale, et en trouve-t-on qui puisse rappeler plus de souvenirs ? Les auteurs anciens ne nous ont pas trompés, en parlant de la foudre ; ses effets sur le bronze sont parfaitement visibles.

Maintenant, cher oncle, voulez-vous de la mythologie, des scènes gracieuses, des dieux descendus de l'Olympe dans le Capitole ? Regardez *Endymion endormi*.... Mais, silence ! vous pourriez le réveiller... Prenez garde, voici *Diane qui va lancer son dard*... Quelle grâce mettent ces *Faunes* et ces *Bacchantes à danser autour de ce Silène*... Attention ! *Hercule va tuer l'Hydre de Lerne*... Détournez-vous, voici *Pluton*, et *Cerbère* l'accompagne... Souriez, car je vous présente *Psyché*, avec ses ailes de papillon, représentant le vol de l'âme, de la pensée. Admirez, admirez Vénus, la *Vénus du Capitole*, et sa pudeur sans minauderie... Nous voyions Pluton là-bas, ici, *on lui enlève sa belle Proserpine*... Souriez encore, car voici de nouveau *Psyché et l'Amour*, c'est-à-dire l'œuvre inspirée par la plus pure et la plus délicate poésie, le miracle symbolique de l'art grec.

Que tout cela est beau, et comme tout ce marbre du Mont Penthélique, de Paros ou de Carrare, est éloquent et plein de vie !

Préférez-vous l'histoire ? Soyez satisfait ; entrons dans la Salle des Empereurs. C'est tout une assemblée de personnages fameux, un aréopage de princes, une réunion de femmes illustres, que nous trouvons ici. A notre approche, ne semble-t-il pas que tous ces yeux s'allument, que toutes ces têtes s'animent, que tous ces fronts se plissent, que toutes ces poitrines respirent, que tous ces torses s'inclinent ?... Nous ne sommes plus au XIXe siècle dans cette enceinte, nous retournons à l'empire romain, à la venue de l'ère impériale, et tous ces empereurs et toutes ces impératrices, dont les noms ont tant de fois frappé nos oreilles, les voici là, devant nous, vivants, oui vivants, car voyez comme ces types reproduisent tous à merveille l'âme cachée sous le marbre : pharamineuse figure de *Jules-César*; doucereux visage d'*Auguste*; face défiante de *Tibère*; traits grainchus de *Caligula*; galbe serein de *Néron* adolescent; museau de fouine du même *Néron* devenu homme; tête altutieuse, quoique belle, de *Poppée*; silhouette lascive de *Messaline*; farouche profil d'*Agrippine*; rictus hébété de *Claude*; et puis *Marc-Aurèle* le Barbu, et puis l'imberbe *Titus*; et puis *Trajan* et *Plotine*, *Antonin* et les deux impudiques *Faustines*, et puis le bucrâne de *Commode*, et puis le regard étiolé d'*Héliogabale*, et *Julia Pia*, et *Septime-Sévère*, et cent autres... Mais ne quittez pas cette galerie sans saluer cette autre *Agrippine*, la femme du vertueux Germanicus, et la mère de l'infâme Caligula. Quelle majestueuse nonchalence dans cette pose de femme assise, un bras mollement appuyé sur le dos de sa chaise curule ! Oh ! oui, ce marbre vit et se meut...

Aimez-vous mieux l'archéologie, les inscriptions, etc ? Vous êtes en face d'un *autel* antique de toute beauté, et voici un *vase* merveilleux trouvé près du tombeau de Cecilia Metella, et placé sur un riche *putéal*. Y a-t-il rien de plus élégant ? Que dites-vous de ces *Sarcophages* ? Celui-ci renferma les cadavres de *Septime-Sévère* et de *Julia Domna*, sa femme. Les bas-reliefs qui le brodent sont intacts et représentent la colère d'Achille, et ses querelles avec Agamemnon, à l'occasion de Briseïs. C'est dans ce sarcophage, trouvé sous un Tumulus formant colline, le *Monte del Grano*, sur la Voie Latine, au troisième mille, que l'on rencontra le fameux vase en verre de couleur, autour duquel était sculpté le mariage de Jupiter, sous la forme d'un dragon, avec Proserpine, une des richesses de l'antiquité (1). De ceux-là, l'un représente le combat des Amazones contre Thésée;

---

(1). Sur la route de Frascati (Voie Latine), à gauche, près du troisième mille, on voit une sorte d'éminence sur laquelle depuis long-temps on sème du blé, et que, pour cette raison, on appelle *monte del grano*. Au XVIe siècle, en fouillant ce monticule, on trouva que c'était une *Chambre sépulcrale*, intacte, d'où et l'autre est le poème tout entier du bel Endymion. Mais quelle poésie sur les bas-reliefs du couvercle! Ici, c'est la Parque, la Justice et la Destinée. Là, Némésis qui pèse les actions des mortels. Pluton et Proserpine, sur leur trône, attendant l'âme des trépassés. Mercure les présente. Enfin, on voit les dieux de l'enfer couchés dans leur lit, allusion au bonheur que les âmes justes doivent trouver dans les Champs-Elysées.

Comme inscriptions, regardez ici et là, toutes ces *épitaphes* enlevées aux tombeaux de la Via Appia ; plus loin, les *Fastes Capitolins*, fragments de marbre qui portent le nom des Consuls et des Triomphateurs de l'ancienne Rome, monuments précieux recueillis dans les fouilles de la Curia Hostilia ou Sénat : et, ailleurs encore, la *Tablette de bronze*, extraite du Tabularium, sur laquelle on lit le décret du Sénat conférant l'Empire à Vespasien. N'est-ce pas là une pièce historique de la plus haute importance ?

Remarquez cette statue d'Hercule. Elle est en bronze doré ; mais on voit qu'elle a subi bien des soleils. Elle compte, en effet, plus de 2750 ans, car elle existait avant la fondation de Rome. Evandre l'avait érigée près de l'Ara Maxima, où l'on établit plus tard le Forum Boarium. C'est là du moins qu'elle fut retrouvée sous des masses de décombres.

SALON DU FAUNE. Une station devant ce *Faune*, dieu des champs, ébriolé, chaffriolant, souriant, comme un suisse devant une grappe de raisin qu'il suspend au-dessus de son front, et sur laquelle il promène des yeux pétillants de convoitise. Une chèvre, soulevant de sa patte un panier rempli de ce fruit, semble vouloir, elle aussi, partager les plaisirs de son maître, et savourer la liqueur vermeille. Quelle entrain dans l'action, quelle verve et quel feu !...

Et ce *Gaulois blessé*, couché sur son bouclier, dû au ciseau grec, ne mérite-t-il pas que nous restions un moment confondus devant sa douleur sans abattement, et en face de son agonie sans convulsions ?...

J'en passe dans tous les genres, et... des meilleurs !

---

l'on retira le sarcophage en question. Mais alors, en ouvrant le sarcophage, on fut bien autrement étonné, en découvrant ce vase de couleur qui devint la propriété des *Barberini*. Ceux-ci le vendirent au duc de Portdand, qui le donna au *British Muséum.*, à Londres, sous le nom de *Vase de Portland*. Or, il y a dix ans à peine, un fou le brisa à coup de canne. On dit que ce tombeau était celui de Septime-Sévère.

Foin des fresques du *Chevalier d'Arpinum*, de *Daniel* de *Volterre*, des frères *Zuccari*, de *F. Romanelli*, d'*Annibal Carrache*, du *Pérugin*, etc., qui toutes, avec d'autres peintures, reproduisent en action tous les drames, tous les épisodes, toutes les gloires de l'histoire romaine. J'aime mieux vous signaler, dans la Pinacothèque : *La Vierge entre saint Martin et saint Nicolas*, par *Alessandro Boticello*, de l'école Florentine. Marie occupe une chaise à baldaquin, riche et belle, et l'enfant Jésus est à demi-couché sur ses genoux. Vous peindre la suave mélancolie de la tête de la Vierge est au-dessus de moi. Les deux Évêques, mitre en tête, crosse à la main, manteau pluvial sur les épaules, et tenant des livres d'Église, entourent le groupe principal. Saint Nicolas offre des oranges à l'enfant Jésus qui les prend en souriant. C'est d'une fraîcheur charmante, d'un style austère peut-être, mais d'une très-heureuse composition. La leçon de flûte, par *Titien*, et l'admirable Sibylle Persique du *Guerchin*, mériteraient seuls la visite de la Pinacothèque. Mais l'*Enlèvement d'Europe*, par *Paul Véronèse*, voyez-vous, cher oncle, éclipse tout ce qui l'entoure. Essaims de nymphes, légions d'*amorini* jetant des fleurs, enfin la gracieuse Phénicienne dont le taureau lèche le pied, en frémissant sous son léger fardeau. L'École Française est représentée au Capitole par un *Claude Lorrain*, dont un délicieux paysage rutile sous les feux du soleil ; puis d'autres merveilles par *Nicolas Poussin, le Bourguignon* et *Nicolas Mignard*. Mais que vous dire de leurs œuvres, du *Saint Sébastien* du *Guide*; de *Judith*, par Jules Romain, etc.? sinon que je suis impuissant à en parler, tant depuis mon séjour à Rome, et parmi tant d'œuvres admirables devant lesquels nous nous extasions depuis trois mois, mes yeux sont fascinés par le trouble suave de lueurs, de reflets, de transparences, de pénombres; tant flottent autour de mon rayon visuel des contours à demi-dissous par le mol ondoiement des teintes; tant la couleur circule légèrement, diaphane, aérienne, tant enfin les figures y nagent comme dans une atmosphère de délices, partout où je promène mon regard.

Vous croyez peut-être que j'ai fini avec le Pandæmonium Romain, mon cher oncle, et que j'ai épuisé la matière que fournissent les ruines de Rome, ses antiquités encore debout, son Dôme majestueux, ses églises, son Vatican, ses Musées, ses Pinacothèques, ses curiosités de toutes sortes? Non, hélas! non. La matière est inépuisable. Aussi, plus je désire atteindre le terme, plus je vois que j'abrége, que j'omets, que je passe sous silence.

Ainsi, je ne vous ai pas dit un mot des Palais de Rome, résidences aristocratiques, aussi magnifiques par leur architecture qu'admirables par leurs collections artistiques : *Palais Altimps*, *Palais Altieri*, *Palais Barberini*, via di quattro Fontane, construit avec les pierres du Colisée; *Palais Borghèse*, sur la place Borghèse, construction grandiose, dont la cour est entourée de portiques soutenus par quatre-vingt-seize colonnes de granit, doriques au rez-de-chaussée, et corinthiennes à l'étage supérieur, avec une galerie de deux chambres, remplies de chefs-d'œuvre de tous les plus grands maîtres; *Palais Braschi*, près de la place Navone ; *Palais Campana*, via del Babuino ; *Palais de la Chancellerie*, entre la place Navone et la place Farnèse ; *Palais Chigi*, sur l'un des côtés de la place Colonna ; *Palais Doria*, au Corso; *Palais Cicciaporci-Falconieri*, *Palais Colonna*, place des Saints-Apôtres ; *Palais Corsini*, l'un des plus admirables, avec vestibule splendide, double escalier, galerie des plus riches, au Transtevere, via della Longara; *Palais Farnèse*, le plus grand de tous et le plus imposant, place du même nom ; *Palais Farnesine*, qui n'était que la *Villa Chigi*, sur les bords du Tibre, avec des merveilles des mille et une nuits; *Palais Girande*, *Palais Giustiniani*, *Palais Lancelotti*, *Palais Massimi*, *Mattei*, *Pamfili*, *Odescalchi*, *Lante*, *Rospigliosi*, *Ruspoli*, *Sciarra*, *Sora*, *Spada*, *Torlonia*, *Palais de Venise*, près du Corso, etc.

Et les villas : *Villa Albani*, hors de la Porte Salara ; *Villa Borghèse*, hors de la Porte du Peuple ; *Villa Ludovisi*, sur le Pincio; *Villa Negreni*, près de sainte-Marie-Majeure ; *Villa Pamphili Doria*, à la porte Saint-Pancrace, sur le Janicule, etc.

Et les colléges : *Collegio della Sapienza*, université de Rome ; *Collége Romain*, ou des Jésuites, près du Corso; *Collége de la Propagande*, près de la place d'Espagne ; *Académie de Saint-Luc*, *Académie de France*, *Institut Archéologique*, etc., les derniers établissements artistiques.

Voilà comme je me tire d'affaire, en vous donnant des noms vides de sens. Mais voulez-vous que j'entre dans des détails sans limites ? A quoi bon vous nommer et vous renommer Michel-Ange, Raphaël, Van-Dyck, Rubens, Rembrand, Teniers, Salvator Rosa, Jules Romain, et celui-ci, et celui-là ?

Je m'arrête, ou plutôt j'arrête ma plume, car pour moi je vais me mettre en mouvement plus que jamais. Nous quittons Rome demain, à Ardée, pour faire une dernière excursion à Ostie, à Tusculum, à Frascati, à Tivoli, à Véies, etc., qui ont eu déjà notre visite, mais auxquels nous portons notre carte d'adieu.

De là, nous nous embarquons sur le Steamer *l'Aventin*, à Civita-Vecchia, dans quelques jours. Aussitôt à Marseille, nous prendrons le chemin de fer de Toulon; et nous irons vous porter nos baisers du nouvel an. Jusque-là, veuillez agréer, et faire agréer à votre famille bien-aimée, toutes les chaleureuses tendresses d'une affection chauffée par un enthousiasme porté à quatre-vingt-dix degrés centigrades.

Émile DOULET.

IX.

A MADAME DRIOU-LEROY, A PARIS.

Une soirée au Théâtre Argentina. — La *Vestale* de Mercadante. — Contrastes. — Promenade nocturne. — Le dôme de Saint-Pierre dans le rayonnement d'une comète. — Voyage circulaire autour de Rome. — Pyramide sépulcrale de C. Sestius. — Porta san-Paolo. — *Via Ostiensis.* — Monte Testaccio. — L'*Almone.* — *Basilique de Saint-Paul.* — Rocher rouge. — Latium primitif. — Eaux salviennes. — Les trois têtes et les trois fontaines. — Eau chaude, eau tiède, eau froide. — *Scala-Cœli.* — *Ponte Decimo.* — Le XI° mille encore en place. — *Porcigliano.* - Monte San Paolo. — Ostié. — Ruines. — Etudes. — Salines d'Ancus Martius. — Trésors exhumés. — Forêt d'Ostie. - A la belle Etoile ! — *Mal'aria.* — *Castel Fusano.* — Comment on longe la mer du nord au sud. — Poésie des côtes. — Villas antiques. — *Laurentum.* — *Lavinie.* — Le fleuve Numicus, tombeau d'Enée. — *Castagnola.* — Ardée. — Poésie des ruines Rutules, au coucher du soleil. — L'Ida de Virgile. — Nuit sur le rocher volcanique d'Ardée. — Ardée au lever du jour. — *Porto d'Anzio.* — L'antique Antium. — Palais des Césars. — Berceau de Caligula et de Néron. — Erreur et démence du soleil levant. — Pilotis âgés de deux mille ans. — *Asture.* — et *Nettuno.* — Monte Giove. — *Bovillæ.* — Ses ruines. — Ses souvenirs. — Albano. — Gensano. — *Aricie.* — *Castel Gondolfo.* — La villa des Papes. — Villetta Césarini. — *Albe-la-Longue.* — Mont-Albain ou Monte-Cavi. — Temple de Jupiter-Lalial. — Où les squelettes jouent le rôle de mendiants. — Bois-Sacré de Ferente. — *Rocca di Papa.*—Frascati.—Ses aspects pittoresques. — Chaîne Tusculane. — Villas Aldobrandini. — Piccolomini. — Falconieri. — Conti. — Mondragone. — La Rufinella. — *Frasche*, origine de Frascati. — *Santa Maria di Frascata.* — Tombeau de Lucullus. — Comment un cordonnier remplace un mort. — Couvent des Capucins. — Tusculum. — Villa de Cicéron. — Amphithéâtre. — Théâtre. — Arx ou Acropole. — Ruines. — Horizons merveilleux. — La campagne de Rome à vol d'oiseau. — Les eaux de la Villa Aldobrandini. — *Basilique de Saint Laurent.* — Deux Grecs futés. — La villa de Phaonte. — L'Anio. — Ponte Mammolo. — Désert. — Via Tiburtina. - Aspects romantiques. - La Solfatare. —Vésuves en miniature. — *Aquæ Albulæ.* — La Chaise du diable. — Tombeau des Plautius. — Villa Adriana. — Ses contrefaçons. — Lac Rhégile. — *Gabies.* — *Collatie.* — *Préneste.* — Tivoli ou Tibur. — Bois d'Oliviers. — Physionomie de la Ville. — Paysage. — Grotte de Neptune. — Grotte de la Sirène. — Cascades. — Cascatelles. — Temple de la Sibylle. — Albunée. — Hydrographie. — Où l'on parle d'Horace, de Catulle, de Mécènes, etc. — *Faleries.* — Veifs. — *Civita Vecchia.* — Comment nos touristes échappent à la mort. — Paquebot l'Aventin englouti dans la Méditerranée — *Addio, addio, Bella Italia mia!* et vive la France !

Ostie, 20 décembre, 185...

Les Romains avaient jadis leurs journaux, ma chère tante. On lisait dans les numéros de cette *Presse antique* les principaux procès, les plaidoyers des avocats, le compte-rendu des discussions du sénat, etc., mêlés de *très-bien*, *applaudissements* ou de *murmures et sifflets*, le tout selon la coterie du journaliste ; les divorces, les mariages, les adultères surtout, les faits extraordinaires, les nécrologies, les descriptions de convois funèbres, les fausses nouvelles de la mort des personnages importants. Ainsi, dans la *Gazette*, Cicéron apprenait qu'il était mort. Ajoutez à tout cela les prodiges, les phénomènes, les monstres, un phénix qu'on montrait dans le Forum, un honnête citoyen de Fesules venant sacrifier à Jupiter, accompagné de ses neuf enfants, ses vingt-sept petits-fils et ses vingt-neuf arrière-petits-fils et petites-filles, la banqueroute du banquier Aufidius, qui bientôt rend à ses créanciers tout l'argent qu'il leur emportait, tout y était annoncé. Les affaires de banque et de bourse n'échappaient pas non plus aux gazetiers romains. En outre, on y lisait ce que nous appelons les nouvelles de la cour ou les présentations au château ; ainsi Livie avait soin que les *Diaria* donnassent les noms des personnes qui venaient la saluer, et Agrippine faisait de même. Voilà le fond des journaux de l'ancienne Rome, de ces *Diaria*, ancêtres long-temps ignorés du *Diario* de Rome moderne. On voit qu'ils ressemblent fort à nos journaux de théâtre, à notre *Gazette des Tribunaux*, et à cette partie des autres journaux qui, sous le titre de *Chronique* ou *Faits divers*, est destinée à satisfaire la curiosité du public. Ne croyez pas que ce soit un journal de ce genre que je vous adresse aujourd'hui. Non. Je vous écris pour vous dire :

Prenez patience, chère tante, nous voici en mouvement pour nous rapprocher de vous.

Hier, pour nos adieux à Rome, nous sommes allés au *Théâtre Argentina*, où l'on donnait la *Vestale*. Pouvions-nous ne pas voir la belle fiction de la Vestale, condamnée à être enterrée vive, pour avoir terni sa pureté, à Rome, où ce drame fut une réalité ? La musique de *Mercadante* est si pure, si suave, si harmonieuse ! Avec cela, les décors représentaient Rome antique, son Forum, l'intérieur du Temple de Vesta, les *Campus Sceleratus*, etc. Enfin, ici, les artistes sont à la hauteur de leur rôle. Le ballet lui-même n'est pas sans charmes. C'est M. Nicati qui nous a fait les honneurs de l'Argentina, et, pour ma part, je lui en témoigne ma sincère reconnaissance.

Hélas ! le lieu même où se trouve l'Argentina, portait jadis une prison, d'où l'on ne sortait que pour aller à la mort. Où l'on gémissait autrefois, l'on rit et l'on s'amuse aujourd'hui...

A notre sortie du théâtre, vers minuit, le caprice nous a pris d'errer à l'aventure dans Rome, une dernière fois. Le hasard nous a fait suivre les bords du Tibre. Nous avons traversé le pont Saint-Ange, et nous sommes allés jusque sur la place du Vatican. La comète qui, dans ce moment, fait tant de bruit dans le monde, tout en restant fort silencieuse, brillait au-dessus du Dôme de Saint-Pierre, qu'elle inondait de lumière. Ce fut une vision magique. Je ne puis plus revoir Saint-Pierre dans ma pensée, sans lui adjoindre la rutilante comète.

Ce matin, au point du jour, nous avons quitté Rome, le cœur serré, les larmes aux yeux. Dira qui pourra pourquoi la première vue de Rome vous attriste, pourquoi le séjour vous y attache au point que vous ne voudriez plus le quitter, et pourquoi vous ne la quittez qu'avec le regret dans l'âme et la secrète espérance... d'y revenir un jour, si possible! Donc, nous étions tristes, et tout riait autour de nous. Le mois de décembre à Rome est si différent du mois de décembre à Paris! Ici, le ciel est bleu, l'air tiède et transparent, le soleil presque chaud. Les grelots de nos chevaux tintaient joyeusement, et notre postillon chantonnait en agitant son fouet.....

Nous avons quitté Rome par la porte Saint-Paul, jadis la Porta Ostiensis, ouverte par Honorius et restaurée par Bélisaire. C'est vous dire que nous prenons le chemin d'Ostie, *Via Ostiensis*, en laissant à notre droite la belle *Pyramide de Caïus Sestius*, sépulcre antique, en marbre blanc de Carrare, aussi bien conservé que s'il avait cent ans seulement. Il faut dire toutefois, qu'on lui a enlevé les statues qui le décoraient. Haut de cent-vingt pieds, ce tombeau est enchâssé dans la muraille d'enceinte. Le Caïus Sestius, qui y repose, était un sacrificateur.

D'abord la Voie d'Ostie traverse un champ sur lequel, à gauche, se trouvait une villa où Néron vient se cacher, la nuit de sa mort, avant de se réfugier du côté opposé de la ville, dans la villa de Phaonte, où il se donna la mort. Il s'était rapproché là du Tibre, afin de s'y noyer : mais le courage lui fit défaut.

Ensuite, un peu plus loin, à gauche encore, un édicule rappelle au touriste chrétien que ce fut là que saint Pierre et saint Paul se firent leurs adieux, alors que les gardes s'emparèrent de leurs personnes pour les conduire en prison, et de là au supplice.

Nous avons à notre droite le *Monte Testaccio*, et en nous retournant, nous voyons se dresser vers les cieux le squelette gigantesque du Palais des Césars, sur le Palatin, et des Thermes de Caracalla, à demi-voilés par la verdure, sur la Via San-Sébastiano.

Voici l'*Almone*, petite rivière portant dans le Tibre les eaux de Ferente et celles de la Fontaine Egérie. L'*Almone* est l'ancien nom consacré à ce cours d'eau. Nous voyons dans une vigne voisine un pont romain d'une seule arche, en gros bloc de tuf, qui servait jadis à traverser la rivière. Il n'a pas moins de quarante quatre pieds de long.

Nous arrivons alors à la *Basilique de Saint-Paul, extra-muros*, temple solitaire, isolé dans la plaine, et mélancolique tombeau du saint apôtre, assis sur les bords du Tibre. Constantin fonda cette admirable Eglise; les Vandales, puis les Sarrasins la ruinèrent; un tremblement de terre et trois incendies la détruisirent, et toujours on la releva, plus belle et plus brillante. Le dernier incendie de 1823 la fit disparaître presque jusqu'au sol : et sa violence fut telle, que des hauteurs du Testaccio, on pouvait lire facilement à la lueur de ses flammes. Nous la trouvons cependant plus merveilleuse que jamais.

Cette basilique, comme toutes les basiliques, du reste, ressemble moins à une église qu'à une salle immense, dont les plafonds en bois sculptés et très-richement divisés en caissons où l'or et le vermillon ruissellent, sont soutenus par quatre-vingts colonnes en granit des Alpes qui la partagent en cinq nefs. A l'une des extrémités se dresse la *Confession*, en malachite, que couronne un admirable baldaquin soutenu par quatre splendides colonnes en albâtre oriental. Le lapis-lazulli est prodigué sur tous les panneaux.

Dans la nef transversale, en regard de la Confession, se montre le trône du Souverain Pontife. Chapelles ornées des plus riches mosaïques anciennes de l'antique basilique, arrachées aux murailles brûlées, frises en mosaïques représentant tous les papes depuis saint Pierre jusqu'à Pie IX ; mais surtout, plafond unique au monde pour la richesse et l'élégance, le plus précieux travail en ce genre, tout vous éblouit et vous met en extase dans cette basilique de Saint-Paul.

Il n'est pas jusqu'à un petit cloître carré, dont le portique est composé par de délicieuses colonnettes, toutes variées, toutes fort élégantes et attenant à la basilique, qui n'excite la surprise et l'admiration.

En quittant la basilique, on passe au pied d'un immense rocher rouge que surmontent des massifs de verdure du plus heureux effet. La route se bifurque, et plusieurs embranchements se montrent, conduisant à Laurentum, à Lavinium, à Ardée. C'est vous faire comprendre que nous traversons la contrée qu'occupait le plus ancien peuple de l'Italie, les Aborigènes, le théâtre des exploits d'Enée, et le sol du Latium, riant et pittoresque toujours, si poétique, si gracieux encore, que chanta *Virgile* dans son Enéide. C'est ainsi que nous arrivons à la petite rivière appelée *Eaux Salviennes*, qui fut témoin du martyre de saint Paul.

En effet, c'est là, dans un site délicieux, rempli de charmes pour l'imagination, que nous trouvons les *Tre Fontane*, lieu où saint Paul fut décapité. La tradition raconte que saint Paul ayant été condamné à avoir la tête tranchée, y fut conduit vers le soir; que là, on le fit agenouiller et qu'on lui plaça la tête sur une colonne destinée à servir de billot. Mais alors la tête, en tombant, fit trois bonds, séparés de cinq à six pas au plus, et de chaque point que toucha la tête du martyr, le sol fit aussitôt jaillir une fontaine. Ces fontaines sont là, sous nos yeux, l'une chaude, l'autre tiède, froide la troisième. Une église les recouvre de son enceinte, et sur le fronton on lit ces mots :

SANTI PAULI, APOSTOLI, MARTYRII LOCUS, UBI TRES FONTES ERUPERUNT.

A côté des fontaines sont placées des têtes en marbres, dans des positions différentes et les traits de chacune d'elles exprime les progrès de l'agonie à la mort ; et en arrière de chacune de ces têtes se dresse un autel.

Nous y voyons aussi la colonne sur laquelle on exécuta le saint Apôtre.

En avant de l'église, une édicule antique, décagone, renferme le caveau grillé dans lequel fut enfermé le martyr avant son supplice.

Deux autres églises ont été érigées à quelque distance. La première est placée sous le vocable des *Saints Vincent et Anastaste* ; la seconde a nom *Scala Cœli*, l'Echelle du ciel, et elle mérite bien ce nom, car elle est bâtie sur un cimetière qui renferme plus de dix mille martyrs. Cette plaine était le lieu des exécutions sous Dioclétien, et on raconte que saint Bernard, disant la messe dans cette église fort ancienne, y vit une échelle d'or sur laquelle les âmes des martyrs montaient vers les cieux.

Après avoir bu de l'eau des Trois Fontaines, dont nous attestons les trois degrès de température, nous continuons notre route, rencontrant, ici et là, de grands troupeaux de buffles conduits par des cavaliers, la lance au poing, montés sur de maigres haridelles qui bondissent sous la morsure de l'éperon. Puis nous pénétrons dans un véritable désert. Voici d'abord la *Tor di Valle*, où l'on traverse un ruisseau qui porte au Tibre les eaux du lac Albano; voici la ferme *Mezzo Camino*, près du Tibre même. On y voit des ruines sur un terrain qui appartint à une dame romaine, sainte Lucine, et ces ruines proviennent d'une église qu'elle éleva pour y recevoir le corps du pape saint Marcel. On y distingue aussi des restes d'une villa appartenant au consul Asprenale, en 94 avant Jésus-Christ; et le cippe sépulcral de M. S. Coranus et de sa famille.

Nous sommes au huitième mille, lorsque nous reconnaissons l'ancien pont de la voie d'Ostie, parfaitement sauf, après deux mille ans. Enfin, après avoir traversé le *Ponte Decimo*, dixième mille, et remarqué à un mille plus loin le *onzième mille* que signale encore l'antique *Colonne Milliaire*, la seule épargnée sur cette route, nous commençons à gravir de nombreuses collines, très-gracieuses de forme, mais qui sont l'asile de la *mal'aria* pendant les chaleurs de l'été, et que capitonnent de misérables chaumières, placées sous l'aile d'un manoir du xve siècle. On le nomme *Porcigliano*; or, jadis, ce domaine appartenait à la famille *Porcilia*, car on y trouve encore quantité d'objets d'art et des médailles de ce nom, datées des dernières années de la République.

Une fois sur les *Monts San-Paolo*, nous avons la vue de la mer et d'*Ostie*. C'est admirable, mais c'est triste, car Ostie gît sous les ronces, les broussailles et les décombres. Des milliers de petits monticules révèlent que, sous la poussière des âges et les végétations parasites, gisent ici des portiques, là des théâtres, partout des thermes, des palais, des columbaria, etc. En effet, en 1797, on fit de larges ouvertures dans ces éminences qui récèlent Ostie et ses monuments, et l'on y trouva des statues, des colonnes, des bas-reliefs, des sarcophages, des bronzes, des meubles, des objets d'art fort précieux, des chapiteaux admirables et les marbres les plus rares, dont les Anglais, ces éternels vautours, ont fait moisson, jusqu'à ce que Pie VII les arrêtât et s'emparât des ruines.

Pour arriver à Ostie, nous descendons la montagne, mais au travers d'une antique forêt de près de deux milles, dont les moustiques, pendant l'été, font un séjour inabordable. En quelques minutes, nous arrivons sur les ruines d'Ostie.

Les fouilles faites jusqu'à présent sont insignifiantes. On voit que si l'on ouvrait le sol, il rendrait au jour des trésors dont le monde s'enrichirait. Quand viendra l'heureux moment où nous pourrons y enfoncer la pioche et voir dans ses entrailles !

A notre droite nous rencontrons des *salines* que fonda Ancus Martius. On en exploite encore une partie. Vous n'oubliez pas que cet Ancus Martius, troisième roi de Rome, ayant été contraint de détruire Tellène et d'autres villes du vieux Latium, pour s'en assurer la conquête, par compensation, construisit Ostie. Ostie devait fixer ses regards, en effet. Ce fut sur la pointe de terre qui s'avance à l'embouchure du Tibre, qu'Énée débarqua et posa son camp lorsqu'il toucha les côtes de l'Italie. C'est là que le Tibre met la mer en communication avec l'intérieur de la Péninsule et Rome. Aussi fit-il d'Ostie, *Ostia, embouchure*, une ville importante, l'objet de la prédilection des empereurs, qui la décorèrent de somptueux édifices. Malheureusement le délaissement, puis la misère, et enfin les Barbares, et en dernier lieu les Napolitains et les Génois, ont peu à peu laissé tomber cette ville infortunée dans la solitude et la ruine.

Rien de merveilleux comme le cadre qui l'entoure : mer rutilante, forêt vierge aux puissantes ramures, collines pittoresques. Mais, au centre du cadre, ruine, décombres, désolation, solitude, *mal' aria !*

A un demi mille de l'antique Ostie, se trouve bien un hameau moderne qui ose porter le nom de son aïeule. Mais il ne compte pas cinquante habitants, encore grelottent-ils si fort sous l'étreinte de la fièvre, qu'ils désertent leurs mâsures pendant une partie de l'année. On chercherait vainement la plus mesquine auberge. Heureusement nous avons apporté des vivres. C'est de notre calèche, au milieu des ruines, et pendant que nos chevaux broutent des cytises et des lavandes, que je vous écris ces lignes... Nous repartons...

Ardée, 29 décembre 185...

Il est midi quand nous quittons Ostie. Grâce au mois de décembre, le soleil est beaucoup moins chaud, sans cela nous n'aurions pu résister aux miasmes fétides qui s'échappent des étangs marécageux qui entourent Ostie, et vicient l'air au point que, pendant l'été, pas un seul paysan ne reste sur ce sol mortel. La journée est magnifique, notre horizon ravissant ; la mer miroite d'un côté, de l'autre, les collines verdoient.

Nous suivons une admirable allée de chênes verts, toute pavée de polygônes de lave qui nous signalent une voie antique conduisant de la mer au *Castel Fusano*, manoir d'une belle architecture, qui occupe le centre d'une ravissante forêt de pins-parasols, domaine des *Chigi!* Là fut jadis la *villa Laurentina*, de Pline.

Tout le long de cette côte déserte règne une sublime solitude. On peut se croire dans une thébaïde. Pas un bûcheron, pas un pâtre, pas le plus maigre troupeau. Et cependant rien de plus romantique pour le présent, et, dans le passé, rien de plus abondant en souvenirs.

Par moments nous suivons la grève du rivage, cheminant sur l'arène humide. Le flot soulevé par la brise nous dispute quelquefois le passage et baigne, en murmurant, le pied de nos chevaux. Puis, d'autres fois, nous reprenons une voie pavée, étroite et blanche, où ne passe personne, et qui, sillonnant les collines, serpente à travers une suite de vallons solitaires, comme un immense ruban déroulé sur de vertes prairies. Quelques tours délabrées, tristement penchées sur le rivage ou en vedette sur les collines; les chemins couverts de ces champs Laurentins dont nous parle tant l'Énéide, de classique mémoire; trop peu souvent de maigres brebis couchées sur leurs pâturages et que notre voiture, roulant sur le gazon, réveille dans leurs prés humides; le tintement argentin des sonnettes des chèvres troublant alors le calme profond et le silence effrayant de ces déserts pour aller se confondre avec les accents d'oiseaux cachés dans les lauriers et les myrthes des antiques bois sacrés; enfin, des ruines semées tout le long de la côte et nous rappelant que, de la villa Laurentina de Pline, à Ostie, jusqu'à Baïa, tous ces rivages étaient ornés des villas grandioses des Lœlius, des Scipion, des Hortensius, des Cicéron, des Aggripine, des Lucullus, etc., théâtre des voluptés romaines, après l'avoir été des combats du pieux Énée, telle est la poétique revue que nous faisons dans cette promenade mélancolique, mais sublime, mais délicieuse, mais unique au monde. Hélas! aujourd'hui, plus de villas, plus de délices. La nature semble se venger de la mollesse des pères, en infligeant la fièvre aux enfants. Cette zône du littoral Tyrrhénien n'est plus qu'un désert, et, sur ce désert, règne la *mal' aria*, la mort!

Nous saluons, en passant, les bois de lauriers de *Laurentum*, et ses ruines, ruines effacées, et que font deviner à peine un semis de ciment et de poteries antiques, que la main du temps et la dent de la charrue ont réduits en poussière. Nous donnons un souvenir au vieux Saturne, qui fut roi de la contrée. Puis après avoir hésité à reconnaître cette cité de Laurentum, dans *Tor Paterno*, assis sur le ciment dont je parle, ou dans *Capocolta*, village situé un peu plus loin, nous entrons dans de vastes prairies, et nous entrevoyons les pans de murs cyclopéens de *Lavinie*, que la bouche du porcher nous traduit par celui si vulgaire de *Pratica*, son nom actuel. Lavinium est située sur une éminence fort pittoresque. Mais, excepté ses murailles, on n'y voit guères, comme à Laurentum, que des débris de terres cuites, et des morceaux de marbre.

On compte cinq milles de Lavinium à Ardée, et c'est entre ces deux cités fameuses que nous trouvons, dans les *Campi Jemini*, vaste mer de prairies, le célèbre *Numicus*, aujourd'hui *Rio Torto*, coulant, en effet, en replis tortueux vers le rivage, où Énée trouva la mort, en y livrant une bataille contre Maxence, roi des Cérites. Mais de l'*Aphrodisium* consacré à Vénus par Énée, et du *Fanum* dédié à la belle *Anna*, sœur de Didon, plus de ruines visibles. Au-delà du Numicus, on voit le domaine de la *Castagnola*, où les empereurs de Rome entretenaient des éléphants pour les fêtes et les jeux. En 1794, le duc de Sussex ayant fait fouiller le sol voisin du Numicus, on y fit les plus belles découvertes en statues, colonnes, chapiteaux, bas-reliefs, etc. Tous ces objets d'art furent transportés en Angleterre. Ah ! si l'on remuait ainsi tout le sol de l'Italie, que de richesses !

Bientôt, à la sortie d'un bois, et lorsque nous atteignons le bord d'une sorte de promontoire, en saillie, qui domine l'étroite vallée du Numicus, nous nous trouvons face à face avec *Ardée*, assise sur la crête d'un roc opposé, et, comme la fille d'Acrisius, Danaë, sa fondatrice, inondée d'une pluie d'or par le soleil qui se couche dans les flots. Le château des Cesarini, qui commande la ville et la vallée, nage dans des reflets d'or éblouissants, et de ses teintes volcaniques, il embrase la masse de rochers qui portent Ardée et l'onde jaunâtre du Numicus. Autour de ce vieux manoir féodal, sont éparses une vingtaine de huttes délabrées, sans ordre, mais d'une façon magique. Quelques murailles saturniennes, des ronces, des herbages, les huttes, le château, le massif de rochers, etc., telle est Ardée, la ville de Turnus, la capitale des Rutules, la cité qu'assiégea Tarquin le Superbe, et d'où Sextus, son fils, alla, de nuit, causer la mort de Lucrèce, à Collatie.

Nous coucherons ce soir à Ardée, chère tante, et dans la plus étrange *casa* qu'il soit possible de se figurer. Je vous amuserais beaucoup si je vous donnais le menu du repas qu'on nous a servi tout-à-l'heure. Mais qu'importe ? Nous venions pour les ruines et les souvenirs d'Ardée : nous nous en sommes donné à cœur joie. En ce moment même, à l'heure du crépuscule, nous sommes assis sur le faîte d'une tour du vieux manoir, et nous embrassons un horizon sans bornes qui, à lui seul, vaut le voyage. A nos pieds, c'est-à-dire au pied des précipices que nous dominons, ce n'est que vallons riants et fertiles, verts pâturages, eaux courantes, fontaines délicieuses, végétation splendide. A l'occident, c'est la mer et ses brises, la mer et son infini. A l'orient, le Mont-Albain, l'*Ida* de Virgile, avec ses blanches cités, ses villas de marbre, ses lacs bleus, ses massifs de forêts. Au nord, c'est le Soracte, c'est la Sabine et ses montagnes. Faut-il donc que dans ce Latium si beau, si vert, si pittoresque, si accidenté, si merveilleusement encadré de montagnes aériennes, dont les lignes mourantes ondoient à l'horizon comme des vagues d'océan, tout soit solitude, air impur, douleur et mort?...

Pour une fois, nous n'en mourrons pas. Nous allons donc coucher à Ardée, et respirer sa mal'aria... Bonsoir!

Frascati (*Tusculum*), 30 Décembre 185...

Le beau soleil de décembre, resplendissant et tiède comme aux matinées de printemps, répandait, ce matin, sur tout ce qui nous entourait, je ne sais quel air de fête et de bonheur qui semblait insulter à la désolation et au silence des terres saturniennes. Nous descendions, à son lever, le rocher creux d'Ardée, perforé dans tous les sens de cavernes volcaniques, anciens tombeaux des Rutules, mais, avant leurs morts, habitées jadis par les Cimmériens. Non, rien au monde ne peut rendre la teinte chaude et magique de cette tant vieille Ardée, monument de l'époque où *ardaient* ces champs phélégréens du Latium, alors que les premiers rayons du jour la frappent au front. Quelle variété pittoresque de paysage! Quelle décrépitude dans la beauté! Quelle opulence de nature dans sa misère! Est-il rien de plus frais, de plus vert que les bosquets et les prairies qui l'entourent et se nichent dans ses assises! Quel contraste! et que de souvenirs! Sans contredit, après Rome, Ardée est la cité la plus curieuse de son voisinage: car, n'oubliez pas que voici 3000 ans que son nom résonne, qu'elle surmonte son rocher à pic, élevé de plus de cent pieds, avec ses rues taillées dans le tuf, ses voies abruptes, ses fortifications parallèles distantes d'un mille l'une de l'autre. Avec quel soin les Rutules l'avaient fortifiée! et comme le palais de Turnus, remplacé par le manoir éventré des Césarini, devait lever flèrement la tête sur son acropole, ses remparts, ses précipices, son Numicus, etc. !

En la quittant, et pendant que le fer de nos chevaux retentissait sur les dalles de la voie antique, étroite et blanche, solitaire et regardant avec mélancolie la mer d'Etrurie dont nous avons sillonné les vagues en nous rendant à Naples, je me retourne vingt fois pour revoir encore Ardée, l'ancien camp de Tarquin et en évoquer les sombres légendes...

Nous passons sous *Torre Materna*, sorte de citadelle qui surveille la plage du haut d'un rocher, rouge et déchiré ; puis, pénétrant dans une gorge étroite et rocheuse, nous gravissons bientôt une route escarpée qui nous fait arriver au milieu de vastes et beaux pâturages que bordent des chênes verts et des oliviers sauvages, sous lesquels broutent à l'abandon des cavales peu civilisées, qui s'enfuient à notre approche.

Nous arrivons à *Porto d'Anzio*, l'antique *Antium*.

Cette ville s'élève sur un plateau qui domine la mer et la plaine. En face du pont, sur le point le plus élevé du plateau, se trouvait le palais des Césars, qui en couvrait une immense surface. C'est là que demeurait Agrippine, c'est là que Caligula et Néron reçurent le jour, le premier le 31 août de l'an 12, et le second le 15 décembre de l'an 37 de notre ère. La chronique raconte que celui-ci naquit au lever même du soleil, dont les rayons le touchèrent avant qu'on lui eût fait toucher la terre. Elle ajoute que son père Domitus répondant aux félicitations de ses amis, leur dit :

— D'Agrippine et de moi il ne peut naître qu'un monstre fatal au monde !

De tout ce que nous voyons de ruines, dans Antium, ruines qui nous ont rendu l'Apollon du Belvédère, et le gladiateur Borghèse, je ne vous ferai pas la description, chère tante. Qu'il vous suffise de savoir que j'errai long-temps parmi les décombres du *Palais des Césars*. On reconnaît que les empereurs avaient fait de cette ville, admirablement située, une cité de premier ordre. Croiriez-vous que sur le rivage, dont les formidables quais ont disparu, on voit encore les énormes pieux placés comme pilotis, il y a de cela deux mille ans ?...

Près d'Antium, et non loin d'Asture, sur la marge de grands bois, Cicéron avait aussi une maison de plaisance. Ce fut dans cette retraite, plus profonde que les autres encore, que le grand orateur, excellent père, porta dans son âme le deuil de sa Tullia, qu'on l'accusait d'aimer jusqu'à diviniser son image. Il ruina, en effet, sa fortune pour lui élever un temple aux portes de Rome. Aussi Antium lui vit-il écrire son *Traité de la Consolation*, pages trempées de larmes, dans lesquelles il invoque le ciel et la terre pour se rendre plus douce la perte de sa fille bien-aimée. « Dès la première lueur du jour, je m'enfonce dans l'épaisseur des bois, dit-il, et je n'en sors que le soir. Là, je n'ai d'entretien qu'avec mes livres, et cet entretien n'est interrompu que par mes pleurs... »

Nous avons déjeûné à Antium, ou plutôt à Porto d'Anzio, et puis, sans tenir compte *d'Asture* et de *Nettuno*, dont nous avons vu les silhouettes de la mer, du pont de notre bateau à vapeur, il y a quatre mois, nous avons cessé de remonter vers le sud, le long de la mer, mais nous avons tourné subitement à l'est, vers la chaîne des monts Albains, par d'épais fourrés et à l'ombre de leurs dômes impénétrables.

Alors nous laissons à notre droite le *monte Giove* et la ville Volsque qui le couronne, *Corioles*, qui donna son nom à Coriolan, après qu'il se fut intrépidement jeté dans ses murs; et, en suivant toujours la voie antique, nous arrivons à un gracieux mamelon, isolé dans la plaine, au pied des monts Albains, qui porte les belles ruines de *Bovillæ*, bâtie par Latinus, quatrième roi d'Albe-la-Longue. Cette ville étant le berceau de la famille Julia et ayant eu l'honneur de recevoir, pour une nuit, les cendres d'Auguste, alors qu'on les rapportait de Nole à Rome, les Césars y avaient élevé un sanctuaire à Jupiter-Vengeur, afin de perpétuer la mémoire de leur origine. Les ruines de ce temple et celles d'un cirque, d'un théâtre, etc., y sont fort remarquables. Malheureusement elles ont pour habitants des vipères et des serpents dont la vue n'a rien qui séduise.

Je ne vais pas vous dire qu'après avoir visité les tombeaux de la Voie Appienne qui monte à *Albano*, et les ruines des amphithéâtres, thermes, etc., que Dioclé-clétien fit élever dans cette ville, sur les deux domaines réunis de Clodius et de Pompée, nous nous éloignons, et traversant *Gensano*, nous nous rendons à la *Villetta Cesarini* pour y saluer et remercier de ses prévenances la bonne vicomtesse de S. T..., chez laquelle nous dînons. Là, comme à Rome, elle nous fait les honneurs d'*Aricie*, *du lac Némi*, *d'Albe-la-Longue*, du *Temple* de *Jupiter-Latial*, de *Castel-Gandolfo*, de sa *villa des Papes*, de chapelles mortuaires où les squelettes, qui vous tendent la main, jouent un rôle saisissant, et de mille curiosités attachantes, toutes choses que nous avions vues en partie à notre arrivée à Rome, et en partie dans une première visite que nous lui fîmes, il y a six semaines.

Nous sommes partis fort tard de la villetta Cesarini, et nous sommes venus coucher à Frascati, en passant près du fameux *Bois Sacré de Ferente* , lieu de réunion des peuples Latins, il y a deux mille ans, tout aussi vert, tout aussi poétique, tout aussi mystérieux qu'alors.

Que *Frascati* m'a semblé belle, ce matin, au point du jour ! Je ne puis me perdre en descriptions, pour vous en analyser les beautés. Cependant, afin d'essayer d'en concevoir l'idée, figurez-vous, à quelques six lieues et au midi de Rome, une longue chaîne de montagnes qui domine le vaste bassin compris entre la mer à l'ouest, l'Etrurie au nord, les monts de la Sabine à l'est, les monts du Latium et Albains au sud, la *Campagne de Rome*, en un mot, car Rome en occupe le centre. La petite chaîne dont il est question, volcanique et moindre en hauteur, fait partie du système des monts Albains : on la nomme *Chaîne Tusculane*. La chaîne de Tusculum ou de Frascati, inférieure à la chaîne Albaine, dont elle est un contrefort, voit le désert qui environne la ville éternelle, mais se trouve hors de sa zone de végétation stagnante, et lève fièrement son front charmant dans la ligne d'air pur qui couronne les montagnes. Aussi point de mal' aria sur Frascati ni Tusculum. Ce qui fait la grâce et la ravissante beauté de Frascati, comme d'Albano, comme de Rocca di Papa, village voisin, délicieusement niché dans des anfractuosités aériennes de roches envahies par la verdure, comme de Marino, de Castel-Gondolfo, etc., c'est la vue, l'admirable vue sur Rome et sa campagne. Aussi, apprendrez-vous sans étonnement, que les plus ravissantes villas aient envahi Frascati.

C'est d'abord la *villa Aldobrandini*, œuvre de *Giacomo della Porta*, quant au palais, et de *Fontana*, quant aux jardins. Clément VIII la fit construire pour son neveu. Elle couvre plusieurs étages de la colline, et, vue de bas en haut, elle offre des aspects d'un pittoresque inimaginable. Elle est aujourd'hui la propriété de la famille Borghèse.

C'est ensuite la *villa Piccolomini*; puis les *villas Falconieri* avec des platanes séculaires d'un merveilleux effet ; la *Ruffinella*, devenue le domaine du roi de Sardaigne ; la *Taverna*, puis la *Mondragone* admirablement située et montrant une construction massive qui compte trois cent soixante-quatorze fenêtres, ouvrage du cardinal Altemps. Dévastée par les Autrichiens dans les premiers ans du siècle actuel, alors qu'ils guerroyaient contre les Français, cette charmante villa vient d'acquérir une réputation nouvelle, grâce au merveilleux talent et au prestige du roman de Daniella, de G. Sand. A mon départ pour l'Italie, combien de lecteurs de la nouvelle littérature m'ont recommandé Mondragone. Mondragone ! j'ai visité Mondragone très-consciencieusement, tout-à-l'heure, à leur intention, et je suis en mesure de répondre à leurs questions. Dites-le leur, en les prévenant de mon retour. Toutefois, ajoutez à ce que je dis sur les villas de Frascati, qu'aucune d'elles ne l'emporte sur la *villa Conti*, dont le palais est médiocre, mais qui possède un parc, des jardins, des fontaines, des parterres et des arbres à nul autre pareils, et surtout une terrasse qui permet de voir la campagne de Rome de façon à y passer sa vie en extase.

Nous déjeûnons à l'Hôtel de Tusculum, où l'on nous sert des fraises du Mont-Albain avec lesquelles ne rivaliseront jamais les meilleures fraises de France et de Navare.

Frascati est une ville presque moderne : elle date du XIIIe siècle seulement, et doit son nom à une église qui bâtie à cet endroit, sous des arbustes appelés *frasche*, dans le pays, reçut la dénomination de *Santa Maria di Frascata*. C'est une ville pleine de gaîté, de mouvement, de belles et fraîches toilettes françaises, d'ondoyantes chevelures anglaises. On se croirait volontiers à Maisons-Lafitte, n'étaient l'harmonieux parler des Frascatans, et les sites, et les points de vue, et les villas, que ne possède pas, hélas ! notre Ile de France.

Moderne comme elle est, Frascati ne peut vous offrir de ruines romaines. Oh! pardon ! je me trompe. Le sybarite Lucullus avait là des jardins délicieux entourant une villa plus coquette encore. Il y fit élever son tombeau et y dormit le dernier sommeil. Les jardins et la villa ont disparu : mais le *Tombeau de Lucullus* reste.... Nous lui devions une visite. Hélas ! encore, cent fois hélas ! le Tombeau de Lucullus, tour ronde dont les parements extérieurs ont été grignotés par le temps, montre, ouvert à sa base, un caveau devenu l'échoppe d'un cordonnier, *Calzolajo !*

L'arrivée à Frascati vous promène de surprise en surprise. Vous montez à travers des masses d'oliviers du plus bel aspect. La villa Aldobrandini, dont la belle façade apparaît sur un large fond de verdure, semble vous souhaiter la bienvenue. Au fur et à mesure que vous montez, les montagnes Tusculanes d'abord, Albaines ensuite, découvrent sans fin de nouvelles croupes, plus gracieuse l'une, plus avenante l'autre, et l'œil se plaît à chercher leur cimes bleues dans les nuages. On passe devant le *Casino*, fort bel asile offert aux amateurs du repos et de la belle vue qui domine la campagne de Rome. Puis on salue la villa Aldobrandini. Vient alors la Porte de Frascati. On se trouve aussitôt sur une large et belle place que rafraîchissent des eaux jaillissantes. Une église vous invite à contempler son portail et à visiter son sanctuaire. C'est à quelques pas de là que se trouve le Tombeau du... de Lucullus : j'allais dire du *Calzolajo*.

Si vous voulez gravir de suite au plus haut du mont et aller voir *Tusculum* et ses ruines, un sentier couvert, tout parfumé d'iris et de violettes, tout émaillé de pervenches et de cyclamens, vous y conduit, en traversant la Ruffinella; en passant devant le *Couvent des Capucins* que l'on voit à gauche; en laissant du même côté, au-dessous de soi, la masse imposante de la villa Mondragone que l'on domine; et enfin, par une voie romaine, parfaitement saine, vous porte entre la maison de campagne de Cicéron, celle où il écrivit ses *Tusculanes*, dont les plans et les diverses dépendances sont mis en saillie par les ruines qui surmontent encore le sol, et un amphithéâtre fort petit, situé en contrebas de la route, mais encore complet dans toutes les parties. Alors on ne chemine plus qu'au milieu des ruines et des décombres, des celliers béants, des portiques effondrés, des maisons affaissées sur elles-mêmes, des pans de murs et des fragments de temples. On arrive ainsi à l'*Acropole*, au pied de laquelle on trouve un théâtre dont les gradins, l'orchestre, la scène, etc., sont intacts et prêts à recevoir acteurs et spectateurs. C'est le seul des théâtres antiques de Rome et de son voisinage qui soit aussi bien conservé. Derrière la scène on voit aussi une piscine à laquelle il ne manque que la voûte. Mais parmi ces beaux vestiges, il est triste de ne rencontrer que des lézards et des couleuvres qui se chauffent au soleil. C'est en vain que l'on évoque les plus grands noms, le silence seul vous répond. Vous cherchez quelques traces de vivants, et vous ne rencontrez que des symboles de mort, tessons de vases étrusques, fragments de marbres, parcelles de mosaïques, gravats et décombres.

Je me tiens à l'écart de mes compagnons, et je me donne la mélancolique jouissance d'errer parmi ces vestiges encore debout de la *Maison de Cicéron*, bibliothèque, fontaines, celliers et jardins, toutes choses où l'on respire la grandeur, la tristesse, et... en quelque sorte l'Histoire. En effet, ce fut là qu'il reçut les visites de César. « César arriva dans la villa de son affranchi Philippe, voisine de ma demeure, écrit-il. Il avait environ deux mille hommes d'escorte. Chez moi, on fit camper les soldats dehors. César passa la matinée jusqu'à midi chez Philippe... Il entra chez moi à deux heures : il s'y baigna, et se fit lire pendant le bain des vers satiriques contre lui, et les écouta sans changer de visage. Ensuite il se fit parfumer et s'assit à ma table. Il mangea bien et fut d'un enjouement plein de charme, etc., etc. » Ce fut là qu'il écrivit ses admirables *Tusculanes*, dont chaque fragment est un modèle de science, de sagesse, de style; là, sous ces chênes verts, sur les mosaïques de ces bains, de cette bibliothèque, de ce triclinium, qu'il se promenait avec sa chère fille Tullie, dont la mort le navra et qu'il pleura dans le deuil le plus amer, celui de la solitude; là, il apprit, avec terreur, l'assassinat de César, et, plus tard, sans se résoudre à y croire, qu'il était le premier condamné à mort sur la liste de proscription des nouveaux Triumvirs... Enfin, ce fut de là qu'il s'enfuit pour aller périr à sa villa de Gaëte... Croyez-vous que ces souvenirs soient de quelque prix pour un voyageur ?.....

Que l'on monte par-delà l'Acropole, on ne trouve plus qu'une lande tapissant le plateau supérieur : mais cette lande portait l'antique cité pélasgique que fonda Télégone, fils d'Ulysse et de Circé : la ville primitive dont naquit Tusculum, comme Frascati reçut le jour de celle-ci. Là, des assises de pierres colossales, des fûts de colonnes gigantesques, des blocs bruts, mais dessinant encore soit des temples, soit des édifices civiles, soit des tombeaux, vous apparaissent sur tous les points. Vous êtes saisi par maintes pensées graves. Remontez donc en esprit au temps si éloigné, si profondément obscur où ce mont Tusculum fut peuplé. Rappelez-vous l'histoire de Tusculum, ses gloires, ses héros et ses malheurs. Tusculum survécut à la chute de l'empire : elle brillait encore au moyen-âge, et ses barons prirent maintes fois la dague et la lance. Mais enfin Rome l'emporta sur Tusculum trop allemande et trop gibeline, et barons et cités furent écrasés par Célestin III. C'est alors que la madone des Feuillage, *Santa Maria delle Frasche*, vit se former Frascati, et qu'il n'y eut plus, de Tusculum, que son Arx et des ruines.

Quelle vue du plateau de l'Arx ou Acropole !

En tournant les yeux sur la capitale du monde catholique, un vertige d'admiration s'empare de vous. D'abord la ville éternelle rutile au soleil, étalant sous votre regard le vaste océan de ses temples, de ses palais, de ses maisons. A droite, au loin, le Soracte porte vers les cieux sa cime arrondie. Plus près, à droite encore, les Monts de la Sabine arrivent vers vous comme les flots irrités d'une mer qui se figerait soudain. A gauche, c'est la mer, la vraie mer, les rivages d'Ostie, sa forêt de Laurentum, l'embouchure du Tibre, Ardée, Boville, Albano, que sais-je ? Or, à droite ou à gauche, partout, les horizons se baignent dans des reflets de teintes violettes, de nuances orangées, de tons d'or ou d'azur d'une telle suavité, que l'on ne peut en détacher son regard. Les sinuosités du fleuve se prononcent en lignes étincelantes sur des masses de verdure qui rutile, et, sous les feux du soleil d'hiver qui se couche, la mer devient une nappe de feu.

Que le Créateur des mondes est puissant et fort ! Et combien sublime est son œuvre !...

Tivoli (*Tibur*), 31 décembre 185...

J'étais hier tout à mes réflexions poétiques, historiques, philosophiques, et je ne vous ai rien dit des jets d'eau de la villa Aldobrandini. Ces eaux méritent bien que l'on en parle. Voici ce que nous en raconte le président de Brosses. Or, notez et retenez que ce qu'il a vu, il y a cent ans, nous l'avons vu, hier, nous ; et ce qu'il a fait, nous l'avons fait, comme tous les touristes :

« La façade du bâtiment (par *Giacomo della Porta*, bâtiment qui décore les jardins), a deux ailes en retour et en forme de grottes. Dans l'une est un centaure sonnant du cornet à bouquin ; dans l'autre un faune jouant de la flûte, par le moyen de certains conduits qui fournissent de l'air à ces instruments : mais c'est une déplorable musique. Ces deux messieurs auraient besoin de retourner quelque temps à l'école, ainsi que les neuf muses qu'on voit avec leur maître Apollon, dans une salle voisine, exécutant sur le Parnasse un chétif concert, par le même artifice... J'aime mieux voir leur cheval Pégase, qui, près de là, fait jaillir d'un coup de pied la fontaine Hippocrène. Mais, pourvu que ces princesses et les oiseaux qui les accompagnent ne se donnent pas la peine de rompre la tête aux assistants, ce salon doit être fort agréable pendant l'été ; des conduits, pratiqués sous le pavé, y apportent de l'air qui entre avec assez de force pour soutenir en l'air une boule de bois léger... Or, nous étions assis de très-bonne foi près du centaure pour l'entendre jouer de son cornet, sans nous apercevoir d'une centaine de petits traîtres de tuyaux, distribués entre les joints de pierre, lorsqu'ils partent sur nous en arcades... Il y a surtout un excellent petit escalier tournant où, dès que l'on y est engagée, les jets d'eau partent en se croisant en tout sens du haut, du bas, et des côtés. On est pris là sans pouvoir sans délire...

» Au-dessus de cet escalier, l'un de nous voulut tourner un robinet pour nous lancer encore de l'eau. Ce robinet est fait exprès pour tromper les trompeurs. Il lança à notre malin, avec une roideur épouvantable, un torrent, gros comme le bras, droit contre le ventre. L'espiègle s'enfuit comme un beau diable avec ses culottes pleines d'eau distillant dans ses souliers. Nous en tombâmes par terre à force de rire... »

Quel est l'homme au monde qui n'a entendu parler de Frascati ? Quel est l'homme au monde qui n'a entendu parler de Tivoli ?

Déjà une fois, par une matinée blafarde, nous avons fait la belle excursion de Tivoli. Sortis de Rome par la *Porte San-Lorenzo*, l'antique Porta Tiburtina, nous étions bientôt arrivés à la *Basilique Saint-Laurent*, *extra muros*. C'est une des plus ancienne de Rome : elle date de Constantin qui la fonda, en 330. Les peintures du portique remontent au xiiie siècle, sous Honorius III. Mais sa restauration actuelle est d'Alexandre VII. Sarcophage antique, deux *ambons* de marbre dans la nef, mosaïque du vi[e] siècle, au-dessus de la tribune, siège épiscopal de saint Zozime, orné de bas-reliefs avec sujets bachiques, douze colonnes de marbre violet reposant à une grande profondeur sur l'ancien sol de l'Église primitive, entrée des Catacombes de Saint-Cyriaque, telles sont les curiosités de cette antique et vénérable basilique. L'une des colonnes, la huitième à droite de la nef, portant dans sa volute une *grenouille* et un *lézard*, en grec *Batrachos* et *Sauros*, révèlent, par-là, qu'elles proviennent des Temples de Jupiter et de Junon qu'entouraient les Portiques d'Octavie. Car, les deux architectes grecs, *Batrachos* et *Sauros*, qui bâtirent ces temples, ayant demandé pour unique récompense d'y graver leur nom, et ayant eu un refus des fiers Romains, trouvèrent moyen d'éluder la défense en sculptant dans la volute des chapiteaux, d'un côté, un lézard, et de l'autre, une grenouille, emblèmes de leurs noms.

D'abord nous avons traversé une campagne nue et sans horizons, laissant à notre gauche la *Villa de Phaonte*, dont les ruines sont debout encore, avec leur saisissant souvenir de la mort de Néron; et, à notre droite, l'antique mont Velia, devenu le *Mont-Sacré*. En face le *Soracte* commence la chaîne des monts de la Sabine, vers laquelle nous nous sommes acheminés. De ce côté l'on ne rencontre pas ici et là des aqueducs, comme il s'en présente à chaque pas du côté de Frascati; mais de loin en loin quelque tour du moyen-âge capitonne l'horizon. On traverse bientôt l'*Anio*, que l'on passe sur le *Ponte Mammolo*, dont le nom vient de Mammea, mère d'Alexandre-Sévère, qui le fit réparer. Je suis obligé de l'avouer, l'Anio ne sillonne qu'une plaine déserte et stérile. Il y a bien quelques ondulations du sol, mais loin de flatter le regard, elles l'attristent. Pas de végétation, pas la moindre verdure. Partout une teinte uniforme, celle de paturages brûlés, desséchés, jaunis. Toutefois, au douzième mille, l'aspect change quelque peu. On distingue mieux les montagnes; on reconnaît déjà les maisons qui blanchissent leurs rampes. En avant, de petits bois chevauchant sur la route modifient le paysage; quelques arbres s'avancent en vedettes. Dans un bas-fonds, nous avons rencontré un convoi de poudre escorté par des dragons pontificaux. Puis une misérable auberge s'est montrée, ayant sa porte béante, entourée de pâtres à cheval, avec une désinvolture de vrais bandits, et de jeunes femmes, la tête couverte de leur *palistrato*, espèce de voile carré dont elles se coiffent, qui leur servaient à boire. Enfin l'antique *Via Tiburtina*, dont les polygones apparaissent en mille endroits, gravissant les premiers escarpements des montagnes, un horizon tout différent a commencé à récréer nos yeux et à rendre la gaîté à nos âmes. A leur pied s'est ouvert une gorge profonde et sous leurs rampes, nous avons retrouvé la plus belle verdure enfermant dans une vaste corbeille de bosquets et de bois d'oliviers, Tivoli, ses villas, ses palais, ses cascades, et ses beautés sans nombre. De pittoresques collines et les mille contreforts des monts Sabins servent d'encadrement à l'antique Tibur, et on reconnaît bientôt un diamant enchâssé dans l'émeraude et l'or d'une splendide nature. Alors j'ai compris qu'Horace, Properce, Tibulle, Catulle, les plus fameux poètes de Rome, aient fixé là leur séjour.

TIVOLI.

Nous approchions de la vallée qui sert de ceinture aux montagnes, lorsque le soleil, jusqu'alors entouré de nuages et de pourpre, s'est enfin décidé à paraitre et nous a salué de ses rayons. De ce moment, plus nous approchions de Tivoli, plus le charme augmentait. Nombreux rideaux de frênes, troupeaux de buffles, attelages de grands bœufs aux cornes effrayantes, cascines et jardins. Sur deux collines jumelles, village de *Monticelle*, groupé de manière à rappeler le site de Sion, dans le Valais; aspects des plus variés et des plus gracieux; tel est le tableau qui nous frappe. A droite, maisons à demi-cachées dans la verdure, au milieu de laquelle s'ébaudissent des bandes de cavales avec leurs poulains ; dans la brume matinale, colonnes bleues de fumée, tout devenait poésie autour de nous.

Puis nous avons traversé un canal dont l'odeur sulfureuse nous fit demander des explications au signor Nicati qui nous accompagnait. Nous avons appris donc que ce canal n'est autre que la *Solfatare*, allant déverser dans l'Anio ses eaux minérales, fameuses chez les anciens, sous le nom de *Aquæ Albulæ*. On s'arrêta pour remonter à pied les bords du canal, et bientôt nous trouvâmes de petits lacs de tartre ou cristalisations sulfureuses, formant des millions de cônes volcaniques hauts de quelques pieds seulement, vésuves en miniature, ayant tous leurs cheminées et leurs cratères en fusion, cristallisés tout-à-coup, au moment de l'ébullition. Je vous porte quelques échantillons de ces cônes ainsi que de plantes pétrifiées qui croissent, je ne sais comment, dans des flaques d'eaux sédimenteuses, à l'entour de ces lacs.

A un mille plus loin, nous avons salué un vénérable sarcophage, posé sur un soubassement en briques, soubassement perforé par la main des hommes de manière à former quatre pieds. Aussi appelle-t-on ce sépulcre la *Sedia del Diavolo*, la Chaise du Diable.

Aridité curieuse des montagnes zébrées de vert et de blanc, parties végétales et parties crayeuses; colline de Tivoli, d'un luxuriant aspect, formant un admirable contraste; *Ponte Lucano* coupant la Voie Tiburtine ; *Tombeau de la famille Plautia*, tour ronde en travertin, d'un énorme diamètre, avec un portique à quatre colonnes et ces mots sur le fronton : M. PLAVTIVS SILVANVS. *Huic senatus triumphalia ornamenta decrevit ob res in Illyrico bene gestas*, etc., ainsi se termine la route de Tivoli.

On est au pied de ses collines. Mais, à droite, se montre, dans la vallée, au milieu de massifs de verdure, des ruines blanches ou dorées par le soleil, qui appellent l'attention. C'est la *Villa Adriana*. Vous savez combien Adrien aimait construire. Rome lui doit le Mole Adrien, ou Château Saint-Ange, etc. Cela ne lui suffit pas encore. Après avoir parcouru les provinces de son vaste empire, ne conçut-il pas le projet de faire élever, dans l'enceinte d'une même villa, tous les plus fameux édifices qu'il avait admirés dans ses voyages. Ce fut là, au pied de

Tivoli, qu'il choisit l'emplacement de sa villa, dans un parc de dix milles de tour qu'il lui donna pour enceinte. Il édifia ainsi, en contrefaçon, le Lycée, l'Académie, le Prytanée, le Pœcile, merveilleux monuments d'Athènes; puis le Sérapéon, de Canope, en Egypte; la Vallée de Tempé, des théâtres, des thermes, des temples, son palais de plaisance, et des casernes pour ses Prétoriens. C'était une entreprise quelque peu gigantesque : cependant il la mit à fin. Mais le barbare Totila détruisit cette œuvre. Néanmoins, la beauté et l'étendue des ruines font encore notre admiration et celle de tous les touristes. Ce qu'on y trouva d'objets d'art est incalculable. C'est de là que vient la tant célèbre coupe Farnèse, du *Museo Borbonico*. Que de merveilles on y trouverait peut-être encore! Chaque jour on visite ces ruines et après les avoir vues, on voudrait les revoir encore.

Un magnifique bois de vieux oliviers, rare à rencontrer nulle part, vrais fantômes affectant toutes les attitudes, conduit à Tivoli, et monte avec la Via qui le sillonne de ses nombreux zig-sags.

Aujourd'hui, ce n'est point par cette route que nous sommes venus à Tivoli. Mais, de Frascati, nous nous sommes rendus au *Lac Rhégille*, qui devait nous rappeler les souvenirs de sa bataille et nous montrer ses eaux taries, dans le cratère volcanique qu'elles occupaient, dont le fond est encore couvert de laves et de scories, et laisse voir son *émissaire*. Puis, du lac Rhégille, nous sommes allés à *Gabies*, et de Gabies à *Collaties*, dont la première eut Romulus et Rémus dans ses écoles, et n'offre à notre étude que les ruines de son temple de Junon-Gabine et d'un théâtre, et la seconde, bâtie sur un rocher de lave, très-escarpé, montre à peine quelques fragments de murs d'enceinte, mais permet de réciter et d'écouter pieusement les vers que nous lui adressons à la gloire de sa belle et chaste Lucrèce. Là, laissant *Preneste*, aujourd'hui *Palestrina* et *Subiaco* dans les brumes de l'horizon, au levant, nous nous acheminons vers notre Tivoli, qui a tout aussi bonne grâce vu du nord-est, que vu de l'ouest, du côté de Rome.

Tivoli, *Tibur*, si vous aimez mieux, chacun de ces noms est plein de poésie, n'est qu'une ville médiocre au point de vue de l'architecture et du plan, mais ravissante à raison des sites charmants qui vous arrêtent à chaque pas. Son nom lui vient d'un aventurier d'Argos, compagnon d'Evandre, *Tibur*, qui chassa les Sicules du pays, et fonda la ville, sur le point qu'elle occupe, à cause de la beauté de son paysage. Aussi permettez-moi de la saluer par des vers de l'un de ses héros, de l'un de ses poètes, de l'un de ses heureux habitants.

Laudabunt alii claram Rhodon, aut Mitylenen,
. . . .
Me, nec tam patiens Lacedæmon,
Nec tam Larissæ percussit campus opimæ,
Quam domus Albunæ resonantis,
Et præceps Anio, ac Tiburni lucus, et uda
Mobilibus pomaria rivis. Hor. I. VII.

Ce qui veut dire, chère tante : *D'autres vanteront Mitylène, Rodes, etc., pour moi, l'austère Lacédémone, les fertiles campagnes de Larisse, me touchent moins que la grotte où l'Albunée résonne, les cascades de l'Anio, le bois sacré de Tibur et ses jardins arrosés de mobiles ruisseaux...*

Lorsqu'on a gravi le bois d'oliviers aux formes fantastisques, et traversé le plateau qui porte la bourgade et la bourgade de Tivoli elle-même, on se trouve subitement en face d'un horrible précipice. Ce qui cause ce déchirement du sol, c'est l'Anio. L'Anio prend sa source à Subiaco, et arrive à Tivoli sur un plan doucement incliné, de l'est au nord-ouest. Mais une fois à Tivoli, sa vallée descend rapidement pour se joindre à la campagne de Rome. Or les eaux abondantes de l'Anio, pures, cristallines, trouvant cette descente, s'y précipitent, et par leur puissante énergie ont dû creuser le sol et enlever les terres. Elles n'ont point fait à demi ce travail ; au contraire, elles ont produit la chute d'eau la plus magnifique qu'il soit possible de voir. Mais comme, en outre de la terre végétale, elles ont rencontré d'énormes blocs de rochers, elles les ont dénudés, creusés de telle sorte, perforés en gigantesque entonnoir à ce point, qu'il n'est pas d'abîme plus admirable que ces rochers évidés, fouillés à jour, sculptés par les eaux. On les nomme les *Grottes de Neptune et des Sirènes*.

Après s'être ainsi brisée à la base du rocher, la rivière s'éloignant de l'effroyable fracas et des masses de vapeurs humides qu'elle jette aux oreilles et aux yeux des curieux, reprend paisiblement son cours dans la vallée inférieure. Mais la vallée s'incline toujours et trouve d'autres brusques coupures qu'elle franchit en nappes larges, blanches, courbées en arceaux, exquises à l'œil. Ce sont les *Cascades*.

Plus loin encore, sur un autre plan agencé différemment par la nature, les cascades deviennent de gracieuses *Cascatelles*.

Je vous laisse à penser si les anciens ont admiré, goûté et utilisé pour leur agrément, de tels jeux de la nature, eux qui s'entendaient beaucoup mieux que nous à profiter des dons de la création.

Afin d'admirer les grottes, les cascades et les cascatelles, il faut, par un joli chemin formant spirale, pour les premières, descendre dans l'abîme, élargi, rendu presque confortable par la main de nos soldats français, sous les ordres du général Miolis, sous Napoléon ; pour les secondes, il est indispensable de franchir la déchirure du sol et d'aller se mettre en face, de l'autre côté de la vallée, juste où Horace, où Catulle, où d'autres encore avaient leurs villas, dont les ruines jonchent les flancs de la colline.

A l'endroit où le plateau de Tivoli a été ainsi coupé par un abîme, la chute de l'Anio a isolé une langue de terre qui domine, en forme de Promontoire, autour duquel les eaux tournent et mugissent en tombant. Les anciens n'ont pas manqué d'utiliser ce point culminant, de ce cap en miniature, pour y placer, au-dessus des eaux, un temple antique, circulaire, admirable, en beau marbre, qui a reçu le nom de *Temple de la Sibylle*, la Sibylle *Albunéa*.

« Ce petit temple, juché sur une pointe de roc, n'est qu'une espèce de cylindre creux ou tour assez menue, auquel le cercle de colonnes corinthiennes cannelées, qui l'environne, donne le diamètre convenable, dit M. de Brosses. La colonnade porte avec élégance son entablement et sa corniche. Sur le devant règne une petite terrasse ; le tout est aussi joli que possible... »

Rien ne rappelle mieux le Temple de Vesta, de Rome, sur les bords du Tibre, devenu l'Eglise de la Madonna-del-Sol, la Vierge au Soleil.

C'est à l'ombre du Temple de la Sibylle que l'hôtelier de l'Albergo nous sert notre repas. L'endroit est délicieux : chute des eaux, murmure aérien, brises fraîches, ombrage délicieux, temple exquis, vue sublime, rien ne manque.... que le déjeuner, qui est fort mesquin et très-cher ; et cependant, sur la carte il n'est nullement question des charmes du site !... Il faut croire qu'ils sont implicitement tarifiés.....

Nous ne sommes pas venus de Paris à Rome pour ne pas descendre dans l'entonnoir et contempler grottes, cascades, et castatelles. Mais gardez-vous de croire que nous bravions le moindre danger. Non. Un sentier commode, ombragé de verdure ici et là, abrité même sous un tunnel étroit, à la base du rocher, vous permet de descendre en zig-zag jusqu'à une grotte dont rien ne vous fait deviner l'existence. Vous restez ébahi. Figurez-vous des nuages arrondis en ballons, tordus en serpents, enroulés comme les tubes gigantesques d'un plat de macaroni colossal, entrelacés comme des lianes titaniques, le tout en pierre, en tuf jaunâtre, qui semble planer sur vos têtes comme les gros nuages qui passent sur vos têtes chassés par le vent. Un premier bras de l'Anio se précipite et roule avec un horrible fracas sur les lames et les bancs de rochers qu'il lèche, qu'il use, qu'il polit, qu'il rend lisse et doux comme le marbre. C'est là la Grotte de Neptune.

Si, le soir venu, et la nuit tombée, un caprice de fantaisiste vous porte à illuminer de feux de Bengale cette cavité fantastique, qui semble faite d'un métal gonflé, insufflé, et boursouflé par l'action d'un feu violent, puis soudainement refroidi à l'heure d'un bouillonnement suprême, et au moment où un dernier effort de chaleur allait le mettre en fusion, l'effet en est magique, et c'est à se croire dans un coin de l'enfer du Dante.

Lorsque nous sortons de la caverne, un caprice différent s'empare de nous : Nous voulons voir, du fond de l'abîme, le Temple de la Sibylle campé sur la crête aérienne du rocher supérieur ! C'est admirable...

Nous franchissons ensuite le torrent sur un pont des plus frêles, sous lequel la chute d'eau, mugissante, glisse comme une trombe...

De rocher en rocher, de chute en chute, les eaux de l'Anio arrivent à une immense profondeur. Nous la suivons dans son audacieuse évolution, en nous glissant le long d'un sentier fleuri. Arrivé aussi bas que possible, nous ne voyons plus qu'un simple fragment de l'azur du ciel, au-dessus de nos têtes, et à nos pieds, avec une basse continue effroyable, que dis-je, avec un beuglement de cataracte, la masse d'eau s'engouffre dans les entrailles du rocher, disparait, et ne se remontre plus qu'à distance, dans une autre caverne surbaissée, dont la voûte représente aussi les immenses macaronis en question, menaçant la tête et semblant faire craindre l'affaissement du rocher. Là aussi l'onde fougueuse se précipite avec rage, une rage assourdissante, dans des abimes dont nul n'a tenté les issues. Si, je me trompe : Deux Anglais se sont avisés de piquer une tête dans le gouffre. La chronique raconte qu'on attend de leurs nouvelles. C'est la Grotte de la Sirène qui fait le sujet de cette seconde station.

Enfin, après une longue étude et une contemplation trop prolongée, car elle nous rend sourds, nous prenons le sentier en lacets qui nous fait sortir de la chute de l'Anio, du côté opposé au Temple de la Sibylle. Nous passons auprès des ruines d'une villa romaine, et, sur le sommet de la gorge, nous trouvons des chevaux qui nous attendent. Nous les enfourchons aussitôt, et nous voici descendant le gracieux talus de la colline qui nous conduit en face de Tivoli, du Temple de la Sibylle, de la chute d'eau, et qui nous met en regard des Cascades et des cascatelles de l'Anio. Ma plume ne saurait rendre ce qu'il y a de grandiose, de beau, de sublime, d'admirable dans ce spectacle unique au monde.

Catulle avait là sa maison des champs. *Horace* avait placé la sienne juste en face de la chute, et, tout en se promenant dans son jardin, il contemplait les cascades et les cascatelles, dont on entend les eaux frémissantes qui bondissent sur les rochers, après y être tombées en nappes blanches, irisées par le soleil... C'est de cette villa d'Horace, et du milieu de ces ruines, que nous sommes en extase devant les merveilles de ce paysage splendide. J'ai erré parmi ces ruines, dans le promenoir, sous les celliers, et sur la terrasse du verger d'Horace. Puis, j'ai visité aussi la villa de *Mécène*, d'où les cascatelles s'échappent par un des portiques qui les partagent, et dont il reste encore d'énormes constructions utilisées par une usine qui exploite l'eau de l'Anio. Pour saluer les deux grandes ombres, errant parmi les sentiers que je suivais, j'ai débité les vers immortels que l'un composa pour l'autre :

<blockquote>
Mæcenas, atavis edite regibus,
O et præsidium, et dulce decus meum !
</blockquote>

Notez que ce fut là, à Tibur, que Mécène, rassasié des biens de la terre, mourut de langueur. Notez aussi que le Cassius que je vais nommer, est précisément le Cassius, assassin de César; et le Varus, celui qui alla verser le sang des légions romaines, et le sien dans les marais de la Germanie. Donc, après une visite aux dernières curiosités de Tivoli, les villas de Mécène, de *Salluste*, de *Cassius*, de

Qunitilius Varus, du Manoir d'Este, d'un autre *Temple antique*, et du tombeau, tout revêtu de lierre, de la *famille Tossa*, nous avons dit adieu à Tivoli...

Oui, adieu à l'ombre du vieux Latinus qui consulta le Dieu Faune dans la forêt d'Albunée! Adieu à la Sibylle Tiburtine! et aux riants coteaux de Tibur et de *Lucrétile!* Que n'avons-nous le temps d'aller saluer aussi la *Maison de la Sabine*, d'Horace, près de ce Lucrétile que je viens de nommer!...

Hélas! dans deux jours, après avoir vu *Faléries* et *Véies*, ce ne sera plus à Tibur seulement, mais à l'Italie entière qu'il faudra dire cet adieu, l'adieu qui me serre le cœur, le dernier adieu, à l'Italie, à la terre de Saturne et de Rhea, au berceau de l'âge d'or! Et, dans trois autres jours, il ne me restera plus de Rome, de Naples, de l'Italie, que le souvenir, un souvenir fugitif comme vision d'un rêve!...

Au reçu de cette lettre, chère tante, courez à Notre-Dame des Victoires et faites y brûler les trois plus beaux cierges que vous pourrez trouver... Nous venons d'échapper au naufrage du Paquebot l'Aventin, qui a sombré, la nuit dernière...

Vous le savez, je vous l'avais annoncé, nous devions partir de Civita-Vecchia par le paquebot des messageries françaises l'*Aventin*. Mais la fièvre, une fièvre de fatigue, fièvre bénie! obligea mes compagnons de voyage à rester un jour de plus à Civita. L'*Aventin* partit sans nous. Hélas! il approchait de l'Ile de Pianosa, vers minuit, par le plus beau clair de lune possible, au moment où les voyageurs, quittant le salon brillamment éclairé encore, commençaient à s'endormir dans leurs cabines, lorsque, tout-à-coup, un choc violent mit le paquebot en détresse. Que se passait-il? Tout chacun de monter sur le pont, dans le plus simple appareil... Horreur! L'*Hémus*, un autre paquebot, venait, par je ne sais quel maléfice, de couper en deux l'*Aventin*, et déjà celui-ci s'enfonçait dans l'abîme... Sauter d'un tambour à l'autre, fut pour les passagers et l'équipage l'affaire d'un clin-d'œil... Il était temps!... Grâces au ciel! personne ne manquait à l'appel... Je me trompe!... Un pauvre prêtre génois, encagé dans sa cabine par la rupture de la coque, était englouti avec le paquebot.... On entendit son dernier cri d'angoisses, lorsque l'*Aventin* disparaissait à tout jamais sous les vagues....

Oh! oui, brûlez trois cierges à la madone!... Et puis, après ce cruel désastre, auquel la main de Dieu nous arrache, laissez-moi dire et redire qu'il me sera doux d'arriver vers vous, de vous revoir, de revoir mes amis, ma patrie, ma France bien aimée...

VALMER.

LIMOGES. — IMPRIMERIE DE BARBOU FRÈRES.

www.ingramcontent.com/pod-product-compliance
Lightning Source LLC
Chambersburg PA
CBHW072012150426
43194CB00008B/1081